"十三五"国家重点图书出版规划项目 | 丛书主编 侯怀银

本书是国家社会科学基金"十三五"规划 2018 年度教育学重点课题"中华人民共和国教育学史"（课题批准号 A0A180016）的研究成果

共和国教育学 70 年

Pedagogy of the
People's Republic of China
for 70 Years

教育史学卷

孙 杰 著

北京师范大学出版集团
BEIJING NORMAL UNIVERSITY PUBLISHING GROUP
北京师范大学出版社

丛书编委会

丛书主编　侯怀银

编　　委　(以姓氏笔画为序)

马建强　王正青　王有升　王福兰
冯建军　孙　杰　张忠华　郑玉飞
侯怀银　桑宁霞

总　序

2019 年系中华人民共和国 70 华诞。站在 70 年的节点，我们需要对中华人民共和国教育学的发展历程进行回顾、反思与展望。据我们目力所及，从中华人民共和国成立至今（截至 2019 年年初），国人引进和自编的教育学著作（包括专著与教材）共计 4700 本，占 20 世纪以来中国教育学著作总量的 80%。其中，国人自编的教育学著作 4300 本，引进外国著作 400 本。新中国成立以来，中国教育学人在 20 世纪上半叶教育学发展的基础上，砥砺前行，取得了非凡的成就，形成了学科发展的经验。时至今日，我们需要梳理新中国成立 70 年来教育学学科建设的成就和经验并寻找其启示，我们更需要系统开展中华人民共和国教育学史的研究，把中华人民共和国教育学史作为中国教育学史研究的重要组成部分。

一、新中国成立 70 年来教育学学科建设的成就

新中国成立后，中国教育学人在中国共产党的领导下，自觉以马克思主义为指导思想，着力建设中国教育学。纵观 70 年来中国教育学的建设，主要取得以下五个方面的成就。

（一）由照搬照抄到本土化再到中国教育学的建设取得成效

70 年来，中国教育学学科建设取得的最大成就在于中国教育学的提出和建设。

　　新中国教育学的建设是从照搬照抄苏联教育学开始的。叶澜教授认为"引进"是中国教育学从"娘胎"里带来的印记。这就是说 20 世纪上半叶中国教育学的发展是从引进日本、德国、美国等国家的教育学开始的。在引进其他国家教育学的过程中，中国教育学人在 20 世纪 20 年代就注意到仅仅引进其他国家的教育学并不能解决中国教育实际存在的问题，故而提出"教育学中国化"的问题。客观而言，那个时期的中国教育学人在探索解决中国教育实际问题的过程中确实创造了很有品质的教育思想和教育理论。随后的抗日战争和解放战争，使中国教育学人的探索被中断甚至被破坏。新中国成立后，中国教育学并没有在原有的基础上建设，而是直接取法苏联。当时，中国教育学人学习苏联教育学主要是通过译介苏联的教育学教材、邀请苏联教育学和心理学专家来华授课、派遣留学生和专家去苏联学习等途径。1956 年，中苏关系恶化，学习苏联教育学来指导中国的师资培养和教育实践的路径被中断，中国教育学人开始探索中国教育学。这一时期，中国教育学人虽然提出了"中国教育学"，但是具体的做法却是教育学的中国化（中国化的教育学）。

　　中国化的教育学得到研究和发展，其不足之处也得到反思。在"向科学进军"的号召下和"双百方针"的指引下，我国教育学建设者以前所未有的热情，在对学习苏联教育学的经验和教训进行反思的基础上，开始了教育学中国化的初步探索。1957 年《人民教育》7 月号以《为繁荣教育科学创造有利条件》为题，发表了当时一些学者对我国教育科学研究工作的意见。这些意见直指学习苏联经验中的教条主义、机械主义倾向，鲜明地提出了教育学的中国化问题，从方法论的高度对如何建设中国的教育学提出了十分宝贵的意见。曹孚在《新建设》1957 年第 6 期上发表了以《教育学研究中的若干问题》为题的长篇论文，在教育观念上对以凯洛夫主编的《教育学》为代表的苏联教育理论提出了不同寻常的、有力的挑战，从而在教育学中国化的方法论上取得了理论思维上的进展。

　　然而，正当我国教育学研究者充满热情地为建设中国化的教育学科体系而努力探索时，反"右"斗争开始了。在此气氛中，曹孚1957 年发表的《教育学研究中的若干问题》一文被错误地批判，作者被迫在《新建设》1958 年第 2 期发表检讨文章。① 这一批判虽然是在内部进行的，但影响也波及全国高等师范院校和教育科研机构。由于反"右"斗争扩大化，高等师范院校一些教师和学者被错误地划成了右派，我国教育学科建设受到严重挫折。1958 年至 1960 年，开始了以贯彻教育与生产劳动相结合为中心的"教育革命"运动，教育学领域开始了"大跃进"，开展了一系列的批判运动。这些在思想和学术领域的批判简单粗暴，压制了在学术上持不同观点的人，打击了很多有真才实学的学者，挫伤了当时教育科学工作者的积极性，严重地影响了我国教育学学科的建设和发展。

　　正是由于反"右"斗争的扩大化和"教育革命"中"左"的浪潮，我国教育学学科体系的建设出现了一种"左"的倾向。这主要表现在教育学的教材建设上出现了一种"教育政策汇编形式"的教育学。1958 年 4 月 23 日，教育部发出通知，师范学校三年级教育学课原有教材停授，改授有关我国教育方针和政策的内容。② 这一切使"文革"期间教育学教材编写完全成为教育经验政策汇编，成为"语录学"和"政策学"的温床。

　　改革开放之后，中国教育学人再一次提出"中国教育学"，并对"建设具有中国特色的社会主义教育学""中国教育学本土化"的内涵、必然性、方法论和路径等进行了探索。这些研究指导了中国教育学的建设和发展，中国教育学人出版了不少具有中国特色的教育学著作和教材，培养了大批人才。但是，建设具有中国特色的教育学仅

---

　　①　即《对〈教育学研究中的若干问题〉一文的检讨》，同期还发表了批评曹孚的文章《怎样理解"教育中的继承性问题"》。

　　②　中央教育科学研究所：《中华人民共和国教育大事记 1949—1982》，219 页，北京，教育科学出版社，1984。

反映在教育学学科建设的局部，还没有反映到教育学的整体建设上来。之所以这样讲，是因为改革开放之后，中国教育学人又开始大量译介国外的教育学成果，一些具有中国特色的教育学著作和教材也吸纳了国外教育学研究成果，但未能完全反映出中国教育实践的需要。

21 世纪初，中国教育学人在反思 20 世纪中国教育学发展的基础上开始建设中国教育学。这一时期，中国教育学人发表并出版了不少反思 20 世纪中国教育学发展的成果，并对建设中国教育学提出了展望。一些反映中国教育实践需求的教育思想和教育理论得以创生，如主体教育思想、新基础教育、情境教育、情感教育、新教育，等等。尤其出现了以叶澜教授创建并持续领导的"生命·实践"教育学派。学派的形成既是教育学理论发展的重要途径，又是教育学理论的丰富性和长久生命力的不竭之源。学派的发展，从深层次上探索了学科发展的内在的可能性空间。从学科发展走向学派的形成，是实现我国教育学发展的有效途径，也是时代的必然要求。只有创建自己的教育学派，形成真正的教育学家，形成一套完整的教育学本土化的逻辑体系和思维方式，中国教育学才真正有可能与国外，尤其是西方的教育学进行对话与交流。

(二)马克思列宁主义、毛泽东思想的指导地位得以确立

学科建设必须有指导思想。在社会主义的中国，教育学学科建设的指导思想是马克思列宁主义、毛泽东思想。新中国成立后，马克思列宁主义、毛泽东思想成为指导社会主义革命和社会主义建设的理论基础，与此相适应，迫切需要确立马克思列宁主义、毛泽东思想在中国教育学建设中的指导地位。马克思列宁主义、毛泽东思想在教育学发展中指导地位的确立是从新中国成立后开始的。这种确立同社会科学其他学科研究领域，如历史学、文学等一样，经历了 7 年的历程(1949－1956 年)，也走了同样的道路，即学习、引进和批判相结合。其一，学习马克思列宁主义的基本原理。其二，引

进苏联教育学。诚如曹孚先生指出的那样："马克思列宁主义教育学
在短促的几年中，在中国教育学术界奠定了自己统治的地位，这是
与教育学方面学习苏联分不开的。"①其三，开展对旧教育思想的批
判。经过学习、引进和批判，我国教育研究工作者开始从思想上确
立马克思列宁主义、毛泽东思想的指导地位，自觉树立辩证唯物主
义和历史唯物主义的世界观，"开始用马克思列宁主义的观点去研究
教育科学问题……马克思列宁主义观点与理论已经在教育学、心理
学、教育史的研究与教学中初步建立了统治的地位"②。马克思列宁
主义、毛泽东思想在中国教育学建设中指导地位的确立，为中国教
育学的重建指明了方向并提供了理论基础。

（三）国外教育学的引进成为中国教育学发展的重要组成部分

70 年来，中国教育学的建设在处理中外关系的过程中，逐渐走
出了一条既不是依附又可以相互借鉴的道路。中国教育学的起点是
从引进国外教育学开始的。新中国成立后一段时期，中国教育学人
又走上了引进国外教育学的道路。这两次引进不是学习借鉴式的引
进，而是照搬照抄式的引进。改革开放后，中国教育学人在讨论教
育学中国化、本土化和中国教育学建设的过程中，逐渐注意到我们
既不能照搬照抄国外教育学（因为照搬照抄解决不了中国教育实践存
在的问题），又不能闭门造车、闭关自守，而要开放。这就要处理好
教育学建设过程中的中、外问题。通过考察 1949 年以来国外教育学
著作和教材的引进情况，我们发现，引进所占比例并不低，尤其是
1977 年后，即便是以再建中国教育学为目标，也有近一半的国外教
育学著作和教材被引进到国内。教育学研究者在一定程度上已把国
外教育学的引进作为再建中国教育学的重要组成部分，已主动学习
并借鉴国外教育学的研究成果，注重与国外教育学的发展接轨，其

---

① 瞿葆奎等选编：《曹孚教育论稿》，208 页，上海，华东师范大学出版社，1989。
② 同上书，688 页。

中以美国、苏联、日本为主。然而，对发展中国家教育学的发展成果，我们借鉴和吸收得还不够。1977 年以来国外教育学的译者数量占到整个 20 世纪译者总数的一半以上，这说明在教育学著作和教材的引进上我国已形成相对稳定的翻译队伍，这不仅为国外教育学的研究提供了人员上的保障，而且为形成中外融合的教育学研究队伍奠定了一定基础。

（四）中国教育学的学科群基本形成

70 年的中国教育学发展，促使其分支学科不断出现与发展，仅1977—2000 年这一阶段就增加了 28 门教育学分支学科，教育学的学科门类基本形成。同时，教育学学科体系也基本形成并初具规模。中国教育学学科体系的建设在改革开放后基本上是沿着正确的轨道进行的，教育研究领域越来越宽广，教育研究成果已成为教育学建设的丰富资源。教育学的理论基础不断得到拓展，我国初步形成了较完备的教育学学科体系，从而结束了作为一门学科的教育学一枝独秀的局面。

教育学既有了综合性的发展，又有了分化性的发展。从其综合性方面来说，教育学同其他有关学科有了紧密的联系，许多边缘性、交叉性和新兴学科相继恢复、产生、充实和发展；从其分化性方面来说，教育学越分越细，作为一门学科的教育学、教育概论、教学论、课程论、德育原理、教育哲学等学科快速发展。我国已初步形成了教育学交叉学科、教育学专门学科与教育学元科学相结合，多种教育学分支学科相继独立的学科发展格局。我国教育学的建设和发展，不仅为有关决策的形成提供了一定的理论依据，为中国的教育教学实践提供了一定的理论指导，在一定程度上促进了学校教育教学质量的提高，而且也起到了一定的理论预测作用，促进了教育事业的繁荣和发展。

特别需要指出的是，教育学元研究的发展为中国教育学学科建设提供了坚实的基础。教育学元研究是对教育学元问题的研究，包括教育学的概念、教育学的性质、教育学的体系、教育学的逻辑起点、教育学的方法论、教育学的价值、教育学的功能、教育学的学科立场、教育学的学科地位、教育学史，等等。

（五）中国教育学的社会建制得到完善

一门学科的社会建制大体包括五个部分：一是学会；二是专业的研究机构；三是各大学的学系；四是图书资料中心；五是学科的专门出版机构。[①] 按照这个标准来看，新中国成立70年来，中国教育学的社会建制得到了完善。第一，在学会方面，中国教育学会、中国高等教育学会等成立，在这些学会之下还有若干分会，分会下还设专业委员会。第二，在专业的研究机构方面，国家层面有中国教育科学研究院，各个省市有本省市的教育科学研究院等。第三，在各大学的学系方面，综合院校、师范院校等多设立专门的学院，如教育学部、教育科学学院、教育学院、教师教育学院、教育技术学院等，一些教育学院还设立了各个研究所。第四，在图书资料中心方面，教育学的书籍在各大图书馆有专门的图书分类号。第五，在学科的专门出版机构方面，中国有专门的教育学出版机构，如人民教育出版社、教育科学出版社、高等教育出版社等；一些省市也有教育出版机构，如上海教育出版社、福建教育出版社、山西教育出版社等；一些大学的出版社也出版教育学方面的著作和教材，如北京师范大学出版社、华东师范大学出版社、广西师范大学出版社等。就以上方面而言，新中国成立70年来，中国教育学的社会建制得到完善。

二、新中国成立70年来教育学学科建设的经验

70年来，几代中国教育学人就中国教育学的建设取得了诸多成就，形成了一些教育学学科建设的经验，具体来说，在于较好地处理了教育学学科发展中的几对关系。

---

① 费孝通：《略谈中国的社会学》，载《高等教育研究》，1993(4)。

（一）处理好马克思主义哲学与其他哲学流派促进教育学建设的关系

教育学与哲学有着天然的联系。在教育学学科化时，赫尔巴特就是以实践哲学和心理学作为教育学的学科基础的。再往前推，教育学首先是哲学家康德在大学的课堂上开讲的。新中国成立以来，中国教育学的建设以马克思主义为指导取得了辉煌的成就。但是我们需要警惕的是马克思主义不等于马克思主义哲学。马克思主义是我国各项事业建设的指导思想。马克思主义本身包含了马克思主义哲学、政治经济学和科学社会主义。马克思主义哲学是马克思主义的一部分。马克思主义哲学对其他哲学流派不是全盘否定的，其他哲学流派的观点也不是与马克思主义哲学水火不容的。在新中国 70 年教育学学科建设的过程中，有一段时间，我们将教育学的哲学基础完全确立为马克思主义哲学，对其他哲学流派实行全盘拒斥，阻碍了中国教育学的建设。改革开放之后，教育领域思想大解放，其他哲学流派不断译介和传播，教育学的学科建设逐渐兼容并纳各家哲学流派之观点，走上了快速发展的道路。这带给中国教育学人的经验就是处理好马克思主义哲学与其他哲学流派在促进教育学建设过程中的关系。

中国教育学人还需要吸取的经验是避免把马克思列宁主义、毛泽东思想在指导教育学学科建设时绝对化。马克思列宁主义、毛泽东思想是我们进行教育学建设的指导思想，中国教育学的建设必须确立马克思列宁主义、毛泽东思想的指导地位。然而，这并不意味着我们要把马克思列宁主义、毛泽东思想绝对化。在坚持把马克思列宁主义、毛泽东思想作为指导思想的前提下，如何还马克思列宁主义、毛泽东思想"智慧之友"的本来面目，充分发挥马克思列宁主义、毛泽东思想方法论意义上的指导功能，是我国教育学学科建设值得思考并需解决的重要课题。

（二）处理好批判和继承之间的关系

中国教育学的发展，在"文化大革命"的十年遭到严重的破坏和错误的批判。从这个意义上讲，如何正确认识批判的本质和功能，并处理好批判和继承的关系，对于我国教育学的建设和发展至关重要。就批判的本质来看，批判实际上就是分析，批判就是一个一分为二的分解过程。从马克思主义的观点来看，批判也就包含着继承，而继承又不是简单的肯定，是包含在否定中的肯定。从"文革"时期的"批凯"和"批孔"来看，这种"批判"是与马克思主义的批判观相违背的，它背离了批判的本质和功能，割裂了批判和继承的关系。正因为这种"批判"，才导致了对凯洛夫主编的《教育学》和孔子教育思想等的全盘否定，进而对整个教育学的批判否定，这个教训很值得我们吸取。我国教育学的建设必须在认真贯彻"双百方针"的基础上，正确地开展学术批判。我们应把学术批判作为繁荣我国教育学的基础、条件和动力，使其真正地推进我国教育学的建设和发展。

（三）处理好中国教育学建设过程中的中外关系

由于教育学从发生学意义上具有"舶来"的品性，其对国外教育学的"依附"自然难免。不过，纵观 20 世纪中国教育学的发展之路，我们可以欣喜地看到，在教育学的理论建设中，亦步亦趋的成分越来越少，独立创造的因子越来越多。叶澜教授曾在《中国教育学发展世纪问题的审视》一文中提出，政治、意识形态与学科发展的关系问题、教育学发展的"中外"关系问题、教育学的学科性质问题等，这些问题是影响教育学学科发展的根本性问题。[1] 新中国成立 70 年来，中国教育学人在建设教育学学科的过程中，不断地在处理教育学的中外问题。我们曾经有依附、有全面批判，当然，时至今日，我们已放弃了全盘接受和全面否定的态度。研究者多认同立足中国教育现实，寻找本民族与外来教育融会贯通的契合点是实现本土化、摆

---

[1]　叶澜：《中国教育学发展世纪问题的审视》，载《教育研究》，2004(7)。

脱对西方教育学的依附的根本途径。但也有研究者指出，本土化的
过程仍然是对西方的"移植"过程，主要表现在本土化的途径仍然以
译介为主，本土化的对象仍以借鉴为主，本土化的教育理论内容更
是充斥着西方的思潮和思想。针对这种在认识论和方法论上存在的
问题，研究者提出了本土化研究的重点和难点，乃是基于本土问题，
研究本土性，寻找结合点，并开展具体研究。[①] "生命·实践"教育
学派在处理教育学学科建设过程中的中外问题方面走出了一条具有
特色的道路。该学派立足中国当代社会和教育中的具体问题，寻求
中西方思想文化的滋养。

(四)处理好学科体系建设和知识体系构建之间的关系

在我国建立的教育学学科体系中，各学科的发展存在着较严重
的不平衡现象。其中有些学科起步较早，已初步形成了较完整的体
系；有些学科本身又分为若干分支，学科研究向着更加深入的层次、
更加广阔的领域发展，处于成熟或继续发展期；有些学科是近几年
才刚刚开始建设，处于汇总材料、构思体系、逐步创建阶段，正为
学科体系建设创造条件；有些学科正处于初创阶段，趋于形成。教
育学学科领域中的空白点较多，一些分支学科研究者甚少。这种不
平衡性在一定程度上影响了教育学的学科建设和发展。我国教育学
学科建设的水准不高，学科独立性尚差。一般来讲，教育学学科确
认标准有三方面：其一，有明确的研究对象和研究范围，有相对独
立的概念、范畴、原理，并正在或已经形成学科结构体系；其二，
有专门的研究者、研究活动、学术团体、传播活动、代表作等；其
三，该学科的思想、方法已经在教育实践中被应用、被检验，并发
挥出特有的功能。[②] 以这三方面标准来衡量，我国教育学学科体系

①　吴黛舒：《繁荣背后的反思：中国的"教育学本土化"》，载《教育理论与实践》，
2007(9)。

②　安文铸、贺志宏、陈峰：《教育科学学引论》，17 页，南昌，江西教育出版社，
1997。

还不成熟和完善，仅仅初步确立起了应有的门类和框架，在一定程度上尚落后于其他学科的发展。从各门教育学学科建设来看，无论是从深度还是广度来说，都还不能按学科建设的严格原则和标准进行具体规划和落实。在整个科学体系中，教育学学科特别缺乏一整套独特的概念、范畴、命题和研究方法，学科的独立性不强。

之所以出现教育学的分支学科发展不平衡和学科独立性不强的状况，是因为中国教育学人在教育学学科建设过程中还没有处理好学科体系和知识体系之间的关系。我们强调教育学分支学科的繁荣壮大，但在一定程度上忽视了教育学说到底是教育知识的学问。学科建设不能用学科体系取代知识体系。知识体系决定着学科体系的样态，而不是学科体系规范着知识体系。

（五）处理好教育学学科建设和教育研究之间的关系

教育研究是教育学建设和发展的基础和前提。新中国成立初期，我国的教育研究工作，一方面是总结和发展自己的教育实践经验，特别是老解放区的教育实践经验，开创我国的教育研究工作；另一方面是翻译出版苏联教育学方面的研究成果，借鉴苏联的教育研究经验，以指导我国的教育实践。20 世纪 50 年代后期，我国着手建立教育研究机构，并开始进行教育研究的规划工作。20 世纪 60 年代初，我国教育研究机构的建立以及教育研究工作的指导方针和任务的确立，才使我国教育研究工作进入一个初步繁荣和发展期。20 世纪 80 年代后，随着解放思想在教育领域的深入，研究者针对教育学发展问题进行了不同层面、不同领域、不同角度的研究，推进了教育学理论的发展，对教育学理论体系的构建起到了重要作用。

由此可见，教育研究工作直接影响到教育学建设和发展的进程。我国教育学的建设和发展必须切实重视并加强教育研究工作。我们应把教育学的建设和发展置于雄厚的教育研究工作基础之上。

三、新中国成立 70 年来教育学学科建设的启示

通过对 70 年来中国教育学发展的回顾与反思，我们深深感受

到，新时代中国教育学的建设，应以从中国出发的"世界教育学"和"大教育学"为根本追寻，赋予教育学以中国文化的特色，建设具有中国特色、中国气派的教育学，它服务中国社会和教育实践的发展，促进人的发展和社会的全面进步。我们应在对"人"的认识基础上，探索中国教育运行的特殊规律，形成我们的理论框架、研究方法和知识体系，处理好教育学发展中的引进和创新的关系、教育学的发展和教育实践的关系、教育学各分支学科之间的关系，确立教育学在整个科学体系中的地位，发挥中国教育学学科的系统功能，促进教育学的繁荣，并推动中国教育学走上世界舞台。为此，我们需要做到"六个坚持"。

（一）坚持教育学的学科自主

所谓教育学的学科自主，就是教育学研究者创生教育学学科、教育学理论。教育学虽是"舶来品"，但经过研究者多年的努力，其亦步亦趋的成分越来越少，独立创造的因子越来越多。因此，我们可以预料，中国教育学学科建设最终会走上独立创新的康庄大道。20 世纪国外教育学的输入，已经为我们独立地创造自己的教育学准备了足够丰富的"质料"，依靠中华民族五千年积累的智慧，我们有理由创造出具有中国特色的教育学学科。这需要教育学界的同仁通力合作。在此须指出的是，走这样的一条道路，是要摆脱教育学学科建设中仰人鼻息的窘境，而不是说拒绝对国外先进的教育学的吸收。在这样一个日益走向全球化的世界，除了无知的妄人之外，任何人都不会不承认学习他国的优秀理论成分对我们的理论创造的价值。

我们应在吸收与独立创造之间寻求一种合理平衡，扎根本土实践与教育传统，把西方的教育学理论作为"质料"来进行审视，以"重叠共识"为基点，进行理论整合。

我们要坚持教育学的学科自主，需要在教育学的学科建设上树立大教育学观，改变教育学的学科建设主要局限于学校教育的建设局面。学校教育应该是教育学研究的重要领域与对象。我们应该对学校教育内在规律做深入细致的分析研究，力争发现与揭示存在于学校教育现象中的普遍规律，通过对学校教育基本原理的探讨，去阐述教育活动的一般原理。但教育学仅仅以学校教育为研究对象，是对人作为完整生命发展主体的一种有意识的忽视，学校教育不是人的教育活动的全部，对学校教育内在规律的分析研究无法全面揭示存在于所有教育现象中的普遍规律，对学校教育基本原理的探讨不能代替对教育一般原理的探讨。因此，新时代中国教育学的建设，不仅要去关注学校教育，而且要超越学校教育，以终身教育为视野，把教育学学科建设拓展到人类教育活动的其他形式，特别要重视社会教育学的学科建设。

我们要坚持教育学的学科自主，更需要在教育学的学科建设上，把中国教育学史作为教育学中的一门基础理论学科去建设，对中国教育学史的学科性质、研究原则和方法等进行深入的思考，以促进中国教育学史的研究。我们需要梳理中国教育学历史发展过程中的重要事实，研究和了解中国教育学发展的全貌，对我国教育学的发展进行整体而深刻的反思，从中探寻出值得借鉴的启示，减少我们在教育学建设和发展中的盲目性，完整地把握已有的认识成果并进行创造性转化，进而提出真正能促进当前我国教育学发展的理论主张并付诸实践，以此促进中国教育学的建设。

（二）坚持教育学的学科自立

坚持教育学学科自立的一个必要前提是强调教育学的独立学术品质。既往的历史告诉我们，学科的意识形态化始终是教育学获得独立性、自主性的一个重要影响因素。我们既需要摆脱对政治的依赖，又需要摆脱对西方的依赖，还需要摆脱对其他相关学科的依赖。在总结历史教训的基础上，以探讨教育学的逻辑起点和教育学本身特有的概念、范畴、体系等为突破口，教育学将会一步步走上一条学科的自主、独立之路，实现学科自立。世界教育学发展的历史告诉我们，任何时代的教育学学科的自主性与独立性的获得，都是需要一定的社会文化条件支撑才能形成并长久存在下去的。教育学学科的独立、自主绝对不是一种普遍化、无条件的存在状态。因此，希望教育学完全摆脱政治、西方和其他学科的影响而实现学科的绝对自立是不可能的，新时代的中国教育学必须处理好与政治、西方和其他相关学科的关系。

新时代的教育学学科建设，特别要处理好教育学和其他相关学科的关系。教育学学术生产具有跨学科生长的特点，教育学知识体系不能脱离任何一门科学，需要其他科学的参与来发展教育理论和教育实践，教育学要借鉴其他学科的最新成果，以求形成促进教育学发展的巨大合力。教育学已与哲学、心理学、社会学、经济学、政治学、管理学、人类学、统计学、文化学、生态学等学科融合而生成了诸多新学科，大大地拓展了教育学可能的发展空间。这就需要我们积极开展跨界协同，打造中国教育学研究的学术共同体。

为了实现教育学的学科自立，我们要特别重视教育学研究方法的研究。教育属于社会现象和社会问题的范畴。教育中的许多问题需要借助科学的方法来研究，进而得出具有普遍性的科学结论。我们要规范并综合运用研究方法，提升中国教育学学科研究的科学性。当前，中国教育学的科学化水平有待进一步提高，我们需要积极引入定性和定量的多元研究方法，提高学科研究的信效度，注重方法运用的规范性，不仅体现出中国教育学研究的世界水准，而且要结合当代社会学科交叉发展的大背景，利用好与社会科学其他学科之间开展交叉研究的有利契机，通过研究手段和研究方法的大力创新，增强自身理论对当代社会复杂教育现象的解释能力，提升对新时代中国教育问题的解决能力以及指导人们教育实践的能力。需要明确的是，在教育学研究方法上我们要鼓励开展教育叙事研究、教育案例研究、教育统计研究等，但教育学以人的发展作为研究的起点和基础必然涉及伦理、价值、意义等层面的具体问题。因而，教育学研究不能简单以"叙事""案例""数据""统计"为标准，试图对教育现象做出深刻的新诠释、新判断和新建构。教育学学科建设必须要以事实为基础、以知识为核心、以思想为归宿。如果我们仅仅以事实为基准，那远离了教育学学科建设的最终目标。

（三）坚持教育学的学科自尊

教育学的学科自尊在于构建起完善的知识体系。从夸美纽斯的《大教学论》问世开始，中外的教育学研究者一直以来的一个理想追求便是构建科学的教育学体系。在当代中国，近年来教育学界的一个响亮声音便是构建科学的并具有中国特色、中国气派的教育学。①无论是一般化地呼吁构建科学的教育学体系，还是在特定的语境下呼唤"中国教育学"的创生，其实质都是在为教育学寻求一种确定的、刚性的知识体系。

这种追求如果追溯其哲学基础，可以还原到本质主义的认识论。在本质主义哲学被奉为经典、神圣的教条的年代，教育学理论和建构的确定性、刚性知识体系追求是唯一的努力方向。但是，近年来，随着后现代哲学的风行，鲜活的教育实践对封闭性知识的挑战，本质主义的哲学观在教育学领域受到了越来越多的质疑。作为一种非常有力的挑战，质疑本质主义的声音所持的哲学观往往被称为反本质主义、反普遍主义。可以预见，随着这股与本质主义、普遍主义相逆的思想潮流的涌动，即使教育学体系建构的堤坝不会被冲垮，中国的教育学界也会出现一种可以与教育学体系建构分庭抗礼的理论追求，那就是摆脱非历史的、非语境化的知识生产模式，追求教育学知识生产的历史性、地方性与语境性。教育学研究领域叙事潮流的蔚为壮观，在一定程度上就是这一趋势的反映。

对于这一趋势的出现，不少教育学研究者也许不无深深的忧虑：

---

① 侯怀银、王喜旺：《教育学中国化——一个世纪以来中国学者的探索和梦想》，载《教育科学》，2008(6)。

教育学是否会因此而完全失去其理论底色？事实上，在反本质主义者的头脑中，本质主义的对应词应该是"建构主义"。因为反本质主义给人的感觉是完全否认本质的存在，而建构主义则承认存在本质，只是不承认存在无条件的、绝对的普遍本质，反对对本质进行僵化的、非历史的理解。尤其不赞成在种种关于教育本质的理论中选择一种作为"真正"本质的唯一正确的揭示。在教育这样一个人文、社会世界，不可能存在无条件的、纯粹客观的"本质"，所有的本质都是有条件的，它必然受到社会历史等因素的制约。因此，我们对所谓教育的"本质"，应该采取一种历史的与反思的态度，把所谓教育原理、教育学知识系统事件化、历史化。原理、知识系统的事件化、历史化必然不是完全体系化的，但其丰富的理论内涵依然存在，只是其理论意蕴与特定的社会文化条件结合在一起了，绝不是完全丧失理论品格。

（四）坚持教育学的学科自强

教育学的学科自强主要从自身而言，是教育学学科分化和综合的过程中形成的强大体系。目前的教育学研究虽然出现了一定的分化趋势，但是，这种分化还不够，许多深层、细微的研究对象还有待我们从新的学科视角去发现、认识它们。因此，大范围的学科分化的保持与扩大是必要的。随着学科分化的进一步加剧，一些新的交叉学科、专门学科，如教育环境学、教育物理学等学科，会渐次出现在研究者的视野中。不过，这种大面积的学科分化并不排除在局部发生教育学学科综合的可能。随着学科分化的深入，当在某一层面研究者发现几门学科可以相互融通之时，学科的综合便会发生。只是学科的分化、深入没有达到一定程度的时候，这种学科之间的暗道相通不会被人发现，学科的综合就无从谈起了。

教育学的学科自强体现在教育学不仅要立于学科之林，而且要在中国教育实践中确立其应有的地位。中国教育学是根植于中国教育实践的教育学。我们的眼光既是世界的，又是民族的，我们应该在全球视野基础上，积极地关注、研究和解决中国教育的实际问题，进行基于中国立场、反映中国问题、凸显中国风格、汇聚中国经验的中国教育学建设。中国教育学前行的每一步都必须根植于反映独特国情的中国教育实践，结合新时代政治、经济、文化的变化，结合教育生态的变化，结合教育实践面临的新问题，扎根中国教育实践的沃土，生长出真正的中国教育学。特别值得指出的是，随着人工智能、信息技术的发展，教育变得更加无时不在、无处不在。同时随着技术化向纵深方向发展，信息技术从工具变成教育关系的一部分，教育的目的、内容和形式都在发生着改变，这就导致人机交互可能会在很大程度上改变传统的教育关系模式。基于教育实践活动的时代变化，新时代中国教育学的发展必须扎根新的教育实践，研究教育的新现象和新问题，构建顺应时代发展的新的理论体系，尝试从人工智能时代的研究视角探讨教育与社会、与人、与自然的关系，以发现新的教育基本规律。

（五）坚持教育学的学科自信

教育学的学科自信主要表现在教育学人的自信。首先，就中国教育学与国外教育学的对话方面，中国教育学人是自信的。我国教育学界在一系列重大的教育学理论问题上，有不同的见解和观点，形成了独特的中国风格的教育思想和理论。中国教育学人可以与国外教育学人互通有无、公平对话，而不是依赖国外教育学的发展而发展。其次，中国教育学人对教育学实践的发展是有发言权的。新中国成立 70 年来，中国教育学人依据中国教育实践的发展创造了很多本土的思想和理论，如主体教育、新基础教育、情境教育、生命教育、新教育，等等。再次，中国教育学人在其他学科的学人面前是自信的，因为中国教育学再也不是钱锺书先生笔下的被人瞧不起的学科了。教育学的综合复杂性决定了其与其他学科之间的密切关系。最后，中国教育学人在教育学的学习者面前是自信的。因为中国教育学人可以给学生讲清楚中国教育学，而且讲的是中国的教育学，而不是从其他国家照搬照抄来的教育学。这启示中国教育学人要坚持教育学的学科自信。

（六）坚持教育学的学科自觉

70 年来，中国教育学的发展历程就是一个学科建设从引进、建立到带着自觉的体系意识去建设的过程。从这一发展逻辑顺延，教育学理论建设的体系化是一个必然的路径。只是我们目前的教育学体系化建设，仍然存在着浮躁的不良倾向。我们不能忙于通过引进西方的相关学科或匆忙地移植其他学科以"填补空白""抢占阵地"，而应踏踏实实地对大的学科或某一学科的体系应如何构建进行创造性研究。抛弃浮躁之风，更为从容而扎实地对一个个子学科与大教育学的逻辑起点、建构的内在逻辑、体系构架等问题进行深入研究，将会成为中国教育学研究者未来努力的方向之一。特别需要指出的是，中国教育学不仅要突出"中国"两字，还要在新时代背景下，从人类命运共同体出发，通过缩小与西方之间的"话语逆差"，增强设置国际议题的能力等方式，建成世界一流教育学学科，在学科竞争力和学术话语权上进入世界前列，整体提升国际教育学界对中国原创和中国贡献的显示度、能见度、理解度、接受度、认同度和运用度。中国教育学既要为中国教育实践提供理论指导，又要在国际社会共同关注的教育问题上做出"中国贡献"，在世界教育学知识谱系中增添"中国智慧"，在国际学术标准和规则的制定中发出"中国声音"，最终促进教育学的整体进步。

四、中华人民共和国教育学史的研究价值和本丛书的研究宗旨

站在 70 年的节点，我们很有必要提出"中华人民共和国教育学史"。"中华人民共和国教育学史"这一概念和命题的提出，正是回顾、反思与展望中华人民共和国教育学 70 年发展历程的学术结晶。

中华人民共和国教育学史研究具有独到的学术价值：第一，有助于拓展中国教育学史的研究领域。第二，有助于推进中国教育学的学科发展。教育学史在教育学发展过程中的重要作用越来越凸显。研究中国教育学史既是为了镜鉴于现实，也是为了推动我国教育学术的传承发展。中华人民共和国教育学史，实际上给我们提供了一面镜子，让我们更清楚地认识到，中国教育学人以前做了什么，现在还需要做些什么。我们系统梳理前人之思，有利于进一步明确中国教育学发展方向，推进教育学在中国的建设和发展。第三，有助于中国教育理论的完善和教育改革的推进。第四，有助于推进中国人文社会科学的建设和发展。教育学与人文社会科学各个学科的发展都有着密切联系，中华人民共和国教育学史的研究涉及中国人文社会科学各学科发展史的研究。中华人民共和国教育学史的研究不仅从一个侧面反映出中国人文社会科学的发展历程，而且也有助于推进中国人文社会科学相关领域的探索。

　　中华人民共和国教育学史研究具有独特的应用价值：第一，有助于推进中国教育系科的改革。教育系科史是本丛书的重要研究内容，通过对中华人民共和国教育学史的研究，一方面可以提供中国教育系科改革的历史经验，另一方面可以推进中国大学教育系科对已有传统的传承创新，形成其发展特色。第二，有助于推进中国教育学教材的系统建设，特别是作为一门学科的教育学教材的建设。第三，有助于整体推进中国目前"双一流"大学建设背景下教育学的学科建设。在当下高校追寻"双一流"的背景下，教育学在大学中如何存在越来越受到重视。一流大学，应该有一流的教育学学科。中华人民共和国教育学史的研究，既有利于我们总结教育学曾经的发展状况，又可为当下教育学发展路径的寻求、学科地位的确立、发展危机的解决，提供基于历史的经验和策略。第四，有助于我们在梳理和总结中华人民共和国教育学史的基础上，让民众更好地认识教育学、走进教育学，提升教育学的社会地位，使教育学不仅成为教师的生命性存在，而且成为一切与教育工作有关的人的生命性存在。

纵观中华人民共和国教育学 70 年研究历程，虽然研究者对中华人民共和国成立以来的教育学分支学科发展史、教材史、课程史等进行了相关研究，但总体上看，研究还不够充分和深入。特别是中华人民共和国教育学史这一主题还未有人研究过，已有研究与之相似的也只是对 20 世纪中国教育学发展的梳理，尚未将 21 世纪初的教育学发展统整融合。21 世纪初的教育学发展有何变化，中华人民共和国的教育学发展至今有何特点，是否形成了自己的一套体系，教育学发展到了何种规模，已有研究都尚未论及。具体来讲，需要进一步探讨、发展或突破的空间主要有以下三个方面。

第一，历史研究需要拓展和深化。已有研究多是在回顾 20 世纪中国教育学史时，将 20 世纪下半叶的中国教育学史以改革开放为界限分为两个阶段进行研究的，但是对中华人民共和国成立以来，特别是 21 世纪初的中国教育学发展史尚未进行专门研究。国人在 20 世纪 20 年代就意识到，仅仅移植国外的教育学并不能解决中国的教育问题。有鉴于此，国人提出教育学中国化、本土化的口号，但是教育学真正的中国化是在中华人民共和国成立之后形成的。因此，我们认为有必要在研究国外教育学的引进及其影响的基础上，对中国教育学的发展历程及其特征进行专门研究，进而对教育学主要分支学科发展史和教育系科发展史进行研究。

第二，预测研究需要巩固和加强。历史研究的一个追求就是要预测未来。教育学在 21 世纪初的中国如何发展，需要根据教育学中国化以来的教育学发展进行前瞻式研究，在此基础上进行科学的预测。我们注意到，已有研究对教育学史进行历史研究的较多，但是对教育学的未来发展趋势进行预测研究的尚显薄弱。有鉴于此，我们认为应该在整理史料、理性反思的基础上进行未来学意义上的研究。

第三，研究方法需要深入理解和诠释。关于中华人民共和国教育学史的研究，最好的研究方法当然是历史研究，但是仅仅用历史研究法研究教育学史远远不够。我们需要突破收集和整理史料的局限，在理解、解释的基础上总结并反思教育学的发展规律。

正是基于中华人民共和国教育学史研究的不足，我们申报了国家社会科学基金"十三五"规划 2018 年度教育学重点课题"中华人民共和国教育学史"，并获立项（课题批准号 AOA180016），本丛书是该课题的结题研究成果之一。感谢全国教育科学规划领导小组办公室对本课题的支持。

中华人民共和国教育学史研究的核心关键词为"中华人民共和国"与"教育学史"，前者指明研究范围，后者明确研究对象。展开中华人民共和国教育学史研究，需要厘清的主题为：教育学史的性质、教育学教材的发展、教育学二级学科的演变、教育学课程的状况及教育学者的相关论争等。

正是在这个基础上，我们本着"为国家著史，为学科立传，为后世留痕"的信念，遵循历史与逻辑相统一的原则，准确定位逻辑主线，注重把握中华人民共和国教育学史与 20 世纪上半叶教育学发展的连续性，注重从学科史切入，并将学科史与思想史相结合，注重对重要的教育学专著、教材等进行深入研究，带着历史的厚重感与时代的责任感，开始了对中华人民共和国教育学史的研究和写作。

本丛书旨在对中华人民共和国成立以来教育学各分支学科的发展进行全方位的研究，梳理各学科 70 年来的发展历程、取得的进展与成就，分析出现的问题与不足，展望未来的建设与发展。本丛书一方面力图"全景式"呈现教育学体系内分支学科知识体系的全貌，另一方面力图"纵深式"探究教育学及其分支学科内在的逻辑理路。研究坚持逻辑与历史相统一、整体与部分相协调、事实与论证相结合的原则。各卷的研究，突出了中国教育学的发展过程，对其形成、特点和争论等进行了必要的讨论，并以此为主线确定了各学科的阶段划分、进展梳理与学科反思。特别是对 70 年来各学科的重要专著、教材和论文进行了梳理和评述，既在书中呈现中国特色社会主

义教育学学科的发展状况，又要凸显研究者及其专著、教材和论文
对中国特色社会主义教育学形成和发展做出的贡献。需要说明的是，
由于各学科的发展现状及已有研究基础不同，因此，承担各卷写作
任务的作者根据实际情况采取了相应的撰写方式。对于教育哲学学
科、教育社会学学科这两个教育学原理学科下属的分支学科，作者
在对学科历史发展做总体性叙述后，据学科理论思想采取专题撰写
的方式展开；对于其他二级学科，采取了大体按历史分期的方式叙
述。发展阶段的划分尽量按学科内在发展逻辑进行，不拘泥于社会
历史分期。

在丛书撰写的过程中，我们提出了研究的要求，明确了三个方
面的意识：各学科的 70 年发展史如果是前人没有或少有涉及的，那
就要有明确的标杆意识，研究成果应该体现当代中国学者的最高水
平；如果学术界已有先期成果，那就要有明确的超越意识，达到新
的高度；如果作者曾有过相应成果，那就要有明确的突破意识，寻
找新的角度，进行新的思考，突破自己，切忌重复、克隆自己。

具体来讲，本丛书确定了以下八个方面的要求。

第一，丛书各卷研究的时限为 1949—2019 年，不向前后延伸。
研究中把握好重大时间节点。有的学科发展考虑到问题本身的连续
性，必要时可适当向前延伸，但不宜过多。

第二，丛书各卷的撰述范围限于中华人民共和国内各学科的发
展，以中国共产党领导下的教育学发展为主。

第三，不刻意回避教育学发展中的意识形态属性，撰写时不做
主观评价，撰写的原则是立足史实、客观叙述。

第四，坚持"以史为主，史论结合"的研究宗旨。研究以史实为
依据，在梳理清楚基本事实的基础上，做出准确分析和客观评价。
书中所阐述的史实应经得起不同时代不同读者的推敲和质疑，在写
作中应避免将历史和现实"比附"。

第五，充分掌握国外教育学学科的发展历史，以及国内外研究

的最新动态，使自己的研究有一个高的起点。研究方法上以历史法和文献法为主，兼及访谈和数据分析。

第六，坚持广博与精深的结合。一方面，应立足中华人民共和国 70 年的发展，全方位呈现自己所写学科的发展进程，不宜只介绍某几个方面；另一方面，写作中要抓住重点，对于学科发展的主要方面，着重笔墨、深入研究，避免史料文献的盲目堆积，在撰写中对于还不成熟的资料与推理以不介绍为宜。

第七，梳理学科发展史，既要见人又要见事。对于在学科发展中做出突出贡献的代表人物及其思想，写作时需有体现。

第八，处理好教育学学科发展和教育事业发展的关系，把共和国教育学 70 年的研究与共和国 70 年教育事业发展的研究结合起来。特别是教育学原理、课程与教学论、学前教育学、高等教育学、成人教育学、特殊教育学学科的研究，要处理好学科发展史与基础教育事业、学前教育事业、高等教育事业、成人教育事业、特殊教育事业的关系，要分别以各领域教育事业的发展为基础进行阶段划分、进展梳理和学科反思。

本丛书的出版，对于中国教育学史研究和中国教育学的发展是大事，更是幸事，具有重要的学术价值和现实意义。

从学术价值来看，教育学史越来越凸显其在教育学发展过程中的重要作用。我们开展中国教育学史的研究，既是为了推动教育学术的传承，也是为了在传播中促进教育学的发展。

从现实意义来看，学习和研究教育学的人也需要很好地了解本学科的发展史，明确研究基础和学科定位。本丛书以教育学分支学科为经，以学科发展为纬，其研究成果可为学习、研究教育学的人提供阅读书目和参考资料。

本丛书成书之际，北京师范大学出版社推荐其申请了《"十三五"国家重点图书、音像、电子出版物出版规划》项目，在此表示感谢。

本丛书共 12 卷。总论卷分上、下两卷，由山西大学侯怀银教授等撰写；教育哲学卷由南京师范大学冯建军教授等撰写；课程与教学论卷由山西大学郑玉飞副教授撰写；德育原理卷由江苏大学张忠华教授撰写；教育史学卷由山西大学孙杰教授撰写；教育社会学卷由青岛大学王有升教授撰写；比较教育学卷由西南大学王正青教授撰写；学前教育学卷由山西大学王福兰副教授撰写；高等教育学卷由山西大学侯怀银教授等撰写；成人教育学卷由山西大学桑宁霞教授撰写；特殊教育学卷由南京特殊教育师范学院马建强教授等撰写。

    本丛书得以出版，要感谢来自各个高校的专家学者，感谢每一卷的作者，感谢北京师范大学出版社郭兴举、鲍红玉等老师的支持和辛勤工作。由于水平有限，本丛书难免有疏漏，恳请专家和读者批评指正。

侯怀银

2019 年 9 月 26 日

目　录

绪　论

新中国教育史学 70 年，主要是回顾和反思 1949 年以来[①]新中国教育史学的发展历程，总结和展望新中国教育史学每个阶段的发展特征及其发展趋势。

1949 年 9 月 21 日至 30 日，中国人民政治协商会议第一届全体会议在北京举行。1949 年 10 月 1 日，中华人民共和国成立。《人民日报》发表社论《中华人民共和国万岁》，指出"恢复和发展人民的文化教育事业"是中国人民面临的任务之一。同日，《中国人民政治协商会议第一届全体会议宣言》指出，中央人民政府"将领导全国人民克服一切困难，进行大规模的经济建设和文化建设，扫除旧中国所留下来的贫困和愚昧，逐步地改善人民的物质生活和提高人民的文化生活"。新中国各级各类教育事业的发展由此拉开了序幕，教育学科的发展同样由此开启了新的征程。

教育学科的重要成员——教育史学科，在新中国各级各类教育事业发展的新征程中迎来了自己的春天。新中国教育史学发展的 70 年历程，既体现了教育学科自身发展的历程和特点，又呈现出了教育史学科自身发展的内在逻辑和规律。我们就是要在考察教育史学

---

① 由于本书写作时间的限制，教育史学研究内容的下限截至 2019 年年初。

科外部发展的政策环境和内部自身的学科背景的基础之上，追本溯源，立足于教育史研究本身来呈现新中国教育史学 70 年的发展历程。立足于教育史研究本身的考察，主要集中于两方面的核心内容：一是教育史学体系；二是教育史学研究。教育史学体系，主要包括教育史学的学科性质、功能与作用，教育史学的学科体系，教育史学的研究对象和内容、理论和方法，教育史学与其他相关学科的关系，教育史学的跨学科研究，教育史学研究者的素养研究，教育史学评论研究等主要方面；教育史学研究，主要集中于对教育思想研究和教育制度研究的研究，体现为对教育思想/制度史研究的对象和内容、教育思想/制度史研究的理论和方法、教育思想/制度史研究的体系、教育思想/制度史研究与其他相关研究的关系等方面的研究。同样，教育史学研究的新领域，教育史学的学术组织及学术活动、学术著作，也是构成教育史学研究的重要主题。

从教育史研究到教育史学研究，正是一个"学"字，开启了教育史学科进行自我反思的序幕；正是一个"学"字，提升了教育史学科的理论品质。新中国教育史学 70 年的发展历程，正是新中国教育史研究者探索教育史学科发展 70 年的心路历程，正是新中国教育史学科 70 年的成长历程，正是共和国教育史学研究成果 70 年的繁荣历程。我们对新中国教育史学 70 年发展历程的梳理和研究，既是对 70 年教育史研究成果的再研读和再思索，又是为新时代教育史学研究寻找新思路、新方法、新范式的理论探索和学术尝试。新中国教育史学 70 年研究的理论价值和现实意义就在于此。

一、教育史学研究概述

国内外相关的学术研究成果中，至今还没有以"新中国教育史学 70 年"为主旨的学术专著。与本书密切相关的学术关键词为：教育史研究、教育史学科及教育史学。我们将围绕上述三个关键词展开对已有研究成果的述评。

（一）教育史研究历程的回顾与反思

新中国教育史研究分为中国教育史研究和外国教育史研究两部分。已有的研究成果大都从各自研究领域出发来分析中国教育史研究或外国教育史研究的发展历程，也有部分学者从教育史研究的整体视角来进行回顾与反思。

1. 中国教育史研究的回顾与反思

教育史学界对于中国教育史研究的回顾与反思，以《中国教育史研究的历史回顾与反思》①为代表，以对中国教育史发展历程（1901—1988 年）的阶段划分为基础，在对各阶段发展中的重要教育事件和代表性著作进行分析的基础之上，概括和总结各阶段的教育特点并对中国教育史学科的整体发展趋势进行学术判断。此后，教育史学界以新中国成立（1949 年）为标志，开始总结和归纳中国教育史研究 40 年（1949—1989 年）的发展历程②；以改革开放（1978 年）为标志，总结和分析改革开放之后中国教育史研究 30 年（1978—2008 年）的发展历程③；以中国第一本《中国教育史》的出版为标志，研究百年中国教育史的发展历程④。在此基础上，还有学者分析和研究改革开放之后 10 年或 15 年的中国教育史研究的发展历程；还有学者总结教育史研究某个专题研究领域的发展历程，如中国学前教育史、中国农村教育史、中国数学教育史、中国语文教育史、中国科学技术教育史、中国成人教育史、中国工读教育史、中国新闻传播教育史，乃至中华人民共和国教育史等领域的发展历程研究。值得

---

① 蔡振生：《中国教育史研究的历史回顾与反思》，载《北京师范大学学报（哲学社会科学版）》，1988(3)。

② 李军：《对四十年中国教育史研究的几点反思》，载《教育科学》，1991(4)。

③ 田正平：《老学科 新气象——改革开放 30 年教育史学科建设述评》，载《教育研究》，2008(9)。

④ 李涛：《百年中国教育史研究高潮的回顾与反思》，载《东北师大学报（哲学社会科学版）》，2003(2)。

一提的是，田正平在总结改革开放 30 年教育史学科发展历程的基础上，同潘文鸯发表了《改革开放 40 年的中国教育史研究——基于期刊论文和博士学位论文的考察》①，从改革开放 40 年的中国教育史期刊论文和博士学位论文的视角来回顾中国教育史研究历程，并对未来中国教育史的发展进行了学术思考。

上述论文是从中国教育史的发展历程及学术著作等视角，为我们总结和分析了中国教育史整体发展阶段及部分发展阶段的历史特征，有的学者则从中国教育史研究的内部特征的视角来整体上把握中国教育史研究的发展历程，如《"新史学"与近代的中国教育史研究（1901—1936）》②是从教育史观的角度来认识近代中国教育史研究的，《中国教育史研究中的三次视角下移》③则是从研究的视角来看中国教育史的研究历程的，为我们更为深入、系统地把握中国教育史研究的发展历程提供了学术基础。

2. 外国教育史研究的回顾与反思

教育史学者对于外国教育史研究的回顾与反思，分为对于国内外国教育史研究和国外教育史研究的回顾与反思两个部分。学者们对于国内外国教育史研究的回顾与反思，以《四十年来的外国教育史》④（1949—1989 年）一文为代表，从对 40 年外国教育史发展历程的阶段划分及重要教育著作的梳理中，总结了外国教育史研究各阶段的特征，并对今后外国教育史研究的总体趋势进行了学术阐释。

① 田正平、潘文鸯：《改革开放 40 年的中国教育史研究——基于期刊论文和博士学位论文的考察》，载《教育研究》，2019(1)。

② 郑刚：《"新史学"与近代的中国教育史研究(1901—1936)》，载《江汉大学学报(社会科学版)》，2011(5)。

③ 杜成宪：《中国教育史研究中的三次视角下移》，载《河北师范大学学报(教育科学版)》，2013(1)。

④ 金锵、吴式颖：《四十年来的外国教育史》，载《华东师范大学学报(教育科学版)》，1989(4)。

此后，外国教育史研究 30 年(1978—2008 年)①、外国教育史研究方法现状及反思(1991—2010 年)②、外国教育史研究进展(2010—2014 年)③、外国教育史研究方法现状及其反思(1994—2015 年)④等相关学术论文的发表，形成了从 1949 年至 2015 年前后关于外国教育史总体进程的学术研究。学者们从代表性著作、博士学位论文等方面展开，从多角度、多层面对外国教育史研究历程进行了深度分析。与此同时，教育史学者为了更好地进行中国的外国教育史研究，对国外教育史研究的发展历程进行了回顾与反思，形成了以美国和英国为中心的教育史研究回顾与反思的系列学术论文。比如，以《美国教育史研究的历史与现状》⑤为代表的美国教育史研究历史与现状研究，以《英国教育史研究的历史和现状》⑥为代表的英国教育史研究历史与现状研究，乃至《国际教育史研究取向与趋势及其启示》⑦的学术论文，都为我们了解国外教育史研究提供了学术条件。

　　3. 教育史研究的回顾与反思

　　教育史研究的回顾与反思就是从教育史研究的整体视角来反观教育史研究的发展历程。比如，《重构教育史观：1929—2009 年》⑧从教育史观的研究视角来剖析教育史研究近百年的发展历程，并就

　　① 王晨：《从艰难恢复到积极革新——外国教育史研究三十年(1978—2008)》，载《清华大学教育研究》，2008(6)。
　　② 王立：《重点与趋势：外国教育史研究二十年(1991—2010)——基于博士学位论文的分析》，载《高教探索》，2011(5)。
　　③ 张斌贤、林伟、杜光强：《外国教育史研究进展：2010—2014 年》，载《教育研究》，2016(1)。
　　④ 刘丽敏、洪明：《我国外国教育史研究方法现状及其反思——基于 1994—2015 年104 篇博士学位论文的统计分析》，载《福建师范大学学报(哲学社会科学版)》，2018(4)。
　　⑤ 张斌贤、刘传德：《美国教育史研究的历史与现状》，载《教育评论》，1986(3)。
　　⑥ 贺国庆、张薇：《英国教育史研究的历史和现状》，载《河北大学学报(哲学社会科学版)》，2004(2)。
　　⑦ 周洪宇、周娜：《国际教育史研究取向与趋势及其启示》，载《河北师范大学学报(教育科学版)》，2016(1)。
　　⑧ 张斌贤：《重构教育史观：1929—2009 年》，载《高等教育研究》，2011(11)。

教育史的整体发展给出意见和建议。从教育史研究的整体视角来反观教育史的发展历程，在某种程度上突破了中外教育史研究的领域局限，为从学术研究整体上推进教育史研究提供了学术条件。但是，我们必须清晰地认识到，对于整体教育史研究的反观或多或少带有作者从事学科研究（或中国教育史研究或外国教育史研究）的视野限制。

（二）教育史学科研究的回顾与展望

新中国教育史学科研究分为教育史学科发展历程和教育史学科建设两大部分。其中，教育史学科发展历程主要回顾与反思中外教育史学科的发展历程；教育史学科建设主要探讨教育史学科自身的建设问题。此外，有的研究是在对教育史学科发展历程回顾的基础上来探讨教育史学科的自身建设问题的。

1. 中国教育史学科的相关研究

教育史学界对于中国教育史学科相关理论问题的专门而集中的全国性讨论，是从 1980 年 12 月全国教育史研究会举办"中国教育史学科体系问题讨论会"开始的。这次讨论会收集的论文虽然多数在会后并未公开发表，但《教育研究》1981 年第 4 期发表的综述性文章对有关学术观点进行了说明。自此，教育史学者对于中国教育史学科的发展历程及相关理论问题持续进行了探讨。比如，《中国教育史学科体系试构》①在对中国教育史学科体系进行学术梳理的基础之上，提出关于中国教育史学科体系的新构想，代表了同阶段中国教育史学科体系认识的新高度；《关于中国近代教育史学科体系的几点思考》②主要集中于对中国近代教育史学科体系结构的理论思考；《高

---

① 杜成宪：《中国教育史学科体系试构》，载《华东师范大学学报（教育科学版）》，1997(1)。

② 田正平：《关于中国近代教育史学科体系的几点思考》，载《华东师范大学学报（教育科学版）》，1989(2)。

等教育史学科建设初探》①和《高等教育史学科建设再探》②则集中于高等教育史学科建设的相关理论问题。之后，教育史学者从教材建设③、学科建设④、研究取向⑤、结构方式等方面，来回顾与展望中国教育史学科的百年发展历程。值得一提的是，《中国教育史学科结构方式的历史探究》⑥在对过往的以"教育思想"和"教育制度"为基本范畴的中国教育史学科进行历史性和学理性梳理的基础上，认为随着中国教育史学科研究重心的不断下移，传统的"思想"和"制度"概念已被逐步解构并融合于行动的世界中。主体性的发现和行动逻辑的探寻孕育着中国教育史研究实现概念重建和理论转型的重要契机，成为新时期中国教育史学科反思基础上提出重建中国教育史学科结构方式的重要学术力量。

2. 外国教育史学科的相关研究

教育史学界关于外国教育史学科相关理论问题的专门而集中的全国性讨论，是从 1983 年 9 月全国教育史研究会组织的"外国教育史学科体系讨论会"开始的。我们从会后安徽教育史研究会 1984 年 5 月编印的《外国教育史学科体系讨论会论文集》中，可以大体上了解教育史学者关于外国教育史学科的相关学术讨论情况。在此基础上，以《全面危机中的外国教育史学科研究》⑦的发表为标志，教育史学界

---

①　刘海峰：《高等教育史学科建设初探》，载《高等教育研究》，1993(2)。

②　刘海峰：《高等教育史学科建设再探》，载《高等教育研究》，1995(1)。

③　刘立德：《中国教育史学科教科书百年剪影》，载《中国图书评论》，2001(1)；《改革开放 30 年来中国教育史学科教材建设反思与前瞻》，载《河北师范大学学报(教育科学版)》，2008(5)。

④　侯怀银、王喜旺、李艳莉：《中国教育史学科建设的百年求索》，载《陕西师范大学学报(哲学社会科学版)》，2015(4)。

⑤　李忠、周洪宇：《中国教育史学科研究取向的三次转换》，载《陕西师范大学学报(哲学社会科学版)》，2015(4)。

⑥　于述胜：《中国教育史学科结构方式的历史探究》，载《北京师范大学学报(社会科学版)》，2008(1)。

⑦　张斌贤：《全面危机中的外国教育史学科研究》，载《高等师范教育研究》，2000(4)。

全面开始了基于学科危机意识背景下的外国教育史学科相关理论问题研究。这种类型的研究，一方面在回顾外国教育史学科发展历程的基础上，提出对于外国教育史学科发展的理论构想①；另一方面直接从建设性视角来关注外国教育史学科的自身理论建设问题。值得一提的是，从全球史观视野②、知识变迁③、"体系时代"转向"问题时代"④等理论层面，来剖析外国教育史学科自身发展的问题，体现了教育史学者试图从教育史基本理论问题层面，来解决外国教育史学科面临的危机问题的学术尝试。此外，教育史学界对于国外（英国、美国、德国、日本、加拿大等）教育史学科发展历程的回顾与反思⑤，为我们构建中国的外国教育史学科体系提供了理论参考和借鉴。

3. 教育史学科的相关研究

从教育史学科整体发展的视角来探讨教育史学科建设和发展问题，是 21 世纪以来教育史学者关注教育史学科建设的另一种理论表

① 贺国庆：《外国教育史学科发展的世纪回顾与断想》，载《河北师范大学学报（教育科学版）》，2001(3)。刘新科：《外国教育史学科在中国的发展历史回溯与新世纪瞻望》，载《大学教育科学》，2005(2)。洪明：《外国教育史学科建设的回顾与反思——基于外国教育史学科著作类出版物的分析》，载《福建师范大学学报（哲学社会科学版）》，2005(3)。杨捷：《我国外国教育史学科的发展与回顾探究》，载《河北师范大学学报（教育科学版）》，2015(5)。

② 王保星：《全球史观视野下的我国外国教育史学科建设断想》，载《河北师范大学学报（教育科学版）》，2011(1)。

③ 王保星：《知识变迁与我国外国教育史学科改革的新思维》，载《南京师大学报（社会科学版）》，2014(2)。

④ 张斌贤：《从"体系时代"转向"问题时代"：我国外国教育史学科振兴的路径》，载《云南师范大学学报（哲学社会科学版）》，2017(6)。

⑤ 以英国教育史学科为例。周谷平、吴静：《二战后英国教育史学科的发展及启示》，载《全球教育展望》，2002(9)。申国昌：《英国教育史学科的发展历程》，载《湖北大学学报（哲学社会科学版）》，2009(5)。孙益等：《2000 年以来英国教育史学科发展研究》，载《教育学报》，2010(5)。

达方式。从对教育史学科自身建设历程的回顾与前瞻①入手，探讨分析 21 世纪我国教育史学科发展的方向与任务②、面向未来需要处理和面对的理论问题③、学科发展的自我意识④、学科研究范式的反思与转换⑤、学科发展的时代使命和时代特征⑥等方面的学术思考和探索，成为教育史学者试图摆脱教育史学科面临的危机和遭遇的学科发展困境，并力图探索教育史学科重建出发点⑦的学术努力。值得一提的是，以教育活动史研究为范式，力图构建基于三分法的新时期的教育史学科体系，成为引领同时期关于教育史学科基本理论问题研究的新路向。尤其是《教育活动史研究与教育史学科建设》⑧一书的出版，标志着教育活动史范式的理论思考逐渐趋于成熟，并形成了自成体系的教育史学科建设新范式。同样，《华东师范大学学报（教育科学版）》以开辟专栏的方式，从什么是教育史、教育史有什么用、史学方法论与教育史研究刍议、偏离了主体与主流的中国教育史学、教育史研究的价值论问题、西方历史观念的变迁与西方教育史研究前景六个方面，探讨教育史学界关于教育史学科重建的学

---

①　田正平、肖朗：《教育史学科建设的回顾与前瞻》，载《教育研究》，2003(1)。田正平：《老学科 新气象——改革开放 30 年教育史学科建设述评》，载《教育研究》，2008(9)。

②　廖其发：《论 21 世纪我国教育史学科发展的方向和任务》，载《西南师范大学学报（人文社会科学版）》，2001(3)。

③　孙培青：《教育史学科未来的几个问题》，载《河北师范大学学报（教育科学版）》，2005(1)。贺国庆、张薇：《"教育史"学科面向未来的思考》，载《教育科学》，2005(1)。李娟、刘立德：《对教育史学科发展几个问题的探析》，载《河北师范大学学报（教育科学版）》，2009(3)。

④　黄书光：《教育史学科发展的自我意识及其思考》，载《当代教育论坛》，2005(17)。周洪宇：《教育史学科建设的历史自觉意识》，载《教育研究与实验》，2011(1)。

⑤　梁淑红、杨汉麟：《我国教育史学科研究范式的反思与转换》，载《河北师范大学学报（教育科学版）》，2007(1)。

⑥　申国昌：《教育史学科发展的时代特征》，载《教育研究与实验》，2011(1)。周洪宇：《教育史学科体系建设的新思考》，载《中国教师》，2013(2)。郭法奇：《教育史学科建设：新时期、新特征》，载《中国社会科学报》，2018-01-4。

⑦　张斌贤：《探寻教育史学科重建的出发点》，载《北京大学教育评论》，2016(4)。

⑧　周洪宇：《教育活动史研究与教育史学科建设》，济南，山东教育出版社，2011。

术问题①，为促进对学科重建问题更为广泛和深入的探讨，推动教育史学科的自我更新，起到了学术组织和示范引领的作用。

（三）教育史学研究的提出与发展

新中国教育史学研究同样也分为中国教育史学研究和外国教育史学研究两大部分，从教育史学的整体立场来探讨教育史学基本理论问题的研究成果。

1. 中外教育史学研究

（1）中国教育史学研究

教育史学界对于中国教育史学研究的专门而集中的讨论，在1999 年中国教育学会教育史专业委员会的学术研讨会上就得以展开了。与会代表就 20 世纪的中国教育与教育史学进行了集中讨论。之后，教育史学者以研究著名教育史学家的教育史学观及教育史学实践为主题，对毛礼锐的教育史学观、田正平的中国教育近代化研究、丁钢的叙事史范式的教育史学实践、潘懋元的高等教育史学思想、王炳照的教育史学思想、熊明安的教育史学观②等进行了较为系统的研究，为我们深入了解中国教育史学发展过程中著名教育史学家的教育史学思想提供了学术依据，同样也为我们深化中国教育史学研究奠定了基础。尤为值得注意的是，《新世纪中国教育史学的发展趋势》③表明 21 世纪中国教育史学发展将呈现三大发展趋势，即转向

---

① 张斌贤、杜成宪、肖朗等：《教育史学科建设六人谈》，载《华东师范大学学报（教育科学版）》，2016(4)。

② 毛祖桓、王炳照：《略评毛礼锐的教育史学观》，载《江西社会科学》，2004(6)。刘正伟：《开放的教育史学——论田正平的中国教育近代化研究》，载《教育学报》，2013(6)。刘来兵：《丁钢教授叙事史范式的教育史学实践》，载《西部学刊》，2014(6)。张亚群：《潘懋元高等教育史学思想初探》，载《山东高等教育》，2015(9)。施克灿：《王炳照教育史学思想及其对教育史学科的贡献》，载《山东高等教育》，2016(9)。徐挺：《熊明安教育史学观研究》，硕士学位论文，西华师范大学，2016。

③ 周洪宇、申国昌：《新世纪中国教育史学的发展趋势》，载《华东师范大学学报（教育科学版）》，2007(3)。

加强自身学科理论建设，转向研究教育历史的日常问题，转向发掘本土的学术传统，可称为中国教育史学的"三大转向"。

（2）外国教育史学研究

教育史学界的国外教育史学研究，主要集中于以美国和英国为核心的教育史学研究，包括西方教育史学整体发展研究、西方教育史学流派研究、西方教育史学代表人物的教育史学思想研究等。以《西方教育史学的形成与发展》[①]为始端，教育史学者开始从不同的历史时段来研究西方教育史学的发展历程。其中，关于美国教育史学的创立、流派、发展历程、发展转向及发展趋势等方面的研究[②]，为我们全面系统地了解美国教育史学提供了基础；关于英国教育史学的历史演变、发展与趋势及英美教育史学比较，包括法国、德国、澳大利亚等国教育史学方面发展的研究[③]，也为我们理解美国之外的西方主要国家的教育史学研究提供了可能。除此之外，教育史学者从西方教育史学的整体视角，来关注西方教育史学的发展历程、

---

① 吴小平：《西方教育史学的形成与发展》，载《外国教育动态》，1984(2)。

② 周采：《20世纪美国教育史学的思考》，载《南京师大学报(社会科学版)》，2003(6)。周采：《美国教育史学的创立》，载《教育研究与实验》，2003(2)。周采：《战后美国教育史学流派的发展》，载《比较教育研究》，2005(5)。周采：《战后美国教育史学发展的趋势》，载《大学教育科学》，2009(5)。林伟：《美国高等教育史学的发展与趋势》，载《高等教育研究》，2010(3)。诸园、周采：《战后美国女性主义教育史学的发展和趋势》，载《清华大学教育研究》，2012(5)。邬春芹：《美国城市教育史学发展历程研究》，博士学位论文，南京师范大学，2013。诸园、周采：《琳达·艾森曼与美国女性教育史学的转向》，载《中国高等教育》，2018(12)。

③ 武翠红：《战后英国教育史学的发展与趋势》，载《大学教育科学》，2011(1)。武翠红：《传统与变革：英国教育史学历史演变研究》，博士学位论文，南京师范大学，2012。史静寰、延建林：《20世纪英美教育史学取向变化的回顾与启示》，载《河北大学学报(哲学社会科学版)》，2008(3)。申国昌、周洪宇：《法国教育史学发展历程的回顾与梳理》，载《教育研究与实验》，2008(2)。周采：《论德国教育史学的民族传统》，载《华东师范大学学报(教育科学版)》，2011(2)。武翠红：《战后澳大利亚教育史学的发展》，载《教育学报》，2012(2)。武翠红：《二战后德国新教育史学的发展及政治化特征》，载《大学教育科学》，2012(1)。

西方教育史学主要流派等学术话题①，为我们整体上呈现了西方教育史学的发展全貌。值得一提的是，在不断积累国外教育史学研究的基础上，学者们出版了以研究教育史学为主题的学术专著：《美国教育史学：嬗变与超越》（周采，2006 年）；《西方教育史学百年史论》（史静寰、延建林等，2014 年）；《英国教育史学：创立与变革》（武翠红，2015 年）；《美国女性教育史学史研究》（诸园，2017 年）；《当代西方教育史学流派研究》（周采等，2018 年）等。其中，《美国教育史学：嬗变与超越》是我国学者第一次以教育史学为标题来研究美国教育史学的学术著作；《西方教育史学百年史论》和《当代西方教育史学流派研究》为我国学者通论西方教育史学理论的著作。

2. 教育史学研究

教育史学界从《关于〈教育史学〉的构想》②一文的发表开始，就致力于从整体和系统层面展开关于教育史学的研究；1998 年《中国教育史学九十年》的正式出版，标志着教育史学者对于教育史学（主要是中国教育史学）发展历程的研究进入了一个较为系统的发展阶段。21 世纪以来，以《〈教育史学〉的反思与重构》③为新的思索点，教育史学者们试图从教育史学的整体视角来关注教育史学的基本理论问题研究。之后，教育史学评论、教育史学研究主体的素养、教育史学的学术功能与社会功能、教育史学的学科性质、教育史学的元研

---

①　周采：《当代西方教育史学的发展》，载《南京师大学报（社会科学版）》，2009(6)。周采：《战后西方教育史学流派的发展》，载《教育学报》，2010(1)。周采：《历史研究视角的转移与战后西方教育史学》，载《清华大学教育研究》，2010(1)。周采：《民族主义与西方教育史学》，载《大学教育科学》，2012(2)。史静寰、延建林：《西方教育史学百年反思：教育史之内与教育史之外》，载《中国教育科学》，2013(2)。周采：《西方教育史学研究综述(2000—2015)》，载《河北师范大学学报（教育科学版）》，2015(6)。

②　张斌贤：《关于〈教育史学〉的构想》，载《教育研究与实验》，1987(3)。

③　张传燧：《〈教育史学〉的反思与重构》，载《华东师范大学学报（教育科学版）》，2001(1)。

究、教育史学的想象力、教育史学的学科体系、教育史学实践等方面①的学术主题先后受到教育史学者的关注。同样，他们也从史学受众与教育史学、教育生活史、教育史学中国学术话语体系、教育史学研究和学科建设、心态史学及新文化史学对教育史学方法论的启示、教育身体史等研究视域②，多层面、多视角、多方位来推进教育史学研究。值得关注的是，《教育史学》(杜成宪、邓明言，2014年)与《教育史学通论》(周洪宇，2018年)的正式出版，标志着现阶段教育史学研究达到了新高度和新水平。

我们从核心关键词出发，对与新中国教育史学 70 年研究相关的主要文献进行了梳理和总结，不难发现：第一，教育史学者对中外教育史研究和中外教育史学科研究的发展历程，进行了较为系统的回顾与反思，并对各阶段的主要特征进行了总体性阐述；第二，教育史学者关于教育史学方面的研究，形成了较为系统的学术研究成果和学术专著，并形成了对教育史学基本理论问题的初步的学术共识。教育史学者对于教育史研究、教育史学科研究及教育史学研究等方面的学术研究成果，为我们系统开展关于新中国教育史学 70 年

---

① 杜成宪、章小谦：《关于教育史学评论的理论思考》，载《华东师范大学学报(教育科学版)》，2003(1)。耿红卫：《教育史学研究主体素养论》，载《兰州学刊》，2006(12)。肖会平、周洪宇：《教育史学的学术功能与社会功能》，载《教育学报》，2006(3)。郭娅：《元教育史学研究》，博士学位论文，华中师范大学，2007。郭娅：《论教育史学的学科性质》，载《湖北大学学报(哲学社会科学版)》，2007(1)。王晓慧：《论教育史学的想象力》，载《教育学术月刊》，2011(9)。周洪宇：《重论教育史学的学科体系》，载《中国教育科学》，2013(2)。刘来兵：《论现代化范式的教育史学实践》，载《教育研究与实验》，2014(2)。

② 冯强、周采：《史学受众与教育史学》，载《中国人民大学教育学刊》，2012(4)。周洪宇：《加强教育活动史研究 构筑教育史学新框架》，载《湖北大学学报(哲学社会科学版)》，2012(3)。周洪宇：《教育生活史：教育史学研究新领域》，载《教育研究》，2015(6)。周洪宇：《论教育史学中国学术话语体系的构建》，载《河南大学学报(社会科学版)》，2016(3)。李先军、陈琪：《心态史学及其对教育史学方法论的启示》，载《宁波大学学报(教育科学版)》，2017(6)。曹彦杰：《文化转向：新文化史学对教育史学的方法论启示》，载《大学教育科学》，2017(2)。周洪宇、李艳莉：《教育身体史：教育史学新生长点》，载《教育研究》，2017(1)。

方面的学术研究提供了较为充实的学术积淀。

二、教育史学的研究思路和研究方法

（一）研究思路

本书继承和发扬了传统史学研究的优势，以各部分以及各部分之间存在的联结性或对比性关系为基础形成结构张力，以视角的流动贯通为基础形成整体性思维特点，依靠对话和行动并借助有意味的表象的选择，在暗示和联想中把新中国教育史学 70 年发展历程蕴含于其间，从而为今人与"古人"之间展开对话提供合适的教育历史语境，并以此来呈现新中国 70 年教育生活世界的鲜活和生动，拓展现今教育史学研究的思维空间。

（二）研究方法

本书是一个由研究方法的理论基础和一般研究方法两个大的方面及其相关层次构成的研究系统。

第一，研究方法的理论基础。参考和借鉴近现代史学、教育史学等相关人文社会学科理论。

第二，一般研究方法。它是哲学思维方法在历史研究中的运用，主要包括历史文献法、比较分析法、逻辑分析法等，其功能是分析教育历史现象的内在辩证关系和本质特点，在更深层次上把握教育历史的规律。①历史文献法，就是要通过对新中国教育史学 70 年发展历程中的历史文献的收集、整理和分析，厘清新中国教育史学 70 年发展的思想渊源及历史语境；②比较分析法，就是要将新中国教育史学 70 年发展历程的每个历史阶段，放在新中国历史文化语境发展的进程中进行纵向比较，进而深入剖析新中国教育史学 70 年发展历程的阶段特征；③逻辑分析法，就是在对新中国教育史学 70 年发展历程进行阶段分析的基础上，在归纳和总结新中国教育史学 70 年阶段特征的基础上，从总体上把握新中国教育史学的发展趋势，并做出基于历史事实的学术判断。

三、本书的结构

本书就是要以对政策、学科、教材、著作的文本分析为中心，从转型、初建、重建、探索、形成五个阶段来全面呈现新中国教育史学 70 年的发展历程，进而为从整体上把握新中国教育史学 70 年发展历程提供全景式的历史图景。

第一章"教育史学的转型阶段（1949—1957 年）"，包括教育史学研究方法的学术定位、教育史学体系建构的学术努力、新中国教育史学者的学术传承三个方面的主要内容；第二章"教育史学的初建阶段（1957—1976 年）"，包括教育史学体系的自立之路、教育史学研究的二维取向、教育史学者的学术态度、教育史上的儒法斗争四个方面的主要内容；第三章"教育史学的重建阶段（1976—1980 年）"，包括教育史学关键问题的重新诠释、教育史经典人物的重新评价、教育史教材跨年代的正式出版、教育史学者暨学会的鸣锣开张四个方面的主要内容；第四章"教育史学的探索阶段（1980—2000 年）"，包括教育史学体系的中国化努力、教育思想研究与教育制度研究的深化、教育史学新领域的内拓外延、教育史学者暨学会的理论化四个方面的主要内容；第五章"教育史学的形成阶段（2000 年至今）"，包括教育史学体系的新进展、教育史学领域的新突破、教育史学者暨学会的新成就三个方面的主要内容。此外，每章开篇的发展概括部分从整体上呈现相应阶段的总体情况，主要包含五个层面的内容：一是与教育史学科相关的国家教育政策；二是教育史学科设置方面的情况；三是教育史学科的课程设置、人才培养、教材建设；四是教育史学研究的学术结构、学术活动、学术期刊、学术著作；五是教育史学层面的国际交流和社会服务等。本书的结语部分，主要是对教育史学科发展历程的再思考，以史为鉴，为新时期教育史学研究的再出发提供可资借鉴的思维方式和实践路径。本书的附录部分，主要为教育史学科 70 年发展大事记。

　　总而言之，新中国教育史学 70 年的发展历程，是在新中国教育学 70 年的发展过程中不断取得发展和进步的；同样，新中国教育史学 70 年的发展历程，也是在新中国教育史学科 70 年的发展过程中不断获得发展和进步的。新中国教育史学 70 年研究，立足于教育学和教育史的整体学科立场，在对教育史学 70 年发展历程进行梳理和总结的基础上，全景式呈现新中国教育史学 70 年的发展历程，以此为构建系统、完备的新中国教育史学体系奠定坚实的历史基础。

第一章

教育史学的转型阶段
(1949—1957 年)

19 世纪末至 1949 年，以及 1949—1957 年是中国近现代教育史上两个比较重要的转折时期。前一个时期是从中国传统封建教育向西方近代资产阶级教育的转轨，是一个学习借鉴的过程。后一个时期是从资产阶级旧教育向社会主义新教育的转轨，同样也是一个学习借鉴的过程。在前一个时期向后一个时期的发展转变过程中，外国教育史学科(同样包括中国教育史学科，笔者注)的教学与科研从"全盘西化"发展为"全盘苏化"。[①]

第一节　发展概括：学习苏联

1949 年 10 月 5 日，中苏友好协会总会召开成立大会，总会会长刘少奇在会上讲话指出：我们要建国，同样也必须"以俄为师"，学习苏联人民的建国经验；苏联有许多世界上所没有的完全新的科学知识，我们只有从苏联才能学到这些科学知识。例如，经济学、银行学、财政学、商业学、教育学等。同年，以法捷耶夫为团长、西

---

① 李爱萍、单中惠：《外国教育史学科在中国的百年嬗变》，见杨孔炽：《百年跨越——教育史学科的中国历程》，90～91 页，厦门，鹭江出版社，2005。

蒙诺夫为副团长的苏联文化艺术科学工作者代表团来我国访问。代表团团员、俄罗斯联邦共和国人民教育部副部长杜伯洛维娜在北京、上海等地向我国教育工作者介绍苏联教育工作经验。① 12 月 16 日，中央人民政府政务院第十一次政务会议决定成立中国人民大学。成立这所新型的大学是为了适应国家建设需要，接受苏联先进的建设经验，并聘请苏联教授，有计划、有步骤地培养新国家的各种建设干部。"教学与实际联系，苏联经验与中国情况相结合"成为中国人民大学的教育方针。12 月 23 日至 31 日，教育部在北京召开第一次全国教育工作会议。会议指出，建设新教育要以老解放区新教育经验为基础，吸收旧教育某些有用的经验，特别要借助苏联教育建设的先进经验。老解放区新教育经验，旧教育某些有用的经验，尤其是苏联教育建设的先进经验，就成为教育史研究的重点内容。

新中国教育史学科发展的直接动因与高等师范院校开设教育史课程密切相关。1952 年 7 月 16 日，教育部颁布试行《关于高等师范学校的规定（草案）》。其中规定，"高等师范学校的任务，是根据新民主主义教育方针，以理论与实际一致的方法，培养具有马克思列宁主义和马克思列宁主义与中国革命实际相结合的毛泽东思想的基础、高级文化与科学水平和教育的专门知识与技能、全心全意为人民教育事业服务的中等学校师资"②。依据规定，高等师范院校开设教育史课程，教育史课程所讲授的具体内容③因高等师范院校不同

---

① 据不完全统计，1949—1960 年，在我国高等学校工作的苏联教育专家帮助我国培养教师、研究生共 14132 人；亲自讲授的课程 1327 门，指导中国教师讲授的课程有 653 门；编写讲义和教材 1158 种，指导建设教研室 384 个，实验室 807 个，资料室 217 个，实习工厂 40 个。（参见刘英杰：《中国教育大事典 1949—1990》，1675 页，杭州，浙江教育出版社，1993。方晓东：《中华人民共和国教育史纲》，74 页，海口，海南出版社，2002。）

② 《当代中国》丛书教育卷编辑室：《当代中国高等师范教育资料选》上册，21 页，上海，华东师范大学出版社，1986。

③ 为了服务于教育史课程教学的实践需要，全国各地高等师范院校开始自编教育史教材。

专业而有差异。同年，中国教育史教学大纲的讨论会在上海召开。1952 年 7 月，教育部颁发中华人民共和国成立之后的第一个师范学院教学计划——《师范学院教学计划(草案)》。1952 年 11 月，教育部颁发《关于试行师范学院教学计划(草案)的通知》，明确规定教育史为教育专业的必修科目，在本科三、四年级开设，共修 192 学时，其中讲授 128 学时、课堂作业 64 学时，并在科目内容的说明中标注：教育史包括中国教育史及世界教育史。[①] 1953 年 9 月，教育部召开全国高等师范教育会议，明确高师教材建设的原则，并讨论了编写包括中国教育史学科在内的教育类课程教材，明确指出需要注意"中国教育史等科目的教材，只能借鉴苏联相当科目的教材的精神实质、观点方法，由自己编写"[②]。1954 年 4 月，教育部颁发"教育系暂行教学计划"，把教育史列为必修课程，在本科三、四年级开设，共修 220 学时，其中教育史包括中国教育史和世界教育史，并分开教授。[③] 1955 年夏，教育部在上海召开高等师范教育学教学大纲研讨会，并通过大纲草案，明确提出要"创建和发展新中国教育学"。1956 年 3 月 14 日，曹孚在"教育科学规划第一次座谈会"上，提出《关于 1956—1967 年发展教育科学的规划草案》，初稿分为"前言"和"教育学"部分。该稿具体提出了十二年教育学(包括教学法)、心理学、教育史三个方面的重要任务以及具体研究中的中心问题。1956 年 3 月 23 日至 4 月 4 日，教育部在北京召开第二次全国高等师范教育会议[④]，讨论了高等师范教育十二年规划。会议讨论研究了高等师范学校师资队伍建设，明确了高等师范学校的科研方向，对

---

　　① 《当代中国》丛书教育卷编辑室：《当代中国高等师范教育资料选》上册，289～292、398 页，上海，华东师范大学出版社，1986。

　　② 刘立德：《中国教育史学科教材沿革及改革初探》，载《课程·教材·教法》，1997(9)。

　　③ 《当代中国》丛书教育卷编辑室：《当代中国高等师范教育资料选》上册，441～444 页，上海，华东师范大学出版社，1986。

　　④ 第二次全国高等师范教育会议之后，中国教育史教材编写工作全面展开。

修订教学计划、编订教学大纲、编写教科书等各项工作进行了具体部署。1956 年 6 月 2 日，中共教育部党组会议决定成立中央教育科学研究所（简称"中央教科所"）筹备处，由戴伯韬负责筹备工作，由曹孚主持外国教育史的研究工作（1957 年 1 月 26 日，国务院批准进行筹建工作；1960 年 10 月，中央教科所正式成立；1970 年 6 月 22 日，中央教科所被撤销；1978 年 7 月 14 日，经邓小平等中央领导批示，国务院批准恢复重建中央教科所）。

　　从学习苏联先进教育经验到高等师范院校开设教育史课程，从中国教育史教学大纲的讨论到中国教育史和世界教育史教学计划的颁布，从 1956—1967 年发展教育科学规划到中央教科所的正式成立，新中国教育史学科伴随着新中国教育事业的建制实现了历史性的转型发展。首先，从中国教育史学科来看，中华人民共和国最早的中国教育史学科建设和教育史研究，就是从自主编写油印本教材开始的，北京师范大学、华东师范大学、东北师范大学等高等师范院校，在 1953—1954 年大多编写了中国教育史教材[1]，并进行了校际教材交流。这些油印本中国教育史教材对中国教育史学科的研究目的和任务、研究方法、教材体系等相关内容进行了初步研究，这些内容既是对以杨贤江为代表的 20 世纪二三十年代的唯物史观的继承和发展，也是新中国成立以来中国教育史工作者全面学习苏联先进经验的学术尝试。"这些成绩主要是：中国教育史工作者认真、系统地学习了马列主义和毛泽东思想，运用历史唯物主义，按社会发展形态对中国古代、近代、现代教育史进行了研究，突出了社会政治经济背景对教育制度和教育思想的影响，贯穿了阶级分析的方法，

---

[1]　中华人民共和国成立初期的油印教材：沈灌群、张瑞璠的《中国教育史纲要》（华东师范大学出版科 1954 年油印）；祁森焕的《中国教育史》（山西师范学院 1953 年油印）；关正礼、何寿昌的《中国近代教育史》（东北师范大学教务处 1954 年油印）；朗奎第的《中国近代教育史》（山东师范学院教务处 1954 年油印）等。

初步确立了中国教育史的一些学科规范。"①同样,"1957年以前的中国教育史研究由于受'学习苏联'和'批判资产阶级唯心史观'的影响,强调批判、倡导厚古薄今就成为其基调,又尤其表现在对研究目的和任务的认识、对研究方法的运用和对教材体系的构想诸方面"②。

　　其次,从外国教育史学科来看,培养能够以马克思主义立场、观点和方法进行外国教育史研究和教学的工作者,就成为新中国成立以来外国教育史学科建设的首要任务。因此,学习苏联教育史工作者对于教育史教材建设、教育史研究方面的工作经验,就成为新中国外国教育史工作者首先要面对和解决的重要问题。从译介苏联的教育史教材到聘请苏联教育史专家来华授课、亲自指导,外国教育史工作者(包括中国教育史工作者)全面开启了学习苏联先进教育经验的历程。"以上工作对我国外国教育史学科的发展起到了一定的积极作用。这主要表现在两个方面。第一,在全部停用新中国成立前译著的主要反映西方教育发展的外教史教材和教学参考读物后,苏联的教育史教材和论著填补了外教史教学的空缺。这些外教史教材与论著提出了从马克思主义的立场、观点与方法考察人类的教育实践与教育理论遗产的问题,并取得了某些成就,使我国学生学到了外国教育史方面的新知识。特别是马克思、恩格斯、列宁教育论著和克鲁普斯卡娅、马卡连柯教育著作的出版,更以马克思主义方法论和苏联教育理论武装了我国广大师生和教育工作者,对外国教育史学的发展起到了推动作用。第二,正是在这一时期,培养了我国自己的外国教育史教师和科研队伍","在此基础上,我国自编的外国教育史教材和论著开始出版。例如,北京师大、华东师大、东北师大教育史教研室都编印了《外国教育史讲义》,南京师院与河南

---

　　① 刘立德:《中国教育史学科教材沿革及改革初探》,载《课程·教材·教法》,1997(9)。
　　② 杜成宪、崔运武、王伦信:《中国教育史学九十年》,55页,上海,华东师范大学出版社,1998。

师院也编印了《世界教育史》，作为交流教材。北京师大毛礼锐教授和张鸣岐同志编写的《古代中世纪世界教育史》于 1957 年由湖北人民出版社出版，杭大郑晓沧教授编译的《柏拉图论教育》于 1958 年由人民教育出版社出版。"①"这一时期的外国教育史研究遵循唯物史观，在强化学科的党性原则和采用阶级分析方面，有了很大的进步，为学科发展指明了马克思主义的方向。但由于'左'的干扰，并未达到预期效果，学科发展相当迟缓，比起二三十年代的研究，在数量上远远赶不上。"②

可以说，新中国的外国教育史学科建设正是从学习苏联的过程中开始起航的，所遇到的问题也是在全面学习苏联先进教育经验过程中出现和形成的。同样，为了摆脱学习苏联的僵化模式和探索适应我国国情的独立自主的发展道路，以《论十大关系》（1956 年 4 月 25 日）和《关于正确处理人民内部矛盾的问题》（1957 年 2 月 27 日）的讲话为标志，它们为中国教育史工作者自主探索教育史学科建设提供了自由讨论的学术氛围，从而实现了新中国教育史学由转型向初建阶段的发展。

第二节　唯物史观：教育史学研究方法的学术定位

"20 世纪中国史学最显著的进步，是历史观的进步。输入进化论，是一大进步；输入唯物史观，是更大的进步。"③进化史观和唯物史观是先后影响中国 20 世纪历史观念的重要历史观，先以进化史观取代传统循环的历史观，后以唯物史观取代庸俗的进化史观，推动了中

---

①　金锵、吴式颖：《四十年来的外国教育史》，载《华东师范大学学报（教育科学版）》，1989(4)。

②　刘新科：《外国教育史学科在中国的发展历史回溯与新世纪瞻望》，载《大学教育科学》，2005(2)。

③　瞿林东：《唯物史观与中国史学发展》，载《史学史研究》，2002(1)。

国史学转型发展的进程。20世纪中国史学正是在历史观变迁中实现转型发展的，同样，教育史观也伴随着历史观的变迁而变迁。①

一、《教育史 ABC》：新中国成立之前唯物史观的代表

在新中国成立之前，杨贤江撰写的《教育史ABC》是"闪耀着历史唯物主义光辉的教育史专著，它不仅在中国是第一本，在全世界也是第一本，杨贤江同志的贡献的意义也正在于此。尽管这本书还只是初步研究，不免有不足之处，但它毕竟是开创性的，是前无古人的，是在教育史研究领域中升起的第一面马克思主义的旗帜，是教育史研究的曙光和方向。以历史唯物主义作为研究教育史的指导思想，几千年来各种互相矛盾甚至互相对立的教育理论、教育事实才不再是呈现在人们面前的杂乱无章的偶然的堆积物，人们对教育发展历史的认识才得以避免表面性和主观随意性，教育发展的规律才得到科学的说明，教育史才真正成为一门科学。马克思、恩格斯为这一转变提供了可能，杨贤江同志则是第一次使可能成了现实"②。《教育史ABC》与之后出版的《新教育大纲》，就成为体现杨贤江唯物教育史观的代表性著作。其中，教育起源论、对教育性质发展阶段的划分、对资本主义与封建主义教育的比较，代表了杨贤江用唯物史观认识教育问题的真知灼见，对同时期教育史包括教育学科的发展产生了不小的影响。

----

① 新中国成立之前流行的教育史观有：实证主义教育史观、相对主义教育史观、唯物主义教育史观。陈东原的《中国教育史》(1936年)就受到实证主义教育史观的影响，相对主义教育史观指导下的代表性的教育史著作为姜琦的《教育史》(1932年)。李浩吾(杨贤江)的《教育史ABC》(1929年)，周予同的《中国现代教育史》(1934年)，陈青之的《中国教育史》(1936年)，主张从经济关系来考察社会(包括教育)变迁，强调经济基础对于教育改革发展的决定性作用，体现了用唯物论的观点来认识和看待教育问题的教育史研究取向。由于本书研究范围和内容的限制，故只选取具有代表性的著作《教育史ABC》来进行研究。参见杜成宪：《20世纪二、三十年代中国的几种教育史观试探》，载《华东师范大学学报(教育科学版)》，1998(2)。

② 任钟印：《杨贤江与教育史研究》，载《教育评论》，1986(2)。

　　首先，依据杨贤江的理解，教育史研究的任务不仅仅在于记述教育家的事迹、教育家思想的派别，更应该说明教育性质的变迁、变迁的根据和"支配阶级与被支配阶级"之间在变迁过程中的关系变化。杨贤江基于历史唯物主义主张的物质生活资料的生产方式决定社会生活与精神生活，以及经济基础决定上层建筑的理论，来探寻教育性质变迁的根据，"教育这种上层建筑是依据经济构造以成形，且跟随经济发展以变迁的"。同样，支配阶级与被支配阶级之间的关系，也随着经济关系的变化而发生变化。由此，杨贤江认为教育起源于"当时当地的人民实际生活的需要"。杨贤江对于教育与经济、教育与政治之间关系本质的揭示，成为其批判当时社会上各种错误教育主张（教育万能说、教育救国说、教育独立说、教育中立说、先教育后革命说）的理论依据。

　　其次，杨贤江依据马克思主义关于社会发展形态的理论，对教育性质发展阶段进行了重新划分。他根据社会经济和政治发展的形态，将教育史划分为四个时期。（见表 1.1）

表 1.1　教育史四个时期的划分

时期划分	对应时期划分
先史时期的教育	原始氏族社会的教育
古代教育	奴隶制社会的教育
中世的教育	封建社会的教育
近代的教育	资本主义时期的教育

　　杨贤江对于教育史四个时期的划分，既打破了以王朝体系为中心的中国教育史的时期划分，又从理论上呼应了中国社会史大论战中马克思主义史学的历史分期观，"在理论上、方法论上都是开风气之先的创举"[1]。

---

① 孙培青、郑登云：《杨贤江教育思想研究》，301 页，上海，华东师范大学出版社，1989。

最后，杨贤江运用阶级分析方法对资本主义与封建主义教育进行比较。他在指出资本主义教育与封建主义教育之间存在本质差别的基础上，从教育的进步、学者的进步、教材的进步、教授方法的进步、教育目的的进步五个方面来分析资本主义教育的进步性。在此基础上，杨贤江揭示出资本主义教育发展到帝国主义阶段后，教育本质上为资本家服务并灌输他们统治阶级教育思想的实质。

二、以凯洛夫的《教育学》为代表：新中国成立初期的唯物史观

我们学习苏联教育建设的先进经验的主要途径有：一是翻译苏联教育理论著作和教材；二是邀请苏联教育专家担任教育顾问、学校的顾问和直接授课；三是派遣留学生到苏联学习；四是开设学习苏联教育学的辅导讲座。同样，为了更好地学习苏联的先进教育经验，1955—1964 年，我国每年都派出教育代表团访问苏联。其中，时间较早、规模和影响较大的一次访苏教育代表团，就是 1955 年 10 月 9 日至 11 月 18 日，由教育部副部长陈曾固任团长的中小学教师代表团，重点学习了苏联综合技术教育、教学工作和师资教育。正如顾明远所言，"苏联教育理论虽然反映在多种著作中，但中国教育界学习的主要是凯洛夫主编的 1948 年版的《教育学》。因此形成了所谓'凯洛夫教育理论体系'。这个理论体系影响了我国教育理论达半个世纪之久，至今仍有它的影子"[①]。

凯洛夫《教育学》共有三个版本，见表 1.2。其中，在我国流行的版本有 1948 年版和 1956 年版两种，而 1948 年版的《教育学》影响最大。1948 年版的凯洛夫《教育学》中文译本有两种版式，其中最早的是上、下册的两卷本，初版由沈颖、南致善等译，新华书店出版，1950 年 12 月出版的上册发行量为 5000 册，1951 年 5 月出版了下

---

　　① 顾明远：《中国教育科学走向现代化之路纪实——纪念共和国建国 60 周年》，载《北京师范大学学报(社会科学版)》，2009(4)。

册。据统计，1948 年版《教育学》到 1956 年共印 10 次，印数为 291 516 册。1956 年版的初版由陈侠、朱智贤、邵鹤亭等译，人民教育出版社出版，1957 年 3 月出版（全一册），在我国前后共印 8 次，发行量为 193 897 册。

表 1.2　凯洛夫《教育学》的三个版本

版　本	编　者
第 1 版（1939 年）	凯洛夫校订，编者不明（版本未见）。
第 2 版（1948 年）	凯洛夫主编，叶希波夫等人编著。
第 3 版（1956 年）	凯洛夫总主编，冈查洛夫等人主编。

凯洛夫《教育学》1948 年版和 1956 年版的框架结构，见表 1.3、表 1.4。

表 1.3　1948 年版凯洛夫《教育学》的框架结构

编　次	章　次
第一编 教育学总论	第一章，教育学的对象和方法；第二章，共产主义教育的目的和任务。
第二编 教学理论 （教学法）	第三章，教学过程；第四章，教养和教学的内容；第五章，上课是苏维埃学校教学工作的基本组织形式；第六章，教学法；第七章，学生知识的检查和评定方法。
第三编 教育原理	第八章，共产主义道德教育原理；第九章，培养共产主义道德的方法；第十章，辩证唯物主义世界观基础的形成；第十一章，苏维埃爱国主义教育与苏维埃民族自豪精神的培养；第十二章，劳动教育；第十三章，自觉纪律的培养；第十四章，意志与性格的培养；第十五章，美育；第十六章，体育；第十七章，学生集体的组织与培养；第十八章，课外活动和校外活动；第十九章，苏维埃学校的教师；第二十章，学校与家庭；第二十一章，国民教育制度。

表 1.4　1956 年版凯洛夫《教育学》的框架结构

章　次	章　名	章　次	章　名
第一章	教育学的对象	第九章	教学方法

续表

章　次	章　名	章　次	章　名
第二章	共产主义教育的目的和任务	第十章	学校教学工作的组织形式
第三章	学生的年龄特征	第十一章	德育
第四章	苏联的国民教育制度	第十二章	美育
第五章	苏维埃学校的教师	第十三章	学校里的学生集体
第六章	体育	第十四章	学校的课外活动和校外活动
第七章	苏维埃学校普通教育和综合技术教育的内容	第十五章	学校和家庭关于教育儿童的协同工作
第八章	教学过程	第十六章	学校管理和领导

中国接受的凯洛夫《教育学》就是 1948 年版和 1956 年版两个版本，并由此形成了凯洛夫教育理论体系。①总论：说明教育的本质、学校的目的和任务、儿童成长和发展的基本阶段及教育、国民教育体系。②教学论：教学过程、教学内容、教学原则、教学方法等。③教育理论：德育、体育和美育的任务、内容、方法和组织，儿童集体、课外和校外活动、学校与家庭的合作组织问题。④学校行政和领导。我国几十年来编写的大部分《教育学》都没有摆脱这四大块的体系。同样，凯洛夫教育理论体系也成为教育理论工作者开展教育研究的指导思想和理论参照。

与此同时，苏联教育史方面的论著也被介绍到中国。以介绍和学习马卡连柯教育思想为开端，以麦丁斯基(又译为米定斯基)(《世界教育史》)、康斯坦丁诺夫(《世界教育史纲》)、沙巴也娃(《教育史》)、杰普莉茨卡娅(《教育史讲义》)、哥兰塔(《世界教育学史》)等苏联教育学者撰写的教育史著作和崔可夫等①讲授的教育史课程为

---

①　北京师范大学聘请崔可夫、华东师范大学聘请杰普莉茨卡娅讲授教育史，中央教育行政院聘请安娜·西格斯娃讲授教育学的过程中也涉及教育史方面的内容。

依托，中国学者开始了解和学习苏联教育史理论知识。在翻译出版
上述苏联教育史教科书的同时，1952—1956 年，我国还翻译出版了
大量苏联版教育论著与文选。其中，有关马卡连柯等苏联教育家的
生平与教育思想的著作深受新中国教育工作者的喜爱，如《马卡连柯
论共产主义教育》(1955 年)，《马卡连柯全集》(1956—1959 年)，《别
林斯基论教育》(1952 年)，《加里宁论共产主义教育》(1953 年)，《托
尔斯泰论教育》(1955 年)等。

　　苏联教育学和教育史学说对新中国教育史研究的影响主要体现
为："依据五种社会发展形态的观点划分教育史发展阶段，运用上层
建筑和经济基础的相互关系理论分析教育现象，坚持哲学的党性原
则去展现教育思想史上唯物主义和唯心主义的斗争，运用阶级分析
的方法去评判教育历史和教育家，依据教育学理论范畴和框架去构
建教育家的教育思想。"①

第三节　以俄为师：教育史学体系建构的学术努力

一、《世界教育史》：苏联教育史教材的历史智慧

　　学习苏联教育建设的先进经验是建设新中国教育的重要举措，
同样师范院校教育系开设外国教育史课程，也需要参考苏联的教育
史教材。在以俄为师的教育背景下，苏联教育史教材不仅解决了外
国教育史课程教学的需要，同样，从教育史教材体系上也为新中国
教育史学科体系建构提供了学术参照。麦丁斯基编著的《世界教育
史》(1953 年)，康斯坦丁诺夫主编的《世界教育史纲》(1954 年)，沙
巴也娃编写的学前教育专业教科书《教育史》(1955 年)，康斯坦丁诺

---

　　① 杜成宪、崔运武、王伦信：《中国教育史学九十年》，52～53 页，上海，华东师
范大学出版社，1998。

夫、麦丁斯基、沙巴也娃编写的师范院校教育史教科书《教育史》(1957 年),成为新中国高等师范院校的学校教育专业、学前教育专业和中等师范学校的外国教育史课程教材。①

我们试以麦丁斯基的《世界教育史》为例,来分析苏联教育史著作的学科体系。《世界教育史》分为上、下两册,上册讲除苏联以外的世界各国教育和教学理论与实践的发展,下册主要讲苏联教育史。《世界教育史》(上册)内容提要如下。

由原始公社教育及奴隶时代的希腊罗马的教育起,进而叙述中世纪封建时代文艺复兴前及文艺复兴时代的教育发展,并详述了中世纪末期伟大教育家夸美纽斯所提出的新的教育体系及其对于当时的学校教育所给予的重大贡献。

关于近代教育分为三期叙述:第一期由 17 世纪英国资产阶级革命到 18 世纪法国资产阶级革命时期止,详述了洛克、卢梭的教育体系。第二期由法国资产阶级革命至巴黎公社时期,列举了裴斯泰洛齐、福禄培尔、第斯多惠的教育学说,赫尔巴特的教育体系,斯宾塞的教育观,空想社会主义者欧文的教育思想,最后撮述伟大的马克思、恩格斯的教育理论。第三期由巴黎公社到 1918 年底止,叙述了巴黎公社的教育政策、马克思对巴黎公社教育的评价,并历述法、英、美、德各国教育概况及 60 年代初期资产阶级的教育学说,最后叙述自第一次世界大战后法、英、美、德教育法西斯化的情形,同时叙述苏联自十月社会主义革命后奠基在列宁、斯大林所发展丰富了的马克思、恩格斯教育学说上的教育制度,并批判地吸取了世界各国教育思想的精华,使苏联教育发展到空前未有的高峰。

---

① 20 世纪 50 年代初,我国几乎所有中高级师范院校都以上述苏联教育史学者的教育史著作作为教材进行教学。当时的教育史课程不仅仅是教育系科的必修课,而且是师范类院校的公共必修课。

作者在"导言"中阐述了世界教育史的研究对象及任务、世界教育史编著的基本原则、世界教育史教程的体系及划分、世界教育史参考资料四个方面的主要内容。

第一，世界教育史的研究对象及任务。世界教育史是以自古迄今的教养、教育和教学理论及实践为研究对象的。建立苏联教育学和苏联学校教育，就不但要研究过去伟大教育家的学说，而且也要研究旧式学校的经验。以正确方法研究过去的教育史，可以帮助我们抛弃一切陈旧的、建设共产主义不需要的东西，更能帮助我们吸取已经批判处理过的、有利于马克思列宁主义教育的理论和教育实践，有利于建设斯大林时代学校的一切东西。科学地以马克思主义去发扬光大苏联教育学丰富珍贵的历史遗产，就是世界教育史的任务。

第二，世界教育史编著的基本原则。马克思列宁主义教育史之方法的基础，是历史唯物主义。以历史唯物主义为基础所编著的教育史，对于阶级社会历史各阶段的教育理论和实践，应视为阶级的现象。教育史一如一切的哲学，一如一切的科学——是有党性的。世界教育史的立场，是以汲取马克思、恩格斯、列宁、斯大林等马克思列宁主义奠基人的作品和党的文件为主导的。正是这些作品和文件创立了世界教育史的方法基础，并且也提供批判处理过的实际历史资料。

第三，世界教育史教程的体系及划分。世界教育史共分为两部分：一是一般教育史；二是苏联教育史。第一部分包括西欧各国、美国的学校教育史和教育思想史，第二部分包括自古迄今的苏联教育史。其中，一般教育史分为古代教育（至纪元后 4 世纪）、中世纪教育（至 17 世纪英国资产阶级革命）、近代教育三部分。苏联教育史包括五部分：①自俄罗斯国起，至 18 世纪止；②18 世纪和 19 世纪的前 50 年(至 19 世纪 60 年代止);③19 世纪的后 50 年(至 1905 年革命止);④20 世纪初叶(自 1905 年革命起,至十月社会主义革命时止);⑤十月社会主义革命时期。

第四,世界教育史参考资料。世界教育史史实材料收集的来源包括:①与国民教育事业有关的档案材料;②古代记录文献;③官方公布的文献(法令、草案、通令、总结、报告、会议的决议等);④课本、教材、教案,以及记述学校工作特征的资料;⑤著名教育家的著作;⑥各时期的教育出版物。此外,世界教育史和全部文化史是紧密相连的。所以,在研究历史上的教育问题时,研究者也应对于国民历史、哲学史、文化史、文学史中的资料以及各种著述加以收集。在教育史中曾因具有伟大教育观而被赞扬的那些著者们的研究心得和艺术论文,以及描写学校、家庭教育、教师生活习惯等的艺术论文,研究者也应多方采摘以备参考。

在翻译苏联教育史著作的同时,华东师范大学聘请苏联教育专家杰普莉茨卡娅讲授教育史课程,并根据讲授内容编写成《教育史讲义》(上册),供高等师范学校外国教育史课程讲授使用,新中国教育史学者迈出了借鉴和吸收苏联教育史研究成果的重要一步。《教育史讲义》(上册)在苏联教育史著作编写体系的基础上,把教育史学科分为三个部分:世界教育史概述、苏维埃教育史和中国教育史。华东师范大学编写的《教育史讲义》(上册)(内部教材,1956 年),包括世界教育史概述及苏维埃教育史两部分,基本上是根据 1955 年师范学院教学大纲讨论会提出的师范学院共同必修教育史教学大纲修正稿和苏联专家杰普莉茨卡娅在华东师范大学教育史研究班讲授的世界教育史讲义来编写的。[①] 具体执笔人情况如下:王天一、赵淑英、

---

① 《教育史讲义》(上册)在 1958 年出版时书名沿用《教育史讲义》(不分上下册),将原先包括的两部分世界教育史概述和苏维埃教育史,调整为外国教育史概述、俄罗斯教育史、苏维埃学校和教育学的历史三部分,各部分内容在原有的基础上有所增减。

马骥雄、张瑞璠、谢觉一。

《教育史讲义》(上册)在"导言"中指出，教育史研究人类历史中从古到今教育的实践和理论。教育史的任务，是从马克思列宁主义的立场出发，来阐明各个不同的历史时期中，各国的教育、教育机关与教育理论的状况和发展。教育史的研究对象与教育学的研究对象有直接的联系，所研究的都是人类社会的教育现象。教育史的研究对象为人类社会各个不同的历史时期中各国的教育和学校的状况、教育思想的发展，以及在教育思想领域唯物主义与唯心主义的斗争。马克思主义教育史是真正的科学的教育史，以辩证唯物主义和历史唯物主义作为自己的方法论的基础。我们评述任何历史阶段的教育实践和教育理论，都必须以经济基础与上层建筑的辩证作用的观点为根据。社会生活发展的规律，决定着教育与教养实践的规律和教育理论。因此，研究任何一种教育理论，我们都必须将其同产生它的时代条件紧密地联系起来，寻找这个理论与时代联系的线索，分析这个理论对社会的影响。

二、《外国教育史》：新中国教育史学者的学术努力

1962 年出版的曹孚编写的《外国教育史》，虽然从出版年代来看不属于本阶段，但是从具体内容来看应该归属于本阶段，可以被视为新中国教育史学者学习苏联教育史著作的深入发展。《外国教育史》是应高等师范院校教学的需要，采用苏联的几种教育史教材汇编而成的，参与编撰的教育史学者有曹孚、吴式颖、周德昌、谢隆英等。虽然从该书的编者说明中可以看到，书稿主要采自康斯坦丁诺夫等的《教育史》和麦丁斯基的《世界教育史》，但是对比该书和两本苏联教育史著作的目录部分，还是能看到编撰者的用心之处。(见表 1.5)

表 1.5 《外国教育史》目录

编　次	章　次
第一编 古代教育	第一章，原始社会的教育；第二章，古代东方国家的学校；第三章，古代希腊的教育；第四章，古代罗马的教育。
第二编 中世纪教育	第五章，文艺复兴时代以前的教育；第六章，文艺复兴时代的教育；第七章，夸美纽斯的教育思想。
第三编 近代教育——从十七世纪英国资产阶级革命到十八世纪法国资产阶级革命	第八章，洛克的教育思想；第九章，十七世纪到十八世纪的欧洲学校教育；第十章，卢梭的教育思想；第十一章，十八世纪法国唯物主义者（爱尔维修、狄德罗）的教育思想。
第四编 近代教育——从十八世纪法国资产阶级革命到1871 年巴黎公社	第十二章，十八世纪法国资产阶级革命时期的教育思想和学校教育；第十三章，裴斯泰洛齐的教育思想；第十四章，赫尔巴特的教育思想；第十五章，福禄培尔的教育思想；第十六章，欧文的教育活动和教育思想；第十七章，第斯多惠的教育活动和教育思想；第十八章，十八世纪末和十九世纪欧美的学校教育（至 1871 年止）；第十九章，斯宾塞的教育思想；第二十章，乌申斯基的教育思想；第二十一章，俄国革命民主主义者的教育思想；第二十二章，马克思和恩格斯的教育学说。
第五编 近代教育——从 1871 年巴黎公社到十月社会主义革命	第二十三章，巴黎公社的教育政策；第二十四章，十九世纪末到二十世纪初西欧和美国的学校教育；第二十五章，十九世纪末到二十世纪初西欧和美国的教育思想；第二十六章，十九世纪末至 1917 年十月社会主义革命以前俄国的教育；第二十七章，列宁和斯大林的教育学说；第二十八章，十月社会主义革命和一九一七至一九二〇年苏俄的教育改革。

　　《外国教育史》对外国教育史教材体系的划分同《世界教育史》相同，分为古代教育、中世纪教育、近代教育三大部分，其中近代教育由三部分组成；但是在各编具体章的设计上，《外国教育史》融合

了《教育史》和《世界教育史》的内容。在直接"采自"两部分书中的对应章节①的具体内容过程中，《外国教育史》对部分语句内容的表述进行了一定程度的修正，从某种程度上融入了编撰者对于相关部分教育史内容的理解。此外，第二十一章根据《教育史》第十八章和第二十一章改编，第二十六章根据同书的第二十四章、第二十五章、第二十六章改编，第九章、第十八章中有关俄国学校教育的部分根据同书中有关章节改编。正如编者说明所言：全书编辑工作，除了选定章节、改编部分章节以外，对译文作了校订与修润，个别地方对原文作了些修改（节删、补充、文句前后次序的变动等）。

总之，以学习和借鉴《世界教育史》《教育史》为代表的苏联教育史著作为基础，我们引入了马克思主义唯物史观作为教育史研究的指导思想与方法，为教育史学科的发展指明了方向。但是，不可否认的是，"在全面学习借鉴苏联外国教育史学科建设的过程中，我们常犯一个毛病就是缺乏独立思考与创新，跟在别人后面亦步亦趋，其结果是忽视外国教育史史料建设，过分强调外国教育史学科的党性原则和政治色彩"②，致使教育史几乎成为政治思想史和哲学史的附庸。

第四节　薪火相传：新中国教育史学者的学术传承

一、《中国教育史》和《西洋教育史大纲》：中国教育史学者的筚路蓝缕

中国的教育史学科分为中国教育史和外国教育史两个既相互联系又相互独立的学科领域。就中国教育史学科而言，研究者认为黄

---

① 原书注：《外国教育史》导言以及第一、七、八、十、十一、十二、十三、十四、十六、十七、二十、二十二、二十五、二十八章采自《教育史》，第二、三、四、五、六、九、十五、十八、十九、二十三、二十四、二十七章采自《世界教育史》。

② 李爱萍、单中惠：《外国教育史学科在中国的百年嬗变》，见杨孔炽：《百年跨越——教育史学科的中国历程》，91 页，厦门，鹭江出版社，2005。

绍箕、柳诒徵撰著的《中国教育史》是我国学者编撰的第一本中国教育史著作，标志着中国教育史学科的诞生；就外国教育史学科而言，研究者认为姜琦撰写的《西洋教育史大纲》(1921 年)是我国学者最早编撰的外国教育史著作。我们试通过对《中国教育史》和《西洋教育史大纲》在教育史学方面的首创之功的分析，来呈现新中国成立之前中国教育史学者的学术贡献，并以此为基础来探索新中国教育史学者的学术传承。

《中国教育史》是教育史研究中中西结合的最早典型，在教育史学方面的学术贡献①主要体现为：第一，划分了先秦教育的发展阶段。作者将先秦教育分为周以前的教育、西周的教育、春秋的教育三部分，并指出西周教育的特点是"官守世学"，"教育总之于人君，无私家传授之事也"。第二，初步确定了中国教育史的研究对象与范畴。首先，研究对象以学校为主，辅之以社会教育，兼及选举制度。其次，书中首先尝试运用体育、德育和智育范畴，考察中国古代教育的实施过程。最后，以西周为典型，提出教育制度研究的范畴及顺序如下。①教育宗旨；②学校制度——国学与乡学、大学与小学、学制与入学年龄、学年与入学教育、教育与处罚、视学；③学校管理、教育行政与教师；④女学与胎教；⑤学校教育、教学内容。这些范畴也大体上为以后的中国教育制度史、教育管理史研究所借鉴。第三，对中国历史与传统学术有深入的把握，提出诸多独到见解。第四，撰写体例上也颇有特点。首先是史料十分翔实，其次是长于考证。第五，运用西方近代教育和人文社会科学研究成果与方法，对研究中国教育历史作了有益的尝试。作者对西方学者的论著征引颇丰，康德、黑格尔、赫尔巴特、斯宾塞等人的思想资料都有引用，涉及的学科则有哲学、历史学、社会学、人类学、民俗学、民族学、

---

① 杜成宪在《中国教育史》再版(2011 年)的特约编辑前言中，对《中国教育史》著作的相关情况进行了说明，本书学习和借鉴杜成宪的相关学术观点，特此说明。

教育学、教育心理学、教育病理学、德育心理学等。《中国教育史》也存在一些缺陷，主要的问题是历史观，表现为：①持圣贤造世观念；②"夷不如夏"的意识明显。

《西洋教育史大纲》是以日本学者大濑甚太郎和田中义能的著作体例和内容为主体，同时参照其他学者的著作，"以其他许多最近新出版的教育史籍为对照本，藉资考证而征信实"之后，综合而成。作者在书中对教育史研究的必要性、学科性质和体系进行了阐释。首先，作者认为教育史是教育学的基础，并引证施密特的言论来进一步强调和说明，"无教育史之教育学，犹无基础之建筑物也"。其次，作者指出，教育史作为教育学的一个组成部分，因教育学是一门科学，故教育史也是一门科学，是一门"系统的、明晰的、有条理的"科学研究。最后，作者提出了教育史研究的体系①。（见图 1.1）

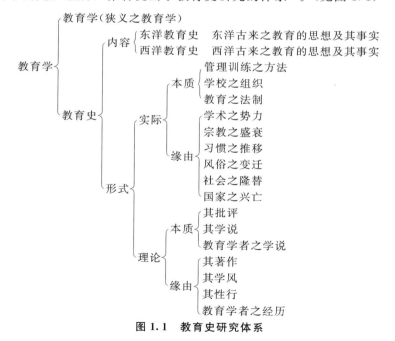

图 1.1   教育史研究体系

---

① 姜琦：《现代西洋教育史》，前言 11 页，福州，福建教育出版社，2011。

《西洋教育史大纲》是国内较早提出教育史研究体系的外国教育史著作，为教育史学界从结构体系的层面来展开研究提供了可资借鉴的范例。作者在此基础上，提出了西洋教育史大纲，即西洋教育史分为审美的教育、实际的教育、宗教的教育、人文的教育、新宗教的教育、实利的教育、新人文的教育、社会的教育、自然的教育、新个人的教育、作业的教育、文化的教育十二个部分。其中，前八个部分是作者写作《西洋教育史大纲》的章节体系，后四个部分是作者写作《现代西洋教育史》的章节体系，两部书共同构成了作者关于西洋教育史的整体研究体系。

虽然，同时期关于西洋教育史的相关著作是以欧美教育史发展演变为中心来进行考察的，在篇章结构上并没有突破欧美教育史的研究范式，但是，以姜琦为代表的教育史学者试图在运用欧美教育史研究范式的同时有所突破，在一定程度上体现了中国教育史学者的学术努力和实践探索。

二、《中国古代教育和教育思想》：新中国教育史学者的自主尝试

《中国古代教育和教育思想》是新中国成立之后公开出版的第一本尝试以唯物主义的观点撰写的中国教育史著作，于1956年由湖北人民出版社出版，1958年俄文版在苏联出版。实际上，在1952年10月，沈灌群为华东师范大学教育系中国教育史学科教学拟就了一份教学大纲草案——《中国教育史教学大纲》。《中国教育史教学大纲》是新中国成立后第一份明确提出以历史唯物主义为指导思想的中国教育史教学大纲，体现了新中国教育史学者探索建立真正的科学的中国教育史的学术努力，对我国中国教育史学科建设产生了一定的影响。《中国教育史教学大纲》认为，中国教育史教学的基本任务在于根据马克思列宁主义方法论原理——历史唯物主义的原则，按照中国历史阶段的划分，掌握已经批判地修正了的、实际的历史的资料，进行教学，使本系学生，从学习祖国教育及教育学历史的实

际中，理解祖国教育及教育学的发展过程，依据毛泽东"剔除其封建性的糟粕，吸收其民主性的精华"的指示，总结祖国教育及教育学上的宝贵经验。教学大纲共分为三部分。第一部分包括原始氏族公社制、奴隶占有制及封建主义所有制。第二部分为半殖民地半封建阶段的前期，即旧民主主义革命时期，包括从鸦片战争到五四运动的80 年(1839—1919 年)，在封建主义与帝国主义互相勾结统治形态下，大地主、大买办、大官僚、大军阀割据性的反革命军事专政前期，封建主义教育向半殖民地半封建主义教育转化的过程。第三部分为半殖民地半封建阶段的后期，即新民主主义革命时期，包括从五四运动到伟大的中华人民共和国诞生的 30 年(1919—1949 年)，大地主、大买办、大官僚、大军阀割据性的反革命军事专政后期：一方面，半殖民地半封建教育先后在封建军阀及国民党反动派统治下，进一步堕落到封建买办法西斯化的过程；另一方面，以 1921 年中国共产党的诞生为起点，掀开了中国史上新民主主义革命新页后，人民教育在毛泽东思想领导下发生发展的过程。同时还包括 1949 年 10月至 1952 年 10 月，3 年来人民教育事业的伟大成就。

沈灌群撰写的《中国古代教育和教育思想》一书是以他在复旦大学和华东师范大学进行中国教育史教学的一部分讲稿为"蓝本"的。正如作者在"前言"中所言，《中国古代教育和教育思想》曾参考国内历史科学的新成就和前辈学者研究中国教育史[①]的成果，曾学习苏维埃学者研究教育史的先进经验，尤其是在关于历史分期问题、历史人物评价问题以及古代学校教育和教育学资料的处理问题等上更是如此。《中国古代教育和教育思想》共分为六章，具体结构体系见表 1.6。

---

① 同时期，山西师范学院祁焕森编著的《中国教育史》(1953 年)同样阐述了关于中国教育史研究目的和任务、研究方法、教材体系方面的问题。

表 1.6　《中国古代教育和教育思想》的具体结构体系

章　次	节　次
第一章 远古时期的教育	第一节，关于中国古代原始教育的传说；第二节，夏商周三代的学校和教育。
第二章 春秋战国时期的 学校和教育学	第一节，春秋战国时期的学校教育；第二节，春秋战国时期先进启蒙者孔子的教育观；第三节，先进启蒙者墨子及墨家学派的教育观；第四节，先进启蒙者孟轲和荀况的教育观；第五节，先进启蒙者"学记"作者的教育观。
第三章 秦统一到清鸦片战争前 学校教育的发展	第一节，二千多年间学校教育发展的社会历史条件和主要特点；第二节，二千多年间学校教育机关的三大类型。
第四章 秦汉魏晋八百年间 教育学的发展	第一节，秦汉魏晋八百年间教育学发展概述；第二节，所谓"汉代孔子"的董仲舒；第三节，唯物主义的思想家王充；第四节，杰出的教育家郑玄。
第五章 隋唐宋明一千多年间 教育学的发展	第一节，隋唐宋明一千多年间教育学发展概述；第二节，"文人之雄"的韩愈；第三节，进步的教育家张载；第四节，杰出的政治家王安石；第五节，"正统派"教育家的著名代表——朱熹；第六节，主观唯心论者王守仁。
第六章 明末清初先进的 教育观点	第一节，明末清初先进教育观点产生的社会历史条件；第二节，农民出身的教育家颜元；第三节，卓越的唯物论者王夫之；第四节，唯物论者戴震。

正如杜成宪所言①，作者有比较正确的历史观，对中国的历史传统和民族文化怀有深厚的感情，这就使作者对中国古代教育遗产采取了较为宽容的态度。尽管书中也力图展示中国教育史上"唯物与唯心、进步与落后反动的斗争"，但仍着意于发掘和弘扬历史上著名思想家、政治家和教育家关于教育学的"杰出的理论和经验"。同样，由于作者曾留学美国，受过系统的专业训练，有着良好的教育理论

---

① 杜成宪、崔运武、王伦信：《中国教育史学九十年》，59～60 页，上海，华东师范大学出版社，1998。

素养，因此，全书有着较高的理论水平。作者把有教育理论贡献的历史人物区分为教育家、思想家、政治家，这些细节表现了作者的严谨。对历史人物，着眼于分析其教育理论的贡献，因此，像王充、郑玄、王夫之、戴震等人，都是作者较早地进行研究的教育人物。全书理论水平尤其体现在对教育思想分析的全面上。该书的理论造诣还表现为作者对中国教育史研究方法的探索。作者清楚中国教育史作为中国历史学分支学科的特点，因此，注意吸收现代中国史学方法。作者还善于概括，对中国教育历史多有所见。比如，对中国两千多年间学校教育发展的主要特点、书院的特点的概括。

第二章

教育史学的初建阶段
(1957—1976 年)

第一节　发展概括：百花齐放、百家争鸣

正如《中国教育史学九十年》所言，20 世纪 50 年代后期，中国进入"多事之秋"。中国共产党 1956 年提倡文艺工作中的"百花齐放"、科学工作中的"百家争鸣"，1957 年又号召全民帮助党整风，演变为波及全国知识界的"反右"斗争，1958 年又掀起全国范围的"大跃进"。此后，国家进入三年困难时期。进入 60 年代，党号召"大兴调查研究之风"，认真总结 1958 年以来教育界违背客观规律所造成的混乱，学术研究的氛围变得宽缓。但是同时，用"贴标签"的方法运用马克思列宁主义、毛泽东思想，呼吁"不要忘记阶级斗争"，批判文化教育领域内的"资产阶级思想"，依然其势不减。[①] 1957—1976 年的教育史学，正是在上述时代背景之下展开的。以 1957 年曹孚发表《教育学研究中的若干问题》为标志，教育史研究者围绕基本问题展开讨论，提出了马克思主义教育学"中国化"以及中国教育与世界教育潮

---

① 杜成宪、崔运武、王伦信：《中国教育史学九十年》，77 页，上海，华东师范大学出版社，1998。

流接轨的"现代化"思想，对苏联教育学和教育史研究中的形而上学以及简单化、公式化的方法发起反击，在理论上为中国教育史学科的中国化指明了方向。1961—1964 年，以教育部召开全国重点高等学校工作会议为标志，教育史学科建设的学术氛围才有所恢复，特别是高校文科教材编写工作①的推进，极大地推动了教育史学科建设的步伐。其中，1961 年 4 月颁布《教育系学校教育专业教学方案（修订草案）》②。该方案中规定学校教育专业将中国教育史、外国教育史、中国教育论著选读、外国教育论著选读作为必修课程，并表明中国教育史和中国教育论著选读、外国教育史和外国教育论著选读可以分别开设，也可以只开史，结合讲论著。该方案规定：中国教育史共修 100～120 学时，外国教育史共修 70～100 学时，中国教育论著选读共修 60～80 学时，外国教育论著选读共修 70 学时左右；同样，在选修课中可开设中国教育现状研究、苏联教育现状研究、外国教育现状研究、现代西方教育思想流派研究、中国近百年教育史研究、教育史专题研究等课程。③ 此后，教育史学科建设又处于一个低峰期，直至"文化大革命"的结束。④ 因此，1961—1964 年可以被视为教育史学科发展的一个高峰期。

对于中国教育史学科来说，以《中国古代教育史》《中国近代教育

①　1961 年 4 月，中宣部召开了高等学校文科教材编选计划会议，周扬副部长在会上发表了《关于高等学校文科教材编选的意见》。至此，教育史教材建设全面进入有计划的统一管理阶段。

②　修订草案注明，这个修订草案和所附的学生阅读书目，是 1961 年 4 月高等学校文科教材选计划会议根据北京师范大学、华东师范大学共同提供的草案修改制定的。当时参加讨论和修改的，除起草单位外，还有中央教科所、中国科学院心理研究所、吉林师范大学、河北大学、南京师范学院、华中师范学院等单位的有关同志。这个修订草案，是为五年制的专业制定的。四年制专业的教学方案，可以参照这个修订草案适当调整。

③　《当代中国》丛书教育卷编辑室：《当代中国高等师范教育资料选》上册，679～692 页，上海，华东师范大学出版社，1986。

④　"文化大革命"十年中，外国教育史研究受到全面政治批判，外国教育史课程不再设置，学科队伍遗失殆尽，学科发展停滞甚至倒退。

史》《中国现代教育史》教材的编写为重点，以教材编撰的形式开始了关于中国教育史学科体系的初步探索。"这些成绩主要是：中国教育史工作者认真地、系统地学习了马列主义和毛泽东思想，运用历史唯物主义，按社会发展形态对中国古代、近代、现代教育史进行了研究，突出了社会政治经济背景对教育制度和教育思想的影响，贯穿了阶级分析的方法，初步确立了中国教育史的一些学科规范"①，"但从总体上来看，中国教育史的研究人员不多，正常的研究更少，与此前或此后任何一个历史时期相比，所取得的进步十分有限"②。对于外国教育史学科来说，自 20 世纪 50 年代后期至 60 年代中期，外国教育史学科开始出现摆脱苏联模式影响的迹象，尝试独立创建具有中国特色的外国教育史学科体系，曹孚编写的《外国教育史》虽然"仅是苏联教育史教材的复制品"，但是以曹孚为组长、滕大春、马骥雄、吴式颖为成员的外国教育史编写小组编写的《〈外国教育史〉编写提纲(初稿)》③体现了教育史工作者对教育史教材体系乃至学科建设的学术思考。同一时期，由胡毅译的《斯宾塞论教育》(1962 年)、傅任敢译的《教育漫话》(1963 年)、常道直译的《亚里士多德论教育》(1964 年)等国外教育名著先后出版；张焕庭主编了《西方资产阶级教育论著选》(1964 年)，北京师范大学和华东师范大学教育史教研室的学者们也编译和编印了部分外国教育史资料。但是，"由于'左'倾思潮的影响和政治运动的冲击，创建具有中国特色的外国教育史学科

---

①　刘立德：《中国教育史学科教材沿革及改革初探》，载《课程·教材·教法》，1997(9)。

②　叶澜：《二十世纪中国社会科学》教育学卷，133 页，上海，上海人民出版社，2005。

③　1961 年，教育部高等学校文科教材编写办公室提出编写《外国教育史》教材，确定由中央教科所研究员曹孚主编。1963 年春，曹孚组织河北大学滕大春、华东师范大学马骥雄和中央教科所吴式颖成立编写小组，着手拟定编写提纲，并进行编写。这个《〈外国教育史〉编写提纲(初稿)》是 1963 年下半年由编写小组分头执笔拟定，集体讨论，最后由主编定稿的。该初稿曾印发给全国高等师范院校征求意见，原拟在教材编写过程中，根据各校所提意见，进一步修订成一份外国教育史教学大纲，后编写工作中辍，修订工作未能完成。

的尝试无疾而终，苏联教育史编撰模式和教育史观仍然深刻影响着外国教育史学科"①。

总而言之，我国虽然从 1956 年开始倡导"百花齐放、百家争鸣"的学术氛围，但是，由于种种历史原因的限制，1957—1976 年我国学术界并没有真正贯彻"百花齐放、百家争鸣"的方针，教育史学科建设很难取得更大的进步，教育史学科期待属于自己的春天！

第二节 反思与再构：教育史学体系的自立之路

20 世纪 50 年代后期，以曹孚发表《教育学研究中的若干问题》一文为标志，教育史学科开始出现摆脱苏联教育史学科模式影响的迹象，并试图独立创建具有中国特色的教育史学科体系的学术尝试。

一、曹孚《教育学研究中的若干问题》的发表

《教育学研究中的若干问题》②是曹孚应中央教育行政学院之邀所作的学术报告，刊于《新建设》1957 年 6 月号。论文主要探讨三个方面的教育史学问题：一是教育中的继承性问题；二是教育史上人物的评价问题；三是对当代资产阶级教育、教育学、教育家的估价问题。

作者认为，教育中的继承性问题，无论是对教育理论的研究，还是对教育实践的指导，都有重要的意义。作为一种上层建筑，教育的性质会随着社会的改变而改变，新旧社会中的教育，就其整体而言，是有本质的不同的。但是，我们不能否认的是，新旧社会中的教育在教育的内容、方法、制度方面存在共同的因素。比如，①在教育内容方面，语言、文字可以一视同仁为各种社会、各个阶

---

① 杨捷：《我国外国教育史学科的发展与回顾探究》，载《河北师范大学学报（教育科学版）》，2015(5)。

② 瞿葆奎、马骥雄、雷尧珠：《曹孚教育论稿》，213～231 页，上海，华东师范大学出版社，1989。

级服务；同样，计算（算术、数学），大部分的自然科学，儿童与青年的体力与智力的发展，甚至道德教育中也存在共同因素，这些教育内容都可以被我们所继承。②在教育的方式方法方面，也存在许多共同的因素。比如，五级分制曾经是帝俄时代的学校中沿用的记分方法，现在同样为社会主义社会服务；苏联高等学校的专业、专门化的设置，它们的教学计划，以及有些教学工作的方式，如毕业设计、口试等，不是在革命以后凭空产生的，而是继承了一部分帝俄时代的教育传统；中小学中的课堂教学制度，同样也是在资本主义社会中成长与发展起来的；社会主义社会的学校中讲直观教学法，采用讲述法、谈话法、实验法等，这些教学方法在资本主义国家的学校中也是广泛采用的。作者对于新旧社会教育中共同因素的剖析，就必然引发出了我们如何对待教育遗产以及教育遗产从何而来的问题。既然我们要用我国历史上的教育遗产来丰富自己的教育学，那么对于近百年来的新教育这一阶段，包括国民党统治下的教育这一段的经验，也是同样应该加以总结和批判继承的。

对于教育史上人物的评价问题，我们首先要解决和回答的问题是：一个教育学家的哲学观点和教育主张之间究竟存在什么样的关系？作者认为，首先，在有的教育学家身上，一般哲学观点与教育主张之间的关系是密切的，但在有的教育学家身上，我们可以看到他的哲学主张与教育主张的不一致，他的哲学体系是错误的，但他的教育主张是正确的。比如，在近代教育史上，夸美纽斯、卢梭、裴斯泰洛齐、乌申斯基等的哲学立场是唯心主义的，但他们的教育体系是进步的。因此，教育史有着不同于哲学史的特点，套用哲学史上的两条路线的斗争来说明教育史上的两条路线的斗争是有困难的。其次，一个人的教育主张与他的哲学立场之间的关系可能是密切的，但在另一个人身上，在这两者之间，也可能没有什么显著的关系。一般来说，具有唯物主义思想的哲学家，作为教育学家，一定是进步的。但一个具有唯心主义哲学思想的教育家可以对教育思想作出积极的、重要的贡献，也是数见不鲜的。论文对教育学家哲学观点和教育主张之间关系的探讨，就引发了如何客观评价教育史上人物的问题。作者认为：①在分析一个教育家或教育思想家时，我们可以分别叙述他的哲学观点、政治立场与教育主张，但重点应为教育主张。假使我们把三者等量齐观，甚或轻重倒置，那么教育史将无区别于一般思想史。这种倾向，我们在教育史的研究中应该防止。②我们应该尽量多发掘与发扬唯物主义思想家的教育思想，但所发掘与发扬的必须是他们的唯物主义的教育思想，而不是他们的一般唯物主义哲学思想；应该指出一个教育家的世界观、认识论与他的教育主张之间的内在联系，而不是把三者机械地凑合在一起。进步的政治倾向一般会导致进步的教育结论，但也必须具体指出前者与后者之间的内在联系。③在评价一个教育史上的人物时，我们应多从他的教育思想本身判定他是进步或保守乃至反动的，而不要从他的哲学观点、政治立场上推论出他的教育思想的进步性或保守、反动性。④我们不能预先臆断凡具有错误的哲学观点、保守的政治立场的人在教育上一定是反动的。一个反动的教育家，也可能具有进步、积极意义的教育思想。这需要进行具体的分析。一个进步的教育家，在其整个教育思想体系中也会有不正确的、错误的成分；同样，一个反动的教育家的思想体系中，也可能包含某些合理的、积极的成分。

对当代资产阶级教育、教育学、教育家的估价问题，主要涉及如何看待帝国主义阶段的资产阶级教育、如何看待资产阶级教育学、如何看待资产阶级教育家的问题。

①如何看待帝国主义阶段的资产阶级教育的问题。[1] 作者认为，

---

[1] 作者主要针对当时对资本主义国家教育评价太过简单化的问题而提出的思考。当时教育界流行的看法：资本主义进入帝国主义阶段后，资本主义国家的政治、经济、文化都日趋腐朽与反动，教育也不例外。

教育之反映社会生产力发展水平是比一般上层建筑更为直接的。其理由是，教育不仅是上层建筑，同时它还是永恒范畴。当代主要资本主义国家的生产力发展水平是相当高的；教育反映着这种生产力，并为这种生产力服务，因而在这些国家中的教育发展的水平也一般是不低的。这才说明，为什么在帝国主义时代的资本主义国家中，教育普及的程度一般相当高，而普及教育的年限，一般是递升的趋势。承认这些事实，并不是长敌人的气势，灭自己的威风。社会主义国家教育的优越性之一是我们能够以十倍于资本主义国家的速度，发展我们的教育，在一个短时期内，赶上并超过资本主义国家教育的发展。

②如何看待资产阶级教育学的问题。在承认只有马克思列宁主义教育学才是真正的科学，资产阶级的教育学根本不是真正的科学的前提下，我们马克思列宁主义教育学在资产阶级教育学方面，是否可以找到一些有价值的、足供我们参考的东西？同样，资产阶级教育学即使不是一门严格意义上的科学，至少也算得上是一门学问。作者指出，我们从资产阶级教育学中吸取与改造的东西，要多过于我们在资产阶级哲学与经济学方面所吸取与改造的。作者结合苏联教育学四个部分——教育的一般理论、教学论、教育论、学校行政与领导，来分析资产阶级教育学中可供参考、吸收与改造的内容。（见表2.1）

表 2.1　苏联教育学四个部分的内容分析

部　分	内容分析
教育的 一般理论	资产阶级用唯心主义观点来处理教育的一般理论(教育的性质，教育在社会生活中的地位，教育与政治、经济之间的关系，教育与遗传、环境之间的关系，教育的目的等)，在这些问题上几乎一句也不可相信。但是，其关于儿童与青年年龄特征方面的研究内容，还是有可取之处的。

续表

部　　分	内容分析
教学论、 教育论	在资产阶级的教学论、教育论中，我们也可以找到不少"科学"的东西。比如，①教学方法方面，"教学的教育性"这一条规律与原则；②道德教育方法方面，重视学生集体在学校道德教育工作中的重要性，并注意游戏、传统这些心理因素在道德教育中的地位；③教育学的心理学基础方面，关于儿童心理、儿童个性方面的知识，儿童年龄特征研究；④教育研究方法方面，观察、谈话、实验、文献研究等。
学校行政 与领导	资产阶级教育学在学校行政与管理方面包含着相当数量的有关方法和技术方面的内容，可供我们参考。

作者结合苏联教育学四个部分的内容，叙述了在什么意义上、在哪些方面、在哪种程度内，资产阶级教育学甚至是帝国主义阶段的资产阶级教育学中的某些成就是可以吸取的。作者最后提出吸取资产阶级教育学的态度是：吸取不是全盘接受，而是有选择、有批判的；在吸取的过程中，我们还应该放在自己的教育学体系中加以"改造"。

③如何看待资产阶级教育家的问题。作者认为，过去几年，教育学界进行了资产阶级思想的批判，主要是对杜威的教育思想的批判。这种批判在划清马克思主义教育思想与反马克思主义教育思想的界限上是有重大意义的。但是，在"百家争鸣"方针提出后，教育学界有人提出了这样的问题：杜威的教育思想是不是应该被全部否定？他的教育思想中没有任何积极的东西？答案显然是否定的：麦丁斯基在《世界教育史》中，在批判杜威的错误之余，也肯定了杜威教育思想中的一些积极东西；威尔斯在《实用主义——帝国主义的哲学》一书中，在肯定了杜威的教育学说"是彻底的反动"之后，同时指出，这种学说，落在一些"诚恳的、忠实的、能干的教师"手中，也在教育方面做了一些好事。这就涉及一个问题：为什么一个反动的教育学说可以使教师们在教育上做出些好事呢？这个问题，我们在重新估价陶行知的教育思想的时候也会遭遇到。作者指出，陶行知

在教育上是曾经做了些好事的，同样，否认陶行知的教育思想与杜威教育思想之间的师承关系是不符合事实的。故此，我们要多从杜威教育思想的整个体系上来批判杜威，不要尽在杜威的片言只语上着眼。很难想象，一个反动的学者所说的一百句话中，错误的就有一百句。往往，他会说出九十句正确的话，而在关键性的十句话上，把他的说法导向错误与反动的结论。杜威的"文风"正是这样的。我们把批判集中在那关键性的十句话上就能击中要害，不必把火力平均分布在一百句话上，把它说成每一句话都是讲错的。对于杜威著作的断章取义的引证，尤其是教育主张的张冠李戴——例如，把道尔顿制说成是杜威主义的——应该避免。同样，杜威的整个教育思想体系是反动的、错误的，但在个别的问题上，他的结论不是用简单化的几句话可以被驳倒的，不能把杜威说成是一个"常识以下"的人，所以，我们要进行更深入、更细致的批判。此外，我们在批判工作中也要发挥独立思想。参考苏联同志们批判杜威的著作对我们是有帮助的，但我们要避免跟在他们后面，亦步亦趋，不越雷池一步，使我们的科学研究成为苏联著作的集注。

二、毛礼锐、邵鹤亭、瞿菊农与《中国古代教育史》

1961 年 4 月 11 日至 25 日，中共中央宣传部会同教育部、文化部在北京召开全国高等学校文科和艺术院校教材编选计划会议。按照会议精神，高校文科教材编写工作全面展开，包括中国教育史和外国教育史在内的教育史教材编写工作随之展开。中国教育史教材方面，毛礼锐、邵鹤亭、瞿菊农的《中国古代教育史》，陈景磐的《中国近代教育史》，陈元晖的《中国现代教育史》，顾树森的《中国历代教育制度》，华东师范大学教育系教育史教研室编著的《中国现代教育史》；外国教育史教材方面，曹孚的《外国教育史》，罗炳之的《外国教育史》(上册)，包括后来由曹孚、滕大春、马骧雄、吴式颖等拟定的《〈外国教育史〉编写提纲(初稿)》，都是这个时期教育史教材建

设的代表。（见表 2.2）

表 2.2　教育史教材编选计划①

课程名称	教材名称	解决办法	负责单位	负责人	开始时间	交稿时间
中国教育史	古代部分	编写	华东师范大学	孟宪承	已开始	1961 年 12 月
	古代部分讲授提纲	编写	北京师范大学	陈景磐	已开始	1961 年 7 月
	近代部分	编写	北京师范大学	陈景磐	已开始	1962 年 2 月
	现代部分	编写	教科所	陈元晖	已开始	1961 年 10 月
中国现代教育论著选读	古代部分	编选	华东师范大学	孟宪承	已开始	1961 年 9 月
	近代部分	编选	北京师范大学	陈景磐	1961 年 7 月	1961 年 9 月
	现代部分	编选	教科所	陈元晖		1961 年 10 月
外国教育史	外国教育史补充教材	编写	教科所	曹孚	已开始	1961 年 7 月
外国教育论著选读	外国教育论著选	编选	南京师范学院	张焕庭	1961 年 5 月	1961 年 5 月上 1961 年 12 月下
选修课	俄国十九世纪教育思想资料	编选	北京师范大学	王天一		1962 年 6 月

《中国古代教育史》《中国近代教育史》《中国现代教育史》共同奠定了中国古代、近代、现代教育史学科研究和教材编写的基本框架。其中，毛礼锐的《中国古代教育史》是结合中国历史年代分期和社会发展形态阶段两种撰写方式的统一体，基本框架见表 2.3。

表 2.3　毛礼锐《中国古代教育史》的基本框架

章　次	节　次
第一章 从远古到西周时期的教育	第一节，原始社会的教育；第二节，夏、商、西周时期奴隶制社会的教育。

---

①　王俊明：《制度变迁与知识生产——北京师范大学教育史学科发展研究(1949—2001)》，115～116 页，北京，中国社会科学出版社，2014。

续表

章　次	节　次
第二章 春秋时期的教育	第一节，孔丘的教育思想；第二节，墨翟的教育思想。
第三章 战国时期的教育	第一节，孟轲的教育思想；第二节，荀况的教育思想；第三节，道家和法家的教育思想；第四节，《礼记》关于教育的思想。
第四章 秦汉时期的教育	第一节，秦汉时期的文化教育政策；第二节，两汉的学校；第三节，两汉的教育思想。
第五章 魏晋南北朝时期的教育	第一节，时兴时废的官学；第二节，"九品中正"的选士制度及其对教育的影响；第三节，玄学家和儒家的教育思想。
第六章 隋唐五代时期的教育	第一节，重振儒术的文教政策；第二节，科举制度的创建及其与学校的关系；第三节，封建学校的昌盛和制度的完备；第四节，教育思想。
第七章 宋元明时期的教育（上）	第一节，宋代的文教政策和教育制度；第二节，书院的发生和发展；第三节，理学教育思想的形成和反理学的教育思想；第四节，朱熹的教育思想。
第八章 宋元明时期的教育（下）	第一节，元明两代的文教政策、学校与科举；第二节，私学与蒙养教材；第三节，社会教育；第四节，王守仁的教育思想；第五节，王廷相的教育思想；第六节，李贽的教育思想。
第九章 明清之际到鸦片战争以前的教育	第一节，清代的文教政策、学校、科举与书院；第二节，初步民主思想的出现与反对理学的教育思想；第三节，王夫之的教育思想；第四节，颜元与戴震的教育思想。
第十章 古代劳动人民的教育活动	本章不分节，主要包括三个方面的内容：为什么要研究劳动人民的教育活动；劳动人民如何取得生产斗争的知识；劳动人民进行阶级斗争的教育活动。

"作为专攻中国教育史的学者，毛礼锐及其《中国古代教育史》的贡献是显著的。尽管写作完成于六十年代初的《中国古代教育史》，留下了以阶级斗争为线索来撰写教育历史的明显痕迹，但由于作者

坚持认为教育是一门独立的学科，在理论、制度和方法等方面都存在着继承性，就使得在对中国传统教育的把握方面，尽可能地做到了坚持历史唯物主义态度，实事求是，具体问题具体分析。"[1]作者在《中国古代教育史》的"结束语"部分：第一，阐述了中国古代教育史学体系。对于中国古代教育发展的基本线索，作者认为，汉武帝接纳董仲舒的建议，"独尊儒术，罢黜百家"，结束了"百家争鸣"的局面。[2] 从此以后，中国两千年的封建教育，以培养"儒士"为目标，为地主阶级的政治服务。第二，阐述了中国封建教育制度研究体系。具体表现为：①各级各类学校系统；②关于学校的组织管理，博士、教授、直讲、助教等的定级定薪制度，学生学习年限、考试、成绩评分、膳宿管理制度等；③与学校教育密切相关的选举和科举的取士制度；④书院制度等。第三，阐述了中国封建教育思想研究体系。①儒学的主要教材是"五经"，即《诗》《书》《易》《礼》《春秋》；②儒家多以教学为业，自孔子以来积累了不少有意义的教育思想和丰富的教学经验，这些经验由于经过了长期的实践，证明行之有效，有些经验已提高到相当的理论水平，和现代世界教育史上总结的教学原则比较，或相符合，或相近似，有的甚至超越了，为我国古代教育的宝库；③在教学方法上总结了许多有价值的经验，有的达到了比较成熟的理论水平，成为有效的原则。师生关系是中国古代教育家素来注重的问题，《学记》、韩愈的《师说》、柳宗元的《师友箴》、启蒙思想家关于师友问题的讨论等，都对这个问题作出了贡献。书院自学讨论的教学法尤为可贵。私学、官立医学及天文台等机关使用实验、观察、调查研究等方法，也有贡献。第四，提出劳动人民自

---

① 叶澜：《二十世纪中国社会科学》教育学卷，135 页，上海，上海人民出版社，2005。

② 作者指出：即使是在以儒、墨、道、法为代表的"百家争鸣"时期，孔子在教育上的影响也是最大的。

身的教育活动丰富了古代的教育历史，推动了社会文化的发展的观点。第五，运用辩证法的观点客观地对待中国古代的教育经验。作者指出，我国古代的教育经验和教育思想是丰富的，其中有糟粕也有精华，应该加以批判地继承。对形而上学和民族虚无主义的史学观点，我们是坚决反对的，应肃清流毒。在这些方面，我们必须做更大的努力，解放思想，打破禁区，实事求是，为发展中国古代教育史这门学科而奋斗。

陈景磐在《中国近代教育史》中，对中国近代教育产生的历史条件、中国近代教育史研究的对象和目的、中国近代教育史的教材结构等三方面的内容进行了阐述。首先，中国近代教育是近代中国社会的政治和经济的反映，是随着中国近代政治、经济的产生和发展而产生和发展的。由此形成了三种不同的文化教育：帝国主义的奴化教育、封建地主阶级的旧文化教育、资产阶级的新文化教育。其次，中国近代教育史以中国这个历史时期的这三种教育的产生与发展、斗争与勾结作为研究的主要对象：研究封建地主阶级旧教育的动摇、改革与形式上的废除；资产阶级新教育的产生、发展和与封建主义旧教育的斗争；帝国主义奴化教育的入侵、扩张和与中国落后的封建教育相互勾结，阻碍中国新教育的发展，为建立一个半殖民地半封建的社会而服务。同时，中国近代教育史也研究中国近代人民群众、先进的资产阶级和小资产阶级，为反抗为反动势力服务的文化教育而进行的不懈的斗争。学习中国近代教育史有助于我们了解中国近代教育产生和发展的规律，正确掌握历史唯物主义的思想武器，以马克思列宁主义、毛泽东思想为指导，具体地分析批判近代中国教育各种各类的思想与措施，抛弃其无用的部分，批判地吸收其有用的部分，进而为我们研究教育理论和现代教育打下基础。最后，中国近代从鸦片战争到五四运动的教育发展，可以以义和团反帝爱国运动作为标界，分为前后两个时期。其中，上篇论述从鸦片战争到义和团反帝爱国运

动时期(1840—1900 年)的教育;下篇论述从义和团反帝爱国运动失
败到五四运动时期(1901—1919 年)的教育。

陈元晖的《中国现代教育史》将 1919—1949 年的中国现代教育分
为五个阶段,即五四运动时期(1919—1921 年)的教育、从中国共产
党成立到第一次国内革命战争结束时期(1921—1927 年)的教育、第
二次国内革命战争时期(1927—1937 年)的教育、抗日战争时期
(1937—1945 年)的教育及第三次国内革命战争时期(1945—1949 年)
的教育。《中国现代教育史》在各章的篇章结构中,首节都介绍每个
时期的社会概括,在此基础上,重点探讨统治阶级与被统治阶级之
间在教育领域内的斗争,最后具体论述教育思想战线上的斗争。我
们从《中国现代教育史》的篇章结构和写作风格来看,能明显地感受
到苏联教育史观的影响,并能从对教育思想战线上斗争情况的论述
中,体悟到作者对中国现代教育史发展历程的整体认知。同样,华
东师范大学教育系教科所编的《中国现代教育史》[①],也是为教育系
本科教学的需要而编写的,1959 年写成初稿,曾作讲义,在师范院
校之间交流,1983 年正式出版。《中国现代教育史》着重总结中国共
产党领导下的新民主主义革命教育经验,重点介绍李大钊、恽代英、
杨贤江、鲁迅和陶行知的教育思想,对国民党统治区的教育,则仅
作简略的评述。全书共分为九章:

第一章,"五四"时期新民主主义教育的萌芽;第二章,中国共
产党成立和第一次国内革命战争时期的教育;第三章,李大钊和恽
代英的教育思想;第四章,第二次国内革命战争时期中央苏区的教
育;第五章,第二次国内革命战争时期国民党统治区的教育;第六
章,教育思想战线上"围剿"与"反围剿"的斗争;第七章,抗日战争

---

① 华东师范大学教育系教科所:《中国现代教育史》,出版说明,上海,华东师范大
学出版社,1983。

时期解放区的人民教育；第八章，第三次国内革命战争时期解放区的人民教育；第九章，抗日战争和解放战争时期，国民党统治区的反动教育和沦陷区的奴化教育批判。

总而言之，以《中国古代教育史》为代表的中国教育史教材，从整体上体现了我国教育史工作者尤其是中国教育史工作者当时对于中国教育史学科的发展历程认识的最高水平，代表了教育史学科在本阶段发展的学术水平，并为改革开放之后教育史学科的发展奠定了学术基础。

三、1961 年修订草案中的中外教育文选篇目

1961 年 4 月颁布的《教育系学校教育专业教学方案(修订草案)》，是高等学校文科教材选编计划会议根据北京师范大学、华东师范大学共同提出的草案修改制定的。这个修订草案除正文之外还附学术阅读书目，其中由于当时还没有正式出版关于中外教育文选方面的专著，所以列出了大致的阅读篇目，包括中国古代教育文选、中国近代教育文选、中国现代教育文选、外国教育论著选等。① 具体情况如下。

中国古代教育文选的阅读篇目：

①孔子，《论语》；②墨子，《所染》《兼爱》《尚同》等；③孟子；④礼记，《大学》《中庸》《学记》；⑤荀子，《劝学》《修身》《儒效》《性恶》等；⑥司马迁，《太史公自序》(见《中国哲学史资料选辑——两汉之部》)；⑦董仲舒，《春秋繁露·深察名号》《天人三策》(见《中国哲学史资料选辑——两汉之部》)；⑧王充，《论衡》(《率性》《本性》《问孔》《实知》《自纪》)(见《中国哲学史资料选辑——两汉之部》)；⑨范缜，《神灭论》(见《中国古代教育史资料》)；⑩柳宗元，《天说》《断刑

---

① 《当代中国》丛书教育卷编辑室：《当代中国高等师范教育资料选》上册，688~691页，上海，华东师范大学出版社，1986。

经《贞符》《封建论》等（见《柳河东集》）；⑪韩愈，《原道》《原性》《师说》等（见《韩昌黎集》）；⑫王安石，《上仁宗皇帝言事书》《原性》《原教》（见《王临川集》）；⑬张载，《正蒙》（见王夫之《张子正蒙注》）；⑭朱熹，《大学章句序》（见《中国古代教育史资料》）、《续近思录》（《论学》《理知》《存养》《克治》《教学》）；⑮王守仁，《紫阳书院集序》《重修山阴县儒学记》《训蒙大意》《答友人》（见《中国古代教育史资料》）；⑯王夫之，《思问录》《俟解》；⑰黄宗羲，《明夷待访录》（《原君》《学校》）；⑱顾炎武，《答友人论学书》《与友人论门人书》（见《顾亭林诗文集》）；⑲颜元，《四存编》（《存学编》《存性编》）、《漳南书院记》（见《中国古代教育史资料》）；⑳戴震，《原善》《孟子字义疏证》。

中国近代教育文选的阅读篇目：

①太平天国，《天朝田亩制度》《资政新篇》，《原道救世歌》《原道醒世训》《原道觉世训》（见中国史学会《近代史资料丛刊》一、二）；②康有为，《大同书》（《己部》《去家界为天民》）、《大清帝第二书》《请废八股试帖楷法试士改用策论折》《请开学校折》（见《戊戌变法》）；③梁启超，《变法通议》（见《戊戌变法》）；④张之洞，《劝学》；⑤严复，《救亡决论》（见《严复诗文选》）；⑥孙中山，《孙中山选集》（《女子要明白三民主义》《陆军军官学校演说》《建国方略第一部分心理建设》）；⑦蔡元培，《蔡元培选集》（《对于教育方针之意见》《以美育代宗教说》《致公言报函并附答林琴南君函》《我对教育界的经验》）。

中国现代教育文选的阅读篇目：

①李大钊，《李大钊选集》（《青春》《今》《劳动教育问题》）；②陶行知，《陶行知教育论文选集》（方与严编）；③李浩吾，《新教育大纲》。

外国教育论著选的阅读篇目：

①柏拉图，《理想国》；②《亚里士多德论教育》(待编)；③夸美纽斯，《大教学论》；④洛克，《教育漫话》；⑤卢梭，《爱弥儿》(重译本)；⑥《裴斯泰洛齐教育文选》；⑦法国十八世纪教育思想资料(待编)；⑧赫尔巴特，《普通教育学》(拟重译)；⑨斯宾塞尔，《教育论》；⑩凯兴斯坦纳，《劳作学校要义》；⑪杜威，《民主主义与教育》；⑫《乌申斯基教育文选》；⑬俄国十九世纪教育思想资料(待编译)；⑭《卢纳卡尔斯基论国民教育》(待译)；⑮《克鲁普斯卡娅教育文选》；⑯《加里宁论共产主义教育与教学》；⑰《马卡连柯全集》，第一卷(《教育诗》)、第四卷(《父母必读》)、第五卷(《论共产主义教育》)；⑱凯洛夫，《教育学》(1956 年版)；⑲叶希波夫、达尼柯夫，《教学论》；⑳康斯坦丁诺夫，《教育史》；㉑斯米尔诺夫，《心理学》；㉒《谢琴诺夫选集》(思想要素、谁来研究以及如何研究心理学)；㉓巴甫洛夫，《高级神经活动研究论文集》(有关条件反射部分)、《巴甫洛夫论心理学与心理学家》；㉔沙尔达柯夫，《中小学学生心理学概论》。

以修订草案附录的方式，列出中外教育文选的阅读书目，对教育系学校教育学专业教学具有十分重要的指导价值。同样，这份阅读书目书单是新中国成立以来第一份以官方形式正式公布的中外教育文选书目，对于开展中外教育史研究尤其是中外教育思想史研究，具有十分重要的参考价值。

第三节　思想与制度：教育史学研究的二维取向

一、《中国古代教育史资料》和《中国古代教育文选》

杜成宪指出，《中国古代教育史资料》和《中国古代教育文选》基本上已勾勒出了中国古代教育制度史和思想史的发展脉络，并在教育史文献资料书籍编纂方面也提供了优秀的范例。①

（一）《中国古代教育史资料》

《中国古代教育史资料》是孟宪承、陈学恂、张瑞璠、周子美编写的，1961 年由人民教育出版社出版。与同年修订再版的舒新城的《中国近代教育史资料》配套成为中国古代、近代教育史资料体系。

正如出版者所言，《中国古代教育史资料》的主要作用是为读者提供研究我国古代教育史的线索，所以并没有明确指出哪些是应当剔除的糟粕，哪些是应当吸收的精华。因此，既列入了唯物主义思想家的资料，也列入了唯心主义思想家的资料。所有思想家的资料几乎都是摘录的，这些资料既反映其正确的一面，也反映其错误的一面，以便读者对历史人物有比较全面的了解，希望读者根据马克思列宁主义的观点来研究分析，加以区别。该书编者在"说明"部分指出，资料的选辑：首先，要注意探索教育历史领域内两条路线——代表统治阶级利益的路线与代表劳动人民利益的路线——的斗争发展过程；要着重搜集人民性的史料，对统治阶级的教育思想和实际措施，也提供便于进行系统的分析批判的基本线索。其次，着重选录原始性的史料，并适当辑录有关的考释性的材料。《中国古代教育史资料》共分为两编，中国奴隶制社会的教育和中国封建社会的教育。其中，中国奴隶制社会的教育，分为殷周的教育和春秋战国时期的教育思想；中国封建社会的教育，分为秦汉至清中叶教育发展的过程和秦汉至清初的教育思想家，从整体设计上就是教育制度和教育思想的统一体。

在教育制度层面：①殷周的教育包括生产劳动经验的传授、学术的官守、学校的教育、贵族的学校和教育思想、关于乡里学校和

---

① 叶澜：《二十世纪中国社会科学》教育学卷，134 页，上海，上海人民出版社，2005。

教学的传说等主要内容；②中国封建社会的教育包括秦汉、魏晋南北朝、隋唐、五代十国、宋、辽金、元、明、清初至中叶的教育，每部分内容要包括相关的教育政策、学校教育制度体系、取士制度等。

在教育思想层面：①春秋战国时期的教育思想包括贵族教育的没落，士阶层的出现，诸子百家的争鸣，以及孔子、墨子、孟子、荀子、屈原的教育思想；②秦汉至清初的教育思想家包括董仲舒、司马迁、王充、郑玄、范缜、韩愈、柳宗元、胡瑗、张载、朱熹、叶适、王守仁、王夫之、颜元、戴震，对教育产生影响的文学作品有关汉卿的戏曲作品、施耐庵的《水浒传》、吴承恩的《西游记》、吴敬梓的《儒林外史》、曹雪芹的《红楼梦》等。对于每位教育思想家的资料，其大体上按照生平、政治思想、道德和宗教思想、教育思想等分类的序列进行辑录，其中教育思想包括教育的对象和作用、教育的目的、教育的内容、教育的方法等范畴。

总之，《中国古代教育史资料》选编的特点可以概括为："其一，选择史料兼顾学术史、思想史、社会史和教育史，而突出教育史；其二，选录史料以历代文献和考古发掘等原始资料为主，也适当收入有价值的历代学者的研究著作；其三，史料的分类和编排方面，既依据了现代教育学理论范畴及体系，也遵循了古代教育史实的固有分类和教育思想的固有范畴。"①这为后世编撰教育史料及展开教育制度和教育思想研究提供了范例。

（二）《中国古代教育文选》

《中国古代教育文选》②是由孟宪承编纂、孙培青注释的，于

---

①　叶澜：《二十世纪中国社会科学》教育学卷，134 页，上海，上海人民出版社，2005。

②　原书说明："《中国古代教育文选》是 1961 年全国高等学校文科教材编选计划会议确定的师范院校教育专业的教材，是孟宪承同志的一部遗著，于 1963 年完稿。出版前曾对书中个别文字作过校正，其余一律维持原作。"

1963 年完成，1979 年由人民教育出版社出版。《中国古代教育文选》
在"编辑说明"①中对内容选录的标准、解题及注释进行了说明。首
先，内容选录的标准。选录在历史上有过重大影响的、具有代表性
的教育论著，以反映进步思想者为主；同时，也有若干传、记和其
他有关教育制度的材料。依据此标准，《中国古代教育文选》选录的
教育论著和教育家有：

《管子》、孔丘、墨翟、孟轲、荀况、《礼记》、《韩非子》、《吕氏
春秋》、董仲舒、《史记》、扬雄、王充、刘邵、颜之推、韩愈、柳宗
元、王安石、张载、朱熹、王守仁、黄宗羲、王夫之、颜元、戴震。

其次，解题简要地介绍教育家的生平、政治立场、思想倾向，
他们在教育史上的地位，他们的重要著作，并分篇说明选文的主要
论点、意义和倾向。最后，注释一般根据旧注，也采用今人的校释；
详略则视文章的内容和难易而定，大致南北朝以前的文章注释较详，
唐宋以后的较略。凡已见前面选文的引语和已经注释的词汇典实，
后面不一一重注。

《中国古代教育文选》与之后的《中国近代教育文选》《中国现代教
育文选》共同构成了中国教育史学科重要的文选资料，并成为展开中
国教育思想史研究的重要参照。其中，陈学恂主编的《中国近代教育
文选》是高等学校中国教育史的教材之一，目的在于使学生培养阅读
中国近代教育文献的能力，加深了解中国近代教育思想的发展，充
实中国近代教育历史的知识。他在"编辑说明"②中对编选原则和编

---

①　孟宪承：《中国古代教育文选》，编辑说明 1～2 页，北京，人民教育出版社，
1979。

②　陈学恂：《中国近代教育文选》，编辑说明 1～2 页，北京，人民教育出版社，
1983。

选体例进行了说明。第一，编选原则。①选材以中国近代教育论著为主，反映中国近代主要教育家的教育思想和主张，并注意中国近代各个历史阶段主要教育思潮的发展过程；②选材以反映中国近代进步的教育论著为主，也适当选录一些具有代表意义的反动教育论著，以便通过对比，更好地说明中国近代教育思想领域内先进的和反动的教育思想斗争过程；③选文大体上按教育家所处时代先后编次，以文系人；④选文力求选取各教育家具有代表性的、典型性的教育论著；⑤选文尽可能收录全文，如原文过长，为了节省篇幅，则对不重要的部分，加以适当删节，删节的地方，都用省略号标出，选文均标点分段；⑥选文采用各种版本加以校勘，并注明依据的版本。在此基础上，《中国近代教育文选》选录的教育家有：

魏源、冯桂芬、容闳、郑观应、李端棻、盛宣怀、严修、康有为、梁启超、严复、张之洞、张百熙、孙诒让、张謇、蔡元培、汤化龙、黄炎培、陈独秀。

第二，编选体例。①教育家介绍，简要介绍教育家的生平事迹、教育活动及其在中国近代教育思想发展史上的地位和影响。②解题，简要说明选文的时代背景和基本教育观点。③注释，选文一律加注。除注释、释义外，注重阐释各篇的教育术语和教育理论。注释力求做到简明扼要，易于理解。凡容易查明的典故、成语、词汇，一般不作注解。

华东师范大学教育系编的《中国现代教育文选》是高等师范院校教育系学生学习中国现代教育史的教材之一，目的是培养学生阅读教育文献的能力，加深他们对中国现代教育思想发展的理解，充实他们的中国现代教育的历史知识，帮助他们树立忠诚于人民教育事

业的信念。该文选在"编辑说明"①中对选材与编次、编选体例进行
了说明。第一，选材与编次。①该书力求反映五四运动以来中国现
代教育的发展过程、基本面貌，选录了中国现代教育史各个发展阶
段上具有代表性的、有过较大影响的教育家的重要论著；②该书以
革命教育家和进步教育家的教育论著为主，同时也选录了一些不同
流派的，甚至是观点有错误的教育著述，以供学生对照、比较；
③选文按教育家所处时代先后编次。在此基础上，《中国现代教育文
选》选录的教育家有：

蔡元培、张伯苓、徐特立、黄炎培、陈独秀、鲁迅、李大钊、
胡适、陶行知、陈鹤琴、舒新城、晏阳初、梁漱溟、陈启天、恽代
英、李维汉、杨贤江、成仿吾、余家菊、江隆基、程今吾。

第二，编选体例。①教育家介绍，简略介绍教育家的生平和教
育活动及其社会影响；②解题，简要介绍选文的写作背景及其主要
的教育观点；③注释，选文加必要的简注，着重注释选文的教育术
语、典故等；④勘误，选文除订正错字、增补脱字外，一般仍保留
原文，不做改动，并注明所据版本；⑤选文尽可能选录全文，如选
文过长，则适当加以删节。

二、《中国历代教育制度》

顾树森的《中国历代教育制度》是新中国成立以来第一部系统研
究中国历代教育制度产生、发展过程的教育史专著，书稿完成于
1964 年前后，1981 年 9 月由江苏教育出版社出版，书稿除个别文字
予以改动外，其余一仍其旧。

---

① 华东师范大学教育系：《中国现代教育文选》，编辑说明，北京，人民教育出版
社，1989。

　　作者在"前言"中对何谓教育史研究、教育制度与教育思想的关系、教育制度研究的范围、教育制度研究的任务进行了说明。首先，教育史是研究人类历史自古迄今教育实践和教育理论的一门学科。历代教育制度是教育史中主要部分之一，与历代教育思想和学说的变迁，有着密切的联系。其次，研究仅限于中国历代教育制度，不仅要研究学校教育方面，凡每个时代中与教育有关的一切设施，只要它是成为一种制度的，都应列入研究范围之内。最后，研究历代教育制度的任务是从马克思列宁主义的立场观点出发，来阐明我国教育的起源和各个不同历史时期的发展，以及教育制度的形成和教育机构的变迁。同样，研究历代教育制度，必须注意劳动人民为反对剥削者对教育的垄断，为反对专为剥削者打算的教育制度而进行的斗争。同时，证明只有无产阶级及其为马克思列宁主义所武装的先锋队——共产党取得政权以后，教育才能为无产阶级的政治服务，教育才能与生产劳动相结合。

　　作者在此基础上指出，中国有四五千年悠久的历史，要把历代教育制度从极其繁复分散的材料中，作一比较简明扼要而又系统的叙述，是相当困难的事情；同时，教育事业的范围很广泛，在纵的方面，有前后历史的承袭的关系，在横的方面，又有社会经济的相互的影响，我们都必须分别加以阐述，说明它的演变。由此，作者将中国历代教育制度分为八个阶段。[①]（见表 2.4）

表 2.4　中国历代教育制度的八个阶段

阶　　段	内　　容
①自原始公社制至奴隶制社会时期	这时期的教育仅是开始，还处于萌芽状态，可靠的材料非常缺乏，其中主要为我国文字的创造与学校的产生，教育制度仅是一种传说。

---

　　①　这种划分，实际上体现了著者对中国教育制度研究对象和范围的理解。（李国钧、王炳照：《中国教育制度通史》，总序 7 页，济南，山东教育出版社，2000。）

续表

阶　段	内　容
②自西周至春秋战国初期封建社会时期	学校制度开始确立，贵族与庶民的教育已形成双轨制，"取士"出于学校；后至贵族没落，官学失修，私学突出，形成百家争鸣、学术文化大放异彩的局面。
③自秦至汉初专制主义中央集权的封建社会时期	秦代吏师与博士制的创立，教育也有中央集权的倾向；到了汉代，学校设立，分为中央与地方两大类型，同时，选举取士制度与学校制度并行，"选士"不出于学校，学校教育逐渐成为"养士"的工具。
④自三国、两晋、南北朝封建统一国家形成分裂时期	学校教育日趋没落，原以经典为中心的教育内容，逐渐趋向于"玄学"和"文学"方面，"选士"之制，完全为以门阀为主的"九品中正制"所替代。
⑤自隋唐至五代封建统一国家由再建至分裂时期	学校虽相当发达，书、算、律、医等科与儒家经典并列成为学校专科，但自选举取士制演变为科举制，与学校制度并存，学校教育渐次成为科举的助手。
⑥自宋代至辽、金、元封建制矛盾扩大时期	宋代特别提倡科举，学校教育逐渐流于形式，由于官学衰颓，同时又受佛教禅林制的影响，书院制度陆续兴起，实开后代私人讲学之风；元代的学校、科举、书院虽沿袭旧制，但"社学"的新制开始创立，"蒙古学"与"回文学"仍保持其特殊地位。
⑦自明至清封建制从衰落到崩溃时期	自明至清中叶以后，学校制度大部分虽仍沿袭唐、宋旧制，但科举制开始以八股文取士，学校形同虚设，成为有名无实的装饰品而已。
⑧自中国沦为半殖民地半封建社会直至新中国成立以前的时期	其间有清末洋务运动中新式学校的设置；维新运动中新式学制的建立；辛亥革命后初期的教育宗旨和学校制度的改革，中小学课程的公布；北洋军阀统治后又受实用主义的影响而有"新学制"的颁布；国民党统治后实行党化教育，推行法西斯主义的教育政策等。除去解放区在中国共产党领导下的教育之外，凡此种种，都足以说明这时期的教育制度是最复杂而且变动最大的。（鉴于这一时期解放区的教育制度及其政策应有专著介绍，故有关内容未编入该书。）

在中国历代教育制度中，学校教育是最主要的教育制度，从西周至明清学校教育制度研究的重点分别为：西周——学校，汉魏时

代——学校以外兼及选举制度，隋唐至明清——学校、科举、书院三方面。鸦片战争后直至新中国成立以前，叙述教育制度时虽然仅限于学校教育范围以内，但由于当时统治阶级，时而主张复古，时而取法日本，时而模仿美国，利用教育麻醉青年，欺骗人民，施行反动的法西斯的教育政策与措施，亦就不得不分别揭露，以说明当时教育制度的反动性及动荡不安，变化无常。

作者在将中国历代教育制度分为八个阶段的基础上，阐述分析了历代教育的研究模式：我们在叙述历代教育制度的同时，必须把某一时代的社会背景、经济结构和科学文化的发展情况密切地联系起来，找寻出这些制度与前后时代联系的线索，然后分析这些制度是如何产生、如何发展的，在当时的社会生活中它起了什么作用，对后代各方面产生了什么影响。特别在进行社会主义革命与社会主义建设的时代里，我们应该对它们有正确的看法与适当的评价。

总之，《中国历代教育制度》有如下值得称道之处："其一，通过对历代教育制度本身以及相关的制度、社会经济结构等的分析，其勾勒出了中国历代教育制度发展演变的概貌，给出了这些教育制度产生的原因与其结果的一条线索"；"其二，对中国历代教育制度发展演变中的基本内容，几乎均有论述分析"；"其三，较好地分析了相关制度，特别是历代选士制度与教育制度的相互关系，从而较好地把握了中国教育制度发展的几个重要阶段的划分"；"其四，如该书的'出版说明'所言，该书'整理收集的资料比较丰富'"。但是，"必须指出的是，作为一部完成于 60 年代的专著，该书不可避免地带有那个时代的痕迹，最为明显的是阶级斗争观点的扩大化。如果说在古代部分阶级分析法使用得已呈现扩大化的趋势的话，那么，在近代部分的使用则更为突出了"。[1]

---

　① 杜成宪、崔运武、王伦信：《中国教育史学九十年》，145～147 页，上海，华东师范大学出版社，1998。

三、《西方资产阶级教育论著选》

张焕庭主编的《西方资产阶级教育论著选》(1964 年)是使高等师范学校和综合大学教育系的学生了解西方资产阶级最著名的教育家的主要论著,理解他们的教育基本观点和主张而编写的论著选读。参加编写任务的有南京师范学院教育系熊子容、罗炳之、杜佐周、王辉明,杭州大学教育系郑晓沧、陈书、王承绪、赵端瑛。其主要选取 19 世纪前资本主义社会具有代表性和影响较大的外国教育家的重要论著,从夸美纽斯起至乌申斯基止,其中柏拉图和亚里士多德的教育论著以附录的形式体现。其具体结构如下。

①夸美纽斯的《大教学论》《母育学校》《泛智学校》;②洛克的《人类理解论》《教育漫话》《关于理解的指导》《工作学校草案》;③卢梭的《爱弥儿》《关于波兰政治的筹议》;④爱尔维修的《论精神》《论人的理智能力和教育》;⑤裴斯泰洛齐的《林哈德与葛笃德》《葛笃德怎样教育她的子女》《与友人谈斯坦兹经验的信》《天鹅之歌》;⑥欧文的《新社会观》《论新的道德世界》《人类思想和实践中的革命》;⑦赫尔巴特的《论世界的美的启示为教育的主要工作》《普通教育学》《教育学讲义纲要》;⑧福禄培尔的《人的教育》;⑨第斯多惠的《德国教师教育指南》;⑩别林斯基的《新年的礼物》;⑪斯宾塞的《教育论》;⑫乌申斯基的《论公共教育的民族性》《劳动的心理和教育意义》《〈儿童世界〉初版序言》《祖国语言》《〈祖国语言〉教学指南》《〈教育人类学〉第一卷序言》。

[附录]①柏拉图的《理想国》;②亚里士多德的《政治论》《尼各马可伦理学》《形而上学》。

《西方资产阶级教育论著选》成为同时期深入了解外国最著名教育家教育观点和主张的重要参考资料,为展开外国教育家教育思想研究提供了资料、范围的参照。之后,华东师范大学教育系和杭州大学教育系编译《现代西方资产阶级教育思想流派论著选》(1980 年)；在此基础之上逐步形成了以华东师范大学教育系、杭州大学教育系合编的《西方古代教育论著选》(1985 年、2001 年)，王承绪、赵祥麟主编的《西方近代教育论著选》(2001 年)，任钟印主编的《西方现代教育论著选》(2001 年)为体系的论著选读，成为学者们学习和研究西方教育家教育思想的重要参考资料。

第四节　批判与继承：教育史学者的学术态度

一、《教育遗产的学习和批判继承》

《教育遗产的学习和批判继承》[①]是黄济对于如何学习和批判继承教育遗产的学术讨论。作者指出，在马克思列宁主义、毛泽东思想的指导下，总结社会主义教育的丰富经验和批判继承历史上优秀的教育遗产，是我国社会主义教育科学建立与发展的极重要的两个方面。因此，我们除了系统地总结我国从老解放区到新中国成立以来的教育工作经验，并学习苏联和其他社会主义国家教育工作的先进经验外，还应更好地批判继承中外教育史上的优秀遗产，以丰富我国社会主义教育的理论与实践。

作者从中国教育史具体实际出发，提出了应当从三个方面学习和批判继承教育遗产：吸取教育史中带有民主性、革命性的精华；学习教育遗产中一些具有科学价值的教育经验；从教育学历史发展的研究中得到启发或借鉴。总的来说，学习和批判继承教育遗产，可以丰富我们的经验，提高我们的认识，对于社会主义教育的理论与实践有着十分重要的意义：第一，批判继承教育史上的优秀遗产，可以促进我国教育科学的建立与发展，有利于我国社会主义教育工

---

① 黄济：《教育遗产的学习和批判继承》，载《北京师范大学学报(人文社会科学版)》，1962(1)。

作的进行；第二，学习教育史中一些有关过去教育黑暗面的材料，可以加深我们对旧教育的了解，并用来教育人民，使广大民众更加热爱今天的社会主义教育和社会主义制度；第三，分析研究教育发展的历史过程，可以使我们从中得到某些启发，吸取历史斗争中的经验教训，丰富我们的思想，加深我们对某些问题的认识，并使我们在新教育的建设中免蹈过去的覆辙；第四，批判反面材料，可以扩大我们的认识领域，锻炼我们辨别是非的能力，达到消毒和防疫的目的；第五，学习和研究教育史，可以提高我们的历史唯物主义的观点，对具体事物进行具体分析，克服脱离实际地、片面地和孤立地看问题的主观主义和形而上学的观点和方法，这对于我们从事教育实际工作和进行教育科学研究，都将有莫大的裨益。

作者认为学习教育遗产和批判继承教育遗产要紧密结合起来，只有很好地学习，才能很好地批判继承。对待历史遗产，有马克思列宁主义和主观主义两种不同的学习态度。抱有主观主义态度的人，对待历史遗产，往往所谓坏，就是绝对的坏，一切皆坏，全部否定；所谓好，就是绝对的好，一切皆好，全部肯定。这是一种形式主义的看问题的方法，是违反历史唯物主义的批判精神的。而对于马克思列宁主义者来说，对待历史遗产，总是要历史地看待，根据各种事物出现的历史条件、阶级实质，它们所包含的具体内容，它们对当时以及后世所起的影响，以及对我们今天有什么样的作用等，进行历史的、阶级的、全面的、具体的分析，区别它们里面正确的部分和不正确的部分，取其精华，去其糟粕，以利于我们社会主义新文化的发展。所以，对待历史遗产，必须大量地占有材料，认真地进行全面的、系统的分析研究工作，才能谈得上批判继承，才能对发展社会主义的文化教育有益。批判继承的过程，就是一个学习的过程，在这一过程中，我们不但要贯彻百花齐放、百家争鸣的方针，而且要坚持学习、批判、再学习、再批判的学习态度，力戒武断和简单化。就是对于历史遗产中反动的东西，也不能简单地唾弃了事，因为简单地否定或者简单地贴上"反动"二字的政治标签，并不能达到批判的目的。要清除反动的教育思想影响，就必须进行一番细致的和深刻的研究与批判工作，才能使人认清这些反动的东西的本质和毒害之所在，以根除它们的不良影响，达到消毒和防疫的目的。总之，批判地继承历史上的优秀的教育遗产，进而发展社会主义的教育理论，学习前人，进而超过前人，这就是我们学习和批判继承教育遗产的唯一正确的态度。

二、座谈会与《中国古代教育史》编写

北京师范大学为了更好地编写《中国古代教育史》教材，专门组织了教育专业组座谈会和历史学家座谈会①，共同探讨如何编写中国古代教育史教材的问题。我们试选取其中的主要观点，来呈现他们对于中国古代教育史乃至教育史的认识和看法。

(一)教育专业组座谈会

1961 年 6 月 20 日，教育专业组召开座谈会主要讨论了《中国古代教育史编写大纲》的基本思路问题。座谈会由教育部副部长董纯才主持，肖劲若、陈元晖、曹孚及北京师范大学参与编写工作的教师参加。董纯才对教材编写提出了四点意见，成为中国古代教育史教材编写的基本基调。

第一，教育史的目的：用历史唯物主义的观点，系统地讲述中国古代的教育，通过讲述，使学生了解中国古代教育的演变和发展规律，教育的特点就是办学校，教育史要以学校教育为主，辅以社会教育。

---

① 两次座谈会的内容可参见：《两次中国古代教育史大纲座谈会纪要》(1961 年)，北京师范大学档案馆藏教务处档案，资料号：196114。王俊明：《制度变迁与知识生产——北京师范大学教育史学科发展研究(1949—2001)》，126～133 页，北京，中国社会科学出版社，2014。

第二，要正确处理几个关系：①论与史的关系。要用观点统率教育事实，一方面要防止材料的堆积，另一方面也要防止空洞的议论。②教育与政治经济的关系。政治经济不可不讲，不讲就说不清楚问题，但不可多讲，讲是为了说明教育不是从天上掉下来的。③学术思想与教育思想的关系。学术思想要讲，但不可多讲，目的在于说明教育思想。④文化发展与教育发展的关系。教育史不是文化史，不是经济史，甚至不是教育思想史。至于教育家是不是可以多讲，你们研究。

第三，要掌握材料，分析研究。应该很好地展开讨论，百家争鸣。如果达不到一致意见，写的时候还可以保留。

第四，写出来可以叫中国古代教育史讲授提纲。在教学和科学研究系统内试用，不公开发行，一面使用一面提意见修改。

（二）历史学家座谈会

1961 年 6 月 21 日，北京师范大学校长陈垣召集专家召开了针对《中国古代教育史》教材编写的座谈会。参与会议的专家有吕振羽、侯外庐、黎澍、贺昌群、陈乐奎、邱汉生、吴晗、何兹全、白寿彝、林砺儒、尹达、翦伯赞、金灿然、范文澜等，其中范文澜、翦伯赞、林砺儒、金灿然、邱汉生等人在会上发言。座谈会的主要议题为中国教育史的基本线索、中国古代教育发展的基本评价、教育史的中心问题、教育家的选择等。（见表 2.5）

表 2.5　1961 年历史学家座谈会的主要议题

议　题	内　容
中国教育史的基本线索	中国古代教育史的线索应以儒家教育为主线。范文澜：中国社会直到五四运动，一直没有脱离儒家思想。金灿然：讲封建社会的教育就离不开儒家。讲教育措施，讲今古文之争，都离不开儒家。林砺儒：《中国古代教育史编写大纲》是根据历史唯物论写的，重视教育思想领域内唯物与唯心的斗争，把劳动人民的教育写进了教育史是好的一面。

续表

议　题	内　容
中国古代教育发展的基本评价	学者们认为要用辩证的思维看待中国教育的发展，不要否定的过多，要看到教育的历史进步性。①要看到中国社会的历史进步性。范文澜：为了揭露封建社会，可以写封建社会阴暗的东西，但不能写成一团黑。②儒家思想的评价问题。范文澜：对儒家如何评价是一个问题，我们不能说，封建的都是坏的。如果用一句"为封建社会服务"来概括就太简单了。翦伯赞：我们要注意不要否定的太多了。不要一说站稳立场，就忘掉了一切。此外，学者们指出对科举制度也不应全盘否定。
教育史的中心问题	教育史要围绕教育来写。学者们指出，在教育史教材中写唯物与唯心的斗争有点空洞，教育史应当写和教育有关的内容。林砺儒：不要把教育史写成文学史和思想史。儒家教育是中国教育史的主要线索，但还要看到中国教育史发展的其他线索。
教育家的选择	范文澜针对《中国古代教育史编写大纲》减少教育家教育思想内容而增加教育制度内容的问题，指出：教育家太少了，甚至原讲稿中的教育家比例也少，要加进一些来。教育还是由教育家来办的，应多一些教育家。不只是 22 个（教育史讲义原稿），三十几个也行。对待历史上的教育家，态度要平静一些，不要火气太大，调子搞得太高，首先要平实。同样，教育史教材的编写要以对教育的贡献来评价历史人物，而不只是按照"唯物、唯心"的哲学标准。林砺儒：韩愈在教育史上的贡献比柳宗元大得多，不应处于挨打的地位。不能因为是唯心的，就少写，少肯定，多否定。不能因为是唯物的，就多写，多肯定。

　　教育专业组座谈会和历史学家座谈会之后，"大家还是形成了基本一致的意见，即以儒家教育作为中国古代教育史的主线。因为儒家思想和中国古代教育是一个问题的两面。我们在教育史教材编写的过程中，要把儒家思想与教育特点结合起来看，儒家思想是封建社会的上层建筑，它重纲常、重道德。体现在教育上，就是政教不分，宗教不能控制教育，教育有非宗教性；养士权利逐步集中，范围逐步扩大；内容以儒学为主，实质上是儒家教育。我们在教材中谈儒家思想要有一个出发点，即儒家思想离不开孔子，也不能限于孔子。孔子要解决的是一个现实的政治问题，以明人伦作为永恒的

道德。中国教育的特点是伦常化的等级教育，对本阶级是养士，对人民是教化"①。

三、《关于外国教育史问题》

《关于外国教育史问题》是曹孚 1963 年 6 月 20 日在吉林师范大学（现为东北师范大学）关于外国教育史问题的座谈会上的发言记录。所关注的教育史问题为：外国教育史的科学研究方向与方法；关于编写外国教育史的情况；新编外国教育史在结构上有何变化；教育思想与教育制度的关系如何处理；关于外国教育史怎样反映教育的规律性和反映了哪些教育规律问题；外国教育史的教学目的和任务等方面的内容。

首先，作者认为外国教育史研究应以问题为纲，即问题式的教育史。教育史的研究应该为教育学服务，为中国教育建设服务；应该做到古为今用，外为中用。

其次，我们要编写一部具有中国特点的外国教育史，就需要在材料上超过苏联康斯坦丁诺夫等编写的教育史，在观点上以马克思列宁主义、毛泽东思想为指导。具体来说，我们在学习苏联编写的教育史的同时，还需要向具有中国特点的方向努力。即突出阶级观点，注意历史主义，初步地以问题为纲，古为今用，外为中用。此外，在具体结构方面：一是要增加东方教育史；二是删减古代部分；三是要增加教育制度部分。

再次，教育思想与教育制度的关系为：用思想说明制度，用制度说明思想。具体来说：一是思想资料的取材应选择对当代或后代有影响的部分；二是教育思想与教育制度的影响要仔细去找。

最后，教育史中的规律是指教育事业如何发展、如何演变的规

① 王俊明：《制度变迁与知识生产——北京师范大学教育史学科发展研究（1949—2001）》，136 页，北京，中国社会科学出版社，2014。

律，以及教育思想如何发展、如何演变的规律，不是指实际教育工作的规律。具体来说：一是刻画出教育发展的线索；二是阐明教育史上的事件的因果关系；三是找出历史上的经验教训。我们在外国教育史发展过程中需要掌握的规律有：资本主义教育的两重性；矛盾的转化规律；关于教育的功能，也就是教育在政治、经济中所起的作用；反映阶级斗争的复杂性、曲折性。此外，还有先抓扫盲，或先搞普及教育，或两者并举，都能找出规律等。

　　总之，从《教育学研究中的若干问题》到《关于外国教育史问题》，这充分体现了曹孚对于教育史学科基本理论问题的关注和探讨，反映了中国教育史工作者自主探索具有中国特色的教育史学科体系的开拓创新精神。

第五节　探索与歧路：教育史上的儒法斗争

　　1963年后，伴随着文艺界、文学界、哲学界、经济学界对诸如《早春二月》、"中间人物论"、"让步政策"、"非阶级观点"批判的同时，教育学界展开对"母爱教育"①及凯洛夫《教育学》的批判，之后，教育科学研究渐渐失去了所需要的学术环境，与此同时，教育史研究的主题也发生了转向。在社会各界以对孔子教育思想的批判为重

――――――――――

　　①　1963年5月，《江苏教育》发表《育苗人》一文，介绍南京师范学院附小教师斯霞精心培育学生的事迹；后作者又将此文写成《斯霞和孩子》，发表在5月13日《人民日报》上。这两篇文章都强调教师要以"童心"爱"童心"，儿童"不但需要教师的爱，还需要母爱"，教师"像一个辛勤的园丁"，"给我们的幼苗带来温暖的阳光，甘甜的雨露"。10月，《人民教育》发表《我们必须和资产阶级教育思想划清界限》《从用"童心"爱"童心"说起》《谁说教育战线无战事？》三篇文章，以讨论"母爱教育"为题，说这就是资产阶级教育家早就提倡过的"爱的教育"。由此，教育界掀起了一场关于"母爱教育"的讨论和批判。1964年8月，《人民教育》发表关于"爱的教育"讨论的评述，说这场讨论揭露了教育战线存在的严重的阶级斗争，是教育工作上两种思想、两条道路斗争的反映，是教育战线上社会主义革命斗争的继续，是和几千年来一切剥削阶级的教育思想，特别是和资产阶级教育思想作决裂的斗争的序幕，还要有更大的主力战在后头。

心，认为一部中国思想史实为一部儒法斗争史的同时，儒法之间的斗争遂成为教育史发展的主要线索。

1974 年，《教育革命通讯》从第六期起开辟"教育史上的儒法斗争"专栏，发表评价教育史上儒法斗争的文章。7 月，该刊编辑部在北京师范大学召开研究法家教育思想的座谈会。当时，北京师范大学、河北大学等七院校教育史、教育学教师和工农兵代表共二十余人参会。会议指出：要抓住儒法两种教育思想在一系列问题上的对立，批判儒家的反动教育思想，研究法家的进步教育主张，总结历史经验，为当前的斗争服务。12 月，该刊第十二期发表了北京师范大学教育系、广东师范学院教育学教研室、河南南阳地区教育干部学习班编写的《教育史上的儒法斗争概括（初稿）》。1975 年，人民教育出版社正式出版了《教育史上的儒法斗争概括》，具体内容如下。

①新兴地主阶级夺取教育阵地的序幕；②在反儒斗争中法家教育路线的形成；③秦汉之际教育领域复辟与反复辟的严重较量；④东汉三国时期对"独尊儒术"的批判；⑤唐代儒法教育思想的两度大交锋；⑥北宋法家的教育改革与顽固派的反攻倒算；⑦南宋明清反理学教育的战斗；⑧封建教育的总崩溃；⑨太平天国在教育上的破旧立新；⑩学校和科举之争、新学和旧学之争、西学和中学之争；⑪辛亥革命前后反复古教育的斗争。

按照此说，儒法斗争是贯穿中国教育史发展的一条新主线，"从先秦到近现代，在几乎每一个时代里都'发掘'出这种斗争，刻意说明儒法斗争是贯穿于中国教育史始终的一条'红线'，说明'教育历来是阶级专政的工具'这一道理"①。孟轲与荀况、董仲舒与王充、韩

① 陈晓禾：《教育历来是阶级专政的工具》，载《解放日报》，1976-03-28。

愈与柳宗元、朱熹与陈亮之间的儒法斗争，商鞅、韩非、秦始皇、武则天、王安石、李贽、王夫之、颜元、严复、章太炎等法家代表人物，就成为"评法批儒"斗争中被主要关注的对象。1974—1975 年的"评法批儒"斗争，只是 1966—1976 年教育史发展歧路上的一个典型的表征，体现了中国教育史学发展的一段特殊的历程。

第三章

教育史学的重建阶段
(1976—1980 年)

第一节　发展概括：教育科学研究的春天

新时期教育史学科的建设，是在粉碎"四人帮"以后拉开序幕的。特别是党的十一届三中全会召开后，中国的教育迎来了百花盛开的春天，中国教育科学研究也迎来了属于自己的春天。教育史学科建设就是在这属于自己的春天里拉开重建序幕的。

从教育史学科建设的层面上来看，1976—1980 年属于教育史学科建设的恢复重建阶段，属于教育史学科建设在经历低谷之后重新走上正确道路的重建阶段，属于教育史工作者逐步恢复教学和科学研究工作的重建阶段。首先，中国教育史学科以"重评孔子"、外国教育史学科以"重评杜威"为突破口，逐步恢复教育史学科在人才培养和科学研究中的基础性地位。教育史学科对于孔子、杜威等教育历史人物的重新评价的历史意义，就在于探讨如何运用历史唯物主义的方法来正确对待中外教育遗产的深层理论问题。在此之后，金锵、张惠芬、张瑞璠等学者发表了一系列文章，集中探讨教育史研究中的批判与继承的理论问题。其次，高等师范院校恢复招生之后，为了满足教学工作的现实需要，我国出版了编写于 20 世纪 60 年代、体现了教育史学界老一辈学者心血结晶的中外教育史教材和专著。这些中外教育史教材和专著从整体上代表了教育史学界五六十年代的最高理论水平，这次的恢复出版既体现了对老一辈教育史学工作者劳动成果的尊重，又体现了对既往教育史学研究成果的学术继承。80年代的教育史学研究，正是在此基础上不断成长和发展起来的。同样，一批中外教育史工作者在这批教材和著作的影响下，逐渐成长为教育史领域的学术传承者和发展者。再次，1979年12月，中国教育学会全国教育史研究会在杭州举行成立大会，从此教育史工作者有了自己的学术组织，有了全国性的交流学术思想的组织平台。教育史工作者正是借助于全国教育史研究会这个平台，组织了中外教育史"学科体系研讨会"，使得教育史学科体系建设进入了一个新阶段。接着，教育史学科从1978年开始在全国范围内招收研究生。这一重大教育举措，使得教育史学科断档十几年的教学和研究队伍得以补充、后继有人，教育史研究生为教育史学科建设注入了动力，增添了鲜活的血液。更为重要的是，1978年7月14日，经邓小平等中央领导批示，国务院批准恢复重建中央教科所(2011年8月改名为中国教育科学研究院)。恢复重建的中央教科所，伴随着中国教育科学研究的春天也迎来了属于自己的春天，并在规划引领中国教育科学研究恢复重建过程中发挥着重要的示范作用。1983年9月26日，全国教育科学规划领导小组成立，办公室设在中央教科所，中央教科所所长兼任办公室主任。"六五"以来，全国教育科学规划历任领导小组组长均由教育部部长兼任，统管全国教育科学规划工作。至此，我国教育科学研究全面进入科学规划时代，由全国教育科学规划领导小组办公室负责制定的全国教育科学规划及评审的教育史立项课题，遂成为引领全国教育史学科建设及研究的重要学术指标。因此，恢复重建在教育史学科发展中起到了承上启下、继往开来的历史作用，其意义在于使教育史学科建设走向了正常发展的轨道，为以后创建具有中国特色的教育史学科体系创造了有利的条件。

　　总而言之，从恢复本科招生到招收研究生，从继承出版旧教材到编写新教材，从建立全国性的学术组织到展开学科体系研讨会，教育史学科逐渐走上了正确发展的快轨道，教育史工作者真正从学术意义上迎来了属于自己的春天。20 世纪八九十年代的教育史学发展，正是在此基础上扬帆起航的。

第二节　复归本原：教育史学关键问题的重新诠释

一、教育领域的"真理标准问题"讨论

　　1979 年 4 月 15 日，中央教科所主办的《教育研究》创刊。《教育研究》在创刊号中申明："本刊目前的任务，便是和大家一起，提倡解放思想、破除迷信，使我们的思想从林彪、'四人帮'的束缚中解放出来，回到马克思主义的认识论上来，把被颠倒的东西重新颠倒过来。"《教育研究》创刊号发表《根据实践是检验真理的唯一标准，探索教育工作中的规律》一文，文章对"文化大革命"期间教育上的种种错误观点进行了批判。此后，《教育研究》第 4 期发表特约评论员文章《补好真理标准讨论这一课，教育问题要来一次大讨论》，把纠正"两个凡是"提到"两种思想大论战"的高度去认识。之后，教育领域关于真理标准问题的讨论随之展开。从 1980 年秋开始，《教育研究》还开辟专栏，专门讨论"关于进一步解放思想，搞好科学研究问题"，将教育领域关于解放思想的讨论逐步引向深入。与此同时，《文汇报》《光明日报》等报纸期刊也加入教育领域解放思想的大讨论之中。这些讨论对于活跃教育领域科学研究的学术氛围，促进教育思想解放起到了重要的作用。

　　教育领域关于真理标准问题的讨论，主要是围绕教育本质和教育属性问题展开的。新中国成立以来，教育领域的研究者在全面学

习苏联的过程中，认为教育是社会的上层建筑，并以此为理论前提，认为"教育为无产阶级政治服务"是其最基本的职能。1978 年 3 月，于光远在《学术研究》发表《重视培养人的研究》一文，对教育属于上层建筑的正统认识提出了挑战，"在教育这种社会现象中，虽然包含有某些属于上层建筑的东西。但是整个说来，不能说教育就是上层建筑。在教育与上层建筑两者之间不能划上个等号。同样，我们也不能说学校就是上层建筑。不能在学校和上层建筑之间划上一个等号"①。此后，在《补好真理标准讨论这一课，教育问题要来一次大讨论》一文中，作者指出"在教育战线上，关于实践是检验真理的唯一标准问题，我们还没有很好开展讨论，更谈不上深入，必须认真补好这一课"，因为"只有弄清楚 30 年来教育战线上的是非得失，认识教育规律，才能改革教育适应四个现代化的要求"。首先，"要以实践来检验教育方面的理论，那么首先就要问：教育理论情况怎么样呢？我们不能不承认，至今还没有自成体系的马克思主义教育学理论。有人认为这种说法大谬不然，他们总是印证一些马克思主义经典作家的论述，声言那就是马克思主义教育学。马克思主义不是包罗万象的科学的科学。正像马克思主义可以指导具体的自然科学的研究，但没有也不能代替或包括物理学、化学、生物学一样，马克思主义也只能指导具体的社会科学的研究，同样没有也不能代替或包括法学、伦理学、教育学等。马克思主义提供了科学的世界观、方法论以及某些教育方面的一般性原理，至于教育科学的理论体系，我们还需要在教育实践中进行探索和总结。30 年中，我们很少在实验的基础上独立地进行教育理论的研究，大多是对本本的注解或首长指示和政策条例的汇编。有的只是一些判断，没有科学的论证，如学制要缩短，制定学制的根据是什么？短到什么程度才算合适？

---

①　于光远：《重视培养人的研究》，载《学术研究》，1978(3)。

缺乏科学的理论作指导，必然陷入盲目性，所以，教育战线上乱提
口号、赶时髦之风特盛，摇摆、反复、动荡历史最久"。其次，"没
有系统的教育学理论，不等于说没有教育思想。在对语录注解时，
实际是用'我注六经，六经注我'的办法，发挥了一系列教育思想。
我们面对着 30 年教育事业的结果，不能不分析、研究、检验造成这
种结果的指导思想"。再次，"30 年教育有许多正确的好的东西和经
验。但是，即使在当时条件下是正确的东西和好的经验，在新的历
史条件下还要继续接受实践的检验，进行修正、补充、发展"。最
后，"30 年教育战线上的是和非，并不是说到了今天才能搞清楚"，
"这说明教育战线上没有树立实践的权威，特别容易受骗子的愚弄和
摆布。通过真理标准问题的讨论的补课，不仅要弄清具体的是非，
更重要的是教育人们相信实践的检验，为真理而斗争，敢于抵制和
反对错误倾向"。①

　　教育领域关于真理标准问题的讨论，关键在于树立实践是检验
真理的唯一标准的理念。《补好真理标准讨论这一课，教育问题要来
一次大讨论》中的论断，时至今日，仍然具有解放思想的理论价值：
第一，马克思主义不是包罗万象的科学；第二，教育科学的理论体
系需要在教育实践中进行探索和总结；第三，30 年中我们很少在实
验的基础上独立地进行教育理论的研究，大多是对本本的注解或首
长指示和政策条例的汇编；第四，缺乏科学的理论作指导，必然陷
入盲目性；第五，教育战线上没有树立实践的权威，特别容易受骗
子的愚弄和摆布；第六，通过真理标准问题的讨论的补课，更重要
的是教育人们相信实践的检验，为真理而斗争，敢于抵制和反对错
误倾向。

　　教育史学界关于真理标准问题的讨论，就是在教育领域关于真

---

　　① 《补好真理标准讨论这一课，教育问题要来一次大讨论》，载《教育研究》，1979(4)。

理标准问题讨论的基础上展开的。

二、教育史的批判与继承

教育领域关于真理标准问题的讨论，也引发了教育史研究领域
对教育史学关键问题的讨论。《教育研究》在 1980 年第 1 期集中发表
了一系列教育史学方面的理论文章，深入探讨了以教育史的批判与
继承为中心且关乎教育史学科发展并亟须从理论上给以解答的教育
史学方面的理论问题。同样，教育史学界的学术讨论进一步促进了
教育史工作者对于学科体系问题的探讨。教育史学界关于"学科体系
研讨会"的全国性的学术探讨，就可被视为教育史领域进一步解放思
想的学术延续，是对关乎教育史学科建设和发展的理论问题探讨的
延续和深入。张惠芬的《教育史中的批判与继承》、张瑞璠的《对古代
道德教育能否批判继承》、金锵的《外国教育史研究中的几个理论问
题》就是其中的代表。

张惠芬在《教育史中的批判与继承》[1]一文中，主要围绕三个方
面的问题来探讨教育史中的批判与继承问题。

第一，研究教育历史遗产的目的是什么？批判与继承又为了什
么？首先，作者批判了过往对于研究教育历史遗产目的的错误认识。
中国哲学史方法论讨论中出现的极左思潮，深刻地影响着教育史界。
按照极左的思想方法类推开去，历史教育理论的成果，也是无法继
承的，研究教育历史遗产，目的仅仅是为了批判，寻找教训而已。
其次，作者认为研究教育历史遗产的目的在于批判地吸收与借鉴，
根本目的是为了吸收、借鉴在奴隶社会、封建社会、资本主义社会
中创建的教育理论和教育实践中的"有价值的东西"，以创造无产阶
级的新教育学。当然也不排斥教育上失败经验的借鉴。再次，作者
认为批判就是分析，就是一个一分为二的分解的过程，批判如同消

---

① 张惠芬：《教育史中的批判与继承》，载《教育研究》，1980(1)。

化食物，"把它分解为精华和糟粕两部分"。最后，作者认为批判与继承是辩证统一的，没有实事求是的一分为二的批判，就会导致不是盲目地肯定一切，就是虚无主义地否定一切，因而也就没有教育遗产的真正的继承。可以这样说，批判是为了继承，即吸取或借鉴。吸取和借鉴，都是继承，但两者似有差别。要吸取的东西，一般来说是成功的经验，是具体的规律性的认识，其经过改造以后，可纳入无产阶级教育学的体系。要借鉴的东西，多半是教育历史上失败的教训，它可以扩大我们的视野，有助于我们思考问题。

第二，关于批判与继承的标准问题。作者认为，仅以民主性与革命性来作为批判与继承的标准是不够的，教育遗产的批判与继承还应有科学性的标准，即规律性的问题。既然把科学性作为对教育遗产的批判与继承的标准，那就必然会引发人们对一些理论问题的思考。比如，不同社会形态中的教育，有没有共同的因素，或者说共同的规律？剥削阶级教育理论家能不能认识教育规律，利用规律？教育真理有没有阶级性？①教育有共同规律，不同阶级教育之间有共同规律，又有其特殊规律。教育领域中的共同规律，使各个社会形态的教育历史地联系着；特殊规律又把各个阶级的教育区别开来。②剥削阶级教育理论家能认识和利用教育规律。说剥削阶级教育理论家不能认识教育规律，已为教育发展的历史实践所否定。尤为值得注意的是，还有另一种思想，它曾长期束缚过教育史工作者的手脚。即剥削阶级的反动的教育理论家揭示的教育规律，也是不能为无产阶级教育批判地吸取的。这就涉及教育规律有没有阶级性，教育真理有没有阶级性，政治观、哲学观与教育观的关系如何的问题。③凡称得上是教育的客观规律的，是没有阶级性的，可以为任何阶级所利用，这就是我们不能忽视中外教育史和外国教育现状研究的重要理由。作者主张，教育史一定要摆脱长期以来作政治史、哲学史附庸的地位，在历史领域内，开展独立的教育史研究就要坚持"论从史出"的原则。"史"是昨天的实践，历史的材料；"论"是具体的结论，一条一条的具体的教育或教育规律。教育规律应当以马克思列宁主义、毛泽东思想为指导，即运用马克思列宁主义的立场、观点、方法，从大量的事实、资料中概括出来。建立我国社会主义的教育学，根本不能离开对我国 30 年的社会主义教育史的认真总结，当然也离不开对古今中外各个社会形态的教育历史的总结。

第三，关于"抽象继承法"。我们认为，研究中国哲学史与研究中国教育史的方法论，有共同性也有特殊性。教育的命题，有的可以区分为抽象意义和具体意义，有的好像很难区分出抽象意义和具体意义，有的无需区分抽象意义和具体意义。如果我们能够清除长期积累在思想深处的余悸，研究教育历史遗产的工作就会做得更好些。如果我们立足于尊重教育客观规律这一原则立场上，审慎地对待所有教育理论思想和教育实践，肯定其成功和理论价值部分，分析其失败及错误的思想和实践根源，那么对教育历史遗产的研究，将大大推进社会主义教育理论和实践的发展。

张瑞璠在《对古代道德教育能否批判继承》①一文中，就着重回答了"对古代道德教育能否批判继承"的问题，实际上这也是对教育历史遗产问题的学术关注和回应。首先，作者指出，道德教育有继承性。道德教育究竟有没有继承性，也就是说道德教育有没有共同的规律，这是教育史研究中必须明确的一个根本性的理论问题。作者对这个问题的回答是肯定的。其次，作者认为基本的道德规范是有阶级性的，不能说有共同因素。但虽无共同因素，却也可以作为反面的借鉴。再次，作者认为道德规范之中存在的一些道德要求，是存在共同因素的，可以而且应该继承。最后，作者认为要"批判地吸取"历史遗产。批判是方法，是手段，而不是目的，目的是吸取，

① 张瑞璠：《对古代道德教育能否批判继承》，载《教育研究》，1980(1)。

但吸取必须经过批判。"古为今用"包括两方面：对合理因素的吸收和对反面因素的借鉴，但重在吸收。因此，我们研究历史，对反动的、唯心主义的思想家，也不应该只是批倒了事，应注意寻找他们思想理论中合理的（合乎规律的）东西，这也就是要从粪堆里面去找珍珠。找珍珠才是研究历史的根本目的。

金锵在《外国教育史研究中的几个理论问题》[①]一文中，主要讨论五个方面的主要问题。①共同规律与特殊规律，阶级性与客观性。首先，教育的共同规律是客观存在的，正因为有共同规律，才有教育遗产的继承问题。教育的共同规律存在于各个社会教育的特殊规律中，通过特殊规律而存在。只有通过深入探讨，才能从特殊规律中找到共同规律；只有通过批判，才能谈得上继承。其次，只有没有阶级性的东西才是可以继承的，阶级性与客观性、科学性是对立的，这是对马克思主义阶级论的一种误解。资产阶级的教育遗产是否可以批判继承，主要在于它是不是反映了教育发展的客观规律，在于经过批判洗涤以后的东西，在实践中是否证实它确实符合教育、教学工作的规律性，能否获得良好效果。②政治立场反动、保守，世界观错误的教育家的教育思想有无积极因素。资产阶级的教育遗产中未必会有如同黑格尔那样的矛盾发展的辩证法"珍宝"，但肯定也有精华。这样说，并不是说政治上反动、世界观上错误的剥削阶级教育家的教育思想，个个都有积极因素。不同的人要做不同的分析，诸如赫尔巴特、杜威的教育思想中也可以有积极因素，其中是有原因的：第一，他们都是大学教授，是资产阶级当中有学问的高级辩护士，是有概括能力的专替资产阶级制造幻想的思想家。第二，世界观上的唯物、唯心是根据对思维与存在的关系这个哲学根本问题的回答来划分的。在不涉及思维与存在的关系这个哲学根本问题

---

① 金锵：《外国教育史研究中的几个理论问题》，载《教育研究》，1980(1)。

时，赫尔巴特、杜威等唯心主义者都会说出一些教学上的事实，说出一些合乎教育、教学上的常理来。③关于资产阶级教育思想中的"生物学化"和"爱的教育"。从涉及外国教育史的角度看，对于"量力性"原则、资产阶级的"爱的教育"思想、"生物学化"观点的批判，有批判得正确的方面。问题在于，这种批判是在重新强调阶级斗争，并把它强调得过火的条件下进行的，从而出现了简单化、绝对化的错误。这一事实，从反面给了我们一个深刻的教训：对人性论的批判，一定要坚持马克思主义的科学态度，防止片面化、绝对化等错误做法。④唯物论与唯心论、劳动人民与剥削阶级、马克思主义与反马克思主义的斗争和外国教育史的关系。作者认为，这是一个涉及外国教育史体系的问题。首先，教育史要有教育史的特点，不必套用哲学史、思想史的模式。教育史研究中的唯物论与唯心论之间的斗争，要从历史事实出发，要从现有的史料出发。其次，关于劳动人民的教育史，要想在其每个社会形态中都写出与剥削阶级教育史对立的专章，也是不可能的。同样，关于马克思主义与反马克思主义的斗争，在马克思主义产生之后，可以写出马克思主义与反马克思主义的斗争史。那么，在马克思主义产生之前，如何描写二者之间的斗争也需要我们仔细研究。此外，关于批判"西欧中心论"的问题。我们认为，外国教育史不是世界教育史，按照历史实际，以西欧为中心是不可避免的。最后，作者指出：教育史一定要写成教育的专史，不能让哲学史、思想史的资料占据许多地盘；要以教育史的基本史实为主体，从教育史自身出发写教育专史；在分析教育思想与实践时，要运用必要的政治、经济、哲学等材料，但不能不加分别地一律从政治、哲学观点上演绎出教育思想来。我们一定可以打破苏联《外国教育史》教科书的框架对我们的束缚，写出有中国特色的外国教育史专题、国别教育史、教育思想史专著等。在此基础上，再写出我们自己的有水平的外国教育通史。⑤人的一生与某

个阶段，一方面与多方面，与前人比和与今人比，这是与评估历史
人物的是非、功过有关的几个问题。作者指出，对于教育家功过的
评估，要以马克思主义为指导，进行全面的、历史的具体分析。对
于一个教育家，要看他的一生，看他各方面的表现，分清是非功过
的主次，作出总的评价。对于一本教育著作，要弄清它的理论体系、
基本观点，作出合乎实际的分析评论。以片言只语或个别观点代替
整体，攻其一点，不及其余，是错误的。

　　张惠芬、张瑞璠、金锵等教育史学者在关于教育史理论问题的
讨论中：张惠芬探讨了关于研究教育历史遗产的目的（实际上也可以
认为是研究教育史的目的）、批判与继承之间的关系以及批判与继承
之间的标准问题。张瑞璠主要从道德教育方面探讨如何批判继承的
问题。实际上，张惠芬和张瑞璠两位学者主要是探讨如何批判与继
承的问题。金锵则是在此基础上，探讨为什么可以批判和继承的问
题，即共同规律与特殊规律、阶级性与客观性等理论问题。此外，
金锵还纠正了教育史研究中存在的错误认识——如何看待教育史发
展过程中的唯物与唯心之间的斗争、如何正确认识资产阶级的教育
观点、如何正确看待唯物论与唯心论、劳动人民与剥削阶级、马克
思主义与反马克思主义的斗争和外国教育史的关系，以及如何评估
教育家、教育著作等问题。教育史领域对于教育史学科体系建设基
本理论问题的学术讨论，对于教育史学界进一步解放思想、拨乱反
正起到了积极的推动作用。

第三节　复归本路：教育史经典人物的重新评价

　　教育史学界对于教育史学科基本理论问题的学术讨论，促使教
育史工作者对教育经典人物思想进行了重新认识。以对孔子、杜威
教育思想的重新评价为出发点，教育史工作者开始从研究实践领域

探索教育史的批判与继承问题。教育史工作者对于批判与继承问题的理论与实践探索，成为推动教育史学科关于基本理论研究的学术动力。

一、解放思想之一：对孔子的重新评价

中国教育史领域的解放思想、拨乱反正是从重新评价孔子的教育思想开始的。伴随着教育领域关于真理标准问题的讨论，1978 年下半年间教育史研究领域发表了系列重新评价孔子的教育思想的文章，由此拉开了中国教育史领域解放思想的序幕。正如王炳照在《王炳照口述史》①中所述：

教育史领域的拨乱反正是以重新评价孔子的教育思想为突破口的。"文化大革命"期间，以"四人帮"为代表的极"左"路线掀起的"批儒评法""批周批孔"，将"史为今用"片面推向极端，中国传统文化、传统教育被"砸烂批臭"，造成了人们对教育史学科认识的极大扭曲。"文化大革命"结束，大家不约而同地选择重新评价孔子的教育思想，其意义可能远远超出了对孔子本人教育思想和教育活动的重新认识，涉及教育史研究的指导思想和方法论等一系列问题。张瑞璠先生、杨荣春先生接连发表文章，对孔子的"有教无类"、教学教育方法进行了"再评价"。1980 年创刊的《教育研究》还专门组织了一次规模较大的"孔子教育思想笔谈"会，约请教育学界、思想史界和历史学界的学者参与，毛礼锐先生等应邀到会，回来还专门给我传达了各派观点，他感叹说："已经敢有人把孔丘称为孔子了，孔子又一次重见天日了。"

---

① 王炳照口述，周慧梅整理：《王炳照口述史》，72 页，北京，北京师范大学出版社，2010。

　　"孔子又一次重见天日了"的教育史学价值在于，"对孔子教育思想重新评价的必然逻辑发展，是如何全面理解和运用历史唯物主义、如何正确对待中外教育遗产等深层次的问题"①。1978—1980 年发表的与重新评价孔子教育思想有关的代表性论文有：《再评孔丘的"有教无类"——兼驳赵纪彬的实用主义考证》②（张瑞璠，《上海师范大学学报》，1978 年第 1 期）；《孔丘教学教育方法的再评价》（杨荣春，《学术研究》，1978 年第 3 期）；《论"学而优则仕"》[王炳照，《北京师范大学学报（人文社会科学版）》，1980 年第 2 期]等。我们以此来重新评价孔子教育思想对中国教育史学科发展的理论价值。

　　张瑞璠的《再评孔丘的"有教无类"——兼驳赵纪彬的实用主义考证》一文，"以自己 60 年代的研究及'文化大革命'期间的观察审视为基础，不仅发表较早，而且极有份量"③。作者认为，按照马融的注解："有教无类"就是"言人所在见教，无有种类"。我们今天来理解就是不分地区，不分政治地位和经济地位，都列为教育对象。但有一条界限，奴隶绝对被排斥在学校教育对象之外。那么，该如何评价"有教无类"？必须明确文化和教育一样都是有阶级性的。从当时文化战线总的斗争形势来看，我们应该给予孔丘批判——孔丘是"文化下移"中的守旧派。但是，事物往往具有二重性，过分简单地看待历史上的问题，就不能得出比较全面的看法。我们在指出孔丘在思想影响上起反动作用的这个主要方面的同时，也必须看到孔丘整理了古代文化资料，并通过他的大规模的讲学活动使这些文化资料得

————————

　　①　田正平：《老学科 新气象——改革开放 30 年教育史学科建设述评》，载《教育研究》，2008(9)。

　　②　其实早在 1962 年，张瑞璠就在《学术月刊》第 2 期上发表《关于孔子"有教无类"的教育主张》，对流行观点提出疑问——不赞同把"教"说成是对"民"（奴隶）进行军事训练，把"诲"说成是对"人"（奴隶主）进行伦理政治教育，并通过内证外疏，阐明"教"与"诲"在孔子时代即为同义词，其学术观点在学术界卓然独立，深得赞誉。

　　③　杜成宪、崔运武、王伦信：《中国教育史学九十年》，111 页，上海，华东师范大学出版社，1998。

以保存和流传，这在客观上确实又对文化发展起到了一定的积极作用。不肯定这一方面，同样不是马克思主义的态度。因此，我们必须运用一分为二的马克思主义唯物辩证法原则来看待孔丘的"有教无类"。在此之后，张瑞璠发表了以下论文：《孔子教育思想的二重性》（《教育研究》，1979 年第 3 期）；《辨"学而优则仕"兼及"束修"》（《教育研究》，1985 年第 2 期）；《全面评价孔丘的教育思想》（《孔子教育思想研究》，1985 年）；《孔子为古代人才教育开辟道路》（《孔子研究》，1986 年第 2 期）等。同时，他还在其主编的《中国教育史研究·先秦卷》中进行了系统的学术梳理和总结，逐步形成了对孔子教育思想的正确认识，并引领了孔子教育思想研究的学术发展。

　　杨荣春在《孔丘教学教育方法的再评价》[①]中指出，对孔丘教学教育方法无论是持全盘肯定还是持全盘否定的态度，都是"违反马克思主义的历史主义观点的"，"为了正确对待古代中国文化教育遗产"，就必须对孔丘教学教育方法进行再评价。作者在分析"学而不思则罔，思而不学则殆"时指出，"诚然，孔丘主张的'学'与'思'，有其奴隶主的阶级烙印，学的思的内容以及方式、途径都有其复古主义和先验主义的重要因素。但是，我们也应该以一分为二的观点来剖析这条'学'与'思'互相配合的方法。假如在教学教育过程中不是提倡学习基本知识原理与发挥思维作用相结合，那就必然使受教者陷入呆读死记、知其然而不知其所以然的盲目境地，这不但影响学习效果，更重要的是不能培养学生独立思考能力，造成人云亦云，对事物缺乏判断能力。至于学以致用的要求，那就根本谈不到了。因此，孔丘提出的'学而不思则罔，思而不学则殆'的方法，是不应该被全盘否定的。可是有人断言它是唯心主义的修身养性法，我以为值得认真商榷"。在此基础之上，作者指出"这里连带产生了一个问题，

---

　　① 　杨荣春：《孔丘教学教育方法的再评价》，载《学术研究》，1978(3)。

即一个人在哲学上属于唯心论者，在社会政治观点上是反动的，而在
方法论上他就必然没有唯物的科学因素吗?"答案显然是否定的，因此，
对于"孔丘教学教育方法中的合理因素，还应被给以适当的肯定"，"正
由于孔丘具有丰富的教育实践经验，所以他的教学教育方法论中包含
合理因素是不足为奇的，也是不能被全盘否定的"。作者最后指出，
"现在是应该通过百家争鸣的方针，对孔丘教育思想进行科学的总结的
时候了。我们一定要树立马克思主义的历史主义观点，尊重历史的
辩证法，排除其糟粕，吸收其精华，以利于教育革命，为提高整个
中华民族的科学文化水平作出应有的贡献"。

王炳照在《论"学而优则仕"》①中本着"百家争鸣"的精神，对"学
而优则仕"重新进行了探讨和研究。首先，"学而优则仕"不是没落奴
隶主阶级的思想。"春秋战国时期，儒、墨、法各家都主张'学而优
则仕'，都反对奴隶制的世卿世禄制度，反对仕而不学和不学而仕，
只是学的内容和方法不同，优的标准和要求不同。以孔子为代表的
儒家学说在总体上看是相当保守的，但是，'学而优则仕'的思想不
仅不能代表没落奴隶主阶级的利益，而且在不断冲击和削弱奴隶主
贵族的统治，因此，断定'学而优则仕'是没落奴隶主阶级的教育思
想是没有历史根据的。"其次，封建社会不能真正实行"学而优则仕"。
人们常说"学而优则仕"是封建教育的灵魂，其实，这个结论并不全
面。同样，认为科举制度完全体现了"学而优则仕"的精神，并以此
为根据把"学而优则仕"说成是整个封建教育的灵魂是缺乏事实根据
的。最后，从批判"学而优则仕"中吸取经验教训。取其精华，弃其
糟粕，古为今用，是我们对待历史遗产的基本原则。在对待"学而优
则仕"的问题上，新中国成立后 30 年来的经验已经表明，遵循这条
原则，就能促进教育事业的发展和人才的成长，违背或破坏了这条

---

① 　王炳照:《论"学而优则仕"》，载《北京师范大学学报(人文社会科学版)》，1980(2)。

原则，就必然阻碍甚至毁灭教育的发展和人才的成长。

在张瑞璠、杨荣春、王炳照等对孔子及其教育观点进行重新评价的基础上，全国教育史研究会编务组从参加全国教育史研究会第二届年会(1982 年 5 月)的论文中，选取研究孔子、陶行知、杜威和赫尔巴特等人教育思想的论文，编成《孔子教育思想研究》、《陶行知教育思想研究》和《杜威和赫尔巴特教育思想研究》，集中体现了教育史工作者在此阶段对于孔子、陶行知、杜威和赫尔巴特等人教育思想的重新评价和认识。我们将《孔子教育思想研究》一书的"目录"[①]摘录至此，见表 3.1。

表 3.1 《孔子教育思想研究》目录

论文题目	作　者
《全面评价孔子的教育思想》	张瑞璠
《关于研究孔子教育思想的几个问题》	何寿昌
《研究孔子教育思想的方法论问题》	周德昌
《试论孔子教育思想的阶级属性》	王炳照
《孔子在中国教育史上的贡献是什么?》	许梦瀛
《孔子在中国教育史上的伟大贡献》	黎顺清
《孔子是我国古代教育思想的伟大的奠基者》	曹鸿远
《简评孔子的教育思想》	丁明宽
《〈论语〉与孔子教育学说的再探讨》	高时良
《孔子伦理道德思想探析》	洪石荆
《孔子德育思想初探》	赵家骥
《试论孔子的道德教育思想》	罗佐才
《孔子论学习》	陈德安
《孔子"学、思、行"小议》	刘德华

① 全国教育史研究会编务组：《孔子教育思想研究》，目录，北京，人民教育出版社，1985。

续表

论文题目	作　者
《孔子教学思想评述》	徐仲林
《试论孔子的教育心理学思想》	常校珍
《关于孔子"有教无类"的问题——试辨〈"有教无类"解〉》	张鸣岐
《由"学而优则仕"谈起》	王　彬
《"惟上智与下愚不移"析》	王立功
《"打倒孔家店"与评孔思潮》	韩　达

　　教育史工作者从孔子的代表性观点到孔子的教育思想再到孔子在教育史上的历史贡献，都展开了"新"的学术研究并提出了"新"的学术论断。正如张瑞璠在《全面评价孔子的教育思想》一文中所言："必须看到，作为一个真诚的教育家，孔子是极富于首创精神的。他一生抱着追求真理和作育人才的愿望，在自由讲学的长期实践中积累起来的丰富的教育经验，乃是极其珍贵的遗产。他的一些具有方法论因素的格言警语，实际上已成为一个优秀教师不可缺少的营养。因此，科学地对待一份遗产，去其糟粕，取其精华，对于发展社会主义教育科学和教育事业，实具有重大的现实意义。"[①]重新评价孔子的理论价值就在于此。

二、解放思想之二：对杜威的重新评价

　　外国教育史领域的解放思想、拨乱反正是从重新评价杜威教育思想开始的。以赵祥麟的《重新评价杜威实用主义教育思想》为代表，外国教育史领域拉开了解放思想的序幕。新中国成立初期，国内最早对杜威教育理论进行比较系统的分析和批判的论文为曹孚的《杜威

---

　　① 张瑞璠：《全面评价孔子的教育思想》，见全国教育史研究会编务组：《孔子教育思想研究》，22～23 页，北京，人民教育出版社，1985。

批判引论》(《人民教育》，1950 年第 6 期、第 7 期)，之后，1955 年 5
月《人民教育》发表社论《批判唯心主义思想的重大意义》，指出"实用
主义教育是当前我们建设人民教育事业最大的障碍"，至此，教育领
域展开了对杜威实用主义教育思想的批判，并且对于杜威实用主义
教育思想基本上持全盘否定的态度。因此，对于杜威教育思想尤其
是实用主义教育思想的重新认识，不仅是关乎如何看待杜威教育思
想的问题，而且更关涉外国教育史领域乃至整个教育史领域如何解
放思想及批判继承外国教育遗产的问题。

　　外国教育史领域对于杜威实用主义教育思想的重新评价，是以
赵祥麟的《重新评价杜威实用主义教育思想》为标志的。该文发表在
《华东师范大学学报(社会科学版)》1980 年第 2 期，收录在《外国教育
史教学参考资料》一书中。作者在论文开篇就指出，"杜威是现代西
方教育史上最有影响的重要代表人物"，"他的实用主义教育思想，
不仅在美国，而且在全世界不少国家里，都产生了深刻的影响"，
"在中国，解放后曾经从多方面对杜威实用主义教育思想进行批判，
一般着重于它的阶级根源、政治意图和主观唯心主义经验论的哲学
基础，这完全是必要的，今后仍须继续批判。可是过去关于按照杜
威自己的论述，对实用主义教育理论的各个方面所做的具体阐明，
似乎比较少；关于杜威所提出的教育过程、教学组织形式和教学方
法是否包含某些值得我们注意的有价值的因素，关于应当如何看待
杜威在教育思想史上的地位，以及杜威在解放前对中国的广泛影响
应如何予以合理的评价，等等，似乎更少，或者根本没有涉及，本
文试图就以上有关问题做一点探讨和评论"。[1] 在对杜威实用主义教
育思想相关内容进行研究的基础上，作出相应的教育评价正是论文
的主旨所在。

---

　　① 赵祥麟：《全面评价杜威实用主义教育思想》，见华东师范大学教育系外国教育史
教研室：《外国教育史教学参考资料》，439～440 页，上海，华东师范大学，1985。

作者在论文中从六个方面来展开对杜威实用主义教育思想的研究，试图在对杜威实用主义教育理论的各个方面作出具体阐明的基础上来重新评价杜威实用主义教育思想：①哲学和教育理论；②经验、教学与教学方法；③课程与教材；④学校与社会；⑤杜威与进步教育运动；⑥杜威对中国的影响。正如作者在论文中所言："杜威实用主义作为整个思想体系在旧中国的影响，哲学方面比较教育方面小得多。实际上实用主义（实验主义）哲学在旧中国只流行了几年（约 1919—1925 年），而在教育方面的影响却极为深远。当时杜威鼓吹的'平民教育''普及教育''生活教育''新教育'等，对于中国教育界的一般知识分子是富有吸引力的。他们怀着'教育救国'的主观愿望，渴望通过教育，把中国从危亡中挽救过来，从黑暗走向光明。正如杜威说的'人们还没有在其他地方听到过像今天中国青年代表人物的口中那样说的，即教育是改造中国的唯一方法'。在杜威的影响下，美国的学校组织形式、课程、教材和教学方法被大量地介绍过来，一些大城市里，建立了实验学校或'杜威学校'，采用了新的教学方法（包括设计教学法、道尔顿制等）；还出版了许多新的教育著作和杂志；一些著名的西方教育论著也翻译过来。此外，教育家如陶行知，他的一生历尽艰难困苦，都是为了探求人民教育事业的道路。他以极大的热情，吸取杜威实用主义教育思想中在他看来有用的东西，加以改造，应用于中国。所有当时这些教育上新的措施和一些教育家的活动，在半殖民地半封建社会条件下，作为民族资产阶级改良主义运动的一个组成部分，虽然不可能取得多大的成就，但对于打破旧学校封建主义、形式主义的束缚，推动教育的发展，不能不说具有一定积极、进步的作用，直到今天，其中也许还有值得吸取的经验。关于这个方面，我们还必须更好地重新认识，重新评价。"[①]这正是《重新评价杜威实用主义

---

① 赵祥麟：《全面评价杜威实用主义教育思想》，见华东师范大学教育系外国教育史教研室：《外国教育史教学参考资料》，457～458 页，上海，华东师范大学，1985。

教育思想》一文的价值所在。

学术界在对杜威实用主义教育思想进行重新评价的同时，对赫尔巴特教育思想同样进行了重新认识和评价。与《孔子教育思想研究》一书同时期的《杜威、赫尔巴特教育思想研究》①就集中体现了教育史工作者对杜威和赫尔巴特教育思想的再认识和再评价。《杜威、赫尔巴特教育思想研究》一书收录的论文情况见表 3.2。

表 3.2 《杜威、赫尔巴特教育思想研究》

论文题目	作 者
《论杜威教育哲学体系在教育史上的地位》	孟宪德
《杜威教育哲学的重新探讨》	陈科美
《再论杜威的道德教育思想》	陈景磐
《杜威的儿童中心论述评》	任宝祥
《试评杜威的"从做中学"》	吴元训
《杜威芝加哥实验的设计和理论述评》	赵祥麟
《杜威提出的一些教育、教学课题应认真研究》	夏之莲
《杜威教育思想初探》	王天一
《杜威教学思想初探》	甄德山
《赫尔巴特教育思想评价刍议》	谢觉一
《赫尔巴特教育思想的阶级性格和时代特征》	肖 远
《论十九世纪上半期西方的"教育心理学化运动"——兼评"赫尔巴特是科学教育学的创立者"》	李明德
《"传统教育"与"现代教育"的一致性初议——杜威、赫尔巴特教育思想的异同》	张法琨
《评赫尔巴特及其教学理论》	吴琅高

此外，华东师范大学教育系外国教育史教研室编撰的《外国教育

---

① 中国教育史研究会：《杜威、赫尔巴特教育思想研究》，目录，济南，山东教育出版社，1985。

史教学参考资料》①，也收录了同时期的杜威和赫尔巴特教育思想研究方面的学术论文，具体情况见表 3.3。

表 3.3 《外国教育史教学参考资料》目录（节选）

论文题目	作 者
《赫尔巴特教学论的再评价》	常导直
《赫尔巴特教学论中的几个问题》	张法琨
《重新评价杜威实用主义教育思想》	赵祥麟
《杜威教育思想探究》	王天一
《〈杜威的道德教育思想批判〉的补充》	陈景磐
《杜威芝加哥实验的设计和理论述评》	赵祥麟

总之，教育史工作者对以孔子、杜威和赫尔巴特为代表的教育历史人物教育思想的重新认识和评价：从教育史学科本身来说，关涉重新面对和正确认识教育史学科基本理论的问题；从整个教育史研究领域来说，则涉及进一步解放思想、拓展视域的根本问题。

第四节 复归本位：教育史教材跨年代的正式出版

一、20 世纪 60 年代教育史教材的正式出版

"60 年代初，为了满足高等师范院校教育专业中国教育史教学的需要，根据全国高等学校文科教材编选计划会议的规定，高等学校文科教材编选工作办公室委托北京师大、华东师大等校的一些专家学者，编写了中国古代教育史、中国近代教育史及资料书作为专用教材和参考资料。但编写工作刚刚完成未及出版，便因'文化大革命'的爆发而长期搁置。现在，通过对教育遗产批判与继承的再认

---

① 华东师范大学教育系外国教育史教研室：《外国教育史教学参考资料》，目录，上海，华东师范大学，1985。

识，以及对关于中国教育史研究的重新讨论和对中国教育史地位的正确估价，伴随着中国教育史课程在高师教育系课堂地位的恢复并加强，我们对教材的需求变得十分迫切；另一方面，这时的拨乱反正与批判'两个估计'相适应，就是对'文化大革命'前十七年中正常的学术探索的肯定。在这种目标取向下，也就顺理成章地将追寻的目光放到了上述那一批60年代凝结了中国教育史学界老一辈专家学者心血但又未能出版的成果上。于是，1979年年中到年末，人民教育出版社正式出版了这一批中国教育史教材。"①其中，①《中国古代教育史》是1962—1964年北京师范大学教育史教研室受教育部高等学校文科教材编选工作办公室委托编写的，由毛礼锐、瞿菊农、邵鹤亭执笔，在编写过程中，为提高质量，北京师范大学校长陈垣曾邀请范文澜、翦伯赞等与作者座谈。②《中国近代教育史》是陈景磐于1962年受教育部高等学校文科教材编选工作办公室的委托，在《中国近代教育史讲义》和《中国近代教育史稿》的基础上进行编写的。初稿完成后，在征求意见并经过几度修改后，于1965年全部完成。③《中国现代教育史》为陈元晖在北京师范大学授课时的讲义，于1962年12月被整理成书稿，作为交流讲义在高等师范院校内使用。④《中国现代教育史》是高等师范院校教育系本科教材，由华东师范大学沈灌群等编写，1959年初稿完成，作为交流讲义在高等师范院校使用。⑤《中国古代教育文选》②由孟宪承执笔，是其1961年受教育部高等学校文科教材编选工作办公室的委托编写的，为师范院校教育系中国教育史教学所使用，1963年该书编纂完成。此外，同时期的教材还包括顾树森的《中国历代教育制度》等。在外国教育

---

　　① 杜成宪、崔运武、王伦信：《中国教育史学九十年》，127页，上海，华东师范大学出版社，1998。
　　② 该书与孟宪承、陈学恂等编辑的《中国古代教育史资料》(1961年)一道，为新时期教育史文献资料书籍编纂方面提供了优秀的范例。

史教材方面，主要以曹孚等著的《外国古代教育史》的正式出版为标志。

　　20 世纪 60 年代教育史教材的正式出版，其初衷是为了解决高等院校的教育史学科教学的迫切需要。但是，不可否认的是，这套教材中采用阶级分析的编撰思路，在分析批判古代教育遗产中部分存在把马克思主义教条化的理论倾向。正如郭齐家在谈到这套教材时指出：20 世纪 60 年代编写的《中国教育史》教材，在论述教育思想时，基本模式就是讲生平、政治立场、哲学思想，然后是教育思想。文科教材会议要讲这些东西，讲阶级斗争、讲政治立场，这也是周扬提出的编写要求，研究教育家的思想一定要分清是代表什么阶级的，还要讲清哲学上是唯物的还是唯心的，就是说要有立场。"文化大革命"前是这样，一直到"文化大革命"中我们都坚持这个立场。因为以前是以阶级斗争为纲，我们的阵地是无产阶级阵地。其实我们在"文化大革命"后基本上还是这样，包括我们现在写东西，还有那样的痕迹。①

　　同样，当时我们不仅是在对待古代教育遗产时存在问题，而且在对待近代教育问题时也存在机械理解唯物主义、过分强调阶级斗争的问题，从而使教材呈现出明显的概念化倾向的学术弊端。田正平就曾指出，20 世纪 60 年代初期编写的《中国教育史》教材，就是用马克思主义阶级分析的方法来套中国教育史的，就《中国近代教育史》来说，实际上就是毛泽东的中国近代史观：中国近代史的一条主线是帝国主义一步一步地同封建主义勾结，把中国变成半封建、半殖民地的过程，另一条主线就是中国人民一步一步地反对帝国主义侵略的过程。一个是帝国主义和封建主义结合起来的，一个是无产

---

　　① 本资料为于述胜团队整理。参见王俊明：《制度变迁与知识生产——北京师范大学教育史学科发展研究（1949—2001）》，192～193 页，北京，中国社会科学出版社，2014。

阶级的，属于两条路线的斗争。对于老一辈学者来讲，这也是他们学习马克思主义、努力改造思想的结果。在当时来讲，这样的研究也非常不容易。[①]

虽然"唯物、唯心"的标准，"阶级斗争"的方法从某种程度上限制了 20 世纪 60 年代教育史教材对待教育问题的学术态度，但是，"这些从整体上体现了教育史学界五六十年代最高水平的教材和著作，有的沿用到 90 年代初，有的则在较短时期后即被新编写的教材取代，它们虽然存在着不可避免的缺陷和时代痕迹，但大致而言，改革开放后的第一个 10 年，上述教材和著述在培养人才和提供学科体系方面，发挥了无可替代的作用"[②]。

二、20 世纪 80 年代教育史教材的纂写规划

教育史教材的编写和出版是教育史学科实现思想解放、复归本位的重要学术实践。在遵照 1978 年文科教学工作座谈会精神，跨年代出版 20 世纪 60 年代教育史教材的基础上，重新谋划新的中国教育史教材和外国教育史教材，克服苏联教材模式的消极影响，并对过去教材的政治化、哲学化倾向和非科学的研究方法进行反思，编写符合时代特点的新教材，就成为进一步推动教育史学科向前发展的重要保障。"1979 年至 1981 年，滕大春教授和吴式颖、姜文闵教授在 60 年代曹孚教授外国教育史自主教材编写工作的基础上，撰写出版了新中国成立以来完全由我国外国教育史专家自主编写的第一部教材《外国古代教育史》。"[③]

曹孚、滕大春、吴式颖、姜文闵编的《外国古代教育史》在"编者

---

①　本资料为于述胜团队整理。参见王俊明：《制度变迁与知识生产——北京师范大学教育史学科发展研究(1949—2001)》，193 页，北京，中国社会科学出版社，2014。

②　田正平：《老学科 新气象——改革开放 30 年教育史学科建设述评》，载《教育研究》，2008(9)。

③　王晨：《从艰难恢复到积极革新——外国教育史研究三十年(1978—2008)》，载《清华大学教育研究》，2008(6)。

说明"①(1981 年 3 月 15 日)中对编写情况进行了简要介绍:

> 1962 年秋,中央教育部高等学校文科教材编选工作办公室建立《外国教育史》编写组,由中央教育科学研究所曹孚同志任主编。历经余年,曾制定了全书编写提纲②,并进行分章撰写,已成稿者多属古代部分。其后,因故中断十数年之久。
>
> 本书是近两年来在原编写组工作的基础上继续完成的。按照原定计划,外国教育史全书包括古代、近代、现代三部分。由于当前急切需要,现先将古代部分修改问世,供高等师范院校教学参考之用,也充教育史钻研者的读物。
>
> 本书的第三、四、九、十各章系曹孚同志遗稿;第一、二、七各章由河北大学教育系滕大春同志执笔;第六、八、十一各章由北京师范大学教育科学研究所吴式颖同志执笔;第五章由河北大学教育系姜文闵同志执笔。曹孚同志是本书原主编人,在十年动乱期间不幸逝世。粉碎"四人帮"以后,北京师范大学教育科学研究所与河北大学教育系征得中央教育科学研究所领导的同意,继续组织编写工作,由滕大春同志任主编,姜文闵同志协助做一些修改与文字整理工作。华东师范大学马骥雄同志,曾参加编写组的工作,虽未承担古代部分执笔任务,却在讨论提纲和各章内容时提出了宝贵意见。

《外国古代教育史》编写提纲,是以曹孚为代表的外国教育史工作者,在学习苏联教育史编写模式基础上制定和完成的,虽然从某些方面还能看到苏联教育史模式的影响,但却开启了外国教育史工

---

① 曹孚、滕大春、吴式颖等:《外国古代教育史》,编者说明,北京,人民教育出版社,1981。

② 《曹孚教育论稿》中收录了《古代希腊的教育》、《罗马的教育》、《文艺复兴与教育》、《宗教改革与教育》及《〈外国教育史〉编写提纲(初稿)》等文献。

作者尝试探索独立自主的外国教育史学科体系的理论先河。"优点是打破了以西欧为中心的旧传统,'古代东方国家的教育'占有一定的分量,'拜占庭的教育'也有一定的地位,还增设了'日本的古代教育'","由于过去讲外国教育史以西欧为中心,'古代东方国家的教育'讲得非常简略,也不讲'拜占庭的教育',在曹孚、滕大春等老前辈带领下完成的这本《外国古代教育史》克服了这一缺点。"[①]《外国古代教育史》在外国教育史学科乃至教育史学科发展历程中的重要价值就在于此。我们再来重温体现中国学者自主学术探索的外国古代教育史体系,见表 3.4。

表 3.4　《外国古代教育史》目录

编　次	章　次
第一编 原始社会与奴隶社会的教育	第一章 原始社会的教育 第二章 古代东方国家的教育 第三章 古代希腊的教育 第四章 罗马的教育
第二编 封建社会的教育	第五章 西欧中世纪的教育 第六章 拜占庭的教育 第七章 伊斯兰国家的教育 第八章 日本的古代教育 第九章 文艺复兴与教育 第十章 宗教改革与教育 第十一章 夸美纽斯的教育思想

之后,《外国近代教育史》(滕大春,1989 年),《外国现代教育史》(赵祥麟,1987 年)和《外国现代教育史》(吴式颖,1997 年)的正式出版,标志着我国逐步形成了关于外国古代、近代、现代教育史研究的断代史方面的系列学术成果。

[①]　吴式颖口述,孙益、李曙光整理:《吴式颖口述史》,98 页,北京,北京师范大学出版社,2015。

第五节　复归本职：教育史学者暨学会的鸣锣开张

一、教育史学术队伍的重建

我国以"重评孔子"为突破口，恢复了教育史学科在培养人才和教育科学中的基础性地位。与此同时，一批在 20 世纪 60 年代初期编写的、凝聚了教育史学界老一辈学者心血的中外教育史教材，伴随着教育史课程在高等师范院校的恢复得以出版。1978 年 8 月，教育部颁发并试行了《高等师范院校教育系学校教育专业学时制教学方案（修订草案）》。该方案规定学校教育专业将中国教育史、外国教育史作为必修课程，其中，中国教育史共修 119 学时，外国教育史共修 102 学时；根据专业的需要和各校的条件、特点开设选修课，在外国教育史方面可开设比较教育、外国教育论著选读、外国教育现状与思想流派等方面的选修课，在中国教育史方面可开设中国教育论著选读、中国学制史等方面的选修课程。① 同样，根据国务院学位委员会的统一安排，教育史学科从 1978 年开始，在全国范围内招收研究生，培养专业人才。

王炳照谈到当时研究生招生的情况：

根据国务院学位委员会的安排，教育史学科从 1978 年开始在全国范围内招收硕士研究生，俞启定、田正平等成为恢复招生以来的第一批研究生。1982 年北师大教育史博士点正式招生，毛礼锐先生招了俞启定，陈景磐先生招了吕达，他们就成了北师大招收的第一届教育史博士研究生。1986 年俞启定以"独尊儒术与汉代教育"为题

---

①　《当代中国》丛书教育卷编辑室：《当代中国高等师范教育资料选》上册，767～771 页，上海，华东师范大学出版社，1986。

写了博士论文，获得教育学博士学位，成为新中国成立以来第一位教育学博士学位获得者。[①]

　　绝大多数的毕业生成为新世纪之交推动教育史学科发展的中坚力量。教育史课程在高等师范院校的恢复、教育史教材的出版及教育史研究生恢复招生等，为教育史学术队伍的重建提供了必备的学校、学科、学术环境等条件。教育史学术队伍正是在此背景下，得以重建、发展和壮大的。

　　何晓夏回忆了当时教育史教研室的情况：

　　　教育史教研室恢复的时候，陈景磐先生还做过主任。当时我刚调到北师大，以前没有上过教育史课。我第一次上课时老先生还去听课呢。教育史教研室有这样一个传统，就是党支部书记兼教研室副主任。当时的支部书记是刘德华，就兼教研室副主任。那个时候教研室的外国教育史师资力量还是比较整齐的，像王天一、夏之莲、朱美玉几个人年龄都不是很大，都可以上课。中国教育史的队伍中，老先生年龄都很大了，都在家里，不参加什么活动。郭齐家老师身体还有病，不能讲课；王炳照老师还在学报编辑部，再有就是高奇老师还挺精神的，还有刘德华老师，他原来是业务干部。因此，当时中国教育史的师资力量就不够整齐，教学上就有点困难。这样，当时我们只能分段来讲中国教育史。[②]

　　郭齐家也谈到教育史教研室的情况：

　　① 王炳照口述，周慧梅整理：《王炳照口述史》，163～164 页，北京，北京师范大学出版社，2010。

　　② 本资料于于述胜团队整理。参见王俊明：《制度变迁与知识生产——北京师范大学教育史学科发展研究（1949—2001）》，44～45 页，北京，中国社会科学出版社，2014。

　　教育史教研室恢复的时候基本上就是原班人员，毛先生、陈先生、张鸣岐先生、高奇、王天一、夏之莲、朱美玉等先生，另外何晓夏是从外面调进来的。教研室恢复后是陈景磐做主任，王天一是副主任，后来刘德华做副主任兼党支部书记。1985 年开始，就请王天一当教育史教研室主任，我和夏之莲老师是副主任，我负责中国教育史，夏老师负责外国教育史。到了 1988 年，王天一老师退休以后，夏老师当教研室主任，我和何晓夏当她的副手，我负责中国古代教育史，何晓夏负责中国近代教育史，夏老师自己把握外国教育史。1992 年以后，我就当教研室主任了，我就聘请何老师和史静寰做副主任。我当教研室副主任的时候，陈孝彬是教育系主任。我当教研室主任的时候，教育系主任是裴娣娜。①

　　何晓夏和郭齐家口述关于北京师范大学教育史教研室的恢复情况，是全国教育史教研室恢复重建的一个缩影。教育史学科就是从恢复基层学术组织——教研室开始，慢慢地形成教育史学术研究队伍的。同样，在"文化大革命"时期受到极大冲击的全国外国教育史研究队伍，也随着外国教育史学科的重建而开始了队伍方面的建设。"全国有着外国教育史研究基础的高校，如北京师范大学、华东师范大学、河北大学、杭州大学、陕西师范大学等都开始重新组建外国教育史专家学者队伍。重建过程中，一些老专家，如河北大学的滕大春先生、华东师范大学的赵祥麟先生、陕西师范大学的吴元训先生、杭州大学的王承绪先生等发挥了重要的领军作用，成为恢复时期促进学科重建，为以后发展打下坚实基础的重要学术力量。这一时期，还涌现了一批中青年学者，如北京师范大学的吴式颖先生、王天一先生、夏之莲先生，杭州大学的金锵先生、安徽师范大学的

---

　　①　本资料为于述胜团队整理。参见王俊明：《制度变迁与知识生产——北京师范大学教育史学科发展研究(1949—2001)》，45～46 页，北京，中国社会科学出版社，2014。

戴本博先生等。从而重新完善了外国教育史研究队伍的梯队建设"，此外，"外国教育史界许多老专家坚持在教学工作的第一线，培养了一些富有朝气而又勇于吸收新经验、新事物的中青年教师与研究生，壮大了外国教育史队伍"。[1] 无论是以高校为主体的教育史学术队伍还是以教研室为主体的学术组织，都为教育史学科进一步形成全国性的学术组织，开展学术交流活动奠定了坚实的人才基础。

二、教育史学术组织的建立

1979 年 9 月 24 日至 25 日，在上海师范大学(今华东师范大学)召开了全国教育史成立大会暨第一届年会的筹备会议；1979 年 12 月 12 日至 18 日，全国教育史研究会成立大会暨第一届年会在杭州举行。全国教育史研究会的成立，标志着全国性的教育史学术组织的正式建立。"这是有史以来我国教育史研究者的首次盛会，它标志着我国教育史学科从长期受歧视到开始得到重视、从横遭破坏到苏生向荣的历史转捩。梦寐以求的愿望实现了。"[2]我们试选取当时参与年会的教育史学者的口述资料来重温这重要的历史时刻。

据江铭、张惠芬的口述资料：

1979 年 3 月份到 4 月份之间，"四人帮"粉碎后，中国教育学会在北京召开第一个会议，这个会议名称是教育科学规划会议，因为中国教育学会在"文革"前就已经成立了的，但"文革"十年都停了。这是该学会恢复活动后的第一个会议，当时全国教育界很多专家、学者都去参加了。中国教育史学科方面北师大的毛礼锐先生、陈景磐先生也参加了，华东师范大学的沈灌群老师和我去了。当时这个会议的口号是科学的春天来了，教育科学的春天也到来了。

---

① 王晨：《从艰难恢复到积极革新——外国教育史研究三十年(1978—2008)》，载《清华大学教育研究》，2008(6)。

② 《教育史研究会首次年会纪略》，载《教育研究》，1980(1)。

　　在会上号召大家，各个专业建立自己的群众性的学术团体。当时教育学会是一个"混沌"的学会，即"文革"前并没有分教育内部各个专业的研究会组织。后来我们参加这个会议的教育史代表，倡议大家也在中国教育学会下面创立一个教育史的研究会。大家建议我写一个组建教育史研究会的倡议书，因为这是我们少数人说的，不知道同行的教育史研究者意见如何？所以让我当场写了一个倡议书，后来回到上海后，寄到全国各地的师范高等院校，得到很强烈的反应。当时有 30 多个师范院校回信，表示支持。

　　……

　　因为研究会的发起人不能以个人名义，最后决定以五个单位为发起者，即北师大、华东师大（当时称上海师大）、杭州大学（后来的浙江大学）、东北师大、中央教育科学研究所。

　　确定大会主题方面，大家感到各界都在展开拨乱反正，全国都在学习和讨论"实践是检验真理的标准"，要打破"两个凡是"，而我们学术界的禁锢却很多，教育史界也是如此。于是确定全国教育史研究会第一届年会应该讨论教育史研究中的若干重大理论问题，实际上主要讨论两个问题，一个是批判与继承的问题，另一个则是观点和资料的问题。其中第一个显得更为重要。主要是因为当时提出解放思想，实事求是，这个问题的提出符合全国的大背景，不仅要讨论"文化大革命"中的教育问题，还有建国后十七年中的教育问题。①

　　田正平谈到当时会议的情况：

　　1978 年召开了全国科学会议，强调科学、文化，重视知识、尊重人才。在这个背景下，1979 年在杭州召开了第一届教育史年会。

---

　　① 参见易琴：《知识传授与学术探究：中国教育史学科的发展图景》，博士学位论文，华东师范大学，2010。

对于教育史的老先生来讲，是劫后余生的感觉。虽然当时我还是个研究生，也可以感受到参加会议的那些老先生，见面以后握手，真是死里逃生、好不容易见面的那种感觉。我记得北师大的毛礼锐先生、陈景磐先生、王天一先生、夏之莲先生都参加了。因为全国教育学会成立以后，教育学会的各个分支学会也纷纷成立了。我们是作为教育学会的一个分支学会，叫做全国教育史研究会。这个会议主要就是成立机构与团结队伍，会议讨论的主要问题就是"拨乱反正"，教育史学科如何迎接科学春天的到来，如何为中国教育科学发展作出自己的贡献。①

全国教育史研究会首次年会的召开，不仅标志着全国性教育史学术组织的建立，而且更为重要的是，它为全国教育史学者共同探讨教育史问题提供了一个学术平台。这次会议提出和解决了教育史研究中多年来存在的主要问题。①观点和史料的问题。代表们认为，"史料"是指历史的教育实践的事实资料；"观点"是指在分析研究史料中所形成的看法或结论。观点和指导思想不能混为一谈：指导思想是指世界观、方法论，它是指导一般的思想，也就是指导任何一门科学研究的总的理论和思想方法。我们的指导思想是马克思主义、毛泽东思想，也就是马克思主义的立场、观点和方法。"以论带史"是就强调指导思想的意义而言的，但是，绝不能"以论代史"，用马克思主义的一般原理代替具体的教育史研究。"以论代史"的实质，就是抽掉马克思主义具体问题要进行具体分析的灵魂，就是把马克思主义变成了空洞的教条和死板的公式，这自然就窒息了教育史研究的生机。②批判继承的问题。代表们一致认为，教育是一个永恒的社会现象，教育的共同规律是客观存在的，而共同规律可以为任

---

　　①　本资料为于述胜团队整理。参见王俊明：《制度变迁与知识生产——北京师范大学教育史学科发展研究(1949—2001)》，178 页，北京，中国社会科学出版社，2014。

何阶级所利用。同样，具有共同规律的道德教育因素，当然也应该继承。代表们指出，过去把对道德教育的批判与继承当成了"禁区"，使教育史的研究贫乏而狭窄。我们对教育史上的遗产不能"因人废言"，对孔子、夸美纽斯、裴斯泰洛齐不能一概否定，就是对朱熹、王阳明、赫尔巴特、杜威等也不能一概否定。③教育史研究的范围问题。许多代表根据他们多年来治学的经验，深感教育史学科的研究范围应该打破习惯的框架。具体来说，教育史研究的领域要扩张，可以开展科技教育史、民族教育史、解放区教育史研究；教育史与通史、哲学史、思想史之间，应该有各自的研究范围；教育思想与教育制度的关系应该被合理认识，教育思想是在一定历史条件下产生的，教育制度是政治、经济制度的产物，教育思想对它的形成和发展也有很大的影响，同时教育制度也反作用于教育思想，对二者的研究不可偏废。要改变新中国成立以来，我国教育史主要研究教育思想，对教育制度的重视和研究不够的现状。故此，"大家一致认为，这次会议明确了研究教育史的目的和任务，不仅是为了揭露各个时代、各个国家教育的特殊规律，更重要的是要总结人类在教育方面所取得的全部丰富经验，结合今天的教育实际，批判地加以改造、吸收，做到'洋为中用''古为今用'，丰富和发展马克思主义的教育理论，以指导当前的教育工作"①。

会议推选刘佛年为理事长，刘松涛、王越、陈景磐、陈学恂、赵祥麟、滕大春为副理事长，陈元晖为顾问，江铭为秘书长。

至此，教育史学研究伴随着教育科学研究春天的步伐而踏入了属于自己的春天。

---

① 韩达：《全国教育史研究会会议述评》，载《中国教育学会通讯》，1980(1)。

第四章
教育史学的探索阶段
(1980—2000 年)

第一节　发展概括：三个面向

1980 年至 2000 年是教育史学科发展的第二个高峰期，是在教育史学科重建基础上的探索发展阶段。如果我们结合教育史学科具体发展特征来看，其又可分为 20 世纪 80 年代开创时期、90 年代发展时期两个阶段。我们试以田正平《老学科 新气象——改革开放 30 年教育史学科建设述评》一文为基础，从整体上呈现处于探索阶段的新中国教育史学的学科特征。

一、20 世纪 80 年代的教育史学科

20 世纪 80 年代，教育史学科在以重新评价孔子和杜威的基础上，逐步恢复了在人才培养和教育学科中的基础性地位。伴随着高等学校本科人才培养工作、研究生人才培养工作的重新恢复，教育史工作者重新走上了教书育人和科学研究的工作岗位，教育史学科从整体上呈现出以下特征。

(一)教育史学科体系建设

在 1979 年 12 月 12 日至 18 日全国教育史研究会成立大会暨第

一届年会在杭州举行的基础上，以对批判与继承、观点与史料问题
的讨论为突破口，教育史工作者继续深入探讨与本学科发展密切相
关的学科体系问题。教育史学科之所以要开展学科体系研讨会，实
质上就是要从根本上解决教育史学科已存在的体系弊端，构建符合
改革开放之后中国教育学科发展的学科体系。由全国教育史研究会
举办的"学科体系研讨会"，分别在 1980 年 12 月和 1983 年 9 月以
"中国教育史学科体系"和"外国教育史学科体系"为主旨展开专题研
讨。同样，这也是教育史工作者在新中国成立以来，首次以全国性
的学术组织研讨会的形式，展开关于中国教育史学科和外国教育史
学科体系的学术讨论，这成为 20 世纪 80 年代教育史学的主题之一。
"虽然讨论中所涉及的不少问题并未能达成共识，一些达成共识的问
题也未能得到完全解决；但是，延续如此之长，参加人数如此广泛
的学科体系讨论，不仅是新中国成立之后的第一次，也是教育史学
科建立以来的第一次。这一学术现象的出现，既是教育史学界拨乱
反正、思想解放在学科建设上的必然反映，更是新时期教育实践变
革和教育科学发展高潮的即将到来对教育史学科提出的挑战。"①

（二）教育史学科基础建设

教育史学科在 20 世纪 80 年代进行了全方位的学科基础建设，
发掘、翻译和整理了大量中外教育史基本史料，为中外教育史研究
提供了原始材料。

1. 中国教育史的学科基础建设方面

①教育大事记方面的史料：《中国近代教育大事记》（陈学恂，
1981 年）；《中华人民共和国教育大事记(1949—1982)》（中央教科所，
1984 年）；《中国现代教育大事记》（中央教科所，1988 年）；《中国革

---

① 田正平：《老学科 新气象——改革开放 30 年教育史学科建设述评》，载《教育研究》，2008(9)。

命根据地教育纪事(1927.8—1949.9)》(皇甫束玉、宋荐戈、龚守静，1989 年)等。②与教育教学相关的史料：《中国近代教育文选》(陈学恂，1983 年)；《中国现代教育文选》(华东师范大学教育系，1989 年)；"中国古代教育论著丛书"(中国古代教育论著丛书编委会，1986—1998 年)；《中国古代教育史料系年》(熊承涤，1985 年)；《中国近代教育史教学参考资料(上册)》(陈学恂，1986 年)；《中国近代学制史料》(朱有瓛，1983 年)；《帝国主义侵华教育史料——教会教育》(李楚材，1987 年)等。③与解放区有关的教育资料为：《陕甘宁边区教育资料》(陕西师范大学教育研究所，1981 年)；《老解放区教育资料》(中央教育科学研究所，1981—1991 年)等。

2. 外国教育史的学科基础建设方面

①对东西方教育名著、名篇的翻译和介绍方面。以人民教育出版社编辑出版"外国教育名著丛书"为标志，以西方国家为主、其次是苏联和日本的大量著名教育家的著作被翻译出版。②对国外学者编写的世界或国别教育史原著的翻译和介绍方面。具体情况为：《西方教育史》(博伊德、金，1985 年)；《德国教育史》(弗·鲍尔生，1986 年)；《世界幼儿教育史》(日本世界教育史研究会，1986 年)；《西方教育的历史和哲学基础》(S.E. 佛罗斯特，1987 年)；《简明英国教育史》(奥尔德里奇，1987 年)；《英国教育》(邓特，1987 年)；《二十世纪世界教育史》(W.F. 康内尔，1990 年)；《当代教育史》(安多旺·莱昂，1989 年)等。③外国教育史学科教学史料的建设方面。具体情况为：《外国教育史教学参考资料》(华东师大教育系外国教育史教研室，1985 年)；《外国教育史简明教程(教学资料)》(北京教育行政学院等七院校，1987 年)；《中世纪教育文选》(吴元训，1989 年)等。

(三)教育史学科研究成果

解放思想、实事求是路线的指引，启迪了学科体系和研究方法的大讨论，全面推进了教育学科的基础建设，促进了 20 世纪 80 年代教育史学科的初步发展，中外教育史学科在各类教材、通史、断代史、专题史等方面出版了大量的研究成果。

1. 中国教育史方面

①代表性教材：《中国教育史简编》（毛礼锐，1984 年）；《简明中国教育史》（王炳照、郭齐家、刘德华等，1985 年）；《中国现代教育史》（华东师范大学教育系教科所，1983 年）；《中国现代教育史》（高奇，1985 年）等。②代表性通史著作：《中国教育通史》（共六卷）（毛礼锐、沈灌群，1985—1989 年）。③断代史著作：《中国封建社会教育史》（杨荣春，1985 年）；《古代教育思想论丛》（邱椿，1985 年）；《新中国教育 40 年》（郭笙等，1989 年）。④专题史方面。书院教育史研究：《中国书院史话》（章柳泉，1981 年）；《中国古代的书院制度》（陈元晖、尹德新、王炳照，1981 年）；《白鹿洞书院史略》（李才栋，1989 年）。高等教育史研究：《中国高等教育史》（熊明安，1983 年）。师范教育史研究：《中国师范教育简史》（刘问岫，1984 年）。教育思想史研究：《中国教育思想史》（郭齐家，1987 年）。少数民族教育史研究：《鄂伦春族教育史稿》（李瑛，1987 年）。教育管理史研究：《中国教育管理史》（熊贤君，1989 年）。教育与文化专题研究：《文化的传递与嬗变——中国文化与教育》（丁钢，1990 年）。教育家传记方面研究：《中国古代教育家传》（毛礼锐，1987 年）；《中国近现代教育家传》（陈景磐，1987 年）；《中国教育家评传》（共三卷）（沈灌群、毛礼锐，1988—1989 年）。教育史比较研究：《中国教育史比较研究》（陶愚川，1985—1988 年）。

2. 外国教育史方面

①代表性教材：《外国教育史》（王天一、夏之莲、朱美玉，1984 年）；《外国现代教育史》（赵祥麟，1987 年）；《外国近代教育史》（滕大春，1989 年）；《外国教育史简编》（吴式颖、赵荣昌、黄学溥等，1988 年）。②代表性通史著作：《外国教育史》（上、中、下三册）（戴本博，1989—1990 年）。③专题史方面。国别教育史研究：《日本教

育史》(王桂，1987 年)。高等教育史研究：《美国高等教育发展史》(陈学飞，1989 年)等。

二、20 世纪 90 年代的教育史学科

20 世纪的最后 10 年，教育史学科坚持解放思想、实事求是的指导方针，坚持为改革开放及现代化建设事业服务的基本方向，在广泛吸收、充分利用国内外教育科学及其他人文社会科学研究成果的基础之上，开展了全方位、多层次的深入研究，学科建设硕果累累。

(一)教育史学科体系建设

20 世纪 90 年代是在 80 年代中外教育史工作者对教育史学科体系讨论的基础上，对教育史学科进行更为深入研究的发展阶段。首先，体现为教育通史研究的更为深入，中国教育史学科在教育思想史和教育制度史研究方面取得了突破性的进展，外国教育史学科在教育通史研究方面表现较为突出，尤其是在突破西方中心论的研究框架，构建具有中国特色的教育史学科体系方面取得了突破性的进展，强调要科学地把历史唯物主义的观点和方法运用到教育史研究中，从而能更加深刻和全面地解释教育历史现象，以及客观、如实地评价教育历史人物。同样，其在借鉴和引用比较史学的研究方法，进行中外教育比较史层面的学术研究方面，为教育史学科深入开展跨学科、交叉研究提供了可资借鉴的研究范式；在借鉴和吸收国内外现代化理论研究成果，进行中国教育近代化研究方面也取得了开拓性的学术成果，所形成的关于教育近代化研究的理论框架，具有创新性的示范引领作用。更为值得关注的是，由杜成宪、崔运武、王伦信三位学者撰写的《中国教育史学九十年》，首次从教育史学的理论视角来认识中国教育史学科 90 年的历史发展进程，为厘清中国教育史学科的研究对象、研究方法及学科体系，深入认识和把握中国教育史学科 90 年发展中各个阶段的具体特征，提供了教育史学层面的理论思考和学术分析。《中国教育史学九十年》是教育史学科进

入理论自觉阶段的重要标志。

(二)教育史学科基础建设

教育史学科基础建设在 20 世纪 90 年代得到了进一步的加强，在收集、整理和编撰中外教育史学科史料方面取得了丰富的成果。

1. 中国教育史的学科基础建设方面

①中国古代教育史料方面：《太学文献大成》(首都图书馆，1996 年)；《中国书院史资料》(陈谷嘉、邓洪波，1998 年)；《白鹿洞书院古志五种》(李梦阳等，1995 年)；《历代教育笔记资料》(尹德新，1990—1993 年)；《国立西南联合大学史料》(北京大学等，1998 年)。②中国近现代教育史料方面：《中国近代教育史资料汇编》(共十卷)(陈元晖，1990—1997 年)；《晚清中国人日本考察记集成·教育考察记》(王宝平，1999 年)；《中华人民共和国重要教育文献(1949—1975)》(何东昌，1998 年)。③历代教育家文献资料方面："中国近代教育论著丛书"(陈学恂，1992 年)；《朱熹集》(郭齐、尹波点校，1996 年)；《蔡元培全集》(高平叔，1984 年)；《杨贤江全集》(任钟印，1995 年)；《叶圣陶教育文集》(刘国正，1994 年)。

2. 外国教育史的学科基础建设方面

①在人民教育出版社出版的"外国教育名著丛书"的基础之上，教育科学出版社组织出版了"20 世纪苏联教育经典译丛"。②教学参考史料方面：《外国教育史料》(E. P. 克伯雷，1990 年)；《外国教育史教学参考资料》(赵荣昌、单中惠，1991 年)；《外国教育史资料》(徐汝玲，1995 年)；《外国教育发展史料选粹》(夏之莲，1999 年)。③教育名著方面："汉译世界高等教育名著丛书"(王承绪，1987—2001 年)；《世界教育名著通览》(任钟印，1994 年)。

(三)教育史学科研究成果

20 世纪 90 年代，教育史工作者开展了全方位、多层次的深入研究，无论是中国教育史学科还是外国教育史学科都取得了丰硕的研究成果。

1. 中国教育史方面

①教材:《中国教育史》(孙培青,1999 年);《中国近代教育史》(郑登云,1994 年)。②通史著作:《中国教育思想通史》(王炳照、阎国华,1994 年);《中国教育制度通史》(李国钧、王炳照,2000 年);《中国教育思想史》(孙培青、李国钧,1995 年);《中国教育哲学史》(张瑞璠,2000 年)。③断代史著作:《中国近现代教育思潮与流派》(董宝良、周洪宇,1997 年);《中国教育史纲》(董宝良,1990 年);《中国近现代教育家系列研究》(宋恩荣,1994 年)。④专题史著作。教育近代化研究:《留学生中国教育近代化》(田正平,1996 年)。中外教育比较研究:《中外比较教育史》(许美德、巴斯蒂等,1990 年);《中外教育比较史纲》(张瑞璠、王承绪,1997 年);《17 世纪至 19 世纪中叶中日教育发展比较》(熊庆年,1999 年);《中外教育交流史》(卫道治,1998 年)。少数民族教育史研究:《中国少数民族教育史》(韩达,1998 年)。地方教育史研究:《广西教育史》(蒙荫昭、梁全进,1999 年);《辽宁教育史》(李喜平,1998 年);《湖北教育史》(熊贤君,1999—2003 年);《云南教育史》(蔡寿福,2001 年);《四川教育史稿》(熊明安、徐仲林、李定开,1993 年);《天津近代教育史》(张大民,1993 年);《福建教育史》(刘海峰、庄明水,1996 年);《上海普通教育史(1949—1989)》(吕型伟,1994 年);《台湾教育简史》(庄明水、谢作栩、黄鸿鸿等,1994 年)。中华人民共和国教育史研究:《新中国教育五十年》(中华人民共和国教育部,1999 年);《中国社会主义教育的轨迹》(金一鸣,2000 年)。教会教育史研究:"基督教教育与中国社会丛书"(吴梓明,1998—2003 年);"中国教会大学史研究丛书"(章开沅、马敏,1999 年);《普遍主义的挑战:近代中国基督教教育研究(1877—1927)》(胡卫清,2000 年);《基督教与中国近现代教育》(王忠欣,2000 年)。女子教育史研究:《中国女子与女子教育》(阎广芬,1996 年);《中国女子教育通史》(杜学元,

1995 年）；《中国古代女子教育》（曹大为，1996 年）。义务教育史研究：《千秋基业：中国近代义务教育研究》（熊贤君，1998 年）；《世纪之理想：中国近代义务教育研究》（田正平、肖朗，2000 年）。高等教育史研究：《中国高等教育史》（郑登云，1994 年）；《中国高等教育思想史》（高奇，1992 年）；《中国大学教育发展史》（曲士培，1993 年）；《中国高等教育史论》（涂又光，1997 年）；《近代中国大学研究：1895—1949》（金以林，2000 年）；《近代中国的高等教育》（霍益萍，1999 年）。留学教育史研究：《留学生与中国教育近代化》（田正平，1996 年）；《中国百年留学全记录》（丁晓禾，1998 年）；《观念与悲剧：晚清留美幼童命运剖析》（石霓，2000 年）；《中国人留学日本百年史：1986—1996》（沈殿成，1997 年）。教育管理史研究：《中国教育管理史》（孙培青，1996 年）；《中国教育管理制度史》（李才栋、谭佛佑、张如珍等，1996 年）；《中国教育管理史教程》（王建军、薛卫东，1998年）。教育科学分支学科史研究：《中国近代课程史论》（吕达，1994年）；《中国古代学校教材研究》（熊承涤，1996 年）；《中国教学论史》（董远骞，1998 年）；《中国古代语文教育史》（张隆华、曾仲珊，2000年）；《中国现代语文教育史》（李杏保、顾黄初，1997 年）；《中国中学数学教育史》（魏庚人，1987 年）；《中国化学教育史话》（郭保章、梁英豪、徐振亚，1993 年）。校史研究："中国著名高校丛书""中国著名学府逸事丛书""中国名校丛书""名人与名校丛书"。其他具有开拓性专题研究的著作有：《中国教育督导史》（江铭，1994 年）；《中国古代私学与近代私立学校研究》（王炳照，1997 年）；《中国德育思想研究》（陈谷嘉、朱汉民，1998 年）；《中国古代科学教育史略》（孙宏安，1996 年）；《中国家庭教育史》（马镛，1997 年）；《中国近现代教育实验史》（熊明安、周洪宇，2001 年）；《朱熹与南宋教育思潮》（于述胜，1996 年）。

2. 外国教育史方面

①教材：《外国教育史教程》（吴式颖，1999 年）。②通史著作：

《外国教育通史》(滕大春，1989—1994年)；《外国教育史》(袁桂林，1995年)。③断代史著作：《外国现代教育史》(吴式颖，1997年)。④专题史著作。教育比较研究：《近代欧洲对美国教育的影响》(贺国庆，1994年)。高等教育史研究：《德国和美国大学发达史》(贺国庆，1998年)；《欧洲高等教育的近代化——法、英、德近代高等教育制度的形成》(黄福涛，1998年)；《英国的高等教育历史·现状》(张泰金，1995年)；《美国研究型大学形成与发展》(沈红，1999年)；《美国高等教育的发展与改革》(王英杰，1993年)；《英国高等教育发展研究》(许明，1998年)；《美国社区学院发展研究》(续润华，2000年)；《哈佛大学发展史研究》(郭健，2000年)。教育管理史研究：《外国教育管理史》(陈孝彬，1996年)；《外国教育管理史教程》(袁锐锷，1998年)。校史研究：《世界著名学府》(李凤吾等，1997年)。教育家个案研究：《外国教育家评传》(赵祥麟，1992年)。教育思想史研究：《西方教育思想史》(张斌贤、褚洪启等，1994年)；《西方教育思想史》(王天一等，1996年)；《西方教育思想史》(单中惠，1996年)；《外国教学思想史》(田本娜，1994年)；《西方教学思想史论稿》(刘新科，1999年)。幼儿教育史研究：《外国幼儿教育史》(单中惠、刘传德，1997年)；《外国学前教育史》(周采、杨汉麟，1999年)。国别教育史研究：《美国教育史》(滕大春，1994年)；《社会转型与教育变革——美国进步主义教育运动研究》(张斌贤，1998年)；《英国教育史》(徐辉、郑继伟，1993年)；《日本教育现代化的历史基础》(杨孔炽，1998年)等。

第二节　内外相维：教育史学体系的中国化努力

一、教育史学科体系的讨论

教育史学科在20世纪80年代关于教育史学科体系的讨论，开启了教育史学界从教育史学层面研究学科基本理论问题的先河。"学科体系问题对于任何一门学科来说都是一个至关重要的问题，它所涉及的学科的对象、范围，内容及其形式结构等一些认识问题，足以影响到学科的存在与发展。因此，对学科体系问题的认识水平，也是衡量一门学科成熟程度的标志之一。"①以两次中国教育学会教育史分会学术会议为标志，教育史工作者围绕教育史学科体系展开了深入的讨论，形成了关于教育史学科基本理论问题的一系列学术观点，成为推动教育史学科深入发展的重要学术标志。我们试以《社会科学争鸣大系（1949—1989）·教育学卷》中，杜成宪撰写的《中国教育史学科体系问题》和单中惠撰写的《外国教育史学科体系》为范本，来整体呈现教育史工作者关于教育史学科体系的学术讨论。

（一）中国教育史学科体系的讨论②

1980 年 12 月全国教育史研究会举行了"中国教育史学科体系问题讨论会"，是新中国成立后中国教育史学家们首次就中国教育史学科体系问题举行的专门而集中的学术探讨。围绕本次讨论会，中国教育史学家们形成了一系列关于中国教育史学科体系问题的研究成果，这些研究成果主要涉及以下四个方面的学术观点。

1. 中国教育史的研究对象与范围

一般而言，中国教育史的研究对象应是中华民族教育实践（制度）和教育理论（思想）发生发展的历史。具体而言，其应以学校教育为主，也顾及社会教育。有学者指出，确定教育史研究对象，依据是对"教育"作何理解。从理论上讲，教育区别于其他社会现象之处在于它是一种有目的、有计划、有组织地培养人具有社会所需要的知识技能和思想品质的活动，抓住这一特点，就使教育和其他社会

---

① 杜成宪：《中国教育史学科体系问题》，见瞿葆奎：《社会科学争鸣大系（1949—1989）·教育学卷》，398 页，上海，上海人民出版社，1992。

② 杜成宪：《中国教育史学科体系问题》，见瞿葆奎：《社会科学争鸣大系（1949—1989）·教育学卷》，398～406 页，上海，上海人民出版社，1992。

现象相区别，也使教育史与其他历史学科相区别。总之，研究教育史首先不能模糊学科特点。

与此相关，有学者指出：新中国成立后用阶级分析方法研究教育史虽也取得了一定的成绩，但是教育反映社会实践不是直接的，教育有其自身发展的特点。因此，教育史的基本线索应是人们的教育实践活动。既如此，中国古代教育史的基本线索应以儒家教育为主线。中国近代教育史的基本线索则是三种不同的教育：为巩固清统治的封建教育、为发展资本主义的资产阶级教育和作为帝国主义文化侵略的教育，或者说是半封建教育、资产阶级新教育和半殖民地教育。中国现代教育史的基本线索应包括：中国共产党领导区域内的教育、国民党统治区的教育、日本侵略者控制下的伪满统治区的教育。新民主主义革命的社会性质决定了教育史应以中国共产党领导的文化教育为主线，但又不应写成中国共产党领导下的教育发展史。

学者们几乎一致认为，少数民族教育、科学技术教育、中外文化交流和留学生教育、劳动人民的教育等应在教育史研究中得到强调。

2. 中国教育史的发展阶段与分期

中国教育史的发展阶段与分期究竟是应该按社会历史发展阶段或依据通史来确定教育史的分期，还是应该按教育自身发展进行分期，学者们有争议。

第一，对于古代教育史的发展阶段与分期有三种主张。①有的学者主张分为七个阶段：从原始自然形态的教育到学校的萌芽；官学制度的建立和六艺教育的形成；私人自由讲学的兴起和古代教育理论的奠基；儒学独尊的学制系统的建立；学校教育从中衰到更高阶段的复兴；自由讲学之风的再起和教育理论的深化；封建教育的没落和启蒙教育思潮的产生。这一划分着眼于教育自身发展的特殊规律。②有的学者强调教育发展受社会历史发展的制约，因此主张按照社会发展阶段和朝代顺序进行分期。这是现下中国教育史教材与专著通行的做法。③有的学者主张按专题组织内容，打通历史年代，搞成"纪事本末体"。

第二，对于近代教育史的发展阶段与分期，通常做法是按照通史分期，如"三次革命高潮"。对此，有的学者认为，贯穿近代教育发展的线索主要不是阶级斗争，而是教育实践。因此，可以依傍通史分期，突出教育实践，进行如下划分：①1840 年鸦片战争到 1862 年京师同文馆成立之前；②1862 年京师同文馆创办到 1905 年废除科举制；③1905 年到 1919 年五四运动前夕。

3. 中国教育史学科的分支

中国教育史学科的分支，依据不同的分类标准就有不同的分类结果。有位学者的看法堪作代表：①按历史发展顺序分，可分为古代、近代、现代三大分支；②按两个侧面分，一面是统治阶级的教育制度和教育思想，另一面是劳动人民的教育活动和民主性的思想；③按实质分，可分为教育制度与教育思想两大分支。

其中，教育制度还可细分：按各级各类教育分，古代有官学、私学、私塾、书院等，近现代有幼儿教育、小学教育、高等教育、职业教育、师范教育、教育行政等；按教育内容来分，可以有德育史、课程教材发展史、教学法演变史、考试制度史等。教育思想也可细分：如阶级的教育思想斗争、派别的教育思想斗争、个别代表人物的教育思想及历史影响等。此外，劳动人民的教育活动这一大分支还可细分，如农业教育、手工业教育、艺术教育、科技教育、农民革命教育、民主文学教育等。

4. 中国教育史的学科体系与教材体系

虽然此次讨论会是以"学科体系"为名，但绝大多数学者实际上是在谈教材体系和教学的问题，这表明大家并未明确意识到这是两个既有区别又有联系的概念。同样，正是由于学者们未严格区分学科体系与教材体系，所以我们在讨论学科体系的问题时提出了教材体系的原则：①教材体系要适应教学时数，有详略弃取；②教材体系要考虑到教育对象，对象不同，体系也就有变化；③教材体系应贯彻教学目的，不仅要传授给学生系统的完整的知识，更要注意训练其独立思考的能力。此后十年，关于中国教育史学科体系问题的探讨始终在陆续进行，学者们对问题的认识逐渐由服务于教学转向学科体系建设本身，并呈现出三个方面的特点。第一，旧有研究范畴的深入。有的学者认为，近代教育发展的总体趋势是从封建教育逐步向近代教育过渡，其基本线索是近代新式教育的产生。相应的阶段划分就是：①第一阶段，1862—1894 年新式教育的产生期；②第二阶段，1985—1911 年新式教育的发展期，又可分为维新教育与清政府的教育改革两个阶段；③第三阶段，1912—1927 年新式教育的成熟期。这样的划分使学者们更加贴近教育发展本身去认识近代教育史。第二，对旧范畴提出新构想。有的学者就教育思想史提出应开展教育范畴史的研究，以建立教育史本身的范畴（概念）体系。中国古代教育思想中的性与习、理与欲、知与行、学与思、学与教、静与动、有序与不息等一对对范畴，表现出了古代教育思维从内容到形式的发展过程。研究教育思想乃是为了揭示出教育学本身的内在逻辑，而开展教育范畴史研究，是教育学和教育史的研究在更深一个层次上结合的重要关节点。此外，还有学者提出，中国教育史应有总体研究、专门研究和比较研究。第三，提出新的研究范畴。①有的学者提出建立"教育学史"的设想，为教育史学科增添了一个新的研究领域；②有的学者提出中国教育史学科的三层次构成说，即低层次、中层次和高层次；③有的学者明确提出建立"教育史学"的构想，认为教育史学科在许多具体历史问题的研究方面取得了丰富成果，却缺乏一种"自我反思"，即缺乏对学科基础理论进行宏观、哲学的思考，致使未能建立起系统的学科体系。具体来说，教育史学的研究内容为：真正运用历史唯物主义的基本原理和方法于教育史研究的方法中；从总体上探讨人类教育发展的一般规律；教育发展与社会、政治、宗教、哲学、伦理道德、科学技术以及心理学等方面的关系；教育历史、传统与现实之间的关系；教育史学科的研究方法体系；教育史学科的认知结构；教育史人物的评价问题；教育史研究工作者的学术素养；教育史学科对师范教育、师资训练的作用。此外，还有教育史史料学、教育史编纂学等。中国教育史学科的三层次构成说和教育史学构想的提出，表明一个较为完善的中国教育史学科体系，不仅是重内容和实质的体系，而且还是重形式与结构的体系。

之后，杜成宪发表《中国教育史学科体系试构》①一文，将对中国教育史学科体系问题的认识推向了一个新的理论高度。

作者在对中国教育史学科体系问题认识的发展历程进行梳理的基础上，认为构想中国教育史学科体系应依据以下原则："第一，应当反映中国教育史学科作为教育学科的特点；第二，应当有相当的概括性，涵盖中国教育史学科的所有研究领域；第三，应当揭示中国教育史学科的各个分支学科及其关系、层次和结构；第四，应当反映中国教育史学科的新成果、新观念和新趋势；第五，应当是一个能不断包容学科研究新发展的开放的系统；第六，应当对未来的中国教育史学科发展有指导作用。"②在此基础上，杜成宪采用"二分法"来构建中国教育史学科体系。具体结构见图 4.1。

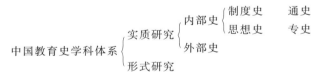

图 4.1　用"二分法"构建的中国教育史学科体系结构③

①　杜成宪：《中国教育史学科体系试构》，载《华东师范大学学报（教育科学版）》，1997(1)。
②　杜成宪：《中国教育史学科体系试构》，载《华东师范大学学报（教育科学版）》，1997(1)。
③　作者在论文中按照"二分法"逐层构建中国教育史学科体系——制度史与思想史、通史与专史、内部史与外部史、实质研究与形式研究，并一一对各种分类及其内部相互关系进行阐述。

　　杜成宪在文末对结构图进行了说明,"整个中国教育史学科体系由'实质研究'与'形式研究'两大部分组成,'实质研究'之下又分为'内部史'和'外部史'两大部分,'内部史'之下则分为制度史和思想史两部分,而制度史与思想史的表现形式则为通史与专史两类。以上对中国教育史学科体系和结构的设想有一个显著特点,即有较高的概括程度。这是因为:第一,理论体系应当有较高的概括水平;第二,中国教育史学科体系十分庞大,其中的分支十分繁复,如要尽数列举,根本不可能,与其举其一隅而遗其三隅,不如一隅不举众隅皆容。事实上,上述中国教育史学科体系结构及其诸构成范畴,已基本上让现实的中国教育史研究的各个领域、各个分支对号入座,各得其所了"①。

　　(二)外国教育史学科体系的讨论②

　　1983 年 9 月,全国教育史研究会专门组织了"外国教育史学科体系讨论会"。与会者尽管在一些具体问题上存在着分歧,但都一致认为,外国教育史研究要取得突破性进展,必须冲破旧有的欧美模式与苏联模式的束缚,创建具有中国社会主义特色的外国教育史学科体系。"特别重要的是,学者们一致认为应摆脱苏联教育史模式的束缚,建立具有中国特色的社会主义的外国教育史学科体系,使之适应我国社会的新需要。这次会议的标志意义在于,教育史学界表明了摆脱苏联教育史编撰模式的束缚,自主发展教育史学科和重构教育史观的自我意识。"③这次会议是一个重要的转折点,它标志着我国外国教育史学科建设已开始摆脱旧有的思想观念与编写框架的束

---

　　①　杜成宪:《中国教育史学科体系试构》,载《华东师范大学学报(教育科学版)》,1997(1)。

　　②　单中惠:《外国教育史学科体系》,见瞿葆奎:《社会科学争鸣大系(1949—1989)·教育学卷》,516~521 页,上海,上海人民出版社,1992。

　　③　张斌贤:《重构教育史观:1929—2009 年》,载《高等教育研究》,2011(11)。

缚，开始走向成熟和独立发展的道路。这次会议由安徽省教育史研究会、安徽师范大学教育系承办，承办方从参会论文中选取了 21 篇编撰成《外国教育史学科体系讨论会论文集》，具体信息见表 4.1。

表 4.1　1983 年《外国教育史学科体系讨论会论文集》中论文及作者信息①

论文标题	作　者
《关于外国教育史学科体系的几点意见》	赵祥麟
《对"外国教育史"新体系的设想》	吴元训
《试论外国教育史学科体系的建立》	夏之莲
《编写外国教育史新教材亟需解决几个问题》	方克明、赵卫平
《关于外国教育史学科体系的几个问题》	张德喜
《提高认识，积极改革外国教育史的教学工作》	赵荣昌
《外国教育史问题》	王桂
《外国教育史教学中的几个问题》	吴琅高
《外国教育史学科体系改革的几个问题—教学内容应反映历代教育家对人的智力发展问题的探索及其成果》	李文奎
《外国教育史教学断想》	卢忠敬
《教育史研究的新趋势》	任宝祥译
《康斯坦丁诺夫、麦丁斯基、沙巴也娃合著〈教育史〉第五版(1982 年版)纲目》	吴式颖译
《外国教育史教学纲目》	方克明
《试评曹孚同志主编的〈外国教育史〉》	黄学溥
《神性化、人性化、心理化—宏观西方教育思想发展的过程》	张法琨
《一位有世界影响的苏联教育家—苏霍姆林斯基的教育思想及其在苏联和一些国家的传播》	杨春发

---

①　《外国教育史学科体系讨论会论文集》文前收录了滕大春的《"三个面向"和外国教育史研究》。附录部分：安徽省教育学会贺信；安徽省教育史研究会、安徽师范大学教育系贺信；外国教育史学科体系讨论会纪要。其中，外国教育史学科体系讨论会纪要为我们提供了关于外国教育史学科体系讨论会的重要内容。

续表

论文标题	作　者
《从马卡连柯和苏霍姆林斯基教育思想的比较看苏联德育理论发展中的几个问题》	周惠英
《论杜威教学论体系的特点》	江玲
《试析赫尔巴特关于教育性教学的观念》	徐汝林
《卢梭教育思想初探》	梁宋芬
《略论卢梭的自然教育思想》	翟大林

本次讨论会，外国教育史学家们形成了一系列关于外国教育史学科体系问题的研究成果，这些研究成果主要涉及以下问题。

1. 研究对象和范围

对于外国教育史学科体系来说，确定研究对象和范围是首先要讨论的一个重要问题。在这个问题上，学者们主要形成了三种看法：①有的学者认为，外国教育史学科的研究范围是十分广阔的，以自古迄今的外国教育理论和实践及其发展规律为研究对象。有的学者指出，外国教育史指的是我国以外的教育史。它不是世界教育史，世界教育史要包括中国教育史，它也不是西方教育史，西方教育史不包括东方教育史。外国教育史是通史性质，它不是断代史、人物史、专题史，但它却包括这些内容。它应有一个比较全面的、系统的、完整的体系。②有学者认为，建立一个比较全面的、完整的外国教育史学科体系是必要的，但由于种种原因，要一下子解决这个问题是不可能的，作为教材也不一定大而全。③有的学者认为，应了解其他国家研究世界史的历史和现状以及研究成果，从中吸取可资我们借鉴的经验教训、方法和成果。

2. 学科体系的"中心"

以往的外国教育史学科体系中存在以欧洲为中心的情况。这是在建立具有中国特色的外国教育史学科体系时必须正确认识和解决的一个问题。对于这个问题，学者们形成了三种看法：①外国教育史学科体系以欧洲为中心是有客观原因的，但必须打破。有的学者指出，以欧洲为中心或以西方为中心是由一些客观的历史因素造成的，主要是系统的教育史的编写开始于 19 世纪欧洲德、法、英等国教育家，我国外国教育史学科体系的建立必须放眼全世界，打破欧洲中心论；有的学者认为，外国教育史学科体系要兼顾东西两方和南北两侧，外国教育史如果不包括这些史事，是无从说明人类教育演变的全貌的；有的学者指出，要扩展外国教育史研究的范围，从以欧美国家为中心的现状中摆脱出来，从而成为真正的"外国教育史"。②对于过去外国教育史学科体系中以欧洲为中心的情况，我们不能一般地去批判和否定。有的学者认为，过去的外国教育史体系对欧洲资产阶级国家教育、教育思想的历史是重点阐述的，这是符合历史事实的。问题是外国教育史应该反映各个时期的代表性史料，在地域上应尽量体现全面性。有的学者指出，在外国教育史学科体系中增加古代东方教育史部分是必要的，不过 15 世纪以后，我国如果以东方为中心，那就不合史实了。③有的学者认为，外国教育史不是世界教育史，按照历史实际，以西欧为中心是不可避免的。

3. 历史分期和时限

历史分期和时限对外国教育史学科体系来说也是一个需要解决的重要问题。正确地划分历史阶段和确定时限，有助于我们对教育发展历史及其规律性的研究。①在外国教育史的历史分期上，我们大致可归纳为三种看法：一是按照社会发展的五种形态来划分外国教育史阶段。二是外国教育史学科体系可以划分为古代、近代和现代三个阶段。其中，古代教育史，从教育产生到文艺复兴时期以前；近代教育史，从文艺复兴到马克思主义教育学说创立以前；现代教育史，马恩教育学说建立以来的教育发展史。三是外国教育史的分期应按照外国教育自身发展的逻辑来划分。②在外国教育史的历史时限上，对于外国教育史学科体系的上限的看法基本上是一致的，认为应该从教育的产生开始。但对于其下限却有不同的看法，我们大致可以归纳为两种：一是外国教育史学科体系应下断于第二次世界大战；二是外国教育史学科体系不应下断于第二次世界大战，应该包括自古迄今外国教育发展的情况。

4. 需要处理的几个关系

①史与论的关系。学者们认为，必须坚持以马克思列宁主义、毛泽东思想为指导思想，尽可能充分掌握材料，做到有史有论，史论结合，防止客观主义和以论代史的错误倾向。②中外教育史的关系。学者们指出，由于我国把教育史分为中外教育史两门学科开设，因此外国教育史学科体系及其教材中，如何确切地反映这种相互影响的关系，是个需要明确的问题。学者们形成了两种不同的看法：一是在学科体系中应具体反映这种关系；二是在学科体系中不必具体反映这种关系，以免体系过于庞杂，但主张在讲授中，应该努力阐明这种相互影响的关系。③古今关系。外国教育史学科体系和教材要贯彻"厚今薄古""古为今用"的原则，但是不能把"厚今薄古""古为今用"的正确思想绝对化，以致借"厚今薄古"搞非古、排古，借"古为今用"搞实用主义。学者们认为，"古为今用"主要指的是揭示历史发展中规律性的东西，为当今的建设服务，而不是从历史中寻找可供我们抄袭的模式。④教育思想和教育制度的关系。教育史应包括教育思想和教育制度两个主要方面的内容，外国教育史的学科体系和教材中需处理二者之间的关系。国外已有的体系和教材中存在三种处理二者关系的方法：第一，以教育制度的发展为主，实际上忽略了教育思想的发展；第二，以教育思想的发展为主，实际上也忽视了教育制度的发展；第三，兼顾教育思想和教育制度，但在具体阐述时，往往是两者分离的。学者们认为，应该建立一种教育思想和教育制度紧密联系、相互影响的外国教育史学科体系和教材；

要努力做到在一定的教育实践的历史环境中阐述人物的教育思想；而在阐述各个时期的教育制度时，又能充分地注意到历史的、当代的教育思想给予的影响，使两者结合，反映出它们的内在联系，达到更好地揭示教育发展的规律性的目的。

二、教育史教材编纂的新境界

20 世纪八九十年代，在挖掘、整理、出版大量教育史料和选编、翻译、出版外国著名教育家代表作的基础上，教育史学界出版了代表性的教育史教材，体现了教育史教材编撰和教育史学科建设的新境界。

（一）中国教育史教材：《简明中国教育史》和《中国教育史》

1. 王炳照、郭齐家、刘德华等编的《简明中国教育史》

《简明中国教育史》是 20 世纪 80 年代具有代表性的中国教育史教材，历经初版、修订版和重修订版三个版本。1992 年修订版说明中记载，《简明中国教育史》自 1984 年出版以来，已经历了 8 个年头，该书先后重印 5 次，总计近 6 万册；2007 年重修订版"前言"介绍道，《简明中国教育史》自 1992 年修订出版以来，又经历了 15 个年头，先后重印 15 次，总印数达到了 135 500 册。我们以第一版"前言"①中所论的关键问题，来阐述《简明中国教育史》的相关情况：首先，编写原则。以马克思列宁主义、毛泽东思想为指导，实事求是，解放思想，对历代教育制度和教育思想进行了全面的介绍和明确的评析；文字力求简明扼要，既注意体系完整，线索明晰，又体现重点突出；既交代必要的历史背景，又尽量压缩与主题无直接关系的材料，努力体现教育史的专史特点。其次，内容范围。全书从远古到中华人民共和国成立，上下 3000 多年的教育，分为 14 章，共 30

---

① 王炳照、郭齐家、刘德华等：《简明中国教育史》，前言 1～2 页，北京，北京师范大学出版社，1985。

余万字。具体章节结构如下。

第一章，原始社会和夏、商、西周的教育；第二章，春秋战国时期的教育；第三章，秦汉的教育；第四章，魏晋南北朝的教育；第五章，隋唐五代的教育；第六章，宋元时期的教育；第七章，明代的教育；第八章，鸦片战争前的清代教育；第九章，鸦片战争到太平天国革命时期的教育；第十章，洋务运动和戊戌变法时期的教育；第十一章，辛亥革命时期的教育；第十二章，五四运动到第一次国内革命战争时期的教育；第十三章，第二次国内革命战争时期的教育；第十四章，抗日战争到新中国成立时期的教育。

1992 年修订时对 1984 年版的基本体系没有作出变动，到 2007 年修订时，在修订版的基础上，重新组织章、节、目的内容，突出教育思想、制度的历史沿革，并借鉴新的研究成果、新的历史认识修正了部分历史评价，以更为客观、公允的历史评价作为理想诉求；古代部分作了局部的修改、补充、调整，近现代部分无论是章节结构，还是内容都作了较大的改动，特别是增加了中华人民共和国教育史部分，以两章的篇幅，勾勒出新中国成立后 50 年的教育发展的主要轨迹。①

2. 孙培青主编的《中国教育史》

《中国教育史》作为高等学校文科教材，是原国家教委文科教材办公室 1985 年在武汉主持召开教育心理学科会议时确定的。编写工作于 1986 年实际启动，1991 年编成交稿，1992 年正式出版。这是《中国教育史》的第一版。此后还有第二版和第三版。其中，第一版印刷 8 次，第二版印刷 19 次，两版共印刷 27 次。我们试以第一版"前言"中论述的关键问题，来阐述中国教育史的研究对象、研究目

---

① 王炳照、郭齐家、刘德华等：《简明中国教育史》，重新修订版前言，北京，北京师范大学出版社，2008。

的和作用以及研究方法论。

（1）研究对象

中国教育史是教育科学的重要分支学科，它运用历史唯物主义的观点方法，研究中国自古至今教育制度和教育思想发生、发展、演变的过程，总结不同历史阶段教育的经验、教训及其特点，作出科学的评价，探求教育发展的客观规律。

（2）研究的目的和作用

学习中国教育史，了解教育制度和教育思想的源流，将有助于树立唯物辩证的教育发展观，扩大教育知识眼界，激励奉献教育事业的精神。批判教育历史上封建专制落后黑暗的一面，发扬民主科学进步光辉的一面，也将增强中华民族的自尊心，鼓舞人们发展社会主义教育事业、创建有中国特色的教育科学的自信心。

（3）研究方法论

①坚持以历史唯物主义作为编写教材的指导思想，按各个社会形态的发展阶段分章，把各时代各阶级的教育制度、教育思想都放在一定的社会经济、政治、文化历史条件下进行考察，揭示其内在联系。②对教育制度的研究，主要以人才的培养为中心，论述其方针政策、管理措施、教育内容和方法，以及经验与教训；对于选拔人才的制度，仅从其与教育发展存在的相互制约关系方面略加论述，不作为重点，也不求其系统。③对教育思想的研究予以重视，通过对主要代表人物的分析介绍，来反映各历史时期教育思想的发展，以总结教育理论思维的经验。④运用辩证方法对教育历史进行实事求是的评价，既不美化，也不丑化，区分精华和糟粕，决定吸取或清除，以便古为今用。

（二）外国教育史教材：《外国教育史》和《外国教育史教程》

1. 王天一、夏之莲、朱美玉编著的《外国教育史》

《外国教育史》在 1984 年至 1985 年出版问世，并于 1988 年荣获国家教委高校优秀教材一等奖。作为一本通史性的外国教育史教材，其在研究时间的范围上不仅包括古代、近代教育，而且还包括现代教育(研究的下限一直延伸到 20 世纪 80 年代中期)，全书对于摆脱"欧洲中心说"的影响及苏联教育史教科书范式的束缚，展开了有益的学术尝试。具体篇章结构见表4.2。

表 4.2　《外国教育史》的篇章结构

编　次	章　次
第一编 古代时期和 中古时期的教育	第一章 原始社会的教育 第二章 奴隶社会的教育 第一节 亚洲和非洲几个文明古国的教育 第二节 古代希腊的教育制度 第三节 古代希腊的教育思想 第四节 古代罗马的教育 第三章 封建社会的教育 第一节 封建社会形成和发展时期的教育 第二节 文艺复兴时期的教育 第三节 夸美纽斯的教育理论
第二编 近代时期的教育	第四章 十七世纪至十九世纪末英、法、德、俄、日等国教育制度的发展 第一节 英国教育制度的发展 第二节 法国资产阶级革命前后教育制度的发展 第三节 德国教育制度的发展 第四节 俄国农奴制改革前后的教育制度 第五节 美国独立前后教育制度的发展 第六节 明治维新前后日本教育制度的发展 第五章 十七世纪至十九世纪末的教育理论 第一节 洛克的教育思想 第二节 法国启蒙思想家卢梭和唯物主义者的教育思想 第三节 裴斯泰洛齐的教育活动和教育理论 第四节 赫尔巴特的教育理论 第五节 第斯多惠的教育思想 第六节 福禄培尔的教育理论 第七节 空想社会主义者欧文的教育活动与教育思想 第八节 乌申斯基的教育思想 第九节 斯宾塞的教育思想

续表

编　次	章　次
第二编 近代时期的教育	第六章 马克思、恩格斯的教育学说 第七章 十九世纪工人阶级的教育斗争 第一节 工人运动中的教育斗争 第二节 巴黎公社时期教育革命的原则和实践
第三编 现代时期的教育	第八章 十九世纪末至第二次世界大战后英、法、德、美、日、苏等国教育制度的发展 第一节 英国现代教育制度的发展 第二节 法国现代教育制度的发展 第三节 德国现代教育制度及战后联邦德国的教育 第四节 美国现代教育制度的发展 第五节 第二次世界大战前日本教育制度及战后的教育改革 第六节 苏联教育制度的建立和发展 第九章 现代时期的欧美教育理论 第一节 杜威的教育理论 第二节 第一次世界大战前后欧美教育思潮 第三节 现代西方教育思想流派 第十章 列宁的教育理论 第十一章 苏联的教育理论 第一节 克鲁普斯卡娅的教育思想 第二节 马卡连柯的教育活动和教育理论 第三节 凯洛夫的教育思想 第四节 赞可夫的教育实验研究 第五节 苏霍姆林斯基的教育活动和教育理论

《外国教育史》具有鲜明的学术特点：第一，在研究内容的选择方面，"古代东方国家，近现代西方国家、亚洲的日本与苏联都是研究的对象，突破了原有'欧洲中心'或苏联中心的框架"。第二，"论述详略得当，层次分明，系统性强，全书分古代教育、近代教育和现代教育三编，重心放在现代，在论述教育制度和教育思想时，又将制度作为重点"。第三，"全书所选资料丰富新颖，观点鲜明，史论结合。全书所引材料主要是 80 年代前后出版的，吸收了当时'学

科科学研究的新成果'"。第四，"在研究指导思想与方法上，该书应用马克思主义的辩证唯物主义历史观，洞察和揭示外国教育历史发展的基本规律，把握外国教育历史发展的方向"。①

总之，《外国教育史》"是新中国第一部由中国教育史专家根据马克思主义辩证唯物主义历史观，在总结多年教学经验的基础上，摆脱苏联的模式"的外国教育史著作，"反映了我国改革开放以来外国教育史研究的最新成果，开创了我国学者根据国情编写教材的新路"②。

2. 吴式颖、李明德主编的《外国教育史教程》

《外国教育史教程》作为我国普通高等教育"九五"国家级重点教材于 1999 年出版(至 2013 年，已经是第 14 次印刷，印数达 22 万余册)，2003 年为减轻教学负担特推出了该书的缩编本(可称为第二版)。同样，随着时代的变化发展，特别是世界教育形势的变化、外国教育史学科的发展，依据普通高校教材建设和教学实际的情况，2013 年我国展开了《外国教育史教程》的修订工作，修订以第二版为基础，框架基本未动，具体内容视情况进行了适当修改或调整：对第一编古代教育史和第二编近代教育史进行了一定的缩编和内容的更新；根据新的情况，增加、删减或更新了第三编现代教育史的部分内容和史料。这样，就形成了修订后的《外国教育史教程》第三版(2015 年)。《外国教育史教程》和《外国教育通史》代表了这个时期外国教育史教材建设"中国化"的最高水平。

《外国教育史教程》在"第一版前言"③中对相关内容进行了说明：第一，教育史及其任务。教育史是教育科学的一门分支学科，它以

①　叶澜：《二十世纪中国社会科学》教育学卷，178 页，上海，上海人民出版社，2005。

②　郭法琦：《评王天一等著的〈外国教育史〉》，载《教育史研究》，1996(4)。

③　吴式颖、李明德：《外国教育史教程》第三版，第一版前言 1～4 页，北京，人民教育出版社，2018。

人类教育理论与实践发展的历史为研究对象。其任务是分析、研究各个历史时期人类教育理论与实践发展的实际状况和发展进程，总结教育发展的历史经验，探讨教育发展的客观规律，为解决当代教育问题提供启示与借鉴，并预示教育发展的方向。第二，编撰教程的学术背景。新中国成立后，我国的教育史研究进入以马克思主义方法论为指导的发展阶段。改革开放以来，由于整个学术环境的改善，我国的教育史学获得了很大的发展。20 世纪八九十年代，在挖掘、整理、出版大量教育史料和选编、翻译、出版外国著名教育家代表作的同时，我国还出版了一大批中外教育史专著、教科书、教学参考书和教学参考资料。《外国教育史教程》就是在此种背景下展开编撰的。第三，《外国教育史教程》的篇章结构。该书分为古代教育史、近代教育史和现代教育史三编，共二十五章。其中古代六章，分别论述东方文明古国的教育（包含教育的起源）、古希腊的教育、古希腊三哲的教育思想、古罗马的教育、西欧中世纪的教育、拜占庭与阿拉伯的教育，客观地展示了外国古代教育实践与教育思想发展的轨迹和古代世界教育的多元化；近代九章和现代十章，论述外国近、现代教育思想和教育实践的发展与演变。第四，《外国教育史教程》的特点。①在处理历史分期问题时把文艺复兴和宗教改革时期的教育划归近代，把 19 世纪末至 20 世纪前期欧美教育思潮和教育实验归现代，意在更好地反映教育自身发展的连续性与阶段性，并强调教育观念变革的意义，强调影响教育发展的多方面因素。无论是文艺复兴和宗教改革时期的教育变革，还是 19 世纪末 20 世纪初期兴起的欧美教育革新运动，都是当时当地政治、经济、文化教育发展及其相互作用的结果。同时，这样的处理还可以加强读者对世界范围内教育现代化历史进程和不同类型的了解。②外国教育史所涉地域宽广，时跨古今，内容极为丰富，但一门学科的教科书只能取其要者以论述之。因此，该书在章节的安排上，除坚持贯彻厚今

薄古、教育制度与教育思想并重、教育理论与教育实践密切联系等
原则以外，既十分注意较系统地反映外国教育史发展的基本轨迹，
又尽力凸显各个时期人类在发展教育理论与实践上取得的重要成就
与经验，尽可能做到对各种教育问题的论述详略得当。③该书在史
料的选用上力求准确，尽可能地使用第一手资料；在论述中力求以
辩证唯物主义和历史唯物主义为指导，对各种教育思想与问题进行
实事求是的分析和评价。

　　正如吴式颖所言："1995 年 3 月，我们向人民教育出版社提交了
编写方案，表示新教材将本着'求新''求实''求精'的精神进行编写，
并将书名定为《外国教育史教程》，方案还对编写体例提出了一些具
体要求。人民教育出版社对新教材编写有了信心，于 1996 年让我们
申报为普通高等教育'九五'国家级重点教材。在立项申请书中指出，
20 世纪 80 年代以来，我国出版了一些外国教育史方面的教材，为外
国教育史专业的教材建设作出了贡献，但仍然存在一些问题，主要
是在结构上思想与制度脱节；观点仍显陈旧，对历史人物与事件缺
乏全面的、客观的、深刻的分析和评价，反映教育制度与政治经济
制度的联系多，而反映教育与生产的直接联系和教育与科学、文化
的联系不够；已出版的教材未能反映近 10 年来我国在外国教育史史
料建设上取得的较大进展，史料上显得陈旧；教材篇幅过长，详略
不当，与外国教育史教学时数减少形成了矛盾。在立项申请书中还
写道，新编教材将力求实现以下目标：第一，坚持辩证唯物主义和
历史唯物主义，但避免简单化的论证，要全面、辩证地反映教育与
政治、经济和科学、文化的联系，评价实事求是；第二，准确使用
史料，尽量使用第一手资料，运用第二手资料应尽量核实，避免以
讹传讹，谬种流传；第三，尽量反映新的研究成果，力求在一些老
大难的问题(如史与论的关系、制度与思想的关系等)的处理上有所
突破，必要时简要反映中国情况，做些对照和对比，克服中外完全

隔绝的习惯，在陈述教育制度的发展时以普教为主，同时适当兼顾职业教育、高等教育、师范教育以及幼儿教育等；第四，做到体系严谨、完备，轻重分明、详略得当，文风朴实、用词精炼。每章附2—4 个思考题和主要参考书目，以利于学生学习思考。参加本书编写的一共 19 人，我们正是按照这些要求进行写作的，这也是《教程》体现的新特色。"①足见，《外国教育史教程》无论是在外国教育史教材建设中还是在外国教育史学科乃至教育史学科建设中都占有重要历史地位。总之，如书评者所言："这本教材在学术观点上刻意求新，具有较高的学术品位和鲜明的研究风格，理论视野宽广，对高校本科教学具有较强的适应性。它既是一本具有相当高水平的学术著作，又是一部适合高师教育专业的优秀教材。"②

三、教育史学科基础建设

教育史学科基础建设是关乎教育史学科向前发展的基础性工作，其中对于基本教育史料的挖掘、整理、翻译和出版工作，既关涉教育史学科资料的来源、类型与范围，以及教育史料的搜集、整理与鉴别，也涉及对于具体教育历史人物、思想和制度的选择、鉴别与评价。同样，教育史料层面的教育史学科基础建设，为教育史工作者深入开展教育史研究提供了丰富的史料基础。值得一提的是，教育史学理论层面的建设是更为重要的教育史学科基础建设。我们试以中、外教育史研究领域关于教育家的学科基础建设为中心，来剖析教育史学科基础建设取得的学术进展。

（一）中国教育史学科：《中国教育家评传》

沈灌群、毛礼锐主编的《中国教育家评传》与《中国教育通史》一

---

① 吴式颖口述，孙益、李曙光整理：《吴式颖口述史》，134～135 页，北京，北京师范大学出版社，2015。

② 诸惠芳、刘立德：《教育史学科教材建设的回顾与前瞻》，《教育史研究》创刊二十周年暨中国教育史研究六十年学术研讨会会议论文，北京，2009。

同代表了 20 世纪 80 年代以来中国教育史研究的阶段性成果。该书的"出版说明"①中对编撰的基本情况进行了简要的说明：第一，《中国教育家评传》以马克思主义的历史唯物主义为指导，在充分占有史料并进行深入研究的基础上，对选写的 50 位教育家在我国教育史上的地位和作用，力求作出实事求是的评价。概论而言，这是一部以评为主、评传结合的学术著作。第二，为了发扬百花齐放、百家争鸣的精神，该书编委会邀请国内教育史界对入选的教育家素有研究的专家学者撰写，要求揭示每位教育家及其代表的学派的教育思想，以探索其经验与教训。对于历史分期，以及各教育家的政治观、哲学观、教育观等问题的研究与阐述，编委会尊重撰著者的见解。

《中国教育家评传》共分三卷(古代部分两卷，近现代部分一卷)。其中，第一卷为孙培青、韩达所编，收录的 13 位古代教育人物及撰写者如下。

①姬旦(梅汝莉)，②孔丘(梅汝莉)，③墨翟(谭佛佑)，④孟轲(杨荣春)，⑤荀况(高时良)，⑥董仲舒(张鸣岐)，⑦王充(赵一民)，⑧郑玄(俞启定)，⑨颜之推(孙培青)，⑩王通(罗佐才)，⑪孔颖达(杨荣春)，⑫韩愈(孙培青)，⑬柳宗元(张如珍)。

第二卷为李国钧、廖增瑞所编，收录的 18 位古代教育人物及撰写者如下。

①胡瑗(金林祥)，②王安石(廖增瑞)，③张载(杜成宪)，④程颢、程颐(苗春德)，⑤朱熹(王炳照)，⑥陆九渊(郭齐家)，⑦陈亮、叶适(王炳照)，⑧王守仁(李国钧)，⑨李贽(陈本铭)，⑩顾宪成(陈

---

① 　沈灌群、毛礼锐：《中国教育家评传》，出版说明 1~2 页，上海，上海教育出版社，1988。

汉才），⑪黄宗羲（程舜英），⑫陆世仪（白莉民），⑬张履祥（高时良），⑭顾炎武（刘德华），⑮王夫之（李国钧），⑯颜元（冯天瑜、朱培夫），⑰戴震（李国钧），⑱阮元（尹旦侯）。

第三卷为陈本铭、金立人所编，收录的 17 位近现代教育人物及撰写者如下。

①龚自珍（高时良），②张之洞（阎国华），③丘逢甲（何国华），④严复（陈本铭），⑤张謇（陈本铭），⑥康有为（周德昌），⑦梁启超（周德昌），⑧蔡元培（高平叔、金林祥），⑨恽代英（金立人），⑩杨贤江（潘懋元、宋恩荣），⑪鲁迅（顾明远、沙江），⑫陶行知（郭笙），⑬陈嘉庚（王增炳），⑭黄炎培（田正平），⑮吴玉章（王宗伯），⑯徐特立（杨布生），⑰陈鹤琴（刘琪）。

我们从该书的"出版说明"中可以体悟出的重要内容有：第一，《中国教育家评传》对收录的 50 位教育家进行了实事求是的评价。这可以说是中国教育史学界从重新评价孔子以来，最大规模也是最为集中的对中国历史上有代表性的教育家进行的评价，这不仅关系到我们如何认识和评价教育家的学术问题，而且是中国教育史研究领域真正实现思想解放的重要举措。第二，邀请国内教育史界对入选的教育家素有研究的专家学者撰写。这样不仅仅保证了撰写的质量，而且在一定程度上体现了同时代对于 50 位教育家研究的学术前沿动态。可见，《中国教育家评传》的编撰和出版的学术地位和历史价值。总之，《中国教育家评传》是一部以评为主、评传结合的著作，基本上以"专家写专人"为原则，邀请国内教育史界对入选的教育家素有研究的专家学者撰写。具体到每个教育家，编撰者除主要揭示其本人和其代表的学派的教育思想、历史地位与影响之外，也在结合介绍其生平和教育活动的同时，阐明其教育思想产生的时代背景和政治、哲学思想因素。因此，该书堪称一部纪传体的中国教育史长卷。①

与此同时，北京师范大学出版社出版了毛礼锐主编的《中国古代教育家传》和陈景磐主编的《中国近现代教育家传》。其中，《中国古代教育家传》"前言"②中指出：该书选择从孔子到颜元共 20 位古代教育家，对每位教育家的生平和教育活动都进行了扼要的介绍，以利于了解教育家的理论和经验形成的条件和过程。然后，着重介绍教育家教育思想和经验的主要方向，如教育的作用、地位、目的、内容、道德教育思想、教学思想、教师和师生关系……根据每位教育家的具体情况，编写的体例不强求统一，介绍的重点也不要求千篇一律，以利于展现每位教育家的特点和个性。20 位教育家的相关选编情况如下。

①孔子(王炳照)，②墨子(雷克啸)，③孟子(程舜英)，④荀子(郭齐家)，⑤董仲舒(张鸣岐)，⑥王充(苗春德)，⑦颜之推(尹德新)，⑧嵇康(毕诚)，⑨王通(程舜英)，⑩韩愈(曹剑英)，⑪胡瑗(程方平)，⑫张载(白应东)，⑬王安石(俞启定)，⑭程颐(白应东)，⑮朱熹(王炳照)，⑯陆九渊(郭齐家)，⑰王守仁(毕诚)，⑱黄宗羲(李国钧)，⑲王夫之(宋元强)，⑳颜元(刘德华)。

《中国近现代教育家传》"前言"③中指出：该书介绍了近现代中

① 杜成宪、崔运武、王伦信：《中国教育史学九十年》，248 页，上海，华东师范大学出版社，1998。
② 毛礼锐：《中国古代教育家传》，前言 1～2 页，北京，北京师范大学出版社，1987。
③ 陈景磐：《中国近现代教育家传》，前言 1 页，北京，北京师范大学出版社，1987。

国 20 多位著名教育家的生平、教育实践活动、教育思想和主要教育论著。全书以"介"为主，寓评于"介"，史料翔实，观点鲜明。通过对我国近现代教育家的介绍和评述，我们可以从不同的侧面清晰地认识中国近现代教育的轮廓、实质及其在斗争中曲折前进的轨迹和发展的规律。22 位教育家的相关选编情况如下。

①龚自珍(高奇)，②魏源(高奇)，③容闳(蔡振生)，④张之洞(吕达)，⑤张謇(苏渭昌)，⑥严复(张志建)，⑦康有为(张志建)，⑧蔡元培(高奇)，⑨章太炎(易慧清)，⑩梁启超(何晓夏)，⑪陈嘉庚(邱瑾)，⑫张伯苓(高奇)，⑬徐特立(吴永湄)，⑭黄炎培(高奇)，⑮吴玉章(雷克啸)，⑯鲁迅(顾明远)，⑰林砺儒(苏渭昌)，⑱李大钊(何晓夏)，⑲陶行知(郭笙)，⑳陈鹤琴(陈秀云、蔡怡曾)，㉑杨贤江(何晓夏)，㉒恽代英(苏渭昌)。

总之，毛礼锐主编的《中国古代教育家传》和陈景磐主编的《中国近现代教育家传》组成一个系列，是"80 年代以来各类教育家专题研究著作中较为全面而学术性较强的"[1]。

(二)外国教育史学科：《外国教育家评传》

赵祥麟主编的《外国教育家评传》与《外国教育通史》一同代表了 20 世纪 80 年代以来外国教育史研究的阶段性成果。该书的"序"[2]对编撰的基本情况进行了简要的阐述：第一，编撰评传的目的和作用。该书的目的是以评传的体裁，把自古迄今外国教育家的生平活动和教育思想生动地呈现出来。通过评传，我们可以具体深入地理解教育理论的性质和特征及其历史演变和发展趋势，从中吸取可供比较、

① 杜成宪、崔运武、王伦信：《中国教育史学九十年》，247 页，上海，华东师范大学出版社，1998。

② 赵祥麟：《外国教育家评传》，序 1～19 页，上海，上海教育出版社，1992。

借鉴的有益的东西，更好地开展教育理论研究工作，为社会主义教育建设服务。第二，评传人物的选择。该书共分三卷，公元前 4 世纪以后，凡外国著名教育家大致都已包括在内。其中，不少教育家在我国过去只被简单提及或者根本没有被提到过，而该书均单独列出，并进行了比较详细的评述，填补了空白。例如，雄辩家昆体良，哲学家培根、爱尔维修、狄德罗、康德、费希特、罗素，神学家奥古斯丁、马丁·路德、罗耀拉，实践活动家拉夏洛泰、富兰克林、洪堡、贺拉斯·曼，作家和诗人弥尔顿，生物学家赫胥黎，教育社会学家涂尔干，进步主义教育家帕克、爱伦·凯、沛西·能、沙茨基、克伯屈、尼尔等。关于东方国家的人物，我们收入了福泽谕吉、小原国芳和泰戈尔。与此同时，还收录了 20 世纪中期以来各种新教育思想流派的代表人物，如布拉梅尔德、巴格莱、科南特、赫钦斯、马里坦、斯普朗格、布贝尔、斯金纳，以及分析教育哲学代表人物赫斯特、彼得斯，人本化教育代表人物马斯洛、罗杰斯等。第三，编写的原则。在编写中，我们尽可能提供比较详细的关于人物的传记，把人物所处的时代、生活经历、理想和追求、教育实践和著作联系起来进行研究，以便从中揭示人物的性格、教育思想的形成过程及其独创性的东西。在人物评价问题上，我们力求以马克思主义为指导，把人物的教育思想放在一定的历史范围内进行考察，实事求是地进行评价。总之，"《外国教育家评传》(1~3 卷)是我国外国教育史学界对外国教育思想研究的鸿篇巨著。作为一个具有开拓性意义的研究成果，无论在研究的深刻性上，还是在资料的广泛性以及评价的客观性上，这部著作都表现出很高的学术造诣和水平"①。

　　《外国教育家评传》共分三卷。其中，第一卷为任钟印、李文奎编，收录的外国教育人物及撰写者情况如下。

---

① 单中惠：《赵祥麟与外国教育史研究》，《教育史研究》创刊二十周年暨中国教育史研究六十年学术研讨会会议论文，北京，2009。

①智者派(戴本博)，②苏格拉底(任钟印)，③柏拉图(王天一)，④亚里士多德(李文奎)，⑤昆体良(任钟印)，⑥奥古斯丁(林伟)，⑦维多里诺(姜文闵)，⑧拉伯雷(王立功)，⑨伊拉斯谟(吴琅高)，⑩蒙田(姜文闵)，⑪莫尔(吴云训)，⑫马丁·路德(张斌贤)，⑬罗耀拉(史静寰)，⑭培根(单中惠)，⑮康帕内拉(黄学溥)，⑯夸美纽斯(杨汉麟)，⑰弥尔顿(任钟印、赵卫平)，⑱洛克(李文奎)，⑲卢梭(滕大春)，⑳拉夏洛泰(吴式颖)，㉑爱尔维修(田本娜)，㉒狄德罗(单中惠)，㉓康德(李明德)，㉔费希特(王玖兴)。

第二卷为王天一、单中惠编，收录的外国教育人物及撰写者情况如下。

①洪堡(李其龙)，②裴斯泰洛齐(赵端瑛)，③赫尔巴特(李其龙)，④福禄培尔(孙祖复)，⑤第斯多惠(李明德)，⑥欧文(瞿葆奎、沈剑平)，⑦赫胥黎(邓明言)，⑧斯宾塞(夏之莲)，⑨乌申斯基(范云门)，⑩富兰克林(周采)，⑪贺拉斯·曼(单中惠)，⑫福泽谕吉(王桂)，⑬帕克(吴志宏)，⑭爱伦·凯(张德喜)，⑮杜威(赵祥麟)，⑯蒙台梭利(马荣根、方晓东)，⑰德可乐利(任宝祥)，⑱凯兴斯泰纳(方克明)，⑲实验教育学派(马荣根)，⑳巴格莱(刘要悟、李定仁)，㉑涂尔干(张人杰)，㉒克伯屈(王汉华)。

第三卷为李明德、赵荣昌编，收录的外国教育人物及撰写者情况如下。

①泰戈尔(吴国珍)，②斯普朗格(邹进)，③赫钦斯(方展画)，④布拉梅尔德(陆忻、洪明)，⑤科南特(张虹)，⑥斯金纳(马文驹)，

⑦马里坦(洪明)，⑧布鲁纳(谢作栩)，⑨布贝尔(李明德)，⑩怀特海(吴志宏)，⑪沛西·能(王承绪)，⑫尼尔(邓明言)，⑬罗素(魏贤超)，⑭克鲁普斯卡娅(吴式颖)，⑮沙茨基(赵荣昌)，⑯卢那察尔斯基(赵荣昌)，⑰马卡连柯(何国华)，⑱皮亚杰(李其雄)，⑲苏霍姆林斯基(王天一)，⑳赞科夫(喻立森)，㉑小原国芳(周鸿志)，㉒分析教育哲学家(陆有铨、马荣根)，㉓人本化教育家(吴国珍)。

值得一提的是，我们发现无论是《中国教育家评传》还是《外国教育家评传》对于评价教育家的态度都是——实事求是。实际上，如何评价教育人物是教育史学的基本理论问题之一，对教育人物特别是中国古代和外国教育人物能否作出实事求是的评价，是衡量和判断教育史学科建设的重要指标，同样，教育史研究的价值就在于如实地呈现教育事实并作出客观的评价。

四、教育史学科理论建设

从1987年张斌贤提出《关于〈教育史学〉的构想》倡导教育史学研究领域应该关注教育史学研究，到1998年《中国教育史学九十年》的出版发行，标志着教育史学科在教育史学基本理论建设方面取得了重大的进展和关键性的突破。《中国教育史学九十年》是教育史工作者对自己学科成长历史的不断反思和总结的标志性成果。

《中国教育史学九十年》在"前言"①中对该书的撰写情况进行了简要的说明。首先，撰写的缘起。1904年至1994年中国教育史学科走过了90年的历程，经过几代中国教育史学者的辛勤耕耘，中国教育史研究已经取得巨大的成就，人们对自己民族教育历史的认识已相当深入，然而对教育历史研究本身历史的研究，却还少有人涉足，

---

① 杜成宪、崔运武、王伦信：《中国教育史学九十年》，前言1～8页，上海，华东师范大学出版社，1998。

系统的研究工作就做得更少，这与对中国教育历史的研究所取得的
成果相比，实难相称，也极不利于中国教育史学科从自在走向自觉。
对于一个学科来说，我们如果缺乏对学科自身发生、发展过程及其
经验、教训和规律的深刻认识，就很难把握其未来趋势。为此，开
展对中国教育史学科史的研究，建立一门中国教育史学科的分
支——中国教育史学史，就显得十分必要。其次，篇章结构划分的
依据。该书划分中国教育史学科发展的历史阶段依据有二，即中国
教育史学科本身的发展和中国社会与时代的发展。如果以 1949 年中
华人民共和国的成立为界，一部中国教育史学科恰好可以分为前后
相等的两段。在前一个 45 年中，中国教育史学科通过学习日本和西
方在第一个 10 年里得以初创，在第二个 10 年里得以发展和确立，
在之后的 15 年里得以兴盛，在以后的 10 年里则走向沉寂和停滞。
在后一个 45 年中，中国教育史学科在第一个 8 年里通过学习苏联得
以再起步，在以后一个 10 年里于曲折中展开，在之后的 10 年里走
入歧途，在随后的十几年里渐入佳境，达到高潮。最后，把握两个
重要时期。第一个时期是从 20 世纪 20 年代初至 1937 年抗日战争爆
发的大约 15 年，重要表现是研究成果的大量涌现，研究思想的众彩
纷呈，其中的一些代表性成果在时隔近一个世纪后的今天，仍具有
生命力。第二个时期是从改革开放以来至 1994 年的大约 16 年，重
要表现是学科队伍颇为壮大，学科研究领域大大拓宽，研究成果如
雨后春笋般层出不穷，并形成以教育制度史和教育思想史研究为主
体的教育内部史研究，以教育与文化、社会之间相互关系的研究为
追求的教育外部史研究，以教育史研究自身为研究对象的教育史学
理论的研究，中国教育史学科体系已渐趋成熟。

《中国教育史学九十年》将 90 年的中国教育史学分为九个阶段，
分别是初创（1904—1910 年）、发展（1911—1921 年）、兴盛（1922—
1937 年）、停滞（1937—1949 年）、起步（1949—1957 年）、展开

(1957—1966 年)、歧路(1966—1976 年)、恢复(1976—1980 年)、高潮(1981—1993 年),在此基础上,深入考察每个阶段的主要特点并评述其所取得的主要成果;以对中国教育史学科诞生的两个重要标志(一是学校中有了中国教育史课程,二是有了对中国教育史的专门研究,特别是由黄绍箕创意、柳诒徵完成的《中国教育史》论著的出版发行)的确定为起点,通过对教育史学相关问题——教育史理论问题、教育史研究的新进展、教育史著述的评述、教育历史人物的分析与评价等问题的研究,来深入分析中国教育史学 90 年的发展历程,并形成了对中国教育史学 90 年的历史认识,揭示了中国教育史学 90 年发展的基本规律。全书"史料依据充分准确、评说妥帖平实,达到了相当成熟的水平,表明中国教育史学科的发展进入了一个更自觉的阶段"[①]。

五、教育史专业期刊建设

《教育史研究》是教育史学科的专业性期刊,创刊于 1989 年。[②]编辑部的"发刊词"对《教育史研究》的创刊情况记述如下。

近两年来,由于社会主义建设和社会改革的需要,教育改革又面临着新的课题和新的挑战;它把教育史研究的任务更加强调和突出出来,人们深感教育史的研究还不够,更感到教育史研究必须开

---

　　　① 王炳照:《教育史》,见曾业英:《五十年来的中国近代史研究》,248 页,上海,上海书店出版社,2000。

　　　② 1989 年至 2017 年的 28 年间,《教育史研究》都以内刊的形式发行。期间共出版 115 期,发表 2500 余篇文章。2017 年 11 月,《教育史研究》(第 1 辑)正式向外公开发行,标志着教育史学研究至此有了自己的阵地。这是在中国教育科学研究院和人民教育出版社合作编辑出版及山西师范大学协办下得以实现的。刊物设有教育史学理论与教育史学史研究、中华人民共和国教育史研究、中国教育史研究、比较教育与外国教育史研究、区域教育史研究、学校史研究、教育人物研究、地方教育史志研究等栏目。2019 年《教育史研究》季刊正式创刊,主要栏目有教育史学、中国教育史、外国教育史、教育学史、区域教育史、学校史、教育家研究、教育文献研究等。

创专门的学术园地；必须创办专门的学术刊物。《教育史研究》的诞生正是适应了教育改革和教育史研究的亟迫需要。

《教育史研究》从筹办到创刊，经历了几年的艰难曲折历程。河北教育学院、中央教科所教育史研究室和全国教育史学会的众多同志，同心同德，精诚协作，在国家教委、河北教委、中央教科所的领导支持下，在许多学界同人的帮助下，克服了种种困难，开创了这一学术刊物。尽管它刚刚起步，但坚信在改革浪潮中，它将会为教育改革劈风斩浪开辟出一条目标明确和航道畅通的路线。

《教育史研究》坚持四项基本原则和双百方针，为广大教育史学界老中青的专家学者提供学术成果发表的园地。它旨在通过广大科研工作者的中外教育研究，总结中外教育史的经验教训，探索中外教育发展的一般规律，寻找传统教育与现代教育之间的历史结合点，为我国教育改革的理论与实践当好顾问。从这一目标出发，我们倡导以严肃、认真、科学、求实的态度和学风，开展教育史的学术争鸣与探讨，鼓励广大科研工作者围绕教育改革所面临的各种现实问题广阔而大胆地创新与开拓，鼓励以马克思主义的科学的史学观、史学理论、思维方式和价值观来深入研究教育理论、实践、制度、思想、流派、思潮、教育家以及教育与政治、经济、社会、文化、宗教、民族、人口、环境之间的关系，史论结合，从中提炼出切实有益于中国教育改革的精神食粮，切实使教育史研究成为"古为今用""外为中用"的学术刊物。

《教育史研究》开设的栏目为：教育史学、马克思主义教育理论与实践发展史、中外教育史、教育史译文、教育史论文摘要、教育史教学经验、教育史书刊评介、教育学家评传、教育史料、教育史话、专题讨论、港台之页、青年园地、学术动态与信息、回忆录等。董纯才在 1989 年第 1 期创刊号的题词中写道：以辩证唯物主义和历史唯物主义为指针研究中外教育史，抛弃其糟粕吸取其精华，作为建设有中国特色的社会主义现代化教育科学的借鉴。《教育史研究》期刊的顾问及编委会名单为：顾问(16 人)为马秋帆、王承绪、毛礼锐、任宝祥、许梦瀛、陈学恂、陈景磐、沈灌群、张瑞璠、孟宪德、杨荣春、周治华、赵祥麟、高时良、潘懋元、滕大春；主编(1 人)为许椿生；副主编(7 人)为王天一、江铭、宋恩荣、唐关雄、阎国华、曹剑英、曹学溥；编委(27 人)为王谦、方晓东、刘茗、刘海峰、毕诚、曲士培、许成人、任钟印、何朴、吴云训、吴式颖、陈本铭、陈泽川、宋荐戈、李桂林、张兰馨、张安民、金铁宽、周德昌、杨焕英、姜文闵、赵荣昌、赵俊杰、郭齐家、黄利群、熊明安、霍文达。

《教育史研究》创刊号共刊登五大类 23 篇文章，具体信息见表 4.3。

表 4.3　《教育史研究》创刊号目录

类　　别	文章标题与作者
祝愿 与 勖勉	《教育史发展的新阶段》(马秋帆)
	《老树新芽　生机常在》(毛礼锐)
	《祝词》(王天一)
	《放眼世界　立足中国》(张瑞璠)
	《祝词》(赵祥麟)
	《祝贺〈教育史研究〉创刊》(滕大春)
	《从教育史学科的演变回顾教育史研究》(许椿生)
学术论坛	《试论唐代〈五经正义〉编写的历史经验》(孙培青)
	《〈北宋教育论著选〉一述的前言》(周德昌)
	《内涵与功用—关于乐教的争鸣》(丁钢)
	《荀子论学习过程和学习方法》(陈德安　申国昌)
	《论玄学与魏晋南北朝审美教育》(张传燧)
	《张弧〈素履子〉中的教育思想》(程方军)

续表

类　别	文章标题与作者
学术论坛	《近代私立学校发展历史的反思》（程斯辉 明庆华）
	《旧中国私立大学的办学特点》（王长生 许椿生）
	《徐特立群众本位教育论略》（李正心）
纪念马卡连柯诞辰一百周年	《马卡连柯与苏霍姆林斯基》（王天一）
	《马卡连柯教育思想的现实意义》（陈铭）
	《宝贵的经验 有益的启示》（周汉章）
	《苏联专家谈八卷本〈马卡连柯教育文集〉和当前苏联国内外的马卡连柯研究》（吴式颖）
	《"纪念马卡连柯诞辰一百周年学术研究讨论会"纪实》（方苹）
书评	《〈中国教育通史〉简介》（柯史）
书讯	《〈中国革命根据地教育纪事〉即将出版》（宗木）

《教育史研究》的创刊在教育史学科发展历程中具有十分重要的地位，它"将会成为一面镜子，一面如实反映教育史学界学术理论水平的明镜；成为一座大厦，一座呈现和展示教育史科学研究丰硕成果的大厦；成为一块良田，一块不懈生产并不断更新科学产品的肥沃良田；还应成为一所珍藏库，一所细心收藏与精心保管专业学术珍品的珍藏库。《教育史研究》可以在学术研讨、学术交流、学术推广和学术提高方面进行有效的活动、发挥其应有的作用。这也是广大专业工作者和广大读者、作者对《教育史研究》的深切期望"①。

第三节　两相并重：教育思想研究与教育制度研究的深化

一、深化之一：教育通史研究

教育思想史研究和教育制度史研究是教育史研究中的两个重要方

---

　① 王天一：《祝词》，载《教育史研究》，1989(1)。

面，教育史学界就是从对教育通史的研究来展开教育思想研究和教育制度研究的。同样，教育通史研究也是进行教育思想研究和教育制度研究的重要方式。在新中国教育史学发展的探索阶段，无论是中国教育史研究领域还是外国教育史研究领域，都编撰出版了具有代表性的教育通史著作，可视作本阶段关于教育思想研究和教育制度研究的开拓性成果。

（一）毛礼锐、沈灌群主编的《中国教育通史》

《中国教育通史》"前言"[①]中指出，编写一部《中国教育通史》在新中国成立后 30 多年还是第一次，原来全国教育史学界分别编写的《中国古代教育史》《中国近代教育史》《中国现代教育史》，以及各种专题教育史，为教育史学科的教学和科研都作出了重要贡献。这是应当充分肯定的。今日，我们仍然需要更深入地进行断代的、专题的研究。当前，能有一部通史，对于我们了解中国教育发展史的全貌，把握中国教育发展史的基本线索和总的特点，探索中国教育发展的基本规律来说，是十分必要的。该书的编写，算是一次初步的尝试。《中国教育通史》正是中国教育史学界第一次以通史的形式编撰的第一部中国教育通史性的著作，具有十分重要的开创性价值。《王炳照口述史》一书中对《中国教育通史》的编撰过程有较为生动的描述。[②]

早在 1979 年，中国教育学会成立时，毛礼锐、沈灌群等先生就提出组织力量《中国教育通史》的建议，但老先生们大多年老体衰，"心有余而力不足"，极需要年富力强而有较强组织能力的科研梯队的加入。毛先生多次对我讲，"应该有一部通史，对于了解中国教育发展史的全貌，把握中国教育发展史的基本线索和总的特点，探索中国教育发展

---

① 毛礼锐、沈灌群：《中国教育通史》第 1 卷，前言 1～5 页，济南，山东教育出版社，1985。

② 王炳照口述，周慧梅整理：《王炳照口述史》，167～171 页，北京，北京师范大学出版社，2010。

的基本规律，是十分必要的"，还说北师大教育系培养了那么多优秀的毕业生，分散各地，应该找机会组织起来干一点事情。

1983 年初，山东教育出版社计划出一套能反映国内较高水平的教育史著作，他们通过韩达同志找到了毛先生，毛先生连连说是"好事情"，组织力量编纂大部头的《中国教育通史》就这样定了下来。随后一次学术年会上，毛先生利用开会之机，和一群"青年学者"（实际大多已四五十岁）交流了思想，大家都积极响应。就这样，阎国华、李国钧、孙培青、郭令吾、赵一民、赵家骥、梅汝莉、罗佐才、谭佛佑、陈德安、吴玉琦等被组织起来，这些人，大多是北师大 50 年代中期、60 年代初的毕业生，我大多熟悉，自然而然承担了外联任务。在开会讨论中，感觉华东师大应该有个老先生出来共同主持这个事情，以便利于组稿、通稿，经过商议，大家都认为沈灌群先生最合适。当毛先生和沈先生沟通这件事情，沈老一口答应，参照北师大这边的"组织模式"，李国钧作为助手，协助沈先生编写《中国教育通史》，1984 年正式启动。

随后，在韩达同志的组织协助下，编写组在济南召开了第一次会议。会上，编辑委员会成立，韩达担任副主任，确定了《中国教育通史》由毛礼锐、沈灌群先生担任主编，时段横贯整个中国教育发展史，这次会议持续开了两天半，确定了大致分卷，拟分为五卷，第一卷为先秦时期的教育，第二卷为秦汉至隋唐时期，第三卷为宋元明清时期的教育，第四卷为鸦片战争到五四运动时期的教育，第五卷为五四运动到中华人民共和国成立之前，在会上，有人提出，既然是通史，理应包括新中国成立后的三十五年来的历史，大家都认为提议好，但鉴于一时难以找到合适执笔人，需要等待时机。每卷专人分工执笔，大概确定了各卷的执笔人，要求大家用一年至两年的时间完成初稿，先秦时期的那一段要加快速度，争取一年完稿。我和国钧分别担任主编助手，协助统稿定稿工作。

我们没有编撰卷帙浩大通史的经验，从第一卷 1985 年出版，到第六卷 1989 年与读者见面，其中经历了重重困难，我们常开玩笑讲"可以写一部玄奘取经了"。各执笔人分散全国各地，不断有新人加入，分属于不同的院校、研究所，且不说书稿要如何统一风格、统一体例，但说催稿就是一件特别让人头疼不已的事情，再遇上一催再催上来的稿子基本不能用，或最后期限被告知稿子没有写出来的情况，那更是苦不堪言。按照要求，第一卷初稿要在 1984 年四月份完成，稿子全部上来，是 1984 年七八月的事情，这还算比较顺利，所以我们在 1984 年 10 月为第一卷出版撰写的前言中，满怀信心作了规划，"全书准备用三年时间，至 1987 年全部出齐"。但接下来的第二卷、第三卷就开始困难重重，特别是第二卷，山东师大的赵家骥教授负责的部分，由于其中一位执笔人因故拖延很久，最终也未能完成承担部分，只好重新组织力量，补上这部分。第二卷的稿子统稿结束，已经是 1986 年的 5 月份，当时第三卷的统稿还在紧张进行中。为了实事求是，我们在第二卷的前言中对出版规划"悄然"作了修订，"全书准备用三年时间，至 1988 年全部出齐。"①

----

① 原书注：曾有细心的青年学者比照了第二卷至第六卷的"前言"，发现了一个问题，1986 年 5 月的第二卷"前言"中既然申明"至 1988 年全部出齐"(1986 年 12 月出版)，可在 1986 年 9 月写的第三卷"前言"中，却赫然是"至 1987 年全部出齐"(1987 年 6 月出版)，之后的第四至第六卷，全部用的是"至 1988 年全部出齐"。他专门写信向我问起这件事，为什么第二卷和第三卷的"前言"中会出现这样"先后不一致"的说法，是"笔误"吗？前几年，又有人问过我类似问题，还以探究的口气，探究文字背后是否隐藏着什么东西，是否两位主编不合啊？实际上，这不是笔误，也不是什么主编不合，而是一种"投石问路"的策略。1986 年期间编写组的几次开会商议，认为撰写中华人民共和国成立以来的教育史的条件已基本成熟，苏渭昌已开始动手收集资料，但到底能写成什么样子，是否能作为本书的第六卷出版，大家心里都不大踏实。由于部分稿子未能按计划完成，影响到了全书的出版时间，加上毛先生对共和国教育史的乐观态度，所以第二卷"前言"就出现了"1988 年全部出齐"的说法。第三卷由沈先生负责定稿，等我把第三卷样书拿给毛先生看的时候，他笑着讲"沈先生谨慎啊"。1987 年五六月份，编写组就共和国教育史作为本书第六卷达成了共识，"至 1988 年全部出齐"就成了固定说法。在第一卷"前言"中，我们提出"作为一部教育通史，当然应当包括新中国成立后 35 年的教育，我们也在积极组织力量，待条件成熟时，将认真组织编写，作为本书的第六卷，或单独出版"。

在全书启动之初，鉴于老先生们年事已高，编委会决定，"在主编指导下，由李国钧、王炳照负责全书的统稿定稿工作"。在实际工作过程中，在毛先生、沈先生指导下，我和国钧将稿子交换看过，将稿子里存在的问题、修改建议一一列出来，在连同原稿一起交给主编来看，然后再交给作者继续修改，可能是我们比较认真，大多数建议都被毛先生、沈先生他们认可了。从第二卷开始，两位老先生便不大过问稿子的具体细节。在这个过程中出现了一点问题，由于不少执笔人都是年长于我和国钧同志，是我们的"学长""师兄"，难免出现不同见解。就曾有人拍着桌子，说"王炳照你把我的精华都改没了"，还告到了毛先生那里去。毛先生还专门把我找去，说他仔细看过了原稿，支持我的看法，并已经给作者做过解释，说这些意见都是他的意思，王炳照只是转告而已。在毛先生的授意下，我开始"挟天子以令诸侯"，工作果然顺利了不少，大家合作很愉快。

由于编写《中国教育通史》是新中国成立三十多年来的第一次尝试，在第一卷定稿前，我们还专门邀请了历史系的白寿彝先生、何兹全先生，中文系的黄药眠先生、启功先生等，请他们提出修改意见，他们对书稿给予了很高的评价，启功先生还欣然为本书题写了书名。1985 年 4 月第一卷正式付梓，出版发行。出版后，受到国家教育委员会有关部门的重视，何东昌同志对我们的设想很感兴趣，专门提出要加强新中国成立以来的教育历史的研究，全书正式列入了"七五"期间《高等学校教育类专业教材编写计划》，教育史界的同行们也对该书给予了充分肯定。这对于我们是个极大的鼓舞和鞭策。

《中国教育通史》的"前言"部分阐述了编写通史的相关理论。第一，对待中国教育遗产的应有态度。中国教育史上宝贵的经验和优良传统，包括失败的教训，已经成为我国文化宝库中的珍贵财富，至今仍有重要的参考价值和借鉴意义。毋庸讳言，中国教育史上也

有封建的、殖民主义的陈旧腐朽的东西，理应严肃地批判，认真地
加以清除。但就中国教育发展史的总体情况来看，其仍然是精华胜
过糟粕，光明大于黑暗，进步多于落后。因此，对中国教育史采取
历史虚无主义和民族悲观主义的态度是毫无根据的，也是错误的。
第二，编写《中国教育通史》的指导原则和根本出发点。以马克思列
宁主义、毛泽东思想为指导，坚持历史唯物主义的基本原理和实事
求是的精神，全面系统地研究中国教育发展史，是客观的需要，也
是时代赋予我们的光荣使命。这是我们编写这部《中国教育通史》的
指导原则和根本出发点。第三，编写《中国教育通史》的原则、目的
和作用。编写《中国教育通史》，我们将力求在充分占有史料和深入
钻研的基础上，努力做到史论结合，思想性和科学性统一，充分体
现教育史的专史特点，通过中国教育发生、发展的历史事实，揭示
教育发展的客观规律，总结中国传统教育的特点，探索近百年来教
育改革的经验与教训，判别精华与糟粕，发扬优良传统，清除陈腐
守旧的陋习，以便古为今用，为创建具有中国特色的马克思主义教
育科学，为建设社会主义的物质文明和精神文明提供必要的条件，
作出应有的贡献。第四，研究和学习中国教育史的作用。研究和学
习中国教育史必将大大激发人们，尤其是广大教育工作者的爱国热
情，使他们增强历史责任感，尽全力为社会和人民服务，这也正是
我们竭诚期冀的。

　　《中国教育通史》共分为六卷，具体情况见表4.4。

表 4.4　《中国教育通史》各卷的具体内容

卷　次	具体内容
第一卷 先秦时期的教育	本卷包括从我国远古时代至秦统一之前的教育，着重探讨了教育的起源、学校的产生、教育制度的初步奠基，以及各学派教育思想的百花齐放、百家争鸣；专门介绍了周公旦的教育思想，为以孔子为代表的儒家教育思想的形成找到了学术历史的源头；集中探讨了齐国稷下学宫的发展始

卷 次	具体内容
第一卷 先秦时期的教育	末、性质和特点，填补了教育史上的一项空白；特别补充了《吕氏春秋》的教育思想，为研究秦汉之后中国教育制度和教育思想的发生变化找到一条重要线索。对儒、墨、道、法各学派主要代表人物的教育活动和教育思想也进行了较深入的研究，力求观点鲜明、史料充实、评价妥贴；对十年浩劫中对各家教育思想的严重扭曲和对教育事实的粗暴篡改，进行了拨乱反正的工作。
第二卷 秦汉至隋唐 时期的教育	本卷包括秦汉、魏晋南北朝和隋唐时期的教育，着重探讨了封建社会文教政策、教育制度和教育思想的形成、确立和发展；对由秦到汉文教政策的重大变化、"独尊儒术"文教政策的确立及其实施进行了比较全面、深入地考察，揭示了封建社会教育的基本特点和发展规律；对古代的科学技术教育、中外和各民族间文化教育交流和融合进行了专题论述，将其置于重要地位，以引起充分的重视；尽量充实了魏晋南北朝时期的教育史料，显示出其特点，肯定其"继汉开唐"的历史作用；除了历史上公认的一批著名教育家之外，又增写了一些重要的教育家，如杨雄、郑玄、颜之推、傅玄、王通、孔颖达等，对他们的教育活动和教育思想进行了较深入地研究和实事求是地评价。
第三卷 宋、元、明、清 时期的教育	本卷包括宋、辽、金、元、明、清（鸦片战争前）时期的教育，着重探讨了中国封建社会后期教育制度进一步完善、教育思想进一步深化和教育经验进一步丰富的历史过程及其规律，并揭示了封建教育由发展高峰逐步走向衰落、近代新教育萌芽的历史趋势。这个历史时期的教育既具有丰富性，又具有复杂性，可以说是在完备中伴随着僵化、呆板，在衰落中又孕育着进步、新生。本卷力求历史地展现这一时期丰富多彩、错综复杂的教育史实，从而避免武断地作出任何简单片面的结论。在教育制度的研究方面，本卷通过对官学教育、私学教育、蒙学教育，以及书院制度的研究，展现了中国古代教育制度向多层次、多类型、普及化、庶民化方向发展的历程，以及日渐形式化、空疏化的历史必然性；总结了科举制度在实现定式化、考试在追求标准化的过程中逐渐走向空虚少实、禁锢思想、摧残人才、败坏学风的历史经验教训。在教育思想的研究方面，

续表

卷　　次	具体内容
第三卷 宋、元、明、清 时期的教育	本卷对以程朱为代表的理学教育思想,以陆王为代表的心学教育思想,以及从南宋陈亮、叶适等事功学派到明末清初黄宗羲、王夫之、颜元、戴震等早期启蒙学派对程朱、陆王教育思想的批判和斗争,都进行了比较全面、深入地分析论述,肯定了他们各自的历史贡献,也指出了他们的历史局限性。本卷对辽、金、元时期的教育进行了较翔实的阐述,肯定了其在教育发展史上的贡献和地位,并介绍了完颜雍、忽必烈、耶律楚材等少数民族政治家、思想家的教育思想,显示了我国各族人民共同生活、共同发展教育,创造中华民族灿烂文化的历史事实。本卷以专章研讨了宋、元、明、清时期科技教育的发展和变化,特别探索了在对待"西学东渐"问题上的历史经验教训。总之,我们力求使教育史的研究起到一定的以往鉴来的作用。
第四卷 鸦片战争到 五四运动 时期的教育	本卷包括从鸦片战争后到五四运动前的教育发展史,着重探讨了中国封建主义旧教育逐步衰废,资产阶级"新教育"曲折发展的历史过程、基本规律和深刻的经验教训。本卷以近代教育改革为主线,分别对地主阶级改革派、太平天国革命、洋务运动、维新变法运动和辛亥革命的教育进行了历史总结,揭示了历次教育改革的历史背景、指导思想、取得的成果及其遇到的阻力和进行的斗争。本卷以充分的事实为依据,阐明闭关自守、顽固守旧是没有出路的;"向西方学习"是当时的时代潮流。但是,在帝国主义强权控制下,我国在政治上没有完全的独立,在经济上不能完全的自立,又缺乏正确的思想理论作指导,就不可能真正建立自己的新教育,一批千辛万苦向西方寻求真理、从事教育改革尝试的志士仁人,都一一遭受挫折而饮恨九泉。尽管如此,这些宝贵的经验和沉痛的教训都将成为中国人民的精神财富。
第五卷 五四运动到 中华人民共和国 成立时期的教育	本卷包括从五四运动到中华人民共和国成立时期的教育。本卷比较全面地论述了从 1919 年到 1949 年的中国教育,揭示了这 30 年间中国教育发展的实践状况和客观规律;着重探讨了从五四运动开始新民主主义教育发生和发展的全过程,以及每个历史阶段教育发展的特点和基本经验;

卷　次	具体内容
第五卷 五四运动到 中华人民共和国 成立时期的教育	对国民党统治区的教育，进行了如实的介绍和评价，肯定了广大教育工作者和爱国师生的艰苦努力，以及他们在各级各类学校中做出的成绩；对日伪占领区的殖民主义教育，则进行了较深刻的揭露和批判。这个时期出现了许多新教育流派和教育家，除了历史上公认的一批著名的教育家之外，本卷又增写了一些在当时对教育界有重要影响的人物，如陈独秀、胡适、李大钊、陈嘉庚、张伯苓等，对他们的教育实践活动和教育思想，也以历史唯物主义的精神进行了一定的研究和实事求是的评价。
第六卷 新中国成立后 36 年的教育	本卷包括从 1949 年中华人民共和国成立到 1985 年《中共中央关于教育体制改革的决定》发表共 36 年教育发展的历史。本卷着重探讨了我国（未包括台湾省）在共产党领导下成功地进行新民主主义教育的基础上，创建社会主义教育事业的历程和经验教训；充分肯定了新中国成立后改造旧教育，发展新教育的成功经验，指出了由于认识不足出现的失误；以科学的态度分析了学习苏联教育经验的得失，阐明了学习外国经验必须同本国实际情况相结合的客观真理；认真总结了 20 世纪 50 年代后期到 60 年代初期发展社会主义教育的实践经验；深刻地揭露和抨击了"文化大革命"中在教育指导思想上的重大错误，以及"四人帮"对教育事业的严重破坏及其造成的巨大损失；扼要地阐述了粉碎"四人帮"后，特别是党的十一届三中全会以后，在教育领域进行拨乱反正、振兴教育的艰苦努力和取得的丰硕成果；满怀信心地展示了教育上改革开放、深化改革的重大战略决策的确定及光辉前景，也如实地指出教育发展中存在的困难和面临的艰巨任务。

总之，《中国教育通史》"以马克思主义为指导，充分展现了作为通史的纵的发展与横的联系，成为一个具有纵横内在联系的有机统一整体。它具体阐述了中国教育发生、发展和演变的全过程，揭示了中国教育的基本特点和发展规律，做到了观点与史料结合，思想性与科学性的统一"，"是 80 年代末期中国教育通史研究的开山之作"，"特别是把新中国 40 年教育十分珍贵的史料公诸于世，使得该书具有较高

的学术价值和史料价值，是一部具有开创性的通史教材"。①

（二）滕大春主编的《外国教育通史》

《外国教育通史》的编撰历程为：1986 年暑假，在山东教育出版社的倡议和支持下，在烟台召开了《外国教育通史》第一次编务会议，拟定了编写大纲，并呈报国家教委。1988 年国家教委将《外国教育通史》列为高等学校文科教材，是高等学校教育专业的教学用书或参考书，也是有志研究教育史者的重要参考书。

《外国教育通史》共分为六卷，具体章节情况见表 4.5。

表 4.5 《外国教育通史》的体系结构

卷　次	编　次
第一卷 古代教育卷	共分为四编：第一编论述原始社会的教育；第二编论述古代东方国家的教育；第三编论述古代希腊的教育；第四编论述古代罗马的教育。（全卷分为十八章）
第二卷 中古教育卷	共分为五编：第一编为西欧中世纪早期的教育；第二编为东方国家的教育；第三编为西欧中世纪中期的教育；第四编为西欧文艺复兴时期和宗教改革时期的教育；第五编为日本的教育。（全卷分为十八章）
第三卷、第四卷 近代教育卷	第三卷为近代教育史上卷，共十六章，分别叙述从十七世纪英国资产阶级革命起至十九世纪六十年代的英、法、德、美、俄各国的教育和洛克、卢梭、爱尔维修、狄德罗、裴斯泰洛齐、赫尔巴特、福禄培尔、第斯多惠、乌申斯基、十九世纪空想社会主义者以及马克思、恩格斯的教育理论；另外，在有关章节中分别对弥尔顿、巴泽多、康德、费希特、贺拉斯·曼和十九世纪俄国革命民主主义者的教育观进行了简要介绍。 第四卷为近代教育史下卷，共分为六编：第一编为西欧大陆（法、德）国家的教育制度和教育思想；第二编为与欧陆相望的英国的教育制度和教育思想；第三编为北欧国家的教育制度和教育思想；第四编为东欧（俄国）的教育；第五编为

① 华潜玉：《中华教育历史长河的缩影——评〈中国教育通史〉》，载《中国图书评论》，1990(4)。

续表

卷　次	编　次
第三卷、第四卷 近代教育卷	美洲(美国)的教育制度和教育思想；第六编为亚洲(印度和日本)的教育制度和教育思想。(全卷分为十三章)
第五卷、第六卷 现代教育卷	第五卷为现代教育上卷，共分为四编：第一编为苏联的教育制度和教育思想；第二编为英、法、美的教育制度和教育思想；第三编为德国、意大利、日本的教育制度和教育思想；第四编为印度和埃及的教育制度和教育思想。(全卷分为二十一章) 第六卷为现代教育下卷，共分为五编：第一编为苏联的教育制度和教育思想；第二编为美国的教育制度和教育思想；第三编为英、法、德、意、瑞士、瑞典、丹麦和挪威的教育制度和教育思想；第四编为日本、朝鲜、印度、印度尼西亚和菲律宾的教育制度；第五编为智利、巴西、墨西哥、埃及、尼日利亚、澳大利亚和新西兰的教育制度。(全卷分为十八章)

《外国教育通史》论述了从原始社会至 20 世纪 80 年代末人类教育的产生和演变的全过程，涉及除我国以外的世界上主要国家和地区的教育发展。根据其"前言"①中论述的具体内容，我们形成了对外国教育史学科体系的学术认识。

第一，外国教育史并不是西洋教育史，也不是欧美教育史，乃是世界范围的教育发展史。而且就古代教育而言，东方古国的教育史和西方古国的教育史都应放在重要的位置上，由它们共同组成教育史的框架。与此相连带的是，人类的宗教也是多元的而非一元的，东方的佛教、伊斯兰教和西方的基督教是三教并列的，三教的教育都是影响广泛的。再则，众多声名不太显赫的国家的教育也带有其强点和特点。因此，外国教育史的领域应当拓展。突破以欧洲为中心或以欧美为范围的传统，突破以基督教教育为主体的结构，才是

---

① 滕大春：《外国教育通史》第 2 卷，前言 1~7 页，济南，山东教育出版社，1989。

合理的方向。

第二，教育史领域还该在叙述人类教育在阶级斗争中所扮的角色的同时，叙述它在生产斗争和科学实验的发展史上所扮的角色。过去竭力阐述教育在阶级斗争方面的作用，并不为过；但不宜片面化，以致教育史变成在教育范围的阶级斗争史。仅仅以阶级斗争为纲来简单化地处理含有众多方面和众多功能的教育发展的问题，就必然不能窥及教育演进的全貌。尤其是对于教育在生产斗争和文化斗争方面的往事，不加分辨地避而不谈，就必然忽视教育在经济建设和文化建设方面的历史经验，就必然达不到"鉴古知今"的作用，也就必然无法为建设社会主义物质文明和精神文明，来发挥"古为今用"和"洋为中用"的效能。

第三，在外国教育史的研究中，适当的政治分析、哲学分析和科学分析是至关重要的。过去由于"宁左勿右"的思想作祟，教育史着力渲染统治阶级教育的反动性和阴暗面，却讳言其积极性和光明面，结果是陷入历史虚无主义，或流为空泛地美化和颂扬。两者都不能公正如实地揭示教育发展的规律。与此相似，过去我们还曾在教育思想理论部分，简单地以唯心主义和唯物主义为分水岭，肯定后者的教育贡献而否定前者的功绩。而唯心与唯物的适应范围只是在于哲学家解释思维对存在以及精神对物质等关系的回答，所以我们不能仅凭唯心或唯物二词来判断一切和评价一切。况且，一些教育史上里程碑式的人物，如柏拉图、夸美纽斯、卢梭、杜威等，都是唯心论者。因此，对于这些教育巨人，我们常常未能进行科学分析。这些偏激的态度是必须纠正和避免的，科学阐述和评价是必须提倡的。

第四，国外教育史学者根据历史事实总结到，世界文化教育总是通过彼此接触而向前进步的。世界的文化教育都不是绝缘体，当今各国的学校都是混血儿。同样，我国既是文化教育的输入国，也是文化教育的输出国。妥善地把东西方教育史沟通起来和妥善地把中外教育史挂起钩来，借以使人领悟人类教育史的整体性，既颇有助于清除闭关主义的缺憾，更能使人理解开放政策的英明的。

第五，世界教育发展到近代和现代，出现了新的特点。诸如，由被特殊阶级的少数人所垄断到面向大众；教育体制朝着多类型、多层次、多功能结构的方向前进；更新了教育内容，完善了教育方法，丰富了教育设备，改进了教育工作者的素养，从而大幅度地提高了教育质量。外国教育通史应注意对于这一时期教育演变的阐述、分析、比较和论证。总结数百年来，特别是百数十年来各国教育的经验教训，尤具有理论性和现实性的意义，对于建设我国社会主义教育事业是能起直接而鲜明的效用的。

第六，外国教育史如何对待"用"的问题，是值得思考的。要求一种教育基本理论学科给当前某些具体教育业务工作提供切实可行的实施方案，是难以胜任的。但教育史却能培养人们较为远大的教育眼光和对教育课题的领悟能力，而这种眼光和能力每每能产生人们意识不到的威力。所以，教育史对实际工作的效果常常是迂回的，而不是直线进行的，是须经过较长时期才能显明其效果的。教育史不是实用性或技术性的学科，其功效每每不是立竿见影的。有人考虑把各历史时期的教育法令、法案、规划、报告等，尽量纳入教材。这未免是画蛇添足。正确的做法应该是在通史的基础上，引导学生进行断代教育史、国别教育史、专题教育史的探索，而其在探索过程中恰当地联系实际，深入地分析比较，才能逐步达到"古为今用"和"洋为中用"的要求，绝非是一蹴而就的。总之，作者在"前言"讨论了关于外国教育史的范围、外国教育史的领域、外国教育史的评价分析、对待外国教育文化的态度、外国教育史的新成就、外国教育史的功用等外国教育史学科体系问题，为外国教育史学科体系建设提供了重要的理论基础。

正如有的学者评论到，《外国教育通史》"在突破西方中心论、摆脱'左'的模式的影响、强调各国文化教育交流的意义、充分发挥外国教育史学科的功能等方面，均产生了较大的影响"①。

二、深化之二：教育思想通史和教育制度通史

教育史学界在教育通史研究的基础上，编写了专门以教育思想和教育制度为研究对象的教育思想通史著作和教育制度通史著作。教育思想通史著作和教育制度通史著作既是教育通史研究深入化和系统化的研究成果，也是教育思想研究和教育制度研究专门化的理论成果。它表明教育史学界对教育思想研究和教育制度研究的深化，试图以专门性的研究来探索教育思想、教育制度内在的发展规律。②

（一）王炳照、阎国华主编的《中国教育思想通史》

《中国教育思想通史》在"绪论"③中指出，"教育思想史是一个独立的研究领域，有确定的研究对象、概念范畴体系、论证方式和研究方法，应当建立起自己的完整的学科体系"。首先，何谓教育思想。教育思想是人类对社会和教育认识、概括、论证和思考的结果，是社会和教育发展到一定阶段的产物，是人类社会进入文明时代、教育上升到自觉状态的标志。一个国家或一个民族在不同的历史发展阶段，总要形成一种占主导地位的主体教育思想，同时还会存在多种占非主导地位的教育思想，呈现出教育思想的多元性。占主导地位的主体教育思想，一般具备三个条件："第一，符合当时社会发展的要求；第二，同当时的教育实践保持了紧密的联系；第三，善于

---

① 贺国庆：《外国教育史学科发展的世纪回顾与断想》，载《河北师范大学学报（教育科学版）》，2001(3)。

② 与中国教育通史类著作大多对教育思想与教育制度进行分别研究的路数不同，20世纪90年代，外国教育史的通史类著作大多仍将二者合在一起进行总体考察。［田正平：《老学科 新气象——改革开放30年教育史学科建设述评》，载《教育研究》，2008(9)。］

③ 王炳照、阎国华：《中国教育思想通史》第1卷，绪论1～12页，长沙，湖南教育出版社，1994。

融会教育思想的历史传统和各种教育思想的长处。"故此,"从以儒家教育思想为代表的中国封建教育思想为主导,过渡到中国近代资产阶级教育思想为主导,又前进到中国马克思主义教育思想为主导,构成中国教育思想发展的一个完整历史过程"。其次,唯物主义史观。坚持以马克思主义的历史唯物主义观点为指导,充分体现中国教育思想史的专史特点。最后,研究内容和方法。中国教育思想史研究突出以教育思想流派、教育思潮为主的特点,把主要精力放在研究教育思想流派、教育思潮的形成、发展和演变,不同教育思想流派、教育思潮的基本内容和特色,以及它们之间对抗、论争和相互融合吸收的关系上,并且在具体研究过程中兼顾宏观教育问题和微观教育问题的思想成果。其中,所谓对宏观教育问题的认识一般指有关教育本质、教育功能、教育地位、教育同其他社会现象的关系等方面的思想;所谓对微观教育问题的认识一般是指有关教育和教学构成要素,教育和教学的过程、内容、途径、原则和方法等方面的思想。

《中国教育思想通史》共分为八卷:第一卷先秦时期,是中国古代教育思想的萌芽和奠基阶段;第二卷秦汉、魏晋南北朝、隋唐时期,是中国古代教育思想的确立阶段;第三卷宋元时期,是中国古代教育思想的更化阶段;第四卷明清时期,是中国古代教育思想的衰变阶段,并孕育着近代教育思想萌芽;第五卷鸦片战争到辛亥革命前,是中国近代资产阶级教育思想从中国古代教育思想中脱胎出来的阶段;第六卷辛亥革命到十年内战前,是中国近代资产阶级教育思想的胜利发展阶段;第七卷为十年内战到新中国成立前,是中国资产阶级教育思想蜕变和马克思主义教育思想争取主导地位的阶段;第八卷为新中国时期,是马克思主义教育思想独占主导地位并向新的高度发展的阶段。具体体系结构见表 4.6。

表 4.6　《中国教育思想通史》的体系结构

卷　　次	章　　次
第一卷 先秦时期	第一章，夏、商、西周的教育思想；第二章，孔子的教育思想；第三章，墨子及墨家学派的教育思想；第四章，战国时期儒家教育思想的变迁；第五章，《礼记》综合儒家各派的教育思想；第六章，战国时期道、法、兵、阴阳等学派的教育思想；第七章，稷下学宫教育思想的争鸣与交融；第八章，杂家的出现与先秦教育思想百家争鸣的终结。
第二卷 秦汉、魏晋 南北朝、隋唐 时期	第一章，建立封建官方教育思想体系的探索；第二章，儒家教育思想正统地位的确立；第三章，汉代经学教育思想；第四章，儒家教育思想的反思与深化；第五章，玄学教育思潮；第六章，佛教教育思想；第七章，道教教育思想；第八章，儒家教育思想的维系与重振。
第三卷 宋元时期	第一章，宋初儒家教育思想的复苏；第二章，理学教育思想的形成；第三章，理学教育思想的发展；第四章，理学教育思想的集大成：朱熹及闽学的教育思想；第五章，陆九渊及象山学派的教育思想；第六章，陈亮、叶适及事功学派的教育思想；第七章，元代理学教育思想的承继与演化。
第四卷 明清时期	第一章，明初理学教育思想；第二章，王守仁的教育思想；第三章，阳明后学的教育思想；第四章，明代实学教育思想；第五章，明清之际实学教育思潮；第六章，清代实学教育思潮；第七章，西学教育思想；第八章，清代理学教育思想的演变与衰落；第九章，考据学派的教育思想；第十章，明清实学教育思潮的兴起与理学教育思想的终结。
第五卷 鸦片战争到 辛亥革命前	第一章，近代新学教育思想的前驱；第二章，太平天国反封建的农民革命教育思想；第三章，洋务教育思潮；第四章，资产阶级维新教育思潮；第五章，资产阶级民主革命派的教育思想的兴起；第六章，近代女子教育思潮；第七章，近代留学教育思潮；第八章，近代教会教育思潮；第九章，西方教育科学的传入。

续表

卷　次	章　次
第六卷 辛亥革命到 十年内战前	第一章，辛亥革命后的教育改革思潮；第二章，国民教育、军国民教育思潮；第三章，职业教育思潮；第四章，美感教育思潮；第五章，实用主义教育思潮；第六章，工读主义教育思潮；第七章，科学教育思潮；第八章，平民教育思潮；第九章，国家主义教育思潮；第十章，马克思主义教育思想的传播；第十一章，1912—1927 年间教育思潮的历史反思。
第七卷 十年内战到 新中国成立前	第一章，三民主义教育思潮；第二章，教育独立思潮；第三章，乡村教育思潮；第四章，民众教育思潮；第五章，生活教育思潮；第六章，生产教育思潮；第七章，科普教育思潮；第八章，幼稚教育思潮；第九章，普及教育思潮；第十章，工农民主教育思潮；第十一章，战时教育思潮；第十二章，马克思主义教育学理论在中国的形成和发展；第十三章，新民主主义教育思想。
第八卷 新中国时期	第一章，社会主义改造和社会主义建设时期的毛泽东教育思想；第二章，社会主义改造和社会主义建设时期教育思想上的论争；第三章，"文化大革命"中的左倾教育思潮；第四章，建设有中国特色社会主义新时期的邓小平教育思想；第五章，新时期若干教育理论问题的探讨；第六章，改革传统教育思想，树立现代教育观念；第七章，新中国教育学的变化与发展。

总之，《中国教育思想通史》的撰写和出版推动了中国教育史学科建设，凝结了 20 世纪 90 年代初期本学科的最新进展，"把中国教育思想史研究水平推向了一个新高度，堪称中国教育史研究领域的新硕果，实在可喜可贺"[1]。

（二）李国钧、王炳照总主编的《中国教育制度通史》

《中国教育制度通史》是一部大型学术著作，也是国家新闻出版

---

[1]　杨焕英：《中国教育史研究的新硕果——读〈中国教育思想通史〉》，载《教育研究》，1995(8)。

署"九五"重点出版规划选题之一。正如《中国教育制度通史》的"总序"①中所言：80 年代中期以来，中国教育制度的研究，整体上依然非常薄弱且缺乏系统性。除近代学制、书院方面的研究已有大型的成果，顾树森《中国历代教育制度》的出版和重印外，自 80 年代以来，还没有一部更深入、系统的通史性专门著作出现。《中国教育制度通史》的编撰和出版，就是对 80 年代以来中国教育制度研究现状的理论应答。

《中国教育制度通史》在"总序"中指出，所谓教育制度是指一个国家中各种教育机构的体系，受一定社会的政治、经济、文化影响和学生身心发展特点的制约，旨在实现教育目的的社会公认的组织系统。它通常由两个方面构成，即由得到社会公认的、依据法令组织而成的法制性教育制度和出于社会生活需要而自然产生并固定下来的、社会惯性的教育制度。教育制度的这种构成方式，使得对教育制度的评价只能是一种历史评价。也就是说，评价者无法摆脱教育制度作为特定历史时期的存在物所受到的限制，而仅把教育制度当作一个稳定不变的系统来评价。真实的研究，必须依据教育制度实际存在的形态来进行。

第一，中国教育制度通史研究的主要内容：①教育政令；②学校教育制度；③书院制度；④选举考试制度；⑤家庭教育；⑥社会教育。其中，前四项内容，是中国教育制度发展的主干内容，也是研究的重点。

第二，制度史、思想史和人类活动史的区别及制度史研究的主要方面：思想史需要关注的是各种思想的意义本身，以及它们之间的分歧或联系；但是，关于制度的思想，以及那些成为制度建设的理论基础甚至制度本身的思想，也同时是制度史需要研究的。一般

---

① 李国钧、王炳照：《中国教育制度通史》第 1 卷，总序 1～19 页，济南，山东教育出版社，2000。

的人类活动史需要关注的是行为、信仰、惯例、习俗等问题，但导致制度化抑或作为制度构成部分的行为或惯例，也是制度史需要研究的。因此，制度史研究包括的主要方面：①被制度化之前的教育实践活动或观念、理论、理念；②制度化之后形成的教育制度本身；③教育制度的实施过程，即受制度支配的教育实践活动；④与制度实施过程并存的其他教育实践活动或观念、理论、理念。

第三，中国教育制度史研究的主要任务：教育制度史研究应当把揭示各项制度的建立、内容、特征、成效，以及它们对教育发展明显或潜在的影响置于优先的地位。除此之外，教育制度史的研究也是进一步探索、理解、改进、完善乃至变革现行教育制度的基本前提。

第四，中国教育制度史的研究方法：科学、客观地审视材料，以保证在材料的取舍上不致产生偏差；同时，我们也需要作为一个思想的代理人进入史料本身，以深察制度提出者的思想的逻辑和内涵，保证我们对其实际意图的理解不致错误，从而有助于我们丰富头脑，增长智慧。

第五，中国教育制度通史研究的基本目标：厘清从远古到当代教育制度发展的线索，展示中国教育制度变化的丰富的历史图景，从而为当代中国教育制度的建设提供有益的历史借鉴。

第六，中国教育制度史研究的史料来源：以传世典籍、考古材料和档案文献等作为主要的史料来源。其中，①先秦时期，有关教育制度的记载，主要来源于儒家经典，其中尤以《周礼》《礼记》为突出。②秦汉魏晋南北朝时期，有关教育制度的记载相对集中于正史中的《儒林传》、《职官志》、《艺文制》（或《经籍志》）、《礼志》及有关传记。③从隋唐到元代，在正史的修纂方面，《选举制》的出现标志着教育制度的记载开始趋于专门化。同时，流传下来的典籍的增多，也为教育制度的研究提供了更为丰富的材料。尤其是出现的一些大型政书和类书不仅提供了同时或稍近时代教育制度变化的历史记载，而且收集、归纳了远古以来教育发展的史实。这一方面的典型代表就是马端临的《文献通考·学校考》。除此之外，地方志和家谱、族谱的纂修以及数量不断增多的时人文集和疏奏，也保留了不少教育制度发展方面的材料。④从明代到清末，传世典籍的进一步增多，使得有关教育制度的记载相应详密。值得注意的是，除地方志的大量修纂为我们提供了丰富的地方教育发展的资料外，有关学校教育状况的专门志书也大量出现。比如，记载国学教育的志书《南雍志》、《明太学志》、《国子监志》（清），以及各种书院志，就是这一类型的图书。⑤1862 年，京师同文馆的建立，标志着中国的教育制度发展开始迈向近代学制的建设。由于这种变化，近代教育制度记载的专门化程度就得到了进一步提高。时代较近，学制本身的系统性，以及文献记载详细等条件，也为近代教育制度的研究提供了相当的优势。正是在上述资料的基础上，《中国教育文献丛书·历代教育制度史料》《中国教育大系·历代教育制度考》得以整理编撰出版，为教育制度通史的撰写提供了必要的基础。

　　《中国教育制度通史》由李国钧、王炳照任总主编，共八卷，具体体系结构见表 4.7。

表 4.7　《中国教育制度通史》的体系结构

卷　　次	编　　次
第一卷　先秦、秦汉 （远古至公元 220 年）	第一编，先秦教育制度 第二编，秦汉教育制度
第二卷　魏晋南北朝、隋唐 （公元 220 年至 960 年）	第三编，魏晋南北朝教育制度 第四编，隋唐五代教育制度
第三卷　宋辽金元 （公元 960 年至 1368 年）	第五编，宋辽金元教育制度
第四卷　明代 （公元 1368 年至 1644 年）	第六编，明代的教育制度

续表

卷　　次	编　　次
第五卷 清代（上） （公元 1644 年至 1840 年）	第七编，清代教育制度（上）
第六卷 清代（下） （公元 1840 年至 1911 年）	第八编，清代教育制度（下）
第七卷 民国时期 （公元 1912 年至 1949 年）	第九编，民国时期教育制度
第八卷 中华人民共和国 （公元 1949 年至 1999 年）	第十编，中华人民共和国教育制度

总之，《中国教育制度通史》"系统总结了自先秦至 1999 年中国教育制度的发展经验，是迄今国内规模最大、涉及面最广、时间跨度最长的中国教育制度著作"①。

（三）王炳照、李国钧、阎国华总主编的《中国教育通史》

顾明远在《中国教育通史》"总序"②中写道：《中国教育通史》是将 20 世纪 90 年代出版的王炳照、阎国华主编的《中国教育思想通史》（8 卷本）和王炳照、李国钧主编的《中国教育制度通史》（8 卷本）合编而成的。原来两部著作是 3 位教授的力作，本来由他们合作主持合编修订《中国教育通史》是最合适、最理想的，可惜李国钧、王炳照两位先生都先后离世，阎国华年事已高，于是由田正平负责的修订小组③接手完成，原作者都基本上参加了此次修订工作。王炳照、李国钧、阎国华是我国教育史学界承上启下的人物，他们师承舒新城、孟宪承、毛礼锐、陈景磐、沈灌群、滕大春等老一辈教育

---

① 马镛：《以史为鉴 服务当代——读〈中国教育制度通史〉》，载《博览群书》，2002(4)。

② 王炳照、李国钧、阎国华：《中国教育通史》第 1 卷，总序，北京，北京师范大学出版社，2013。

③ 具体工作修订小组为：田正平任修订工作组组长，俞启定、于述胜、金林祥等为修订工作组成员，参与了全书前期的框架设计、修订原则的确定，以及后期的分工审稿工作。

史学家，"文化大革命"以后，他们接过这批老先生的班，开拓中国教育史的研究。他们坚持教育史研究中"古为今用，以史为鉴"的史学原则，探寻中国教育思想产生、发展及其演变的历程，挖掘历代教育思想的丰富内涵，总结前人的成功经验和失败教训，揭示教育思想发展的客观规律；研究中国教育制度的形成、发展和变化的历史，回答教育制度作为一个历史存在物的存在特性，及其与现实存在的教育制度之间的关联，探讨现代教育问题的历史根源。《中国教育通史》的出版具有里程碑的意义：一是这部书的出版标志着我国教育史学研究进入了一个新的阶段；二是这部书的出版标志着我国新一代教育史学家的成长。

正如北京师范大学教育学部对《中国教育通史》(16 卷本)正式出版的报道中所言：该书根据中国教育历史发展的实际情况，结合史学界对中国历史分期的相关观点，打通教育思想史和教育制度史的分界，把对教育思想的研究与对教育制度的研究紧密结合起来，既相对独立，又相互照应，按照中国教育历史发展的内在逻辑和历史线索来展开。各卷内容如下。

第一卷：先秦卷(上)　梅汝莉、谭佛佑、施克灿主编

第二卷：先秦卷(下)　梅汝莉、谭佛佑、施克灿主编

第三卷：秦汉卷　俞启定主编

第四卷：魏晋南北朝卷　王建军主编

第五卷：隋唐卷　赵家骥、宋大川、张汝珍主编

第六卷：宋辽金元卷(上)　郭齐家、苗春德、吴玉琦主编

第七卷：宋辽金元卷(下)　乔卫平著

第八卷：明代卷　宗韵主编

第九卷：清代卷(上)　刘虹主编

第十卷：清代卷(中)　马镛著

第十一卷：清代卷（下）　金林祥主编

第十二卷：中华民国卷（上）　田正平主编

第十三卷：中华民国卷（中）　董宝良、陈桂生、熊贤君主编

第十四卷：中华民国卷（下）　于述胜著

第十五卷：中华人民共和国卷（上）　苏渭昌主编

第十六卷：中华人民共和国卷（下）　苏渭昌、雷克啸、章炳良主编

《中国教育通史》是融合教育思想史与教育制度史为一体的全景式的通史性著作，代表了新世纪教育史研究的新动态和新取向，标志着教育史学界对中国教育思想史和教育制度史的研究进入了一个更高的学术阶段。

三、深化之三：教育流派、思潮、哲学思想史与教育管理史

（一）教育流派、思潮、哲学思想史研究

教育史学界突破以通史研究为主流的传统研究框架，从对代表教育思想家的教育思想、观点研究的微观分析，深入到对教育流派、教育思潮、教育哲学的宏观分析，以期从更深层次上阐释教育思想自身发展的内在逻辑，从而寻找属于教育思想本身的内在的学术线索。其中，在中国教育史方面：孙培青、李国钧（《中国教育思想史》），董宝良、周洪宇（《中国近现代教育思潮与流派》），张瑞璠（《中国教育哲学史》）等在这方面作出了可贵的学术努力。在外国教育史方面：张斌贤、褚宏启等著的《西方教育思想史》，单中惠主编的《西方教育思想史》，王天一、方晓东编著的《西方教育思想史》，可视作这一阶段教育思想史研究的代表之作。同样，吴式颖、任钟印主编的《外国教育思想通史》也是这一时期教育思想史深化研究的学术成果。

1. 孙培青、李国钧主编的《中国教育思想史》

《中国教育思想史》在"前言"中对教育思想的概念、基本问题及特征，研究的指导思想及任务，研究的主要内容及方法进行了说明。

第一，何谓教育思想及其特征。教育思想是指人们在一定历史时代的社会条件下，在教育实践基础上形成的对教育现象和问题的认识和看法。中国历来的教育思想具有以下主要特征：①实践性。教育实践是教育思想的本源，也是教育思想发展的基础。教育思想以教育实践为基础，它又在不同程度上影响教育实践，为教育实践服务，通过教育实践，对社会发展产生作用。②历史性。一定的教育思想是一定社会经济、政治、文化条件在意识形态上的反映，社会是发展的，教育思想也不能停滞不前，而是相应地发展变化，每一时代有每一时代的教育思想，所以教育思想具有历史性，不存在超历史的、永恒不变的、永远适用的教育思想。③继承性。教育思想客观上存在着继承性，所以，我们对教育思想遗产不能采取虚无主义态度，也不能采取盲目接受的态度。对于教育思想遗产，我们摒弃哪些、吸收哪些，如何改造、如何发展，这是由该时代的社会需要和教育家的社会地位决定的。正确的态度应该是放弃旧教育思想中不适应新时代需要的那一部分内容，有的让其归于消灭，有的则肯定其历史地位；对那些合理的、带有规律性的、可以利用的部分，经过分析批判，吸收改造成为新教育思想的有机成分。④民族性。每个民族都有自己生息活动的地域，都有自己的历史文化，都有自己的社会经济和政治制度，进而形成自己的教育传统和特点。儒家作为中华民族历代教育的主流，其倡导的重教尊师、有教无类、注重德育、因材施教、教学相长、启发诱导、学思结合等，成为中华民族优良的教育传统，与世界上其他民族比较，显然有自己的特点。

第二，教育思想的基本问题。不同的时代、不同的社会有不同的教育思想。古今中外教育思想的内容都围绕着"培养人"这个中心，回答各时代社会提出的教育的基本问题。这些基本问题大致是以下几个方面：①人类社会为什么要有教育？（教育的作用与地位）②为了什么目的而教育？（教育的方针与目的）③以什么东西来教育？（应有几方面的教育内容）④怎样进行教育？（教育教学方法）⑤教育谁和由谁来教育？（学生与教师）⑥如何领导管理教育？（微观至宏观的教育管理）由于历史背景不同，所处的社会条件不同，各学派各人对这些基本问题考察的角度不同，存在着多种认识。不同教育思想产生并展开论争，在论争过程中教育思想有新的变化和发展。这些都成为教育思想史的基本内容。

第三，研究的指导思想及任务。《中国教育思想史》是在历史唯物主义观点指导下研究中国教育思想发展历史的学术专著。其具体的研究任务在于，让读者了解中国历代教育思想流派发生发展的过程和主要教育家的教育思想主张，并作一定评价，按历史发展顺序分阶段进行介绍，具有一定的系统性，而不面面俱到，求其精要而避免庞杂。

第四，研究的主要内容及方法。该书具有以下特点："①着重体现教育思想的历史性。从纵的角度注意考察每一历史时代的教育思潮，论述教育思潮产生的历史背景与社会条件，反映时代要求的具体内容及其发展演变的历程，证明社会存在决定了教育思想，社会教育实践需要是教育思想发展的动力。②突出研究教育流派。从横的角度注重同一时代代表不同社会集团利益的教育思想流派之间论争的主要问题，以及它们的社会作用和相互影响，对每一教育思想流派都作了专章论述。③注意主要人物的教育思想。分析其理论渊源、理论特色与历史贡献，给主要人物以较多篇幅，作专节介绍，使其能较充分地展开。④坚持实事求是的精神。在人物思想评价方面，辩证地分析教育思想遗产，指出教育家的思想精华与糟粕，避免片面性的论断。"《中国教育思想史》共分为三卷：第一卷先秦至唐代，第二卷宋代至鸦片战争（鸦片战争前），第三卷鸦片战争至 1949年。第一卷共分为二十章，第二卷共分为十八章，第三卷共分为十四章。具体体系结构内容见表 4.8。

表 4.8　《中国教育思想史》各卷的体系结构

卷　次	章　次
第一卷 先秦至唐代	第一章，中国古代教育思想的发端；第二章，先秦儒家的教育思想；第三章，墨家的教育思想；第四章，先秦道家的教育思想；第五章，兵、农、名、杂诸家的教育思想；第六章，法家的教育思想；第七章，秦代的法治教育思想；第八章，汉代道家的教育思想；第九章，汉初儒家教育思想的发展；第十章，儒家教育思想主导地位的确立与今文经学的兴盛；第十一章，古文经学派的教育思想；第十二章，今古文经学融合的教育思想；第十三章，玄学教育思想的产生与发展；第十四章，魏晋南北朝时期的儒学教育思想；第十五章，道教佛教的教育思想；第十六章，隋及初唐王道的教育思想；第十七章，隋唐佛教的教育思想；第十八章，隋唐道教的教育思想；第十九章，唐后期复兴儒学的教育思想；第二十章，三教调和的教育思想。
第二卷 宋代至鸦片战争	第一章，理学先驱"宋初三先生"的教育思想；第二章，象数派与史学派的教育思想；第三章，荆公新学的教育思想；第四章，濂学的教育思想；第五章，关学的教育思想；第六章，洛学的教育思想；第七章，湖湘学派的教育思想；第八章，金华学派的教育思想；第九章，南宋闽学派的教育思想；第十章，象山学派的教育思想；第十一章，南宋事功学派的教育思想；第十二章，元代理学教育思想；第十三章，元代心学教育思想；第十四章，明初理学教育思想；第十五章，阳明学派的教育思想；第十六章，启蒙教育思想；第十七章，颜李学派的教育思想；第十八章，考据学派的教育思想。

续表

卷　次	章　次
第三卷 鸦片战争至 1949 年	第一章，地主阶级改革派的教育思想；第二章，洋务派的教育思想；第三章，早期改良派的教育思想；第四章，维新派的教育思想；第五章，资产阶级革命派的教育思想；第六章，职业教育思想；第七章，实用主义教育思想；第八章，平民教育与乡村教育思想；第九章，早期马克思主义者的教育思想；第十章，国家主义教育思想；第十一章，党化教育与三民主义教育思想；第十二章，生活教育思想；第十三章，活教育思想；第十四章，教会教育思想。

2. 董宝良、周洪宇主编的《中国近现代教育思潮与流派》

《中国近现代教育思潮与流派》是研究中国近现代教育思潮与流派的一本专著。作者在"绪论"①中对教育思潮与流派研究的相关情况进行了阐述。第一，研究中国教育思潮与流派的作用。研究和了解中国近现代教育思潮与流派，对于探索中国近现代教育思想演变和发展的历史脉络、基本特点与规律，推动当代中国的教育思想发展和教育改革，使教育实现现代化，具有重要的现实意义和学术价值。第二，何谓教育思潮与教育流派。教育思潮通常是指流行一时的，反映了一定阶级、阶层或社会群体利益要求和普遍心理的教育思想潮流；教育流派则是在一定历史时期内某些具有相同或相近的政治倾向和教育理想的教育工作者，为提倡和推行某种教育主张而形成的教育派别。教育流派是教育思潮的倡导者和推动者，但教育思潮却有时是某个教育流派或群体在推动，有时是多个教育流派或群体在推动，不可一概而论。第三，中国近代教育思潮与流派的形成与发展阶段。从中国近现代教育思潮与流派的形成与发展来看，

---

① 董宝良、周洪宇：《中国近现代教育思潮与流派》，绪论 1~8 页，北京，人民教育出版社，1997。

正是沿着文化进程，经历三个时期，深化三个层面发展的：第一期，即从鸦片战争到甲午战争时期，为器物层面。我国教育领域中出现了学外语、学工艺的热潮，兴办了京师同文馆、福建船政学堂等，这就是开学习西方先声的经世致用教育思潮、洋务教育思潮的兴起。第二期，即从甲午战败中经戊戌变法到辛亥革命时期，为制度层面。我国教育领域中出现了重视学习西政、改革科举制度的维新教育思潮，随后又兴起了为资产阶级革命做思想准备和干部准备的民主革命教育思潮。第三期，即从辛亥革命中经五四运动到新中国成立之前时期，为文化层面。我国教育领域中涌现出了平民教育思潮、科学教育思潮、实用主义教育思潮等。之后，形成了新民主主义教育思潮。新民主主义教育思潮后来成为中国共产党在老革命根据地和老解放区教育工作和教育改革的指导思想。第四，开展教育思潮与流派研究的指导原则。分析和研究中国近现代教育思潮与流派，需以马克思主义的辩证唯物主义和历史唯物主义为指导，坚持从现象看本质，从多样看主流，这样才能得出符合客观历史事实的结论。第五、中国近现代教育思潮与流派的划分及其编排原则。该书将所论述的有关教育思潮与流派，按其性质与作用分为两大类：一类是主潮及其流派，另一类是支潮及其流派。主潮一般来说是大潮，支潮与之相对而言是小潮。所谓主潮、大潮者，主要是因为这类教育思潮是当时重大政治思潮在教育领域中的反映，并成为一时能够主导教育发展进程的教育思想潮流，如经世致用教育思潮、洋务教育思潮、维新教育思潮、民主革命教育思潮、反复古教育思潮、实用主义教育思潮、三民主义教育思潮、新民主主义教育思潮等；所谓支潮、小潮者，主要是指一些由教育界人士及社会其他有识之士倡导的、基本上是按教育门类出现的教育思想潮流，如军国民教育思潮、美感教育思潮、职业教育思潮、教育独立思潮、国家主义教育思潮、平民教育思潮、科学教育思潮、工读主义教育思潮、乡村教育思潮、生产教育思潮、生活教育思潮等。该书在结构上，将主潮、大潮列为上编，每潮一章（或两潮合写于一章），共八章；将支潮、小潮列为下编，也是每潮一章（或两潮合写于一章），共十章。具体结构见表 4.9。

表 4.9　《中国近现代教育思潮与流派》的体系结构

编　次	章　次
上编	第一章，经世致用教育思潮；第二章，洋务教育思潮；第三章，维新教育思潮；第四章，民主革命教育思潮；第五章，反复古主义教育思潮；第六章，实用主义教育思潮；第七章，三民主义教育思潮；第八章，新民主主义教育思潮。
下编	第九章，军国民教育思潮；第十章，美感教育思潮；第十一章，职业教育思潮；第十二章，教育独立思潮；第十三章，平民教育思潮；第十四章，科学教育思潮；第十五章，工读主义教育思潮；第十六章，乡村教育思潮；第十七章，生产教育思潮；第十八章，生活教育思潮。

在论述教育思潮与流派的基本内容或主张时，没有像以往有些著作常见的那样，按人物分别介绍其思想，而是对有关流派人物的思想加以归纳和集中，概括性地勾勒出他们思想中具有共性的方面，以便人们更好地从整体上比较和把握各个教育思潮与流派之间的异同，认识和了解各个教育思潮与流派不同的历史特征与演变规律。

总之，《中国近现代教育思潮与流派》力求做到以马克思主义的历史唯物观为指导，坚持实事求是的精神评述中国近现代教育思潮与流派；着重揭示各种教育思潮与流派的形成原因和发展轨迹，阐明它们的主要内容和基本特点；注意对它们进行整体考察与综合分析，展现出它们之间或渗透融合、或论争拒斥的关系，及其对中国近现代教育思想发展走向的影响。

3. 张瑞璠主编的《中国教育哲学史》

《中国教育哲学史》是新中国成立以来第一部较为系统的教育哲学史著作，是一部体现中国特色和中国气派的教育哲学史著作。全书的写作围绕两个高峰和一次转折展开。其中，两个高峰为："第一个高峰出线在春秋战国。其文化背景为诸子之学的形成与争鸣，其主体是以孔子及其继承者孟荀为代表的儒家学派。它的历史作用是为我国封建教育思想奠定了基础。第二个高峰即出现在宋明。其文化背景为儒释道由并行而趋向交融，其主体为以程朱陆王为代表的儒家新学派——理学。其历史作用是使教育哲学理论及其体系趋于深化和严密。"一个转折为："中国近代教育思想在西方文化的猛烈冲击下出现了一次根本方向的转折——即从传统教育向现代教育的转折。这个转折当然不是对传统文化教育的简单否定，而是以'中西融通，古今汇合'为基本指向。虽然这个转折的整个过程是十分艰难而缓慢的，但它确实标志着中国教育的发展方向，旨在寻找传统与现代的最佳结合点。"①《中国教育哲学史》共分为四卷：第一卷，由先秦至两汉（陈超群）；第二卷，由魏晋到南宋（黄明喜、于述胜）；第三卷，由元代至清初（于述胜、张良才、施扣柱）；第四卷，近代（1840—1949年）（黄书光）。每卷在"本卷引言"中对具体编撰情况进行了说明，见表4.10。

表 4.10 《中国教育哲学史》每卷的具体编撰情况

卷 次	具体情况
第一卷 先秦至两汉	作者在本卷"引言"中叙述的重要观点有：第一，关于中国古代教育思想发展史的基本线索的认识——以人性论为理论基础，以义利观为价值导向，以人格理想为终极归宿。第二，关于历史分期和时代特色。作者将先秦至两汉分为三个阶段：春秋创立和奠基、战国分化和争鸣、秦汉融合和总结。其中各阶段时

---

① 张瑞璠：《中国教育哲学史》，前言第4页，济南，山东教育出版社，2000。

卷　次	具体情况
第一卷 先秦至两汉	代特色为：①夏、商、西周是中华文明的重要时期，是中国文化更为根本的本原。惜其资料不足，故本书的著述从孔子开始。春秋是中国文化走向繁荣和深刻的起点。②战国儒分为八，以孟学和荀学影响最大，墨学可看作儒家的支流，道家尤以庄学为高，法家分化为秦晋法家和齐法家两大分支。③秦汉时期，国家统一，民族融合，学术思想呈现百川汇聚、殊途同归的兼容之势，最后形成汉代管学、《淮南子》和董氏儒学三个成熟而庞大的理论体系。春秋三大家（儒、道、法）的创立到秦汉三大派的总结，确立了中国传统文化"三流并进"的基本格局。
第二卷 魏晋到南宋	本卷所述起自魏晋终于两宋，重在揭示中国古代教育哲学的第二个发展高峰——宋明理学，重在其第一个发展高潮（以程朱理学为代表）的历史轨迹、思想逻辑和理论特色。宋明理学是经过两汉经学、魏晋玄学和隋唐佛学的发展之后，通过回归原始儒学，再造内圣外王的儒学精神传统的。宋明理学是宋明时期以本体论和宇宙论为基础、以心性论为核心、以实现天人合一的精神境界为人格追求的哲学思潮。宋明理学的主要经典依据是"四书"，大多数理学家主要通过阐释"四书"来表达其哲学和教育思想。理学教育哲学经历了两次大的发展高潮。第一次发展高潮形成于两宋，以程朱理学为代表。南宋理学家朱熹以其《四书章句集注》的撰述为代表，系统总结了北宋以来理学思想的基本理论问题，建构起一个庞大的理学教育哲学体系，成为宋代理学的集大成者。与朱熹的理学正相反且最有特色的，当属陆九渊的心学。宋代的功利主义教育哲学是与宋代理学相抗衡的教育哲学，为明末清初理学批判思潮的兴起提供了重要的历史素材。
第三卷 元代至清初	本卷所述，起自元代而终于明末清初，重在揭示宋明理学在其第二次发展高潮（以阳明心学为代表）时期的历史轨迹和思想逻辑。就理学教育哲学演变的内在逻辑而言，从程朱理学到阳明心学转变的关键，是由理本体转变为心本体。王阳明以"心即理"取代了程朱的"性即理"。明中后期心学的发展围绕心与理之辨、本体与工夫之辨而展开，在心与理的关系问题上，蕴含着两种发展可能性：一是把普遍之理还原为个体之心，以泰州

续表

卷　次	具体情况
第三卷 元代至清初	学派及其后学为代表；二是把个体之心还原为普遍之理，以刘宗周为代表。在本体与工夫之辨上，也蕴含着双重发展可能性：一是用本体消解工夫，以本体为工夫，以王畿和王艮为代表；二是从强调工夫在展现和实现良知中的重要作用开始，走向消解本体、以工夫为本体，这一派由欧阳德、邹守益、钱德洪等发其端，从明末到清初得东林派、黄宗羲、王夫之等加以总结并完成。
第四卷 近代 （1840— 1949年）	本卷基本时限为1840年至1949年。在这一历史时期，中国教育逐步完成了由传统教育向现代教育的艰难变革和根本转折。这种变革和转折并不是对传统文化教育的简单否定，而是以"中西融通，古今汇合"为基本旨趣，并最终选择了社会主义现代化道路。作者有所侧重地选择人物与学派相结合的角度，力图对中国近代教育哲学的发展轨迹及其特点进行理论探索，以期把握其中的演变规律，为当代中国教育改革发展提供历史借鉴。作者依据中国近代教育哲学的自身发展逻辑，从明清之际"西学东渐"及其对中国教育的影响叙起，阐述了经世派、洋务派、早期改良派、文化激进主义者、文化保守主义者及康有为、梁启超、严复、孙中山、王国维、蔡元培、胡适、陶行知、陈鹤琴、李大钊和陈独秀、杨贤江、毛泽东等的教育哲学观，以辩证唯物主义和历史唯物主义为指导思想，借鉴现代化理论去分析和把握中国近代教育哲学的逻辑进程。

　　总而言之，《中国教育哲学史》以辩证唯物主义和历史唯物主义为指导思想，运用现代教育理论和现代化理论去分析和把握中国教育哲学发展的逻辑进程，力求逻辑与历史的统一，不求面面俱到，但求所有创新，写出了中国教风学风和中国气派，是当今中国教育哲学史研究的新成果，把中国教育哲学史的整体研究水平又提高了一步。[①]

----

　　① 郭齐家：《波澜壮阔的中国教育哲学的历史画卷——评〈中国教育哲学史〉》，载《中国图书评论》，2001(3)。

4. 各具特色的《西方教育思想史》及《外国教育思想通史》

以《西方教育思想史》为标题的三部教育思想史著作，各具特色。

(1)张斌贤、褚洪启等著的《西方教育思想史》

吴式颖在为《西方教育思想史》所作的"序"①中指出，《西方教育思想史》的出版填补了近几十年来比较系统、全面研究西方教育思想的空白，对于外国教育史学科的建设和教育理论研究的发展，是很有益处的。其具体特点为：第一，内容相对完整。上自古希腊，下至 20 世纪 70 年代，该书对两千多年中西方教育思想发展过程的各主要阶段、主要教育思想（或思潮）、主要教育家，都进行了较为系统的介绍和分析，基本上反映了西方教育思想发展的全过程。第二，体例较为新颖。一部教育思想史，大致可有三种写法：一种是以人为线索，按照教育家的先后顺序加以排列；另一种是以时间为线索，按照时代顺序，逐次论述各个时代形成的教育思想；再一种是以教育概念、范畴为线索，按照概念和范畴的发展顺序来写。这三种写法各有所长，也各有所短。该书则努力综合这三种写法的长处，既具体介绍了各个时代的主要教育家，又揭示了教育思想在不同时代的演进，也适当注意到了教育概念和范畴的发展。第三，研究的范围有突破。第四，一些观点颇有新意。这一方面是指作者敢于对一些似乎已成"定论"的观点提出异议；另一方面则是指作者对一些老问题的分析采用了不同以往的角度，因而能"旧中见新"。

《西方教育思想史》在"导言"②中指出，该书旨在以历史唯物主义的基本原理和思想方法为指导，努力借鉴相关学科的最新研究成果，较为系统地阐述西方教育思想从古代希腊到 20 世纪七八十年代这两千多年间的发生、发展和演变的基本过程。同时，该书对教育

① 张斌贤、褚洪启等：《西方教育思想史》，序 1～6 页，成都，四川教育出版社，1994。
② 张斌贤、褚洪启等：《西方教育思想史》，导言 1～34 页，成都，四川教育出版社，1994。

思想史的性质、发展逻辑、基本线索和分期进行了说明：第一，教育思想史的性质。教育思想是对教育现象及其内在规定性的较为系统的认识。该书探讨的正是这种意义上的教育思想在西方世界中的演变。教育思想史不仅展现了人类对教育现象的认识的发展进程，而且反映了人类教育的演化历程。教育思想史中产生的各种教育概念和范畴出现的前后顺序，以及它们在整个人类教育思想体系中的逻辑顺序，实际上是人类教育在不同发展阶段上的现实状况在人们观念中的反映。因而，对教育思想史的探讨，实际上正是从一个特定的角度对全部教育发展的抽象概括。第二，教育思想史的发展逻辑。教育思想的演化并不是社会发展的自然产物，它的发展进程与社会历史也不存在同步进行、一一对应的相互关系，它的运动逻辑同样不是社会总体历史必然性在教育思想进程中的简单的直接表现。因此，我们必须具体地探讨客观的历史规律在教育思想发展进程中的特殊作用方式、机制以及作用结果的具体表现方式，从而揭示教育思想史的发展逻辑。第三，西方教育思想史的基本线索。从西方教育思想史的发展来看，下列这些问题是为大多数重要的教育家和教育思想家所共同关注的：个人与社会的关系；教育与人性的关系；教育与人的认识的关系；知识与道德的关系；等等。这些问题虽然在不同时期以不同的具体形式出现，但一直是构成教育思想的基本的、主要的内容(当然不是全部内容)，因而也就成为西方教育思想发展的基本线索。第四，西方教育思想史的分期。依据对教育思想史的性质和发展逻辑，以及西方教育思想史的基本线索的理解，该书将西方教育思想史的发展历史划分为四个时期：古代、过渡时期、近代和现代。①古代西方教育思想史，是指从公元前6世纪到公元13世纪，是西方古代教育思想的发生、发展时期。这个时期又可具体划分为三个阶段：古希腊、古罗马和中世纪。这是西方教育思想的奠基时期。②过渡时期的西方教育思想史，是指从公元14世纪到

17 世纪后期这两三百年间，也就是文艺复兴、宗教改革和 17 世纪这三个阶段。之所以将这个时期称为过渡时期，主要是因为从西方教育思想的发展进程来看，这个时期的教育思想既带有浓厚的古代色彩，又具有明显的近代早期的特点；它标志着古代教育思想的沿革的终结，又预示了近代教育思想的兴起。它是西方教育思想从古代向近代过渡的转变时期。③近代西方教育思想史，是从洛克、拉夏洛泰、卢梭开始的，西方教育思想的发展真正进入了它的近代时期。西方近代最为重要的教育思潮有：以卢梭、巴西多、裴斯泰洛齐、福禄培尔等人为代表的自然主义思潮；以拉夏洛泰、狄德罗、费希特、贺拉斯·曼为代表的国家主义思潮或民族主义思潮；以裴斯泰洛齐、赫尔巴特等人为代表的教育心理化思潮；以斯宾塞、赫胥黎等人为代表的科学教育思潮；等等。④现代西方教育思想史，19 世纪末、20 世纪初以来的近百年间，西方教育思想又具有新特点：流派纷呈，教育思想日趋多元化；非体系化；专题化和技术化。

（2）单中惠主编的《西方教育思想史》

赵祥麟为《西方教育思想史》所作的"序"①中写道：单中惠主编的《西方教育思想史》是对西方教育思想进行全面而深入研究的重大成果。该书对过去没有提到或已提到而没有具体论述的西方教育思想和教育家进行了一定的论述，填补了西方教育思想史研究上的空白。《西方教育思想史》在编撰过程中设计了一个统一的框架，循着历史的轨迹对各种西方教育思想进行了考察，论述了西方教育思想的产生背景、内容、特点、主要代表人物以及影响，并进行了适当的分析和评价。《西方教育思想史》一书提供的研究成果，无疑有助于我们开阔视野，从中批判地吸收可供借鉴的有益的东西，以便更好地开展具有中国特色的社会主义教育理论研究。

---

① 单中惠：《西方教育思想史》，序 1～3 页，太原，山西人民出版社，1996。

　　《西方教育思想史》在"前言"①中指出，该书旨在以历史唯物主义的理论和方法为指导，通过对古代、近代、现代的西方教育思想的研究，阐述西方各种教育思想的形成和发展，不同历史时期的西方教育思想的体系和特点，以及它们对当代教育实践和后世教育制度的影响。并对西方教育思想史的历史分期及其特征进行了说明。第一，西方教育思想史的历史分期。综观西方教育思想的发展，西方教育思想史大致分为古代、近代、现代三个阶段。具体地讲，其又可以分成七个时期：①古希腊、罗马时期，包括古代希腊教育思想、古代罗马教育思想；②中世纪和文艺复兴时期，包括经院主义教育思想、人文主义教育思想、早期空想社会主义教育思想、宗教改革与教育思想、早期科学教育思想；③17 世纪，包括泛智教育思想、绅士教育思想；④18 世纪，包括自然教育思想、法国唯物主义教育思想、理性主义教育思想、要素教育思想、国家主义教育思想、唯实主义教育思想；⑤19 世纪，包括新人文主义教育思想、主知主义教育思想、幼儿园教育思想、"全人类教育"思想、俄国民族性教育思想、美国公共教育思想、19 世纪空想社会主义教育思想、19 世纪科学教育思想、功能主义教育思想；⑥20 世纪初至 50 年代，包括"新教育"思想、实验教育思想、"自由教育"思想、劳作教育思想、"进步教育"思想、实用主义教育思想、文化教育学思想、综合技术教育思想、集体主义教育思想、改造主义教育思想；⑦20 世纪 50 年代以后，包括要素主义教育思想、新托马斯主义教育思想、永恒主义教育思想、存在主义教育思想、新行为主义教育思想、结构主义教育思想、"个性全面和谐发展"教育思想、"一般发展"教育思想、"教学教育过程最优化"教育思想、分析教育哲学思想、终身教育思想、"掌握学习"教育思想、"有意义言语学习"教育思想、人本化教

---

　　①　单中惠：《西方教育思想史》，前言 1～6 页，太原，山西人民出版社，1996。

育思想。第二，西方教育思想的特征。其表现为时代性、独特性、主导性、继承性、整体性、实践性、多样性、预见性八个方面。根据西方教育思想发展的轨迹，《西方教育思想史》分上卷和下卷，共七编四十八章，包括对自古至今的西方教育思想的研究。上卷主要研究古代和近代西方教育思想，下卷主要研究现代西方教育思想。全书特别注意加强对现代西方教育思想的研究。

总之，对西方教育思想的研究以及纵向和横向的联系分析，必将有助于我们全面认识和具体分析西方教育思想的形成、发展和特点，并在联系中国教育实践的基础上建立具有中国特色的社会主义教育理论体系。

（3）王天一、方晓东编著的《西方教育思想史》

王天一在《西方教育思想史》"代序"①的引言中写道：西方教育思想史是外国教育史专业的一个分支学科。这部《西方教育思想史》是新中国成立以来该分支学科编写的第一部学术专著。它是根据我在《教育史研究》杂志（1990 年第 3～4 期）发表的《试论西方教育思想史的研究对象和意义》一文的基本思路和框架结构编写的。在这部专著即将问世之际，为便于读者及时了解全书的主导思想和内容梗概，谨以上文作为这部专著的序言。

可见，《西方教育思想史》的"代序"就是《试论西方教育思想史的研究对象和意义》的原文转引。"代序"或论文的主要内容为：第一，何谓西方及西方教育思想史。首先，西方只限于一般含义下的西方国家和西方地区这一范畴。作为西方教育思想史，马克思主义的教育思想当然不能列为研究对象。社会主义国家的教育思想也不包含在其中。其次，西方教育思想史就是要研究西方世界教育思想的产生、形成、发展和演进的历史，阐述和分析这一思想产生、形成、

---

① 王天一、方晓东：《西方教育思想史》，代序，长沙，湖南教育出版社，1996。

发展、演进的主客观的社会历史条件、具体内容和特点，在当时起什么作用，对后世产生何种影响。西方教育思想史的研究对当前深化教育改革，促进教育发展，提高教育质量，都具有重大的启迪作用和借鉴意义。第二，西方教育思想史的阶段划分。西方教育思想史的产生、发展和演变的线索是十分明显的，其阶段的划分也是很清楚的。西方教育思想的第一阶段开始于古希腊的思想家，包括回忆和认识"最高理念"（神）的学习观点、多方面和谐发展的教育见解等两个方面的主要内容；当欧洲（主要在西欧）社会进入"黑暗"的中世纪时期，西方教育思想史则演进到它的第二个发展阶段；西方教育思想史发展演变到第三个阶段，就是人文主义教育思想阶段；西方教育思想史发展的第四个阶段是17～19世纪这三个世纪期间；19世纪末，西方资本主义社会开始向帝国主义过渡，对为其社会制度服务的教育理论又提出了新的要求，适应这一时代的要求，西方教育思想史随即进入其发展演变历程的第五个阶段。西方教育思想史在其发展演变的每一历史阶段，都表现出显著的特点，即各有其独特的个性。思辨性、神性、人性、自然主义、主知主义、"活动性"、新主知主义、现代教育思想流派等，正是这些特点的写照。《西方教育思想史》，就是按照西方教育思想史发展的五个阶段体现为八个方面的特征而分为八章①来论述的。第三，西方教育思想史的研究价值。重视并深入开展对西方教育思想史的研究，对整个教育史学科的理论研究，对它的发展和提高，有直接的作用和意义；对整个教育理论、教育科学研究、发展和提高，也会起一定的推动作用。

（4）吴式颖、任钟印主编的《外国教育思想通史》

值得说明的是，从出版年代来说，《外国教育思想通史》，正式

---

①　第一章"'思辨性'教育思想"，第二章"神性教育思想"，第三章"人文主义教育思想"，第四章"自然主义教育思想"，第五章"主知主义教育思想"，第六章"'活动性'教育思想"，第七章"新主知主义教育思想"，第八章"当代西方教育思想"。

出版于 2002 年，但是从整体工作时间段来说是从 1993 年至 2002
年。所以，其虽然正式出版于 2002 年，但是从主要写作工作时间来
看与《中国教育思想通史》《中国教育制度通史》，特别是《西方教育思
想史》属于同一个时间段。《吴式颖口述史》为我们相对完整地记录了
关于《外国教育思想通史》的编撰情况[①]：

　　萌生编写一部多卷集的《外国教育思想通史》的想法是在 1993
年。我的第一、二届博士研究生的专业课为教育哲学和外国教育名
著评价。每周和他们讨论的问题都是外国教育思潮和思想问题。在
与王炳照教授的交谈中得知，由他和阎国华教授主编的《中国教育思
想通史》(八卷本)即将由湖南教育出版社出版；张斌贤、褚宏启和朱
旭东等又合写成《西方教育思想史》一书，我们就一同商量，可以和
湖南教育出版社联系，如果获得出版社同意，我们也可以组织全国
从事外国教育史教学和研究工作的教师编写一部多卷本的论述外国
教育思想史的学术著作。1993 年冬，我回湖南长沙探视父母，曾顺
访湖南教育出版社教育理论室的龙育群主任，表达了这一愿望。当
时他们还忙于王炳照等主编的《中国教育思想通史》的编辑出版工作，
没有立即做出决定。1995 年 12 月末，我收到了龙育群于同年 12 月
24 日的来信，告知湖南教育出版社已同意将《外国教育思想通史》多
卷本纳入他们的出版计划。我和张斌贤、褚宏启、朱旭东以及其他
在读博士生立即着手拟定编写计划，并与华中师大的任钟印教授、
杭州大学(现浙江大学)的金锵教授、福建师大的李明德教授、华东
师大的单中惠教授和我们北师大的史静寰教授联系，商量组织编写
团队的问题，研讨编写方案。经过半年的努力，我们决定要编写一
部能够揭示自古代东方国家至 20 世纪末数千年外国教育思想发展历

---

　　① 吴式颖口述，孙益、李曙光整理：《吴式颖口述史》，129～133 页，北京，北京
师范大学出版社，2015。

程，各个时期推动不同国家和地区教育思想向前发展与变化的诸多因素及其作用机制，总结外国教育思想家研究与解决教育问题、指导教育实践的经验，预示外国教育发展趋向，可为新世纪我国教育理论建设和教育事业发展提供启示与借鉴的10卷本《外国教育思想史》。由于华中师大的任钟印教授比我年长，我在华中师大做学生的时候他已经是教师，他又大力支持我关于"我们是编写一部外国教育思想史而不是编写一部西方教育思想史"的意见，并且自告奋勇愿意承担第一卷《古代东方国家的教育思想》主编的重任，因此我邀请他和我共同担任这部10卷本的《通史》总主编的工作，获得他的同意。为了团结全国老、中、青专业工作人员共同致力于完成这一艰巨任务，我们还邀请金锵、李明德、单中惠、史静寰和张斌贤担任副总主编，以后便顺利地确定了各卷的分卷主编。

1996年7月，以我和任钟印教授的名义向湖南教育出版社提交了《外国教育思想通史》(10卷本)的编写方案。我们在方案中提出了如下编写原则：第一，以历史唯物主义基本原理为指导，广泛借鉴各相关学科的最新研究成果，丰富和更新研究的方法、思路，拓宽研究的角度；第二，充分占有史料，尤其是原始史料，以史料为依据进行研究、分析、评价，切忌以论代史，切忌以既定的框架任意剪裁史料；第三，本书任何章节的写作，必须是精心研究的成果，应努力在广度和深度的开拓、拓展上下功夫，力求旧中见新，有所创造；第四，在章节的安排上，要妥善处理人物研究、著作研究、思潮研究的关系，应努力反映不同时期教育思想发展的特点，力争突破单一教育家列传式的思想史编写方式；第五，努力拓展教育史的研究领域，对教育思想的研究，不应仅限于教育家或哲学家，只要是曾经产生历史影响的教育思想，都应作为研究的对象。这可以说是编写《通史》的指导思想。遵循这些原则，可以保证这部《通史》内容的科学性、创新性和丰富性，也是向出版社表示了我们的决心，为作者和编者之间的合作奠定了可靠的思想基础。编写方案提出了大体上的内容设计，包括各卷的要点和篇幅以及各卷的负责人和完成编写工作的时间安排，向出版社展示了编成《通史》的可靠性，争取到出版社的有力支持。

1996 年 11 月 12 日至 16 日，由湖南教育出版社出资，在湖南长沙举行了《外国教育思想通史》的第一次编委会会议。除我以外，任钟印、单中惠，分卷主编贺国庆、杨汉麟、杨孔炽、方晓东、褚宏启、朱旭东、徐小洲以及仍在读的博士生吴国珍、王保星、陈如平等都参加了本次会议。副总主编李明德、金锵、史静寰、张斌贤，分卷主编黄学溥、李淑华等因故未能参加会议。湖南教育出版社对会议非常重视，副社长陈民众、教育理论室主任龙育群，副编审张汉芳和剪开明自始至终参加了会议。会议对编写《通史》的理论和现实意义、奋斗目标、编写原则、编写体例、内容安排、编写人员的选择、时间和速度方面进行了讨论，取得了共识。在编写《通史》的理论和现实意义方面，会议纪要中指出"本书的编写旨在通过梳理人类几千年的教育思想产生、发展的历史过程，寻找人类教育思想演进的内在逻辑和发展脉络，把握人类教育思想发展的客观规律，从而为我国教育改革和发展，逐步建立具有中国特色的社会主义教育体系提供借鉴与参考"。与会者认识到编写《通史》的难度，也看到了编写《通史》的有利条件，下决心把《通史》写成一部迎接新世纪到来的扛鼎之作。会议强调了作者应用精品意识规范自己的行为，使《通史》成为具有学术生命力的著作。湖南教育出版社的陈民众副社长在会上表示："作为国内有影响的教育出版机构，湖南教育出版社有信心、有能力出版好《外国教育思想通史》，使之成为精品。希望作者与编者共同努力，以切实提高《外国教育思想通史》的学术品味，使之成为真正的传世之作。"会议开得相当成功，这一方面表现在会后编写工作比较顺利地进行，另一方面表现在增强了出版社对出好《通史》的信心、决心，出版社以预付三万元稿酬的形式为编写提供了资料费。我和任钟印教授都没有想到可以向教育部教育科学研究规划部门提出申请，将这部书的编写列入规划项目，争取更多的科研经费的支持。可以说，参加《通史》编写的 62 名作者完全是出于对教育史专业的喜爱，以一种为教育科学研究工作献身和认真负责的精神而不是抱有任何私心来工作的。而湖南教育出版社非常重视这部书的出版，倒是他们将它申报为"十五"重点图书出版项目。

　　按照 1996 年 11 月举行的第一次编委会会议规定的时间进度，各卷在 1997 年年末应该提交初稿，1998 年 4 月应该举行初稿审定会，1998 年年末全部书稿应该提交出版社，1999 年年末正式出版。实际上，《外国教育思想通史》的统稿会是于 1998 年 11 月 16 日至 18 日在北京举行的。总主编、副总主编、各分卷主编以及我和史静寰教授的在读博士生(巨瑛梅、吴明海、王晓华、季平、李立国、向蓓莉、郑崧、姚运标)都参加了这次统稿会，他们后来也都接受了编写《通史》中某些章节的任务，成了《通史》的作者。各分卷主编汇报了书稿进展情况，讨论各卷提出的问题和各分卷之间的衔接问题。次年(1999 年)8 月下旬，总主编和几位副总主编还在北京召开了一个星期的审稿会。此后，各卷陆续交稿。最后一次审稿会是于 2002 年 1 月在长沙进行的。这次只是我和任钟印教授、单中惠教授三人去了，主要是看书稿的校样和研究由我执笔撰写的"总序"。任钟印教授和单中惠教授在长沙工作了一个星期，我工作了两个星期，直到看完"总序"的校样才回北京。全书于 2002 年出版，约480 万字。

　　吴式颖在《外国教育思想通史》(以下简称《通史》)的"总序"①中，

---

　　①　吴式颖、任钟印：《外国教育思想通史》第一卷，总序 1～107 页，长沙，湖南教育出版社，2002。

对通史编撰的总体原则进行了整体规划：第一，《通史》的指导思想和编写原则。该书以辩证唯物主义和历史唯物主义思想观点和方法论为指导，并借鉴相关学科的最新研究成果，研讨外国教育思想产生、发展和演变的历史，分析与评价各个时代最主要的教育思潮和教育流派，阐述各时期外国思想家和教育家认识教育现象、解释教育问题、探讨教育客观规律的得失。作者力图更全面地展现外国教育思想发生、发展的历史过程，揭示各个历史时期推动不同国家和地区教育思想向前发展与变化的诸多因素及其作用机制，总结外国思想家和教育家研究与解决教育问题、指导教育实践的经验，预示外国教育思想的发展趋向，为新世纪我国教育理论建设和教育事业的发展提供启示与借鉴。第二，《通史》的特色。该书的一个最突出的特色，就是通过追索人类发展的远古时代和古代东方文明中教育思想的起源、阐述不同时期外国教育思想家对他们所处时代教育问题的反思，来探索教育的本质。第三，《通史》对外国教育思想发展历程的划分。该书将外国教育思想发展历程划分为原始社会教育思想萌生的探讨，古代东方国家的教育思想，古希腊、罗马的教育思想，中古时期的教育思想，近代教育思想和现代教育思想六个部分，力图全面展示外国教育思想发生发展的完整历程和每个时期教育思想的主旋律。第四，《通史》对外国教育思想发展历程的总体认识。①社会生活的实际需要是教育思想的源泉；②人类的教育活动必须符合人的身心发展规律；③各种文化、各种教育观的接触、交流、碰撞，必然发出火花，推动文化、教育和教育思想的发展、创新，成为教育思想发展的动力；④解放思想，独立思考，敢于打破成规，挑战权威，突破禁区，坚持以实践为检验真理的标准，这是教育思想发展的生命力；⑤教育思想的发挥不是孤立的，单线的，它总是从科学、哲学、心理学、伦理学、逻辑学、社会学、政治学中不断吸收营养，来丰富自己的理论，所以教育思想的发展与众多学科的发展息息相关。

《外国教育思想通史》各卷的具体内容构成见表 4.11。

表 4.11　《外国教育思想通史》各卷的具体内容

卷　　次	具体内容
第一卷 古代东方的 教育思想	原始社会初期的教育行为与思想、古代两河流域的教育思想、古代埃及的教育思想、古代波斯的教育思想、古代希伯来的教育思想和古代印度的教育思想。
第二卷 古希腊、罗马的 教育思想	古希腊、罗马教育思想形成与发展的社会——文化基础,古希腊教育思想的萌芽,成型时期的古希腊教育思想,苏格拉底的教育思想,古希腊教育思想的体系化——柏拉图的教育思想,亚里士多德的教育思想,希腊化——罗马教育思想,昆体良的教育思想。
第三卷 中古时期的 教育思想	基督教的产生与神性教育思想的形成、早期基督教教会领袖及主要教父哲学家的教育活动与思想、奥古斯丁的教育思想、西欧中世纪早期的教育思想(6～8 世纪)、拜占庭帝国的教育思想、阿拉伯帝国的教育思想、西欧中世纪中期的教育思想(8～10 世纪)、西欧中世纪复兴期的教育思想(11～13 世纪)、托马斯·阿奎那的教育思想、经院哲学后期及解体时期的教育思想。
第四卷 文艺复兴时期的 教育思想	文艺复兴时期教育思想的社会背景、意大利前期人文主义教育思想、意大利晚期人文主义教育思想、尼德兰和德国的人文主义教育思想、伊拉斯谟的教育思想、维夫斯的教育思想、英国的人文主义教育思想、法国的人文主义教育思想、路德及路德派教育思想、加尔文及加尔文派教育思想、罗耀拉及耶稣会的教育思想等方面的内容。
第五卷 17 世纪的教育 思想	17 世纪的西欧社会、培根的教育思想、英国教育革新思潮、早期空想社会主义教育思想、法国理性主义教育思潮、夸美纽斯的教育思想、洛克的教育思想、17 世纪日本的教育思想、17 世纪北美殖民地的教育思想等方面的内容。

续表

卷　次	具体内容
第六卷 18 世纪的 教育思想	18 世纪的社会与教育、法国启蒙思想家的启蒙教育思想、18 世纪法国国民教育思想、卢梭的教育思想、18 世纪法国空想社会主义教育思想、18 世纪英国国民教育思想、裴斯泰洛齐的教育思想、18 世纪德意志和意大利的教育思想、18 世纪俄国的教育思想、18 世纪美国的教育思想等方面的内容。
第七卷 19 世纪的教育 思想（上）	19 世纪教育思想产生的历史背景、英国的儿童教育与贫民教育思想、英国的功利主义教育思想、德国的国民教育思想、新人文主义教育思想、空想社会主义教育思想、赫尔巴特的教育思想、福禄培尔的教育思想、俄国民主主义教育思想等方面的内容。
第八卷 19 世纪的教育 思想（下）	美国公共教育思想、美国高等教育革新思想、英国古典人文主义教育思想、英国科学教育思想、丹麦民众教育思想、法国功能主义教育思想、日本明治维新时期的教育思想、马克思和恩格斯的教育思想、赫尔巴特学派的教育思想、实验教育学思想、儿童和儿童教育研究思想等方面的内容。
第九卷 20 世纪的教育 思想（上）	20 世纪教育思想发展的社会背景，西欧新教育运动与新教育思潮，蒙台梭利的教育思想，美国进步主义教育思潮，杜威的教育思想，改造主义教育思潮，新传统教育思潮，德国社会教育学思潮，德国文化教育学的教育理论，印度民族主义教育思想，列宁的教育思想，苏联前期的教育思想，马卡连柯的教育思想，意大利、德国和日本的法西斯主义教育思想，爱因斯坦的教育思想等方面的内容。
第十卷 20 世纪的教育 思想（下）	新行为主义的教育思想、结构主义教育思想、精神分析学派的教育观、人本主义教育思想、存在主义教育思想、分析教育哲学思想、激进主义教育思想、"新马克思主义"教育思想、教育经济主义思潮、终身教育思想、20 世纪后期苏联教育及教学思想、20 世纪后期欧美的新教学思想、20 世纪下半期日本的教育思想、20 世纪下半期发展中国家的教育思想、教育思想的分化与融合等方面的内容。

　　总之，《外国教育思想通史》为我们打开了人类教育思想理论这

座宝库，向我们展示了一件件精美的珍藏，引导我们去悉心鉴赏或感悟，是一部迄今为止全面系统、深入细致地研究外国教育思想发展历史的巨型学术性专著。①

（二）教育管理史研究

就教育制度史而言，教育管理制度研究成为教育制度研究中的一个热点。这也是对教育制度史研究的深化。中外教育管理制度史研究领域都形成了代表性的著作。其中，中国教育管理史方面有：熊贤君的《中国教育管理史》，孙培青的《中国教育管理史》，李才栋、谭佛佑等的《中国教育管理制度史》及王建军等的《中国教育管理史教程》。外国教育管理史方面有：陈孝彬的《外国教育管理史》、袁锐锷的《外国教育管理史教程》。我们试以孙培青主编的《中国教育管理史》和陈孝彬主编的《外国教育管理史》为例，来具体阐述教育史工作者在教育管理史方面的学术探索。

1. 孙培青主编的《中国教育管理史》

孙培青主编的《中国教育管理史》作为国家教育部文科博士点专项科研课题重点研究项目，同样也是高等学校的文科教材。《中国教育管理史》在"前言"②中对编纂情况进行了说明。第一，指导原则。《中国教育管理史》以历史唯物主义为指导，研究中国自古以来直至新中国建立前的教育管理发生发展的历史过程。第二，研究价值和作用。教育体制改革的关键之一，在于教育管理体制的改革。要成功地改革和完善我国教育管理制度，我们亟需掌握教育管理历史的基本知识，总结我国历史上的教育管理经验。这种社会现实需要，促使我们把中国教育管理史提上研究日程。第三，研究内容。《中国教育管理史》以我国历史上教育管理的有关问题作为研究对象，研究

---

① 　王炳照：《放眼世界 尊重历史——初读〈外国教育思想通史〉》，载《中国图书评论》，2003(7)。

② 　孙培青：《中国教育管理史》，前言 1～3 页，北京，人民教育出版社，1996。

自古至中华人民共和国成立前教育管理制度、管理方法发生、发展和变化的历史过程，内容包括教育方针政策、教育行政、学校系统、教育人员的管理、学校内部的管理、教育经费的管理等，总结丰富的历史经验，探索不同历史时期教育管理的特殊规律和一般规律，为现代教育管理改革提供历史借鉴。第四，研究特色。①比较注意对各历史阶段文教方针的论述。根据历史唯物主义揭示的一般规律，一定的政治、经济决定一定的文化教育，以此来认识历史上的教育现象，教育从根本上取决于经济，而在现实中也明显地受政治支配，这种支配首先以制定文教方针政策为杠杆，所以该书重视文教方针政策对教育管理制度所起的直接作用。②比较测重于对教育管理制度的论述。该书对教育管理制度的发展过程进行系统的研究和探讨，介绍最基本的史实，这是该书的主要内容；对与教育制度有关的教育管理思想，则根据各个历史时期的不同情况，有的与教育管理制度结合起来论述，有的单独作简要介绍，不刻板地求其划一。③为节省篇幅，选举与科举未作为主要考察对象。选举、科举与教育管理性质有别，毕竟不是属于同一范围的事物。该书只从相关的角度谈到它，不把选举、科举作为系统考察研究的主要问题。④提出一些独立研究的见解和论断。

《中国教育管理史》在"结束语"①中对中国教育管理发展的基本认识进行了阐述。①教育管理的发展取决于社会经济、政治、文化和教育的发展。②历代教育管理的基本措施：制定教育方针政策，是国家实施教育管理的根本；建立教育行政机构，委派官员负责管理，是国家实施教育管理的组织保证；提供教育经费是政府影响教育的重要手段；根据需要，颁行教育法令和学校规章，是强化教育管理的有效方法；进行定期督察检查，是实施教育管理所必须。

---

① 孙培青：《中国教育管理史》，结束语 637～644 页，北京，人民教育出版社，1996。

③中国教育管理的若干特点：一是在中国教育管理发展过程中，儒学曾长期占主导地位，这是不容忽视的历史事实。直到辛亥革命后，推翻了封建帝制，政治的大变革促进了思想革命，新文化运动的兴起，才真正打破了儒学的统治地位。新文化运动兴起以来，西方的思想理论继续大量输入，中国社会存在资本主义思想与共产主义思想的斗争，儒学在中国教育管理中不再占主导地位。在北洋军阀统治下，在国民党统治区，旧民主主义思想在教育管理中占主导地位；在共产党领导下的苏区及革命根据地，新民主主义思想占主导地位。二是历来教育管理实践与教育管理思想存在密切的关系。三是中国教育管理具有继承性。前代形成的教育管理制度和教育管理思想，其合理的部分，为后代所继承和利用。我们应以实事求是的科学态度，认真总结中国历代教育管理制度和教育管理思想，去其糟粕取其精华，以供现代教育管理改革借鉴，用教育管理的历史遗产，来丰富教育管理科学。

2. 陈孝彬主编的《外国教育管理史》

陈孝彬主编的《外国教育管理史》是外国教育史研究中较早研究教育管理史的著作。《外国教育管理史》的"序"中阐述了关于外国教育管理史的认识和看法。第一，外国教育管理史是一门新兴的学科。它的产生与发展为教育史科学群体增添了一个新的"成员"，是教育史由通史向专题史（或专业史）分化的一个历史进程，也是教育知识积累和横向发展的必然结果。这门新学科的诞生对发展和繁荣教育史科学和教育管理学都是着有积极意义的。从严格的学科规范角度来看，它作为一门独立的或相对独立的外国教育管理史学科难以避免其稚嫩。但是，它的诞生标志着一个弱小的幼体迈出了可喜的第一步，为进一步研究外国教育管理史奠定了基础，积累了经验，开拓了思路。第二，外国教育管理史是一门现代科学。主要体现在两个方面：一是这门学科产生的历史背景，二是这门学科以历史唯物

史观为指导，采取了现代科学研究的方法。虽然教育管理实践活动
形成于人类文明史上产生了有组织的教育之后，但是现代教育管理
是社会化大生产条件下的产物。因此，教育管理史的研究重点也应
该放在近代和现代，研究的对象除了教育行政机关和大、中、小学
校之外，还应包括成人教育、社会教育、职业教育、继续教育等。
但是，我们不能因为这个理由就否定古代教育管理的存在及其在教
育发展史上的价值。现代教育管理的各种理论与方法，几乎都能从
古代教育管理中找到痕迹或萌芽，这也是历史发展的规律。外国教
育管理史成为一门现代科学还在于它采用了现代科学研究的方法。
马克思主义的辩证唯物主义和历史唯物主义奠定了这门学科的科学
方法论基础。第三，外国教育管理史还是一门发展中的科学。任何
一门科学从其潜科学阶段开始，经过产生、形成直到成熟大约需要
经过三个重要阶段：第一个阶段是对研究对象的外貌、状态、特征
等表层现象进行比较系统的、客观的描述，同时加上研究者的主观
判断或推测；第二个阶段是通过理性思考，加上科学手段的整理，
形成本门学科特有的概念、学科体制、理论框架和特有的研究方法；
第三个阶段是在上一个阶段研究成果的基础上，借助其他相关学科
的研究成果和手段，对本门学科发展趋势作出估计，也就是预见未
来的发展。目前，外国教育管理史的研究还处在第一个阶段或第一
个阶段向第二个阶段过渡的时期。总而言之，学习和研究外国教育
管理史，正确评价和借鉴外国教育管理的历史经验是加快我国教育
管理改革的重要条件之一，也是提高广大教育管理干部和师范院校
学生的专业素质和科学视野所必需的。

第四节　交叉融合：教育史学新领域的内拓外延

一、融合之一：新方法，新框架

20 世纪 90 年代以来，在教育史学领域运用新的理论和方法来展

开教育史研究，成为拓展教育史研究领域和深化教育史研究的重要
途径。其中，运用教育比较史的研究方法和借鉴现代化理论研究成
果展开教育史研究，就是其中比较有启发意义的学术尝试，并取得
了令人瞩目的研究成果。

（一）新方法：中外教育比较史研究

教育史学界运用比较史学的研究方法展开中外教育史比较研究，
是教育史学研究领域开展跨学科的综合、交叉研究的非常有意义的
学术尝试。① 其中，张瑞璠、王承绪的《中外教育比较史纲》就是一
项在研究领域和研究方法上均富有创新意义的研究成果。

《中外教育比较史纲》分为古代卷、近代卷和现代卷，我们试结
合"前言"和各卷"引言"来对其基本情况进行说明。《中外教育比较史
纲》的"前言"②部分，主要阐述三个方面的内容。第一，"中外教育
比较史纲"研究的学科价值。"中外教育比较史纲"是教育科学新开拓
的前沿课题。它要求把中外教育史放在世界历史大文化的背景中进
行比较研究，就其所涉及的广泛内容而言，可以说是融比较教育、
中外教育及文化科技交流史于一炉，这在教育科学研究中尚无先例。
第二，比较的方法在相关学科包括教育学科中的运用情况。首先，
比较的方法是认识事物的最一般的方法，一切科学包括自然科学、
社会科学和人文科学，都无例外地要运用比较方法。其次，随着社
会的前进，科学发展到一定时期，在客观条件和需要的推动下，选
择一定的对象，也主要运用比较的方法进行研究，从而形成自具特

---

① 在教育史研究领域运用比较法展开教育史研究的第一部著作为陶愚川著的《中国
教育史比较研究》(1985 年)。《中国教育史比较研究》分为古代部分、近代部分和现代部
分，通过代与代比、中与外比(只在古代部分进行了部分比较)、事与事比、人与人比、前
与后比，找出中国教育的发展特点及其异同得失，并结合各个不同历史时期的经济政治情
况及教育本身的内在联系，说明原因，探索规律。

② 孙培青、任钟印：《中外教育比较史纲》古代卷，前言 1～6 页，济南，山东教育
出版社，1997。

征的理论体系，于是从各门科学的大系统中分化出以"比较"命名的各种新兴的分支学科，如比较哲学、比较文学、比较法学、比较伦理学、比较经济学、比较政治学、比较宗教学、比较心理学、比较教育学等。再次，作为教育科学的分支学科的比较教育学，产生的标志是 1817 年法国朱利安发表的《比较教育的研究计划与初步意见》。中国则在 1929 年正式出版了庄泽宣的专著《各国教育比较论》，1932 年又有常道直的《比较教育》面世。但中国比较教育研究工作有组织地开展是在新中国成立以后，特别是 1978 年党的十一届三中全会以后。不过迄今，其研究侧重当代教育，较少涉及教育史领域。最后，中外教育史系统的比较研究属于空白。虽然黄绍箕、柳诒徵的《中国教育史》尝试对中西教育思想与教育制度进行比较，但是在比较研究中的分析评论不免有牵强之处，更何况在其之后再无开展相关的学术研究。故此，我们今日不得不从空白开始中外教育史的比较研究。第三，《中外教育比较史纲》总的指导思想、框架体系、方法论问题及研究组成人员。首先，该书中的指导思想是"立足中国，放眼世界"，力求贯彻我国改革开放的精神及邓小平同志提出的"三个面向"精神，从中国的国情和需要出发，比较研究世界教育发展的规律和历史经验，为建设有中国特色的社会主义现代化教育服务。其次，该书的框架体系为"以史为经，问题为纬"。该书是按时代顺序，写出分时代的中外教育比较史。其内容主要是就教育制度和教育思想相互比较，也包括对无直接影响的中外教育制度和教育思想就其各自特点及形成的历史原因进行比较。该书成果的表现不应局限于某些专题研究，而应形成整合的体系，体现出作为教育科学的一个分支学科的特点。再次，该书的方法论为"纵横比较，横向为主"。方法论上强调以可比性与可比价值为选择问题的标准，找准可比点，并着重分析了纵向（不同时代）比较与横向（同时代）比较及其相互关系，要求把二者结合起来，灵活运用，但认为横向比较一般来说共同因素较多，可以找到更明确的参照点，因此可比性更大，更具有可比价值，以此确定"纵横比较，横向为主"。最后，本课题的研究人员由中国教育史、外国教育史及比较教育学专家和学者组成。其中，古代分卷主编为孙培青、任钟印，近代分卷主编为吴式颖、阎国华，现代分卷主编为张人杰，真正意义上实现了三个方面研究者的学术合作研究。

《中外教育比较史纲》（古代卷）作为《中外教育比较史纲》的第一卷，以古代中外教育史为其比较研究范围，时间跨度从原始社会直至封建社会瓦解。首先，古代中外教育比较专题选择的依据为：①属于教育制度问题；②在历史上有较大影响的教育人物、思想和制度；③具有理论意义和现实意义。经过反复选择，作者最终确定了十四个专题，即该书十四章的主要内容，分别为古代东方是世界文化教育的发源地、孔子和苏格拉底教育思想比较、荀况和柏拉图教育思想比较、古代中外学校制度的发展道路、古代人性论与教育、中西课程六艺与七艺源流、《学记》与《雄辩术原理》比较、中西选才制度与教育、宗教与教育、中国早期书院与欧洲中世纪大学、理学与基督教新教的教育思想、明清之际启蒙教育思潮与文艺复兴时期人文主义教育思潮、中西功利主义教育思想、科学技术与教育等。其次，古代中外教育比较研究基础上的重要认识：①古代的东方是世界文化教育的发源地，人类最早的学校产生于东方；②世界教育的发展，自古以来就是多元化的；③世界上每个民族每个国家，都有适应自己社会条件需要的教育事业，都有关心教育事业、热爱教育事业的教育家。再次，与外国教育相比，中国教育的特点：①在教育领域内，儒家的教育思想经过斗争居于主导地位；②中国古代教育属于德育型，适应宗法制社会的需要，极重视道德教育；③中国古代教育为政治服务是一种公开的方针政策；④中国古代教育疏远宗教；⑤在价值观方面，存在道义派与功利派的长期斗争，道义派别略占上风，形成重义轻利的传统；⑥中国古代教育重视传统文化，而忽视自然哲学和科学技术。最后，中国古代教育的特点与外国教育比较之后更觉突出，有助于我们认识中外古代教育的差异与长短，启发我们在教育的改革与发展中如何选择，如何取舍，如何创新。

《中外教育比较史纲》（近代卷）作为《中外教育比较史纲》的第二卷，是对中国和外国在摆脱自然经济状态和封建专制制度的束缚，确立近代经济和政治制度过程中面临的教育问题，形成与近代政治和经济体制相适应的中外教育理论和教育制度的途径、经验进行比较研究。首先，该书的时间跨度，外国以英国资产阶级革命为起点，以 1945 年第二次世界大战结束为终点；中国则以 1840 年鸦片战争的爆发为上限，1949 年中华人民共和国成立前为下限。其次，本着"有所侧重，不求全备"的指导方针，最终确定了十五个专题：中外启蒙教育思想的比较，清末教育改革与日本明治维新时期教育改革的比较，西方教会学校与中国近代教育，中日近代留学教育的审视与比较，近代西方教育思想的传入及其影响、20 世纪二三十年代中国和西方教育思潮的比较，杜威与胡适、陶行知、陈鹤琴，马克思主义教育思想在中国的早期传播及其影响，德、日、美对中国近代学制的影响，中外近代高等教育的比较，中外近代普及义务教育的比较，中外近代中等职业技术教育发展的比较，中外近代师范教育的比较，中外女子教育比较，中外近代教育行政制度的比较。最后，实现教育近代化需要处理几个方面的关系：①关于传统与现实关系的思考；②关于本土文化与外域文化融合的思考；③关于吸收借鉴与改造创新的思考。实践证明，在处理中西文化结合时，我们应既不盲目排外，也不全盘西化，即在接受和消化西洋文化的同时，也把西洋文化中国化，通过中心文化融合的过程，使新学说适合中国国情，升华到更高层次，赋予新的含义，把西方文化中科学的、健康的东西同本民族的优良传统结合起来，既摈弃民族固有的落后、保守的东西，又注意剔除西方文明中的弊病，制造出适合本国需要的最佳模式。

《中外教育比较史纲》(现代卷)作为《中外教育比较史纲》的第三卷，其时间跨度为 1949 年至 20 世纪末(中国)和 1945 年至 20 世纪末(外国)。首先，选择"比较点"的标准：①以我为主，外为中用；②突出新课题(列入了"教育技术的现代化"和"学生心理辅导与教育"等章节)，注意新涵义(参见"全民教育"和"中小学教师的素质和任务"等章节)；③有可供使用的资料。在此基础上，其选择了 13 个专题：教育的重建、教育理论的移植与借鉴、教育结构变革、高校财政拨款体制改革、全民教育、女子教育、留学生教育、教育技术的现代化、STS 教育课程与中国理科教育[①]、学生心理辅导与教育、多元文化与教育、中小学教师的素质和任务、教育改革理论。其次，现代卷研究的作用：①该卷可以被纳入当代教育史范畴，却又因对中外教育进行了比较而有别于一般的当代教育史著作；②该卷可以被纳入比较教育研究范畴，却又因力图找出"比较点"后进行比较而有别于一般的比较教育研究成果；③该卷可以被纳入"综合课程"范畴。

(二)新框架：教育近代化研究

教育史学界运用现代化理论研究的成果展开教育近代化研究，是教育史学研究领域突破教育通史研究的理论框架，构建新的理论分析框架以深化教育史理论研究的创新性学术尝试。其中，田正平主编的"中国教育近代化研究丛书"就是一项旨在加大教育史研究理论力度的具有开拓性价值的研究成果。

田正平关于中国近代教育史研究的思考，从《关于中国近代教育史学科体系的几点思考》[②]一文开始，开启了关于中国近代教育史学

---

① 　科学(Science)、技术(Technology)、社会(Society)教育，简称 STS 教育。

② 　田正平：《关于中国近代教育史学科体系的几点思考》，载《华东师范大学学报(教育科学版)》，1989(2)。

科框架的重新思考。论文从中国近代教育史发展的总体趋势、中国近代教育发展的基本线索及中国近代教育发展的阶段性三个方面，来阐述关于中国近代教育史学科体系的认识和看法。作者指出，中国近代教育发展的总体趋势，是由封建教育一步一步地向近代教育过渡，其发展历程就是中国传统封建教育逐步实现近代化的演变过程，它既表现在教育制度、教学内容、教学方法和手段等物质层次方面，又更深刻地反映在诸如教育的思想、理论、观念，以及社会心理、价值取向等精神、思想、心理层面。同样，中国近代教育发展的基本线索，应以近代新式教育的产生发展为基本线索，无论从理论上讲，还是从实际上讲，都更接近于历史的真实。在此基础之上，中国近代新式教育产生于 1861 年至 1862 年(1861 年 11 月，冯桂芬写成《校邠庐抗议》一书，形成了"中学为体，西学为用"的思想萌芽；1862 年京师同文馆创设)，中国近代教育史的时间下限应为1927 年。这样一来，中国近代教育的发展大体可分为三个阶段：第一个阶段，1862 年至 1894 年(共 32 年)，是近代新式教育的产生期；第二个阶段，1895 年至 1911 年(共 16 年)，是近代新式教育的发展期；第三个阶段，1912 年至 1927 年(共 15 年)，是近代教育的成熟期。田正平关于中国近代教育史发展的总体趋势、基本线索及发展阶段的整体认识，是正式建构与探索中国近代教育史研究新范式的理论先河。正是在此基础之上，田正平开始了关于中国教育近代化的理论研究和学术实践工作。

"中国教育近代化研究丛书"，既是全国哲学社会科学"八五"规划重点项目的研究成果，更是以田正平为首的学术团队对中国教育近代化理论范式的具有典型意义的诠释。正如章开沅在"总序"①中指出，这套丛书，正是在马克思主义的历史唯物主义指导下，在详

_____

① 周谷平：《近代西方教育理论在中国的传播》，总序 1～4 页，广州，广东教育出版社，1996。

尽占有原始资料的基础上，深入探讨中国教育从传统走向近代各个层面的深刻变革过程；探讨新式教育的产生、发展与社会转型的内在联系；总结前辈教育家在吸收融合外来文化教育、改造陈旧传统教育、建立和发展新式教育过程中积累的经验教训，展现百余年来中国教育走向世界的艰难曲折历程。今天是昨天的继续。或许可以说，现今中国教育是在新的历史条件下和新的基础上，从更新的层面走向世界。因此，科学地总结中国教育近代化的历史进程，一定可以为我们当前的教育改革提供有益的借鉴。

田正平在"总前言"[①]中对丛书的相关情况进行了总体阐述。

第一，"中国教育近代化研究丛书"是借鉴现代化理论研究中国近代教育的初步尝试。现代化理论是一种多学科交叉的综合性理论，它涉及社会学、经济学、政治学、历史学和人类文化学等众多学科。概括地说，现代化理论就是运用上述学科的理论框架和研究方法，从不同的视角综合探讨一个国家如何从传统农业社会过渡到现代工业社会的理论，重点是探讨非西方后进国家实现过渡的具体历史过程。尽管迄今这种起源于欧洲而在美国得到长足发展的社会科学新理论，还很难说形成了完整的、成熟的体系，但是，它揭示的研究方法，它强调的对社会发展采取多学科综合研究的总体思路，无疑是富于创新精神和启迪意义的。

第二，丛书以"近代化"为名的考虑。首先，因为各书作者的研究范围大多是鸦片战争后至20世纪二三十年代的中国教育。其次，就目前国内学术界而言，虽然对于"现代化"与"近代化"两个概念的使用尚不统一，但是，在具体分析中国近代社会变迁的历史进程时，两个概念的内涵并无本质的区别，都把经济上的工业化和政治上的民主化作为最主要的因素，都把文化教育上的普及化、大众化作为

---

① 周谷平：《近代西方教育理论在中国的传播》，总前言5～15页，广州，广东教育出版社，1996。

重要内容，都主张把近代中国放在资本主义狂潮席卷世界的大格局中进行多学科、多视角的综合性考察。鉴于此，作者又考虑到我们的研究范围在习惯上的称谓，所以把这套书定名为"中国教育近代化研究"。

第三，何谓中国教育近代化。所谓中国教育近代化，是指一种历史过程。即是说，它指的是与几千年来自给自足的封建农业经济基础和封建专制政体相适应的传统教育，逐步向与近代大工业生产和资本主义发展相适应的近代新式教育转化演变的这样一个历史过程。换句话说，它指的是近代资本主义兴起之后，通过多次的教育改革，学习、借鉴西方教育经验，改造、更新传统教育，努力赶上世界先进教育水平的历史过程。这个过程，既体现在教学内容、教育制度、教学方法和手段等物化层次方面，也更深刻地反映在诸如教育理论、教育思想、教育观念，以及社会心理、价值取向等精神、思想和心理层面。

第四，"中国教育近代化研究丛书"的构成及设想。"中国教育近代化研究丛书"由《近代西方教育理论在中国的传播》（周谷平，1996年），《中国近代学制比较研究》（钱曼倩、金林祥，1996年），《留学生与中国教育近代化》（田正平，1996年），《中国近代教科书发展研究》（王建军，1996年），《从湖北看中国教育近代化》（董宝良、熊贤君，1996年），《从浙江看中国教育近代化》（张彬，1996年），《教会学校与中国教育近代化》（何晓夏、史静寰，1996年）七部著作构成。丛书的设想是通过专题性的研究，力求多侧面、多层次地展现和把握中国教育近代化的历史进程及其特点。当然，上述专题还很难说涵盖了中国教育近代化的所有方面，而且即使是对这几个专题的研究也只能说是做了些初步的探索。"中国教育近代化研究丛书"的出版，"为教育近代化的理论范式提供了具有典型意义的诠释。这套丛书的出版使中国教育近代化的理论范式获得了学术界的广泛认同，同时，为中国近代教育的研究开辟了广阔的学术空间"①。

在此基础上，以田正平为首的学术团队，又出版了"近代教育与社会变迁丛书"(第一辑)，试图从较为广阔的视野中考察中国教育近代化与中国社会近代化的相互依存与制约的关系。其包括《经商与办学——近代商人教育研究》(阎广芬，2001 年)，《督抚与士绅——江苏教育近代化研究》(刘正伟，2001 年)，《传承与创新——近代华侨教育研究》(别必亮，2001 年)，《政府与社会——近代公共教育经费配置研究》(商丽浩，2001 年)，《借鉴与融合——留美学生抗战前教育活动研究》(谢长法，2001 年)，涉及近代商人、近代华侨、留美学生三个不同的社会群体，近代公共教育经费这一重要方面，以及江苏这一典型区域的教育近代化研究。其中，《借鉴与融合——留美学生抗战前教育活动研究》和《经商与办学——近代商人教育研究》这两部著作分别考察留美学生和商人这两个近代中国的特殊群体，是如何通过他们的教育实践活动从不同的层面推进中国社会变迁的；《督抚与士绅——江苏教育近代化研究》就一个区域(江苏地区)的教育发展与当地政治、经济、文化和传统资源的整合调适的互动关系进行了实证性研究；《传承与创新——近代华侨教育研究》对近代华侨教育首次进行了全面系统的梳理，研究其产生、发展的规律，探讨华侨教育对提高广大华侨谋生能力和促进当地社会进步发挥的重大作用；《政府与社会——近代公共教育经费配置研究》选择了一个相对而言迄今还很少有人涉足的领域——中国近代教育财政问题作为切入点，多侧面地考察了近代教育财政能力与国家经济能力、近代教育财政能力与投资主体多元化、近代教育财政能力与教育经费独立配置等宏观与微观问题。②

---

① 刘正伟：《规训与书写：开放的教育史学》，8～9 页，杭州，浙江大学出版社，2013。
② 刘正伟：《督抚与士绅——江苏教育近代化研究》，总序 5～6 页，石家庄，河北教育出版社，2001。

与此同时，田正平持续展开了中国教育近代化相关方面的教育史学方面的学术研究，《世纪之理想——中国近代义务教育研究》《中外教育交流史》《中国高等教育百年史论——制度变迁、财政运作与教师流动》《中国教育早期现代化问题研究——以清末民初乡村教育冲突考察为中心》等就是其中的代表性研究成果。

二、融合之二：新视野，新领域

20 世纪 90 年代，教育史学科建设的重要特征就是研究视野和研究领域的拓展，其中教育史学者关于中华人民共和国教育史的研究就是其中的代表。同样，教育史学界在其他研究领域，如学前教育、义务教育、高等教育、留学教育、实验教育、教会教育、女子教育、民国教育、少数民族和地方教育领域展开教育史专题研究，进一步丰富和拓展了教育史的研究视野和研究领域。

(一)新中国教育史研究

20 世纪 90 年代，新中国教育史研究受到了教育史研究者前所未有的关注，并取得了前所未有的研究成果。其中，何东昌主编的"中华人民共和国教育专题史丛书"就用十四个专题分门别类地对新中国教育的历史进行了一次较为全面系统的专题研究。何东昌在"序"①中对开展新中国教育专题史研究的相关内容进行了阐述，具体内容如下。

第一，新中国教育史研究的范围和主要内容。中华人民共和国教育史研究以 1949 年新中国成立以来教育经历的历史为研究对象。它的内容包括党和政府在新中国成立后各个历史时期的教育方针和政策，各级各类教育的重大历史事件、重要历史人物、重要历史问题，涉及新中国政治、经济、科学技术和社会变革等因素对教育的影响，以及教育对经济、社会改革和发展的推动作用。

---

① 方晓东、李玉非、毕诚等：《中华人民共和国教育史纲》，序 1~8 页，海口，海南出版社，2002。

第二，开展新中国教育史研究应遵循的基本原则。①努力以历史唯物主义和唯物辩证法作指导，理论联系实际，既充分肯定成绩，又正视历史教训，实事求是地分析重大教育历史事件，努力客观地反映教育发展的历史轨迹。②把研究新中国教育史与当代中国乃至世界的社会政治、经济和文化发展变化联系起来，不孤立地就教育论教育。③论从史出，史论结合；切实坚持"百花齐放、百家争鸣"的方针，尊重一切经过科学研究、言之有据的学术见解，提倡互相学习、互相切磋的学风。④全面总结教育改革和发展的基本经验，从中得出规律性的认识，为建设有中国特色的社会主义教育提供历史借鉴，使当前和今后的教育改革和发展能够沿着更科学更正确的轨道前进。

第三，开展新中国教育史研究的有利条件及存在的困难。①有利条件。马克思列宁主义、毛泽东思想和邓小平理论为认识半个多世纪以来教育的根本指导思想。研究党的十一届三中全会以前的教育工作，有党中央作出的《关于建国以来党的若干历史问题的决议》作为指针；研究党的十一届三中全会以后的教育工作，则有继承和发展了毛泽东思想的邓小平理论作为指针。有一些重要著作也为我们深入了解新中国教育史的政治经济背景提供了有力的帮助，如《中国共产党的70年》《若干重大决策与事件的回顾》等。教育部门、有关研究机构和学者也为教育史研究提供了丰富的资料和研究的积累，如《当代中国教育》、《中国教育年鉴》、《中华人民共和国教育大事记(1949—1982)》、地方教育史以及一批校史等。改革开放以来，我们增加了对世界各国教育的了解，拓宽了研究的视野。党的十一届三中全会以后教育科学研究得到恢复和发展，其中有不少研究成果有利于科学认识这段教育历史。与此相应，教育史的研究队伍也扩大了。此外，在"八五"和"九五"期间，中华人民共和国教育史研究被列入全国哲学社会科学规划重大课题，也为开展此项研究提供了有力的条件。②存在的困难。比如，在教育思想和理论的准备上尚有不足；对新中国成立以来教育上的一些基本问题和若干重大历史事件还缺乏系统研究并形成共识；对有代表性的地区、学校和人物的典型经验还缺乏系统的资料积累和科学的总结；把中国教育放在世界大背景中去加以审视的研究比较少，视野还不够开阔；活的史料抢救挖掘不足，尤其是对重大教育方针政策的决策过程及其对教育实践产生的重大影响等动态性资料掌握不够；虽有大量有价值的资料，但尚待进一步整理；近 20 年来，我国教育取得了更大的成就，但也有待实践更充分的检验；等等。

第四，开展新中国教育史研究的步骤。根据新中国教育史研究的现状，本项研究分为三个步骤进行。首先，初步收集、整理、汇编文献史料。1998 年编选出版的 1200 余万字的《中华人民共和国重要教育文献（1949—1975）》，比较全面客观地反映了新中国教育思想、理论、政策、法规、制度及相关实践的形成与发展轨迹，为新中国教育史研究提供了可靠的文献资料。其次，开展新中国教育史专题研究。本次出版的 12 本专题史和《中华人民共和国教育历史传统与基础》《中华人民共和国教育史纲》正是这一阶段研究成果的集中总结。最后，在上述研究的基础上，进一步开展新中国教育史的综合研究。在研究的同时，进行"中华人民共和国教育史资料信息库"的建设。

第五，开展新中国教育史研究的选题考虑。开展专题史研究是进一步提高新中国教育史研究水平的必要步骤。选题既要尽可能地涵盖新中国各级各类教育和重要的教育方面，又要有宏观的整体的概括和总结，要使这三者能够相互补充，为下一步进行综合研究打下基础。经过反复筛选，我们确定了第一批选题。其中，"高等教育史""中小学教育史""职业教育史""成人教育史""师范教育史""民族教育史"涉及各级各类教育；"学校体育史""学校艺术教育史""工读教育史""少年宫教育史""教育国际交流与合作史"涉及新中国教育的重要方面。与此同时，我们研究和编撰了《中华人民共和国教育历史传统与基础》和《中华人民共和国教育史纲》，概括了新中国成立以前教育的传统与变革，及其为新中国教育起步形成的基础，并从宏观和整体上对新中国教育的发展历程进行了初步的研究，对正反两方面的经验进行了初步的分析和总结。

总之，"中华人民共和国教育专题史丛书""以历史唯物主义和唯物辩证法作指导，论从史出，史论结合，资料翔实，有叙有论，为建设有中国特色的社会主义教育提供了历史借鉴，是从事教育工作和关心教育发展的广大读者的必备参考书"①。

(二)各类专题教育史研究

教育史研究领域围绕教育的不同主题展开专题史研究，既是对教育通史性研究的补充和拓展，也是深化教育史研究领域并形成新的学术生长点的理论探索。这些专题有的是对既往专题的深入研究，有的则是拓荒性的补白之作。无论是深入研究还是补白之作，都体现了教育史工作者对教育史研究领域的持续不断的深入思考，正是因为有这些持续不断的深入思考才推动教育史学科向前发展。我们以高等教育史、教育实验史②等专题史研究为例，来呈现专题史研究取得的突破性进展。

1. 高等教育史研究

(1)《中国高等教育史》

熊明安编著的《中国高等教育史》是第一本系统研究中国高等教

---

① 《〈中华人民共和国教育专题史研究〉简介》，载《教育研究》，2000(8)。

② 我们在研究本阶段具有代表性的高等教育史研究和教育实验史研究的过程中，都进行了适当的研究拓展，选取了与本研究专题紧密相连、但研究成果不属于本阶段的学术著作。其目的有二：一是增强本书的学术和思想的连贯性，让读者更好地了解代表性的专题在中外教育史两个方面的研究进展；二是从整体上体现和把握本阶段专题史研究在整个教育史研究发展历程中的学术地位。

育史的专题性著作。正如毛礼锐在《中国高等教育史》"序"①中所言：中华人民共和国成立以来，"中国教育史"分为古代、近代和现代三个部分开课讲授，尚没有一部《中国教育史》，更没有一部贯通古今的《中国高等教育史》。现在熊明安同志竟写出来了，这是空前的可喜的成就！我们从毛礼锐所作的评述中，就能真切体会到《中国高等教育史》的学术价值和学科地位。

《中国高等教育史》在"绪论"②中对如何开展中国高等教育史研究展开了阐述。第一，何谓中国高等教育史。首先，中国教育史是研究中国自远古迄今的教育实践和教育理论的一门科学。其次，中国高等教育史是中国教育史的一个重要组成部分，专门研究中国高等教育产生以来历代高等教育的实践与理论以及发展变化的过程与规律。第二，中国高等教育史研究的指导思想、主要内容和历史分期。首先，中国高等教育史研究以马克思主义、毛泽东思想为指导，运用辩证唯物主义和历史唯物主义的观点和方法来研究殷商至 20 世纪末的高等教育的发展历史。其次，中国高等教育史研究的主要内容包括历代政治、经济和生产力的发展水平与高等教育的关系，历代高等教育的概念、方针、政策、制度，历代高等教育家的生平事迹及教育观点等。最后，按历代顺序分列十一章，即商与西周时期的高等教育，春秋战国时期的高等教育，两汉时期的高等教育，魏晋南北朝时期的高等教育，隋唐时期的高等教育，宋朝的高等教育，辽、金和元朝的高等教育，明朝的高等教育，清朝的高等教育，中华民国的高等教育，中国共产党领导下的高等教育。第三，研究中国高等教育史的重要原则和方法。首先，用阶级的观点来观察分析一切教育实践和教育思想。我们在研究高等教育史上的某种教育实践和教育家的思想时，必须把它放在当时的阶级斗争中去考察，找

---

① 熊明安：《中国高等教育史》，序，重庆，重庆出版社，1983。
② 熊明安：《中国高等教育史》，绪论 1～5 页，重庆，重庆出版社，1983。

出它在当时阶级斗争中所处的地位，起过什么样的作用，是进步的，还是保守的，甚至是反动的。历史上的阶级斗争是复杂的，是由多方面的矛盾构成的。历史的前进、发展、停滞、倒退和重演也是多种因素矛盾斗争的结果。因此，在运用阶级斗争的观点分析历史上教育事件和教育思想时，我们不能简单化、公式化、概念化。特别是教育实践和教育思想，它同生产、生产力、生活关系、经济基础和其他上层建筑，以及非上层建筑的语言、文字、自然科学等都有直接或间接的联系。教育制度、教育政策、教育思想等也都与这些因素有关，在分析研究时，只有全面考虑这些方面，我们才能得出恰如其分的、实事求是的科学结论。其次，把历史事件和历史人物置于它们所处的那个特定的历史时代，实事求是地加以分析评价。我们在分析和研究中国高等教育中的历史事件和历史人物时，必须把它们放在其所处的历史时代去进行研究，不能超出当时的历史条件而对历史提出苛刻的要求，要从其产生、发展的历史联系状态中，作全面系统的、历史的考察分析和概括。只有这样，我们才能分清中国高等教育的发展阶段和每一发展阶段的基本特征，才能了解其发展的基本规律。最后，研究中国高等教育史时，必须掌握其继承性的历史联系的特点。我们研究中国高等教育史，要善于运用马克思主义的科学方法正确区分中国古代、近代高等教育中的精华与糟粕，正确区分现代高等教育中对社会主义建设有利和不利的东西，剔除其糟粕，抛弃其不利于社会主义建设的东西，吸收其精华，继承其有利于社会主义建设的部分，才能为发展社会主义的高等教育服务。

　　总之，学习和研究中国高等教育的发展历程，探索我国高等教育发展的客观规律，总结我国历史上办高等教育的经验，对于发展社会主义的高等教育是有重要意义的。它可以帮助我们认识高等教育领域里一些带有规律性的普遍问题，还可以借鉴历史上的经验教训。

（2）《外国高等教育史》

贺国庆、王保星、朱文富等著的《外国高等教育史》是我国第一部专门的综合性的研究外国高等教育的通史类著作。《外国高等教育史》在"导言"中对开展外国高等教育史研究的理论问题进行了论述。第一，高等教育的含义及高等教育史的研究内容。何谓高等教育，按照通行的理解，高等教育就是中等教育之后所实施的教育。如果严格按照这个定义来理解高等教育，那么这本书的研究起点应该是文艺复兴时代，因为这个时候欧洲才有了独立的中等教育机构。然而，高等教育的历史却远远早于文艺复兴时代。况且，在中等教育产生以前，高等教育的含义较为模糊，凡是高深研究或教学的场所，都可称为实施高等教育的机构，包括寺院、学校、博物馆和图书馆等。这种广义的高等教育和中等教育出现以后的高等教育都是该书研究的内容。第二，高等教育史研究的阶段划分及该书的特点。传统教育史一般将大学的创办到工业革命前看作高等教育发展的第一阶段，将工业革命到 20 世纪上半期看作高等教育发展的第二阶段，将第二次世界大战结束至今看作高等教育发展的第三阶段。这种分期有一定的道理，但不全面，且有"欧洲中心论"之嫌。人类高等教育发展已有数千年的历史。埃及的海立欧普立斯大寺、印度的塔克撒西拉大学和纳兰陀寺、中国的太学都是名副其实的高等教育机构，谁也不能否认这些机构的高等教育性质。而且，中世纪大学也不是突然在欧洲出现的，古希腊学园、拜占庭和阿拉伯的高等教育均对中世纪大学产生了重要影响。从这个意义上我们可以说，高等教育最初是萌芽于欧洲以外的地方，时间也是早于中世纪的。该书研究范围的确定基于上述认识。此外，为了尽量反映世界高等教育发展的全貌，该书在重点研究欧美高等教育发展的同时，也对日本、印度、巴西、韩国和新加坡的高等教育史进行了较详尽的研究。

正是在此种认识的基础上，《外国高等教育史》的体系结构见

表 4.12。

表 4.12　《外国高等教育史》的体系结构

编　次	章　次
第一编 古代篇	第一章，古代东方国家的高等教育；第二章，古代希腊和罗马的高等教育；第三章，拜占庭和阿拉伯的高等教育；第四章，欧洲中世纪大学。
第二编 近代篇	第五章，文艺复兴与宗教改革时期欧洲的高等教育；第六章，17～18 世纪英国的高等教育；第七章，17～18 世纪法国的高等教育；第八章，17～18 世纪德国的高等教育；第九章，17～18 世纪俄国的高等教育；第十章，17～18 世纪美国的高等教育；第十一章，19 世纪德国的高等教育；第十二章，19 世纪法国的高等教育；第十三章，19 世纪英国的高等教育；第十四章，19 世纪美国的高等教育；第十五章，19 世纪俄国的高等教育；第十六章，19 世纪后半期日本的高等教育。
第三编 现代篇	第十七章，20 世纪前半期英国的高等教育；第十八章，20 世纪前半期法国的高等教育；第十九章，20 世纪前半期苏联的高等教育；第二十章，20 世纪前半期美国的高等教育；第二十一章，20 世纪前半期日本的高等教育；第二十二章，20 世纪前半期德国的高等教育；第二十三章，20 世纪后半期美国的高等教育；第二十四章，20 世纪后半期英国的高等教育；第二十五章，20 世纪后半期法国的高等教育；第二十六章，20 世纪后半期日本的高等教育；第二十七章，20 世纪后半期德国的高等教育；第二十八章，20 世纪后半期苏联及俄罗斯的高等教育；第二十九章，印度的高等教育；第三十章，巴西的高等教育；第三十一章，东亚新兴工业化国家的高等教育。

2. 教育实验史研究

(1)《中国近现代教育实验史》

熊明安、周洪宇主编的《中国近现代教育实验史》是全国教育科学"九五"规划重点项目"中国近现代教育实验史研究"的最终成果。熊明安在"前言"中写道：1996 年 1 月，由我负责的西南师范大学教科院课题组，向国家教育委员会全国教育科学规划领导小组申报了

"中国近现代教育实验史研究"课题。与此同时，华中师范大学教科院由周洪宇领头也申报了同一项目。经全国教育科学规划领导小组教育史学科组专家评审决定，将这项课题列为全国教育科学规划"九五"期间的重点研究项目，我和周洪宇分任第一主持人和第二主持人。这就是"中国近现代教育实验史"课题以及专著的由来。

《中国近现代教育实验史》在"绪论"①中对研究情况进行了阐述。第一，中国近现代教育实验的社会历史背景。首先，近现代教育实验的研究范围和具体内容。《中国近现代教育实验史》是研究清末和民国时期进行教育实验的学术著作。我们对教育实验概念作出如何的界定，就必然关系到教育实验史的研究范围和具体内容。作者认为，教育实验有广义和狭义两种。其中，广义的教育实验是指有目的、有计划、有组织地通过实验，改进学制、课程、教材、教学组织形式、教学方法和教育管理，以验证或实现某种教育主张和理念，进而推动现实教育状态发生变革，促进教育进步的实践活动；狭义的教育实验则是专指以严谨的教育实验技术，认定某个教育、教学问题，在控制着的固定情境下，改变这一情境中的某些条件，探究其结果有些什么变化，从而得出改进教育、教学，提高教育质量的正确结论的实践活动。清末和民国时期进行的教育实验，既有广义的教育实验，又有狭义的教育实验。故此，教育实验史研究范围和具体内容包括广义和狭义的教育实验史。在此基础上，作者选取较著名的、对中国近现代教育产生过一定影响的教育实验进行分析研究，并评述有代表性的教育家的教育实验思想，力图通过典型性的研究，总结教育实验的理论成果，吸取教育实验的历史经验与教训，为进一步开展教育实验提供理论参考和历史借鉴。其次，近现代教育实验的社会历史背景。该书主要研究清末教育实验的社会历史背

---

① 　熊明安、周洪宇：《中国近现代教育实验史》，绪论 1～22 页，济南，山东教育出版社，2001。

景、民国前期教育实验的社会历史背景和民国后期教育实验的社会历史背景。

第二，中国近现代教育实验的发展沿革。中国近现代教育实验经历了一个艰难曲折的演进过程，可以划分为三个不同又相互联系的发展时期。①教育实验的兴起时期(1909—1926 年)，比较有影响的教育实验有：赫尔巴特五段教授法实验、单级教学法实验、自学辅导法实验、分团教学法实验、设计教学法实验、道尔顿制实验、南京鼓楼幼稚园幼儿教育实验以及中小学教学单项实验(旧称小问题实验)等。②教育实验的发展时期(1927—1937 年)，比较有影响的教育实验有：中小学教学单项(小问题)实验，文纳特卡制实验，江苏昆山徐公桥的农村职业教育实验，南京晓庄试验乡村师范学校、上海山海工学团的生活教育实验，定县的平民教育实验，开封教育实验区的小学教育实验，邹平的乡村教育实验，广西的普及国民基础教育实验等。除上述著名的教育实验之外，还有南京万青天才实验学校的学科心理实验、北平幼稚园的幼儿教育实验、江苏省立教育学院的民众教育实验、上海农村念二社的民生教育实验等。③教育实验的深入与停滞时期(1938—1949 年)，比较有影响的教育实验有：开封教育实验区的小学教育实验，重庆育才学校、社会大学的生活教育实验，华西实验区的乡村教育实验，巴县的民生建设实验，江西省立实验幼稚师范学校和上海市立幼稚师范学校的"活教育"实验。除上述这些影响比较大的教育实验之外，国民政府教育部曾组织过中学的学制改革实验。此外，还有一些在抗日战争中迁往内地的大学研究所进行过若干教育实验。

第三，中国近现代教育实验的类型。教育实验划分为三大类型：①教育行政实验，这一类型的教育实验主要是研究教育行政改革，它包括国家教育行政、地方教育行政和学校教育行政的改革实验，主要包括学制实验、教育体制实验和教育管理实验；②学科教育实验，这一类型实验是中国近现代教育改革中最普遍并取得重大成果的实验，可划分为自学辅导类教育实验、"活动"类教育实验、创造类教育实验、技能类教育实验等；③教育综合实验，这一类型实验是指学校内部各因素综合的改革实验、学校教育和社会改造与建设相结合的改革实验、社会教育和社会改革与建设相结合的实验。综观中国近现代教育实验的发展过程及其教育实验的类型，显现出移植、改造、融合、创新四个突出特征。

正如有学者在评论中指出，《中国近现代教育实验史》从教育实验的角度来研究中国近现代教育发展的历史，无疑开辟了中国教育史研究的一个新的视角和新的生长点，也是从历史研究角度来进行当代中国教育实验健康发展的一项十分有益的尝试，无论是在框架构思上，还是在内容形式上，都表现出很大的新颖性和很高的学术性。《中国近现代教育实验史》作为迄今最为系统、全面、深入的一部学术专著，相信它会对现今蓬勃开展的教育实验有诸多的启示和帮助。[1]

(2)《中国当代教育实验史》

熊明安、喻本伐主编的《中国当代教育实验史》是全国教育科学"十五"规划教育部重点项目"中国当代教育实验研究"的最终成果，同样，也是《中国近现代教育实验史》的姊妹篇。中国当代教育实验史亦可称为中华人民共和国教育实验史。从研究的时段来看，大体为 20 世纪后半叶；从研究的地域来看，是未包括台、港、澳的中国大陆；从关于教育实验的界定来看，仍然采用《中国近现代教育实验史》中关于教育实验的界定方式。

正如《中国当代教育实验史》"绪论"[2]中所言：中国当代教育实验是在中国政治、经济变革与发展，教育方针、政策和教育实践不

<hr/>

① 刘艳丽：《中国教育史研究的新视角和新的生长点——评〈中国近现代教育实验史〉》，载《中国图书评论》，2014(5)。

② 熊明安、喻本伐：《中国当代教育实验史》，绪论，济南，山东教育出版社，2005。

断演变的背景下进行的。此时，教育实验的发展沿革经历了两个时期，即探索中国教育发展道路时期(1949—1978 年)和建设有中国特色教育体制时期(1979—2008 年)，实验内容包括了教育领域的各个方面。实验的类型有：中小学学制改革实验、课程改革实验、教材改革实验、学科教学方法改革实验、学校整体改革实验、学生思想品德教育和个性发展实验、幼儿教育改革实验、高等教育改革实验等。实验的特征有：指令性与自发性并行；继承与发展、借鉴与创新结合；突击性与短期性、盲目性与分散性突出；模式化与多样性并存；学校管理改革与教育教学改革并进；教师成为研究者，旨在解决教育实际问题；学生的素质发展成为教育实验关注的中心。

总之，作为《中国近现代教育实验史》姊妹篇的《中国当代教育实验史》，一方面将中国教育实验史研究延伸为一个整体的、系统的且成体系的系列成果，另一方面对新中国成立以来至 2000 年的当代教育实验史展开了较为系统的研究，为我们反思当代教育实验发展历程，进一步开展教育实验研究提供了学术参考。

(3)《外国教育实验史》

杨汉麟主编的《外国教育实验史》是全国教育科学"九五"规划教育部重点科研课题"外国教育实验史研究"的主要成果，并被人民教育出版社列入"十五"国家重点图书出版规划项目。杨汉麟在《关于外国教育实验几个理论问题的分析——〈外国教育实验史〉导论》①一文中对开展外国教育实验的几个理论问题进行了阐述。《外国教育实验史》就是旨在从历史发展的角度，研究近现代外国(主要是西方)教育实验的学术著作。在撰写该书之前，首先努力厘清的一个问题是教育实验的定义，其次是外国教育实验的由来、分期以及每一时期的特点，因为这些问题的妥当处理及认识将涉及该书的研究对象、结

①　杨汉麟：《关于外国教育实验的几个理论问题的分析——〈外国教育实验史〉导论》，载《教育研究与评论》，2012(4)。

构体系以及内容的取舍与安排。

第一，教育实验的界定。作者在对李秉德《教育科学研究方法》、熊明安和周洪宇《中国近现代教育实验史》、《中国大百科全书·教育卷》中关于教育实验定义进行分析的基础上，基本认同学者们关于教育实验的界定，并根据上述定义（特别是最后一种），去遴选案例，对外国历史上的教育实验进行个案及综合研究。作者提到的《中国大百科全书·教育卷》中关于教育实验的界定：教育实验可定名为"自然实验"（广义的教育实验多属此类）及"实验室实验"（主要指狭义的教育实验）。前者"在日常教育工作的正常条件下进行"，条件控制不十分严格；后者则"基本上在人工设置的条件下进行，可采取各种复杂的仪器和现代教育技术"，条件控制严格。

第二，外国教育实验的肇始及背景。历史上的教育实验从何时开始？一种观点认为，古代即存在教育实验。作者认为，古代志士仁人的教育"实验"充其量还只能说是一种有教育理论构想的尝试活动，与近现代教育实验不可同日而语。鉴于此，我们认为教育实验只有在近代才可能产生。那么，外国近现代的教育实验从何时、在何地开始？其开始的背景是什么？近代教育实验之始至少有七种流行的观点：①维多里诺"快乐之家"实验说；②拉特克学科实验说；③夸美纽斯泛智学校实验说；④巴泽多泛爱学校实验说；⑤裴斯泰洛齐布格多夫学校实验说；⑥西科斯基基辅学校实验说；⑦艾宾浩斯教育心理实验说。作者认为，判断近代教育实验史上"第一"的依据应该为：必须考虑到近代科学及哲学，尤其是实验科学的发展，以及代表性的人物和标志性的成果。在外国近代发展史上，培根就是这个标志性的人物，其对于欧洲近代以实验为手段的自然科学的发展起到了巨大的推动作用，因而被马克思誉为"不仅是英国唯物主义，而且是整个现代实验科学真正的始祖"。据此，作者认为近代最早开展教育实验的殊荣应当属于夸美纽斯。该书即从这一教育实验开始探讨。

第三，近现代教育实验的分期及各个时期教育实验的特点。从夸美纽斯以来，随着自然科学，特别是与人体有关的实验科学、心理科学，以及社会科学、认知科学的进步与发展，教育实验(包括实验手段、方法)经过了一个不断发展、完善的过程，我们拟将近现代外国教育实验分为以下三个相互延续，而各具特色的阶段：①教育实验的兴起期——经验探索型的教育实验，从 17 世纪中叶至 19 世纪下半期。这一阶段的教育实验，从实验领域来看，涉及幼儿教育、初等教育、中等教育、师范教育、特殊教育、成人教育等；从实验内容来看，涉及学科教育、生计教育、教劳结合、学校管理、教学内容、教学方法、教学环境等方面；从实验主题来看，涉及泛智教育、博爱教育、教劳结合、自然教育、教育心理学化、和谐发展等问题。这个时期的教育家从事的教育实验活动内容比较广泛，许多人从自然科学、哲学以及形成中的科学的心理学的新成果中获得启示，并应用了若干新方法，但总体上看，实验的情形缺乏有效的控制，实验的因素不够明确具体，缺乏完善的设计分析与实验，绝大多数实验仍属经验探索性的自然教育实验，尚未突出实证的方法，故未能使富有理想的创造性的教育实践走上精密化、科学化的道路。②教育实验的发展期——经验探索—实证型的教育实验，从 19 世纪末到 20 世纪上半期。教育实验的总体特征是：自然主义及科学主义两大教育实验模式已经形成，尤其是科学实验模式的形成使得教育实验开始走上实证的道路。但从总体上看，这个时期的教育实验仍以经验探索的自然教育实验为主，但即使是自然实验，由于采用了系列新技术，其实证性及科学性也较前大大加强。③教育实验的扩展期——实证—科学型的教育实验，从 20 世纪 50 年代至今。现当代教育实验最大的特点是与迎接新技术革命、迎接国际竞争的教育改革运动相联系，亦与心理学、认知科学、自然科学及社会科学的新成果有直接的联系，有关成果得到广泛的应用。与上述特点相对应，当代教育实验的一大景观就是心理实验与教育实验融为一体，从点到面逐步推广。当代的教育实验中，为了提高教育实验的科学水平，除了上述努力外，人们在以下两方面也取得了重要成果：一是努力提高实验设计的整体水平，使实验研究能处理、容纳更多的变量；二是以严谨、精细的整体论作为实验的指导思想。同样，现代的教育实验中仍然存在大量的自然实验。但这些实验中运用现代心理学、认知科学及测量、统计等学科的研究成果去指导实验的成分仍较过去为大，在科学化的道路上往前迈进了一大步。

综观近现代的外国教育实验，堪称范围广阔，规模宏大，种类繁多，异彩纷呈，既有广义的实验，又有狭义的实验，二者相辅相成。该书只选取了较著名的、对近现代外国教育产生过重要影响的实验（尤其是带有综合性、整体性的自然实验）进行分析研究，并评述有代表性的教育家的教育实验思想。该书选择了约 60 个教育实验案例（包括教育家的教育实验思想）进行探讨，但涉及的只是历史上曾有过的教育实验的极小部分。在探讨近现代的教育实验时，作者努力将每个教育实验的主要内容及来龙去脉进行系统介绍，同时努力总结每个实验的成败得失及经验教训，特别是注意总结有现实意义的经验教训；为加深理解，必要时还作些横向或纵向的比较。该书的宗旨是努力做到古为今用，洋为中用，力图通过典型性的研究，总结外国教育实验的理论成果，吸取外国教育实验的历史经验，为我国教育工作者进一步开展教育实验提供理论参考和历史借鉴。

总之，正如吴式颖所言：《外国教育实验史》"是一部系统研究和总结外国教育实验发展历史的学术著作，具有填补教育科学研究空白的价值"，"在涉及教育实验及教育实验史研究的若干理论问题上有较大的突破，并提出了一些独特新颖的观点"，"有些史料在我国教育史学界的著作中乃首次出现"，"著作中所附的'外国近现代教育实验大事记'，收集了外国近现代教育实验的 250 个个案的线索，为进一步研究外国教育实验史提供了指南，增强了本书的学术参考价值"，"这部著作不失为我国外国教育史及教育研究实验领域的新探索与新成果"。①

第五节　三个面向：教育史学者暨学会的理论化

正如郭齐家、毕诚在《"三个面向"与中国古代教育史研究》中指出的，"教育史是教育科学的一个分支，也是教育科学理论的基础之一。中国古代教育史虽然研究的对象是中国古代教育的现象和客观规律，但是它以历史研究方法总结我国数千年来教育实践的经验和教训，直接为我国现实的教育改革服务。因此，如何按照'教育要面向现代化，面向世界，面向未来'的要求，努力提高中国古代教育史的教学质量和教育科学水平，是值得我们研究的课题"②。实际上，整个教育史学科都需要面对和解决如何提高自身理论水平的问题。③它不仅是教育史学科如何面对"三个面向"的问题，而且是教育史学科如何在"三个面向"的理论指引下实现自身学科价值的关键性问题。值得一提的是，全国教育史研究会第三届学术研究会的主题就是：按照邓小平同志提出的"教育要面向现代化，面向世界，面向未来"的指示和《中共中央关于教育体制改革的决定》的精神，结合教育史学科的特点，探讨历史上教育发展和改革的经验与教训，为我国教育事业提供可资借鉴的经验。

---

① 吴式颖：《一部系统研究外国教育实验发展史的力作——〈外国教育实验史〉评介》，载《教育研究与实验》，2006(2)。

② 郭齐家、毕诚：《"三个面向"与中国古代教育史研究》，载《课程·教材·教法》，1986(7)。

③ 同时期阐述"三个面向"与教育史研究的文章还有：滕大春《"三个面向"和外国教育史研究》(1983 年 9 月全国教育史学会论文)，高时良《三个面向与中国教育史研究》(《现代教育论丛》，1986 年第 3 期)，罗裕祥《学习"三个面向"改革中国教育史教学》(《课程·教材·教法》，1987 年第 11 期)等。

一、1980—2000 年中国教育学会教育史分会的学术活动 [1]

1980—2000 年，中国教育学会教育史分会共召开了十二次会议，其中包括六次专题研讨会和六届学术年会，具体情况见表 4.13。

表 4.13　1980—2000 年中国教育学会教育史分会召开的会议

会议时间、地点、名称	内容概括
1980 年 12 月 12 日至 17 日，上海，以"中国教育史学科体系"为主旨的专题研讨会。	在华东师范大学召开。这是中华人民共和国成立后中国教育史学术界首次就中国教育史学科体系问题举行的学术探讨，也是教育史学科建立以来广大教育史从业者在自己的学术团体组织下，首次就学科建设的基本理论问题举行的学术研讨会。会议的举行，是学科逐步步入成熟的重要标志。
1982 年 5 月 5 日至 14 日，陕西西安，全国教育史研究会第二届学术年会。	由陕西师范大学教育科学学院承办。这届年会以马克思列宁主义、毛泽东思想为指导，贯彻"古为今用"、"洋为中用"和"百花齐放、百家争鸣"的方针，开展对孔子、陶行知、杜威、赫尔巴特教育思想的评价，并组织对杨贤江、徐特立教育思想以及老解放区教育经验的研究和讨论。收到论文近 200 余篇。会议产生了第二届理事会。刘佛年为理事长，陈元晖、刘松涛为顾问，陈景磐、王越、任炎、陈学恂、赵祥麟、滕大春为副理事长，江铭为秘书长，韩达、郑登云为副秘书长。
1983 年 9 月，安徽黄山，以"外国教育史学科体系"为主旨的专题研讨会。	讨论会本着坚持四项基本原则、解放思想、实事求是、提出问题、交流看法、不作结论的精神，就建立新的外国教育史学科体系这个总题目，着重讨论了学科名称及其研究对象和范围、外国教育史学科体系中的"中心"和"主线"、关于外国教育史学科体系历史分期等方面的问题。

---

[1]　注：中国教育学会教育史分会成立于 1979 年 12 月，是中国教育学会最早成立的分支机构之一。40 年来，名称屡有变更，先后经历了中国教育学会教育史研究会（1979—1996 年）、中国教育学会教育史专业委员会（1996—2004 年）、中国教育学会教育史分会（2004 年至今）。华东师范大学的刘佛年、杭州大学的陈学恂、华东师范大学的孙培青、浙江大学的田正平先后担任分会的理事长。现任理事长由教育部长江学者特聘教授、北京师范大学教育学部的张斌贤承担。本书在标题上统一使用"中国教育学会教育史分会"，在具体介绍每一届年会时使用同时期的规范名称。

续表

会议时间、地点、名称	内容概括
1985 年 10 月 15 日至 22 日，重庆北碚，全国教育史研究会第三届学术年会。	由西南师范大学教育学院承办。年会主题：按照邓小平同志提出的"教育要面向现代化，面向世界，面向未来"的指示和《中共中央关于教育体制改革的决定》的精神，结合教育史学科的特点，探讨历史上教育发展和改革的经验与教训，为我国教育事业提供可资借鉴的经验。年会共收到论文 80 余篇。
1987 年 6 月 25 日至 29 日，湖北武汉，全国教育史研究会第四届学术年会暨会员代表大会。	由华中师范大学教育学院承办。会议的主要任务：讨论和修改研究会章程，选举第三届理事会，进行学术讨论。讨论的中心问题：如何以马克思主义的历史唯物主义观点去正确地评价中国传统教育与西方文化教育，如何在教育史研究与教学的实际中继续贯彻好"古为今用""洋为中用"的方针，从而使教育史学科更好地为建设社会主义精神文明服务。
1996 年 12 月 11 日至 16 日，广西桂林，中国教育学会教育史研究会更名为中国教育学会教育史专业委员会(二级学会)第五届学术年会暨会员代表大会。	由广西师范大学教育系、广西雷沛鸿教育思想研究会承办。会议议题：中外教育史的回顾与展望；中外教育史研究的原则与问题；中外教育史学科建设问题；中外教育史学科课程和教学改革问题；深入认识和宣传教育史学科在现时期的作用。来自全国有关高校、研究机构、出版社的百余位代表出席了会议。著名教育家雷沛鸿先生的夫人马清和女士到会祝贺并讲话。收到论文 51 篇。召开了会员代表大会，进行了理事会换届选举，产生了第四届理事会，孙培青任理事长，王炳照、田正平、单中惠任副理事长，杜成宪任秘书长，张斌贤任副秘书长。中国教育学会秘书长郭永福到会。
1998 年 3 月 1 日至 4 日，北京，第七届雷沛鸿教育思想研讨会。	由中国教育学会教育史专业委员会、广西雷沛鸿教育思想研究会共同承办。与会代表就雷沛鸿在教育现代化的理论和实践上作出的贡献、对雷沛鸿构建民族教育体系的理论和实践应给予高度评价、雷沛鸿在中国现代教育史上具有重要地位三方面获得了较大共识。
1998 年 4 月 11 日至 15 日，江西南昌，中国教育学会教育史专业委员会 1997 年学术研讨会。	由江西师范大学教育科学学院承办。会议主题：外国中等教育的历史与现状。来自全国有关高校和科研机构中从事外国教育史教学和研究的学者、教师和研究生 60 余人出席了会议。(按理事会决定，逢单年应举行专题学术研讨会。会议应于 1997 年举行，因故延期至 1998 年 4 月。)

续表

会议时间、地点、名称	内容概括
1998 年 9 月 15 日至 17 日，浙江瑞安，纪念孙诒让先生诞辰 150 周年学术研讨会。	由浙江省瑞安市人民政府、中国教育学会教育史专业委员会主办，浙江大学教育系协办。会议主题：研讨孙诒让先生的学术思想和社会活动，继承孙诒让先生的爱国主义精神，振兴教育，发展经济，科教兴市。来自部分高校的教育史专业学者、浙江省温州市的教师和学者 30 余人出席了会议。
1998 年 10 月 13 日至 17 日，山东济南、曲阜，中国教育学会教育史专业委员会第六届学术年会。	由山东师范大学教育系和教科所、曲阜师范大学教育系联合承办。会议主题——世纪之交：教育史研究的回顾与展望；社会转型与教育变革：中外教育历史传统与中国教育和社会的现代化。来自全国有关高校、科研机构和出版社的 60 多位代表出席了会议。大会开幕式及会议在山东师范大学举行，大会闭幕式在曲阜师范大学举行。
1999 年 8 月 17 日至 19 日，辽宁沈阳，中国教育学会教育史专业委员会 1999 年学术研讨会。	由沈阳师范学院教育系承办。会议主题：中国教育传统与当代中国教育的变革；20 世纪的中国教育与教育史学。来自全国有关高校和科研机构的 60 多位教师和研究生参加了会议，提交了 40 余篇论文。
2000 年 11 月 5 日至 8 日，广东广州，中国教育学会教育史专业委员会第七届学术年会暨会员代表大会。	由华南师范大学教育科学学院承办。会议主题——挑战与应对：教育史学科在新世纪的发展；血脉相连：台港澳教育发展与祖国教育传统。来自全国有关高校、研究机构的 110 余位学者、教师和研究生参加了会议，提交论文 60 余篇。加拿大著名学者许美德应邀到会作专题报告。召开会员代表大会，进行理事会换届选举，产生了第五届理事会。孙培青任理事长，王炳照、田正平、单中惠任副理事长，杜成宪任秘书长，张斌贤任副秘书长。

我们对中国教育学会教育史分会学术活动的主题进行梳理，不难发现，会议主题正是对教育史学科基本理论的积极回应，这样的积极回应既成为引领教育史学科向前发展的理论指标，也标志着教育史学科自身学术活动的理论水平的不断提升。从最为基础的教育

史学科体系的专题讨论，到讨论如何落实"三个面向"的指示为我国教育事业提供可资借鉴的经验；从以马克思主义的历史唯物主义观点去正确地评价中国传统教育与西方文化教育，到研讨世纪之交对教育史学科的回顾与展望；从讨论 20 世纪的中国教育与教育史学，到深入分析教育史学科如何应对新世纪的挑战：无不体现了教育史学者基于教育史学科基本理论问题，就教育史学科面临的机遇和挑战作出的积极的理论应答。这种积极的理论应答，正是教育史学者学科自信的充分体现，标志着中国教育学会教育史分会理论水平的提升。

二、教育史学者理论素养的提升

教育史学科体系的集中讨论、教育史学科发展的自我反思以及教育史学的构想和专著的出版，标志着教育史学者自身理论素养的提升。教育史学者开始从教育史学科基本理论的视角，来分析和讨论教育史学科自身发展的基本理论问题，并致力于从总结和归纳教育史学科自身发展历程的基本思路，来剖析教育史学科自身发展取得的成就及存在的问题，并以此来探寻教育史学科发展的未来之路。这种对教育史学科的自我反省精神，既标志着教育史学科的发展进入了一个更加自觉的阶段，又体现了教育史学者自身理论素养的不断提升。

以中国教育学会教育史分会的学术组织为依托，1980 年 12 月和 1983 年 9 月教育史学者围绕中外教育史学科体系进行了专题讨论。就中国教育史而言，以"中国教育史学科体系"为主旨的专题讨论会涉及中国教育史研究的目的任务、中国教育史研究的对象范围、教育史研究的指导思想、教育史研究的古为今用问题、教育史研究中

的"史"与"论"的关系、中国教育史发展的主线与分期等①；就外国
教育史而言，以"外国教育史学科体系"为主旨的专题讨论会涉及"外
国教育史的学科名称、研究对象与范围、学科体系的中心和主线、
外国教育史的分期问题、'史'与'论'的关系、'古'与'今'的关系、
教育思想与教育制度的关系、中国教育史与外国教育史的关系、外
国教育史与比较教育史的关系"②等。我国的教育史研究分为中国教
育史和外国教育史两部分，故召开了两次围绕学科体系的讨论会。
实际上，如果对讨论会的主题进行专门分析，我们不难发现，这两
次讨论会都涉及学科的研究对象与范围、学科的主线与分期、教育
思想与教育制度的关系、史论之间的关系等与整个学科发展最为密
切相关的最基本的理论问题。虽然围绕这些基本问题还存在争论，
但是教育史学者这种自觉反省精神，这种围绕学科基本理论问题展
开学术讨论的学科研究氛围，也标志着新中国教育史学发展到了一
个新的更加自觉的阶段。

教育史学科发展的自我反思是 20 世纪 80 年代后半期到 90 年
代，教育史学者开始从对以往教育史学科基本理论进行"反思"的基
础上，探究教育史学科发展历程中存在的问题，并试图找出解决困
扰教育史学科自身向前发展途径的学术阶段。

①就中国教育史学科而言，1988 年蔡振生发表的《中国教育史研
究的历史回顾与反思》[《北京师范大学学报（哲学社会科学版）》，
1988 年第 3 期]，试图从对中国教育史研究的历史回顾中，提出教育
史理论研究的若干思考，以加强教育的历史理论研究和史学理论研
究，开启了中国教育史学科进行自我反思的理论先河。此后，80 年

---

① 杜成宪：《中国教育史学科体系问题》，见瞿葆奎：《社会科学争鸣大系（1949—
1989）·教育学卷》，398～406 页，上海，上海人民出版社，1992。

② 叶澜：《二十世纪中国社会科学》教育学卷，177 页，上海，上海人民出版社，
2005。

代后半期至90年代，学者们发表了一系列关于中国教育史学科的方
法论和学科建设方面的学术论文。其中，80年代后半期的代表性论
文见表4.14，90年代的代表性论文见表4.15。

表4.14　中国教育史学科20世纪80年代后半期的代表性论文

作　者	论文题目	发表刊物
田正平	《关于中国近代教育史学科体系的几点思考》	《华东师范大学学报（教育科学版）》，1989年第2期
周德昌	《中国教育史研究四十年》	《华东师范大学学报（教育科学版）》，1989年第4期
王建军	《论中国教育史的评价尺度》	《华南师范大学学报（社会科学版）》，1989年第3期
王　彬	《中国古代教育史研究者应学点训诂学知识》	《北京师范大学学报（人文社会科学版）》，1990年第6期

表4.15　中国教育史学科20世纪90年代的代表性论文

作　者	论文题目	发表刊物
李　军	《对四十年中国教育史研究的几点反思》	《教育科学》，1991年第4期
余国华	《中国教育史分期初探》	《社会科学探索》，1991年第2期
王心田	《中国教育史十年研究的统计分析》	《教育科学》，1992年第3期
吴玉琦	《试论中国教育史学科建设的马克思主义方向》	《东北师大学报（哲学社会科学版）》，1992年第2期
刘海峰	《高等教育史学科建设初探》	《高等教育研究》，1993年第2期
刘海峰	《高等教育史学科建设再探》	《高等教育研究》，1995年第1期
杜成宪	《关于中国第一部〈中国教育史〉的几个问题》	《华东师范大学学报（教育科学版）》，1996年第1期
杜成宪	《中国教育史学科能不能分享"科学"的美名》	《教育评论》，1996年第6期
杜成宪	《中国教育史学科体系试构》	《华东师范大学学报（教育科学版）》，1997年第1期
李华兴	《论民国教育史的分期》	《上海师范大学学报（哲学社会科学版）》，1997年第1期

续表

作　者	论文题目	发表刊物
刘立德	《中国教育史学科教材沿革及改革初探》	《课程·教材·教法》，1997 年第 9 期
杜成宪	《20 世纪二、三十年代中国的几种教育史观试探》	《华东师范大学学报（教育科学版）》，1998 年第 2 期
姜智、韩红升	《中国教育史研究十五年综述》	《教育理论与实践》，1998 年第 2 期
郭盛民	《教育史研究刍义》	《教育探索》，1998 年第 2 期
毛祖桓	《中国高等教育史研究五十年述评》	《高等教育研究》，1999 年第 4 期

中国教育史学者从对教育史学科发展历程的总结和分析入手，就教育史学科的学科体系、教育史观、分支学科体系建设、学科建设方向等问题展开了理论探讨，推动了中国教育史学科乃至教育史学科的深入发展。

②就外国教育史学科而言，1986 年张斌贤、刘传德发表的《浅谈外国教育史研究中的几个问题》（《教育研究》，1986 年第 4 期），率先对新中国成立以来外国教育史学科研究中存在的问题提出了自己的看法。此后，20 世纪 80 年代后半期至 90 年代，学者们发表了一系列关于外国教育史学科的方法论和学科建设方面的学术论文。其中，80 年代后半期的代表性论文见表 4.16，90 年代的代表性论文见表 4.17。

表 4.16　外国教育史学科 20 世纪 80 年代后半期的代表性论文

作　者	论文题目	发表刊物
孔　炽	《坚持教育史研究中的科学的方法论——全国教育史研究会学术研讨会述要》	《华中师范大学学报》，1987 年第 5 期
张斌贤	《再谈外国教育史研究中的一些问题》	《教育研究》，1987 年第 8 期
张斌贤	《关于〈教育史学〉的构想》	《教育研究与实验》，1987 年第 3 期

续表

作　者	论文题目	发表刊物
赵　卫	《也谈外国教育史研究中的一些问题》	《教育研究》，1988 年第 10 期
张斌贤	《历史唯物主义与教育史学科的建设》	《教育研究》，1988 年第 9 期
李文奎	《也谈外国教育史学科建设》	《教育研究》，1989 年第 5 期
张斌贤	《再论外国教育史研究中的现实感——与赵卫同志商榷》	《教育研究》，1989 年第 5 期
何齐宗	《建立"教育学史"刍议》	《教育研究》，1989 年第 8 期
金锵、吴式颖	《四十年来的外国教育史》	《华东师范大学学报（教育科学版）》，1989 年第 4 期
赵　卫	《再谈外国教育史研究的两个问题》	《教育研究》，1990 年第 1 期
吴　越	《略谈我国外国教育史研究的进展与趋势》	《教育研究》，1990 年第 1 期

表 4.17　外国教育史学科 20 世纪 90 年代的代表性论文

作　者	论文题目	发表刊物
黄学溥	《关于外国教育史教学的几点认识》	《课程·教材·教法》，1991 年第 11 期
曾天山	《教育史研究的新思维》	《教育史研究》，1991 年第 1 期
潘懋元	《谈谈高等教育史研究的几个问题——在全国高等教育史研讨会上的讲话》	《教育史研究》，1995 年第 2 期
滕大春	《研究教育史有助于促成教育现代化》	《教育史研究》，1995 年第 3 期
陈桂生	《"教育史学"辨》	《教育史研究》，1995 年第 4 期
滕大春	《外国教育史教材建设的回顾与展望》	《教育史研究》，1996 年第 1 期
江　铭	教育史研究的回顾与展望	《教育史研究》，1997 年第 2 期
岳龙、黄学溥、赵卫	《关于外国教育史学科建设若干问题的思考》	《西北师大学报（社会科学版）》，1997 年第 3 期

续表

作　者	论文题目	发表刊物
唐智松	《论面向 21 世纪的教育史研究》	《教育史研究》，1997 年第 3 期
丁　静	《高师〈外国教育史〉教学新探》	《广东教育学院学报》，1998 年第 1 期
郭法奇	《关于外国教育史研究的几点思考》	《教育史研究》，1998 年第 2 期
马立武	《20 世纪的中国教育与教育史学——中国教育学会教育史专业委员会 1999 年学术研讨会综述》	《教育评论》，1999 年第 4 期
史静寰	《现代化理论与教育史研究》	《教育史研究》，1999 年第 2 期
李和平	《教育史学功能及其内在三层次结构论》	《教育史研究》，1999 年第 4 期
钟文芳	《库恩科学哲学思想对教育史研究的方法论启示》	《教育史研究》，1999 年第 4 期
陈学飞	《外国高等教育史研究五十年回眸》	《高等教育研究》，1999 年第 5 期
张斌贤	《全面危机中的外国教育史学科研究》	《高等师范教育研究》，2000 年第 4 期

　　我们如果对 20 世纪 80 年代后期和 90 年代的论文进行比较分析，不难发现，如果说 80 年代后期主要从批判的视角来看待和认识外国教育史学科建设和方法论问题的话，那么 90 年代则是致力于推动外国教育史学科建设和方法论向前发展，由"破"到"立"，体现了教育史学者及其研究水平的整体提升。

　　从张斌贤提出关于"教育史学"的构想，到杜成宪、崔运武、王伦信出版《中国教育史学九十年》，体现了教育史学者开始从教育史学层面来关注教育史学科的自身发展问题，标志着教育史学科的发展进入了一个更加自觉的阶段。张斌贤在《关于〈教育史学〉的构想》①一文中，倡导应大力开展对"教育史学"理论的研究工作。并从

---

① 张斌贤：《关于〈教育史学〉的构想》，载《教育研究与实验》，1987(3)。

三个主要方面阐述了对教育史学的构想。第一个方面，教育史学与教育史研究的区别：①研究对象不同。"教育史学"的研究对象既不是具体的教育历史问题，也不是宏观的教育史现象，而是教育史学科的基础理论，包括教育史研究的社会功能、教育历史发展的内在逻辑、教育史研究的基本方法、教育历史人物的评价原则以及教育史研究工作者应具备的基本学术素养等。②研究目的不同。教育史学的研究目的是从总体上提高教育史研究的水平，深化人们对教育的历史认识；而教育史研究是为了通过对历史上所产生的教育思想、教育制度的深入研究，解答当前的教育问题。③研究方法和思想方式不同。教育史运用的是发生学和历史动力学——通常所说的历史方法，而教育史学采用的主要是哲学的方法，前者遵循的是从个别到一般的思想方法，而后者遵循的是从抽象到具体的思想方法。第二个方面，教育史研究与教育史学理论之间的关系。教育史研究与教育史学理论之间存在内在的实质性联系。首先，教育史学理论的研究是在教育史研究所取得的成果的基础上进行的。其次，教育史研究为教育史学理论的探讨提供了必要的思想材料和前提，后者又为前者的发展提供了内在动力。从这个意义上讲，二者是一个相互联系的统一体。教育史研究是对人类教育历史的探索和认识，而教育史学理论则是对这种探索和认识的再探索、再认识。第三个方面，教育史学应当研究的主要问题：①教育史学应当深入研究如何真正把历史唯物主义的基本原理和思想方法，具体运用到教育史学科的研究中；②应当从总体上探讨人类教育发展的一般规律；③应研究教育发展与社会、政治、文化、宗教、哲学、伦理道德、科学技术以及心理学等方面的相互关系；④应研究教育历史、传统与现实之间的相互联系；⑤应研究历史上的教育思想、教育制度、教育实践活动以及国家的教育政策与法令等方面相互之间的内在联系；⑥应研究教育史学科的研究方法体系；⑦应研究教育史学科的认知结构；

⑧应加强对教育史人物评价问题的理论探讨；⑨应研究教育史研究工作者应具备的基本学术素养；⑩应研究教育史学科对师范教育、师资训练的作用。除上述问题外，教育史学理论还应当研究教育史料学，以便鉴别、考证教育史料的真伪；应当研究教育史编纂学，以便使教育史研究的基本思想原则得到具体的贯彻，使教育史著作的编写更科学。

在此之后，伴随着教育史学界对于教育史学科基本理论问题的探讨，杜成宪、崔运武、王伦信出版了教育史学界第一本以"教育史学"为题的学术著作——《中国教育史学九十年》。《中国教育史学九十年》的出版，"是 20 世纪 90 年代教育史学科理论建设的重要收获。经过多年的不懈努力，教育史学科自身的理论建设取得了重要进展。一方面表现为教育史研究已摆脱了对中外通史、思想史、文化史、哲学史等学科的依附，形成了本学科独特的研究对象、研究方法及学科体系；另一方面则表现为教育史工作者对自己学科成长历史的不断反思和总结"①。

教育史工作者开始站在教育史学的理论视角来对自己学科的成长历史进行反思和总结，这正是教育史学者理论素养不断得以提升的最好明证。

三、全国教育科学"六五"到"九五"规划的教育史立项课题

伴随着党的十一届三中全会的召开，中国教育科学研究迎来了属于自己的春天。教育史研究就是在这属于自己的春天里拉开恢复与重建序幕的。1978 年 7 月 14 日，恢复重建的中央教科所伴随着中国教育科学研究的春天也迎来了属于自己的春天，并在规划引领中国教育科学研究恢复重建过程中发挥着重要的示范作用。1983 年 9

---

① 田正平：《老学科 新气象——改革开放 30 年教育史学科建设述评》，载《教育研究》，2008(9)。

月 26 日，全国教育科学规划领导小组成立，办公室设在中央教科所，中央教科所所长兼任办公室主任。"六五"以来，全国教育科学规划历任领导小组组长均由教育部部长兼任，统管全国教育科学规划工作。至此，我国教育科学研究全面进入科学规划时代，由全国教育科学规划领导小组办公室(以下简称"全规办")负责制定的全国教育科学规划及评审的教育史立项课题，遂成为引领全国教育史学科建设及研究的重要学术指标。

(一)教育史研究方向的科学规划

中央教科所对教育科学研究的整体规划引领，是从首次全国教育科学规划会议通过的《1978—1985 教育科学发展规划纲要(草案)》正式开始的。在此之前，1978 年中央教科所恢复重建之后的《中央教育科学研究所工作条例》(试行草案)中，就规定其基本任务就是：以马列主义、毛泽东思想的普遍原理为指导，以研究我国教育的实际问题为中心，对国内外教育科学各个领域的理论、历史和现状进行研究，从而认识和掌握教育的客观规律，逐步建立社会主义的教育科学体系，用以指导我国教育实践，推进教育事业的发展和教育质量的提高，为加快社会主义现代化的进程作出贡献。在此之后，1978 年 10 月 23 日，全国教育科学规划办公室筹备处成立。1979 年 3 月 23 日至 4 月 13 日，首次全国教育科学规划会议在北京召开。1983 年 9 月 26 日，全国教育科学规划领导小组成立。至此，统管全国教育科学研究工作的组织机构正式确立。

从首次全国教育科学规划会议通过的《1978—1985 教育科学发展规划纲要(草案)》，到成立全规办之后，制定的《"七五"期间全国教育科学规划要点》《全国教育科学研究十年规划和"八五"规划要点及实施意见》《全国教育科学"八五"规划课题指南》《全国教育科学"九五"规划课题指南》，都以每五年为一个周期对教育科学研究进行整体规划。我们试从对规划纲要的指导思想及教育史研究方向的总体呈现中，来阐述全规办对教育史研究方向的整体规划。

①《教育科学发展规划纲要（草案）（1978—1985 年）》指出，我国的教育科学研究是以马克思列宁主义、毛泽东思想为指导的；以提高整个中华民族的科学文化水平，为社会主义现代化建设服务为总任务；我们的指导原则是实事求是，"理论和实践统一"、坚持实践是检验真理的唯一标准，坚持真理，修正错误，不断地发展和丰富教育科学。全规办依据规划纲要的指导思想和总任务，从重点项目、一般项目、主要著作和教科书、资料四个方面来确定教育科学十一个主要门类①和项目的研究方向。其中，教育史（专门指中国教育史研究）为第十个门类，外国教育（包括外国教育史研究）为第十一个门类，具体项目情况见表 4.18。

表 4.18　教育史和外国教育的具体项目情况

门　　类	具体项目
教育史	①重点项目：中华人民共和国三十年教育的研究；中国新民主主义革命时期革命根据地教育的研究；中国土地革命时期、抗日战争时期、解放战争时期、抗美援朝战争时期，教育与战争结合、教育为战争服务的经验的研究；无产阶级革命家和教育家的教育思想研究；中国半封建半殖民地社会教育的研究；中国古代、近代教育史研究。 ②一般项目：教育史研究中的批判与继承；专题教育史研究（思想史、学制史、高等教育史、师范教育史、科学技术教育史、中外教育交流史、帝国主义侵略史、科举制度史等）；中国历代著名教育家和教育思想研究（孔子教育思想、荀子教育思想、朱熹教育思想、戴震教育思想、蔡元培教育思想、陶行知教育思想等）；中国农民革命政权的教育措施的研究。 ③主要著作和教科书：中华人民共和国三十年的教育；中国教育史（多卷本，分古代、近代、现代）；高等师范学校教育系用《中国教育史》教科书；中国科学教育史；中外教育交流史。

---

①　教育科学十一个主要门类包括教育理论、教育制度、教育行政和学校管理、儿童心理和教育心理、幼儿教育、教材专利法、现代化教学手段、学校体育和卫生、少数民族教育、教育史、外国教育。

续表

门　　类	具体项目
教育史	④资料：中国古代教育史资料；中国近代教育史资料；中国现代教育史资料；中国历代教育大事年表；中国历代著名教育家论著选；中国历代教育文献汇编；帝国主义教育侵略史资料；教育年鉴。
外国教育	①重点项目：现代资产阶级教育思想研究；第二次世界大战后，苏、美、日和欧洲各国教育改革(学制、课程的比较研究和发展趋势的研究)；外国高等学校理工科教育的比较研究；外国教育史的研究；社会主义国家教育研究；列宁、斯大林领导下的社会主义苏联教育实践和教育理论的研究；现代修正主义教育发展状况、动向和谬论的研究、分析和批判。 ②一般项目：第一世界、第二世界、第三世界各国教育政策和制度的比较研究；国外师范教育的比较研究；国外业余教育的比较研究；国外技术教育的调查研究；国外各级各类学校科学管理的研究；外国分国教育史的研究；外国学制、课程、教材、方法、工具演变的研究(分国研究或比较综合研究)；外国古代教育家、资产阶级民主教育家、帝国主义时期反动教育家的教育思想研究；巴黎公社教育政策和设施的研究；空想社会主义者教育思想的研究；十八世纪法国唯物主义者教育思想的研究；法国师范教育史研究。 ③主要著作和教科书：外国高等学校理工科教育的比较研究；外国教育史(多卷集，分国写成近代、现代教育史)；高等师范院校教育系用《外国教育史》；高等师范院校教育系用各国教育制度与课程。 ④资料：外国教育著作译丛(各学科教科书、专著、论文集，如教育概论、教育学、教育哲学、教育经济学、教育社会学、教育工艺学)；各国教育概况资料汇编；外国教育史资料；外国历代著名教育家论著选择；英汉教育名词辞典。

　　②《"七五"期间全国教育科学规划要点》指出，教育科学研究要坚持以马列主义、毛泽东思想为指导，坚持四项基本原则，坚持改革、开放、搞活的方针，遵循"教育面向现代化、面向世界、面向未来"和"教育必须为社会主义建设服务，社会主义建设必须依靠教育"的正确方向，着重研究我国教育发展和改革中的重大理论问题和实际问题，加强教育科学的学科建设，为形成具有中国特色的社会主义人民教育科学体系而努力。其中，教育史的研究重点是老解放区

教育史和新中国教育史。

③《全国教育科学研究十年规划和"八五"规划要点及实施意见》在对 20 世纪 90 年代教育科学研究进行整体规划的基础上，认为教育工作奋斗的总目标就是建立起适应社会主义现代化建设需要、面向 21 世纪、具有中国特色的社会主义教育体系的基本框架。

④在《全国教育科学"八五"规划课题指南》中，教育史研究课题指南为：中国传统文化与教育的研究、中国近代教育研究、中国近代教育家思想系列研究、中华人民共和国教育史研究、中国德育史研究、马克思主义教育理论在中国的传播及其发展(包括历史过程及代表人物)、中国教育思想通史、西方教育思想史、外国现代教育史、德国职业技术教育史、外国高等学校教育史重要问题研究十一个方面。

⑤在《全国教育科学"九五"规划课题指南》中，教育史研究课题指南为：中国近代义务教育研究、中国近代教育实验史研究、中国近代民办教育研究、中国高等教育史研究、中国地方教育史志研究、日本侵华教育史研究、西方重要教育流派的研究、外国教育改革的历史研究八个方面。

总之，20 世纪八九十年代教育科学研究(包括教育史研究)，就是从教育领域对真理标准问题的讨论中开始恢复的，就是在"三个面向"指导思想的引领下开始重建的，就是在服务社会主义现代化建设需要的教育实践中深入发展的。在全国教育科学"六五"到"九五"规划指导思想的引领下，从分段、分卷教育史研究到多卷本的教育通史研究，再到各具特色的教育专题史研究的教育史研究选题指南，为教育史研究恢复重建及深入发展指明了方向，初步形成了具有中国特色的社会主义教育史学科及研究体系。

(二)教育史研究成果的课题引领

"六五"到"九五"期间，全规办立项的教育史各类课题共 70 项，具体情况见表 4.19。

表 4.19　"六五"到"九五"期间全规办立项的 70 项课题

	"六五"	"七五"	"八五"	"九五"
总数	1 项	8 项	31 项	30 项
课题类别	国家(1 项)。	国家(1 项)，教育部(7 项)。	国家(1 项)；中华社科基金(2 项)；青年社科基金(1 项)；教育部(14 项，包括 94 年滚动 3 项)；青年专项(5 项)；规划(8 项)。	重大项目(1 项)；国家(1 项)；社科一般课题(1 项，97 年滚动)；教育部(15 项，包括 97 年滚动 3 项)；青年专项(7 项，包括 97 年滚动 2 项)；规划(5 项)。
类别合计	从"六五"到"九五"期间：重大项目(1 项)，国家(4 项)，中华社科基金(2 项)，青年社科基金(1 项)，社科一般课题(1 项)，教育部(36 项)，青年专项(12 项)，规划(13 项)，共 70 项。				

在 70 项教育史立项课题中，中国教育史课题共 53 项，占教育史立项课题总数的 76%；外国教育史课题共 16 项，占教育史立项课题总数的 23%；中外比较方面的教育史课题共 1 项，占教育史立项课题总数的 1%。1977 年至 2000 年是新中国教育史研究的恢复重建和深入探索阶段，教育史学科坚持解放思想、实事求是的指导方针，坚持为改革开放及现代化建设事业服务的基本方向，在广泛吸收、充分利用国内外教育科学及其他人文社会科学研究成果的基础上，开展了全方位、多层次的深入研究。从全规办立项的教育史课题来看：第一，中国教育史学科在教育通史研究[①]方面更加深入，在教育思想史研究[②]方面取得了突破性的进展；外国教育史学科在西方教育思想史研究[③]方面表现较为突出，尤其是在突破西方中心论的研究框架，构建具有

[①]　全国教育科学"六五"规划国家课题"多卷本中国教育史第一卷"(陈学恂、张瑞璠)，反映出我国教育通史研究已经达到一个新的水平。

[②]　全国教育科学"八五"规划中华社科基金课题"中国教育思想通史"(王炳照)，凝结了 20 世纪 90 年代教育思想史研究的最新进展。

[③]　全国教育科学"八五"规划青年社科基金课题"西方教育思想史"(方晓东)、教育部课题"西方教育思想史"(单中惠)，代表了西方教育思想研究的新进展。

中国特色的教育史学科体系方面取得了实质性的进展。第二，在借鉴和引用比较史学的研究方法，进行中外教育比较史层面的学术研究方面，为教育史学科深入开展跨学科、交叉研究提供了可资借鉴的研究范式。① 第三，在借鉴和吸收国内外现代化理论研究成果，开展中国教育近代化研究方面也取得了开拓性的学术成果，所形成的关于教育近代化研究的理论框架，具有创新性的示范引领作用。②

　　20 世纪 90 年代教育史研究的重要特征就是研究视野和研究领域的拓展，其中教育史工作者关于中华人民共和国教育史的研究就是其中的代表性成果。何东昌主编的"中华人民共和国教育专题史丛书"就是从十四个专题出发，分门别类地对新中国教育的历史进行了一次较为全面系统的专题研究。③ 同样，全国教育科学规划教育史立项课题在其他研究领域，如革命根据地教育、书院教育、高等教育、义务教育、师范教育、乡村教育、民办教育、实验教育、少数民族和地方教育领域展开的教育史专题研究，进一步丰富和拓展了教育史研究视野。④ 教育史研究领域围绕教育的不同主题展开专题史研究，既是对教育通史性研究的补充和拓展，也是深化教育史研究领域并形成新的学术生长点的理论探索。这些专题有的是对既往专题的深入研究，而有的则是拓荒性的补白之作。无论是深入研究还是补白之作，都体现了教育史工作者对教育史研究领域的持续不断的深入思考，正是因为有这些持续不断的深入思考才推动教育史研究的深入发展。

---

　　① 全国教育科学"七五"规划教育部课题"中外教育比较史"（张瑞璠），就是一项在研究领域和研究方法上均富有创新意义的课题研究。

　　② 全国教育科学"八五"规划国家课题"中国教育近代化研究"（田正平），就是一项旨在加大教育史研究理论力度的具有开拓性价值的课题研究。

　　③ 该研究为全国教育科学"九五"规划重大项目课题"中华人民共和国教育史研究"（何东昌）的课题研究成果。

　　④ "七五"到"九五"期间的全国教育科学规划教育史课题中，几乎涵盖了 20 世纪八九十年代以来教育史研究的领域和范围，并成为引领教育史研究深入发展的重要学术指标。

第五章

教育史学的形成阶段
(2000年至今)

第一节 发展概括：回归历史研究的本性

正如张斌贤在《重构教育史观：1929—2009年》一文中指出的，"从近百年学科发展的历程看，专题研究成果的大量出现正说明外国教育史学科研究方向的重大转变，即从综合走向分析，从宏观把握转向微观研究，从整体认识转向具体探微。这种转变实际上意味着外国教育史研究正日益摆脱教科书传统的束缚，逐渐回归历史研究的本性。只有当教育史研究充分获得了历史研究的本质，才有可能真正获得学术合法性，才有可能真正成为一个学术研究的重要领域，也才有可能充分发挥在课程教学中的作用"，"近10年来教育史研究的进展并不是因为在教育史的本体论有什么突破，而主要表现在方法和方法论的变换"。[①] "从综合走向分析，从宏观把握转向微观研究，从整体认识转向具体探微"的重大转变，不仅是外国教育史学科所发生的重大变化，同样也是中国教育史学科所产生的重大变化，进入21世纪以来教育史学科就在逐渐回归历史研究的本性，回归教育史学科的

---

① 张斌贤：《重构教育史观：1929—2009年》，载《高等教育研究》，2011(11)。

本来面貌，从而使教育史研究成为一种真正的学术研究。

一、教育史学科体系建设

教育史学界从对中外教育史学科百年发展历程的回顾与展望中，开始探索 21 世纪中华人民共和国教育史学科体系建设。第一，加强教育史学科建设的危机意识增强。教育史学科的危机意识，一方面表明教育史学科建设中存在需要亟待解决的问题，另一方面体现了教育史工作者站在学科自觉的高度，开始有意识地对学科建设进行自我反思，以更好地促进学科建设自身发展的理论意识逐步提升。第二，提高教育史学科建设的理论意识增强。具体表现为两个方面：一方面，加强教育史学科自身的理论建设；另一方面，借鉴和运用人文社会科学相关学科的理论和方法来展开教育史研究。对于教育史学科自身理论建设来说，教育史工作者开始关注教育史学若干基本问题的研究，明确主张学科性质史学论、研究对象三分论、研究中心下移论、理论方法现代化、学术传统继承论、学者素养要素论、未来发展多元论七个方面的系统论述，推动了新时期关于教育史学基本问题研究的深入发展。特别是关于研究对象三分论的学术提倡，既对以教育制度和教育思想史研究为中心的二分论提出了新挑战，又为新时期展开教育史学科新体系的构建提供了理论空间。同样，对人文社会科学相关学科的理论和方法的重视，促进了教育史研究中交叉型、综合型研究成果的产生。第三，深化教育史学科建设的"中级理论"意识增强。教育史学科的"中级理论"就是教育史学理论，就是对教育史研究的研究。其中，教育史工作者对教育史学的学科性质、教育史学的学科体系、教育史学的功能与价值、教育史学科的研究方法、教育史研究者的素养及教育史学的发展趋势等问题展开了深入的研究，并初步形成了关于教育史学基本问题的学术共识。特别是《教育史学》的出版以及对西方教育史学的关注和研究，推动了教育史学研究的深入发展。第四，教育史学科研究的视线下移。新时期以来教育史研究的视线逐步下移，教育史学科研究转向教育历史的日常问题，表现为从精英转向民众、从高层转向基层、从中心转向边缘、从高雅转向世俗，开始关注历史发展中的具体教育问题，回归日常成为教育史研究的新的理论增长点，从而真正展现出有血有肉的教育史学科特点。日常化、具体化、民间化、多元化，逐渐成为教育史研究的新趋势和新方向。第五，教育史学科建设的方法论意识增强。教育史学界一方面对新的史学研究方法重视程度逐步提升，出现了大量运用新的史学研究方法展开教育史研究的学术成果，大大丰富了教育史研究的领域和范围；另一方面开始注重教育史学方法论体系建设，并逐步从方法论的视角来审视过往的教育史学研究。此外，对中国传统史学研究方法的重视和提倡，也是加强教育史学方法论建设的重要体现。因此，教育史学科体系建设进入了又一个由"破"到"立"的新阶段，其中"破"在于破除以通史研究为主体的教育史学科建设模式，"立"在于建立适合新时期社会发展和符合学科发展趋势的新的教育史学科体系。

二、教育史学科基础建设

教育史学科进入21世纪以来，展开了较为系统的学科基础建设，挖掘、整理、翻译和整理了大量中、外教育史基本史料，为中外教育史研究提供了较为完整、系统和全面的原始材料。①中国教育史学科的基础建设：《中国特殊教育史资料选》(顾定倩、朴永馨、刘艳虹，2010年)；《民国教育史料丛刊》(李景文、马小泉，2015年)；《日本侵华殖民教育史料》(曲铁华，2016年)；"中国当代教育论丛"(王策三、鲁洁、顾明远等，2001年)等。②外国教育史学科的基础建设："西方教育史经典名著译丛"①(单中惠、徐小洲，2009—2013年)；"美国

---

① 本丛书由8部著作组成：《教育问题史》(约翰 S. 布鲁巴克)，《中世纪大学：发展与组织》(艾伦·B. 科班)，《西方教育文化史》(R. 弗里曼·伯茨)，《教育学史》(加布里埃尔·孔佩雷)，《希腊的学校》(肯尼思·约翰·弗里曼)，《伟大教育家的学说》(罗伯特·R. 拉斯克、詹姆斯·斯科特兰)，《教育史学：传统、理论和方法》(威廉·W. 布里克曼)，《文艺复兴时期教育研究》(威廉·哈里森·伍德沃德)。

教育经典译丛"①（张斌贤，2010—2012 年）；《欧洲大学史》（瓦尔
特·吕埃格，2014 年）；《古典教育史》（希腊卷、罗马卷）（亨利-伊雷
内·马鲁，2017 年）等。

三、教育史学科研究成果

新时期以来教育史研究的视线逐步下移，教育史学科研究转向
教育历史的日常问题，表现为从精英转向民众、从高层转向基层、
从中心转向边缘、从高雅转向世俗，开始关注历史发展中的具体教
育问题，回归日常成为教育史研究的新的理论增长点，从而真正展
现出有血有肉的教育史学科特点，教育史学科研究成果也经历了由
"学科时代"向"问题时代"的转变。

第一，中国教育史方面。①教材：《中国教育史导论》（张彬、周
谷平，2007 年）；《新编中国教育史》（曲铁华，2011 年）；《中国教育
史》（谢长法，2012 年）；《中国教育史》（张传燧，2014 年）；《中国教
育史新编》（王建军，2014 年）；《中国教育史》（赵国权，2015 年）等。
②专题史。中华人民共和国教育史研究："中华人民共和国教育专题
史丛书"（何东昌，2000 年）；《中华人民共和国教育 60 年》（方晓东，
2009 年）；《共和国教育 60 年》（杜成宪，2009 年）；《中华人民共和
国教育发展史》（胡松柏，2009 年）；《中华人民共和国高等教育史》
（郝维谦等，2011 年）。教育活动史研究："中国教育活动史专题研究
丛书"（周洪宇，2011 年）；《多样的世界：教育生活史研究引论》（周
洪宇、刘训华，2014 年）。女子教育史研究：《中国女子教育史》（熊
贤君，2006 年）；《近代中国女性日本留学史(1872—1945 年)》（周一
川，2007 年）；《浙江近代女子教育史》（吴民祥，2010 年）；《社会女

---

①　本丛书由 5 部著作组成：《美国公共教育：关于美国教育史的研究和阐释》（埃尔
伍德·帕特森·克伯莱）、《美国教育史：一场伟大的美国实验》（L. 迪安·韦布）、《美国
教育》（乔尔·斯普林）、《自由社会中的教育：美国历程（第 8 版）》（S. 亚力山大·里帕）、
《20 世纪美国教育中的哲学冲突》（约瑟夫·沃特拉斯）。

性观与中国女子高等教育》(杜学元，2011 年)；《女性教育沉思录》
(段红英，2013 年)；《中国现代女子教育史》(程谪凡，2016 年)。教
育史学科发展史研究：《史学转型视野中的"中国教育史"学科研究
(1901—1937 年)》(郑刚，2013 年)；《制度变迁与知识生产——北京
师范大学教育史学科发展研究(1949—2001)》(王俊明，2014 年)。特
殊教育史研究：《特殊教育史》(张福娟，2008 年)；《中国近代特殊教
育史研究》(郭卫东，2012 年)；《福建特殊教育——区域特殊教育理
论与实践研究》(甘昭良，2013 年)。农村教育史研究：《中国近代乡
村教育史》(苗春德，2004 年)；《农村教育史》(李水山，2007 年)；
《浙江近代乡村教育史》(李涛，2009 年)；《当代中国农民教育史》(李
水山等，2010 年)；《区域视野中的乡村、学校与社会：清末民初东
北乡村教育研究(1905—1931)》(杨晓军，2011 年)。教育口述史研
究：《潘懋元教育口述史》(潘懋元口述，肖海涛、殷小平整理，2007
年)；《顾明远教育口述史研究》(顾明远口述，李敏谊整理，2007
年)；《王炳照口述史》(王炳照口述，周慧梅整理，2010 年)等。高等
教育史研究：《中国高等教育百年》(潘懋元，2003 年)；《中国高等教
育百年史论——制度变迁、财政运作与教师流动》(田正平、商丽浩，
2006 年)等。日本侵华教育史研究：《日本侵华教育全史》(宋恩荣、
余子侠，2005 年)；《日本侵华教育史》(齐红深，2002 年)。中外教
育交流史研究：《中外教育交流史》(田正平，2004 年)；《中日近代教
育关系史》(杨晓，2004 年)；《中国近代留英教育史》(刘晓琴，2005
年)；《庚款留学百年》(程新国，2005 年)；《借鉴与发展：中苏教育
关系研究(1949—1976)》(李涛，2006 年)等。社会教育史研究：《中
国近代社会教育史》(王雷，2003 年)；《中国社会教化的传统与变革》
(黄书光，2005 年)等。科举史研究：《科举学导论》(刘海峰，2005
年)；《中国科举史》(刘海峰、李兵，2004 年)；《科举革废与近代中
国高等教育的转型》(张亚群，2005 年)等。教育叙事研究：《声音与

经验：教育叙事探究》(丁钢，2008 年)；《教育空间中的话语冲突与悲剧——中国十一世纪的经验》(周勇，2004 年)；《文化、性别与教育：1900—1930 年代的中国女大学生》(张素玲，2007 年)；《思想肖像：中国知名教育家的故事》(许美德，2008 年)等。此外还有各类专题教育史著作：《音乐教育史研究》(马东风，2001 年)；《学位与研究生教育史》(周洪宇，2004 年)；《中国当代教育实验史》(熊明安、喻本伐，2005 年)；《中国家族教育》(党明德，2005 年)；《中国书院史》(邓洪波，2005 年)；《中国国防教育史》(徐则平、赵永伦、王华，2005 年)；《流动与求索——中国近代大学教师流动研究：1898—1949》(吴民祥著，2006 年)；"中国教育史专题研究丛书"(江铭、谢长法，2006 年)；《中国近代中小学科学教育史》(王伦信、樊冬梅、陈洪杰等，2007 年)；《中国考试通史》(杨学为，2008 年)；《当代中国农民教育史》(李水山、黄长春，2010 年)；《中国古代思想道德教育史》(张世欣，2010 年)；《中国中小学英语课程教材教法百年变革研究》(陈自鹏，2012 年)；《近代民众教育馆研究》(周慧梅，2012年)；《"新国民"的想象：民国时期民众学校研究》(周慧梅，2013年)；《中国古代家庭教育史》(陈天顺，2014 年)；《中国古代学校教材史论》(吴洪成，2016 年)；《中国革命根据地教育史》(陈桂生，2015—2016 年)；《世态与心态——晚清、民国士人日记阅读札记》(田正平，2017 年)；《中国私塾史》(蒋纯焦，2017 年)；《教育文物：书写在大地上的教育史》(王雷，2018 年)等。

第二，外国教育史方面。①教材：《外国教育史》(王保星，2008年)；《外国教育史》(贺国庆等，2009 年)；《外国教育史》(杨捷，2010 年)；《外国教育史》(刘新科，2012 年)；《外国教育史》(张斌贤，2015 年)等。②通史：《外国教育思想通史》(吴式颖、任钟印，2002 年)等。③专题史。俄国教育史研究：《俄国教育史——从教育现代化视角所作的考察》(吴式颖，2006 年)。欧美教育史研究："欧

美教育史论丛"(张薇、王凯、周保利等，2011—2012 年)。美国教育
史研究："美国教育史研究论丛"(朱文富、何振海，2016 年)；"美国
教育变革研究丛书"(张斌贤，2014 年)；《美国现代高等教育制度的
确立》(王保星，2005 年)；《战后美国教育史》(贺国庆、何振海等，
2014 年)；《美国教育：观念与制度的变迁》(张斌贤、郭法奇，2017
年)；《美国教育的传统与变革》(王晨、张斌贤，2018 年)等。日本教
育史研究："日本教育史研究论丛"(朱文富、李文英，2016 年)等。
欧洲中世纪教育史研究：《宋代书院与欧洲中世纪大学之比较研究》
(刘河燕，2009 年)；《欧洲中世纪大学的演进》(宋文红，2010 年)；
《欧洲中世纪大学》(张磊，2010 年)；《西欧的知识传统与中世纪大学
的起源》(孙益，2012 年)。女子教育史研究：《外国女子教育史》(杜
学元，2003 年)；《美国女性教育史学史》(诸园，2017)等。教育实验
史研究：《外国教育实验史》(杨汉麟，2005 年)。高等教育史研究：
《外国高等教育史》(贺国庆等，2003 年)；《外国高等教育史》(黄福
涛，2003 年)；《外国教育现代化进程研究》(吴式颖、褚宏启，2006
年)；《外国大学教育问题史》(单中惠，2006 年)等。此外还有各类专
题教育史著作：《外国中小学教育问题史》(单中惠，2005 年)；《中外
教育史汇通》(金忠明，2006 年)；《西方领导教育史》(单中惠，2008
年)等。

　　第三，教育史学研究方面。各类著作：《美国教育史学：嬗变与超
越》(周采，2006 年)；《教育史学：传统、理论和方法》(威廉・W. 布里
克曼，2013 年)；《视域融合与历史构境——中国教育史学实践范式
研究》(刘来兵，2013 年)；《教育史学》(杜成宪、邓明言，2014 年)、
《西方教育史学百年史论》(史静寰、延建林等，2014 年)；《英国教育
史学：创立与变革》(武翠红，2015 年)；《创新与建设——教育史学
科的重建》(周洪宇，2016 年)；《当代西方教育史学流派研究》(周采
等，2018 年)；《教育史学通论》(周洪宇，2018 年)等。

第二节　学科自觉：教育史学体系的新进展

一、教育史学科体系的新思考

教育史学界对于教育史学科体系的新思考，是在对教育史学科发展历程的回顾与前瞻基础上，尝试提出的对教育史学科的新思考。特别值得关注的是，以三分法为代表的，倡导以教育活动史、教育思想史和教育制度史为基本范畴的教育史学科体系，体现了教育史工作者对教育史学科体系思考的新方向。

（一）教育史学科的回顾与前瞻

以贺国庆的《外国教育史学科发展的世纪回顾与断想》为起点，教育史工作者以回顾与前瞻的方式来探索 21 世纪教育史学科发展的新方向。贺国庆在对外国教育史学科发展历程进行回顾的基础上，认为外国教育史学科发展曾经历两次高峰期，分别是 20 世纪 20 年代至 1937 年、20 世纪八九十年代。"将前后两次高峰期进行比较，颇能说明一些问题。虽然从成果数量上看，八九十年代远远多于二三十年代，但大多数成果的水平并没有明显提高，标志性的成果不多。相反，重复劳动、急功近利的产品并非罕见。史料建设薄弱，翻译工作遭冷落，二三十年代尚翻译出版了一批国外教育史专著，而八九十年代只有屈指可数的几本。外国教育史学科的内容和体系亦没有重大突破。以唯物史观指导教育史研究，这是二三十年代所没有的，但效果如何，实难评判，真正有创见的成果不多。相反，片面化、机械化、生搬硬套的现象时有所见。学科研究的方法几乎没有变化，仍是沿用几十年不变的传统方法。其他学科的最新研究进展和成果，国外教育史学科的新变化，似乎与我们关系不大。从某种意义上说，八九十年代的第二次高峰期只是二三十年代第一次高峰期的复兴。由于学科本身没有多少变革和创新，经过短暂的繁荣，不可避免地陷入危机和困境。世纪之交的今天，正是此次危机的关口。如何摆脱危机，使外国教育史学科走上健康发展的道路，是历史赋予我们这一代教育史研究者的神圣使命。"①作者认为，我们需要正视危机，但更要对外国教育史学科前景充满信心，需要努力的方面为：充分认识外国教育史学科的意义和功能；继承已有成果，不断创新，不断完善外国教育史学科；加强国际交流与合作，实现外国教育史研究本土化；建立重点研究基地，巩固外国教育史研究的学术阵地；加强外国教育史学科与其他学科的合作。② 与此同时，田正平、肖朗在《教育史学科建设的回顾与前瞻》③一文中，在对近10年来教育史学科建设取得的重大进展和重要成果进行回顾和评价的基础上，从三个方面展开了教育史学科建设的回顾与前瞻研究。第一个方面，教育史学科的重大进展及重要成果，主要表现为：研究观念的转变与研究方法的创新；贴近现实、参与现实意识的增强；史料建设工作的不断加强；研究视野与研究领域的拓展；学科理论建设的探索与进展。第二个方面，教育史学科存在的主要问题，表现为：在计划经济向市场经济转轨的过程中，教育史学科的生存价值受到严峻的挑战；由于师范院校本科教学计划的调整，教育史学科教学时数大幅减少，不仅影响了教育史学科在师范教育中的地位，而且对教育史研究队伍的稳定和发展产生诸多不利影响，致使一些高校教育史研究队伍出现萎缩现象，外国教育史研究队伍近10年来则表现得尤为明显；教育史学科自身的理论建设虽取得了重要进展，但从总体上说水平仍不够高；研究成果中存在着部分选题重复，造成了人力、物力浪费的现象；教育史研究队伍中，也不

---

① 贺国庆：《外国教育史学科发展的世纪回顾与断想》，载《河北师范大学学报(教育科学版)》，2001(3)。

② 贺国庆：《外国教育史学科发展的世纪回顾与断想》，载《河北师范大学学报(教育科学版)》，2001(3)。

③ 田正平、肖朗：《教育史学科建设的回顾与前瞻》，载《教育研究》，2003(1)。

同程度地存在着浮躁和急功近利的倾向。第三个方面，教育史学科发展的趋势及重要研究方向，主要体现为：继续深入开展专题性、实证性研究；积极倡导多学科的交叉型、综合性研究；努力提高教育史研究的理论水平；大力推进教育史研究的国际化。

正是在教育史工作者对教育史学科不断进行回顾与反思的学术基础上，2004 年 10 月 31 日至 11 月 2 日召开的中国教育学会教育史分会第 9 届学术年会暨第 6 届会员代表大会，以"我国教育史学科建设百年回顾与反思"作为会议主题，将如何建设中国教育史学科的学术讨论推向了一个新高潮。会后，第一次出版了学术论文集《百年跨越——教育史学科的中国历程》。我们选取"百年跨越"和"百年回眸"两个方面的内容，来整体呈现教育史工作者的学术贡献，具体内容见表 5.1。

表 5.1　教育工作者的学术贡献

章　节	内　容
百年跨越：教育史学科的世纪前瞻	①孙培青《教育史学科未来的几个问题》；②王炳照《应当开展教育思想论争史的研究》；③张斌贤《教育史研究与大学的发展——从〈中世纪大学〉说起》；④贺国庆、张薇《教育史学科面向未来的思考》；⑤周洪宇《论教育史学的两个基本问题》；⑥黄书光《教育史学科发展的自我意识及其思考》；⑦杨孔炽《教育史研究的价值论浅析》；⑧孙德玉《简论教育史学研究的现实意义及其实现》；⑨庞守兴《教育史何以为用》；⑩王保星《教育史学的实用性与实用性的教育史学——20 世纪美国教育史学发展的历史省思》；⑪郭法奇《教育史研究中儿童"形象"的缺损及重建》；⑫马立武、孙晓莹《浅谈教育史研究中的历史人物问题》。
百年回眸：外国教育史学科发展研究	①刘新科《外国教育史学科发展的历史回溯与新世纪瞻望》；②李爱萍、单中惠《外国教育史学科在中国的百年嬗变》；③洪明《外国教育史学科建设的回顾与反思——基于著作类出版物的分析》；④金传宝《浅谈外教史文献信息资源建设和管理中存在的问题与策略》；⑤李爱萍、王晓宇《西方教育史研究范式与历史学研究范式关系初探》；⑥杜学元、范琐哲《外国教育史教学中如何创设富有探究性的教学过程》。

续表

章　节	内　容
百年回眸：中国教育史学科发展研究	①杜成宪、邓小泉《近二十五年来中国教育史研究进展概述》；②黄明喜《试论中国教育史研究的学科性质与基本原则》；③胡金平《走向〈中国教育史〉教学的深处——教育史教学与人文精神的培养》；④于述胜《探寻中国教育研究的民族话语》；⑤程方平《中国教育的重要传统》；⑥朱宗顺《百年中国学前教育史研究的回顾与前瞻》；⑦孙邦华《百余年来美国学者对中国教会教育史的研究概述》；⑧刘海峰《百年回眸"科举学"》；⑨张亚群《科举史：教育史学科的学术增长点》；⑩陈兴德《厦门大学的教育史研究》。

通过对百年教育史学科发展历程的回顾与前瞻，我们不难发现，教育史学科自身的理论建设成为教育史工作者共同关注的话题，并成为解决教育史学科发展危机及推动教育史学科建设的重要保障。

(二)教育史学科体系的新建构

教育史学科体系所谓的"新"，在于对已有教育史学科体系的回顾、反思基础上的学术思考，"过往的中国教育史研究，以'教育思想'和'教育制度'为基本范畴结构而成。它在理论上根本于现代性的'理论—实践'观念，在实践上对应着中国教育的现代化建设进程，是国家规划的教育发展路径的学术性表达，并集中落实于最具'致用'价值的通史体式中。如今，随着研究重心的不断下移，传统的'思想'和'制度'概念已被逐渐解构并融合于行动的世界中"①。可见，构建新的教育史学科体系就成为教育史学科自身发展的必然趋向。

在建构新的教育史学科体系方面，教育活动史研究的提出具有

① 于述胜：《中国教育史学科结构方式的历史探究》，载《北京师范大学学报(社会科学版)》，2008(1)。

重要的学术价值。教育活动史研究主要以周洪宇为代表，以《对教育史学若干基本问题的看法》[《河北师范大学学报（教育科学版）》，2009 年第 1 期]一文的发表为始点，形成了包括《试论教育史学的学科体系》[《湖北大学学报（哲学社会科学版）》，2009 年第 2 期]，《新世纪中国教育史学的发展趋势》[《华东师范大学学报（教育科学版）》，2007 年第 3 期]，《教育活动史：视野下移的学术实践》（《教育研究》，2010 年第 10 期），《教育生活史：教育史学研究新视域》（《教育研究》，2015 年第 6 期），《加强教育活动史研究 构筑教育史学新框架》[《湖北大学学报（哲学社会科学版）》，2012 年第 3 期]，《论教育活动史多维视野的实现途径》[《湖北大学学报（哲学社会科学版）》，2014 年第 2 期]，《全球化视野下的教育史学新走向》（《教育研究》，2009 年第 3 期）等论文和《学术新域与范式转换——教育活动史研究引论》（2011 年）等专著在内的学术体系，逐步形成了关于教育活动史研究的系统认识。在《对教育史学若干基本问题的看法》一文提出关于研究对象三分法的观点，即教育活动史、教育制度史和教育思想史研究的基础上，《试论教育史学的学科体系》一文较为完整地提出了关于教育史学学科体系的新构想，见图 5.1。

图 5.1　中国教育史学科体系

其中，教育活动史"主要以历史上感性的、实在的、具体的教育活动的发展、演变历史为研究对象，重点研究人类历史上各种直接以促进人的有价值发展为目的的具体活动以及教育者与受教育者参与教育过程，进行互动的各种方式的发展、演变的历史"，其主要研究内容为："①分析研究教育历史发展过程中教育、教学过程中教师作为教育主体的内部和外部活动及其表现形式和特征，探索这些活动发生、发展的规律及作用；②分析研究教育历史上学生作为学习的主体的内部和外部活动及其具体表现形式、特点及其活动规律；③分析研究教育历史上教育者与受教育者在教育过程中的相互作用、相互影响的互动关系及其方式、方法的发展、演变过程及其规律；④分析研究教育发展过程中，教育行政人员的管理活动及其表现形式、基本特点以及演变的规律；⑤分析研究历史上行政管理人员、教育者、受教育者三者之间的教育活动的基本形式及其相互作用的规律；⑥分析研究家庭教育活动、社会教育活动的内容、形式及其影响的发展、演变历史及其规律；等等。"①具体来说，教育活动史研究就是要做到"三个回归"、"四个结合"和"六个多与少"。其中，"三个回归"，就是回归活动、回归主体和回归过程；"四个结合"，就是历史与逻辑的结合、史料与观念的结合、宏观与微观的结合以及理论与方法的结合；"六个多与少"，就是多活动少制(度)思(想)、多下层少上层、多过程少结果、多细节少大概、多形式少文献以及多图片少文字。

于述胜在《中国教育史学科结构方式的历史探究》一文中指出，作者本人在参加1996年中国教育学会教育史分会提交并发表在《教育史研究》(1997年第2期)上的《教育思想·教育制度·教育实践——中国教育史研究中的一个方法论问题》，可能是国内教育史学界最早系统论述"三分法"的文章，其后，"我在撰写《中国教育制度通史》第七卷(民国卷)时，曾努力贯彻上述想法，试图在三者立体动态的全方位考察中把握民国教育制度发展演变的历史逻辑，以避免

---

① 　郭娅、周洪宇：《试论教育史学的学科体系》，载《湖北大学学报(哲学社会科学版)》，2009(2)。

把教育制度史写成单元、平面的制度文本变迁史。但努力的结果并不理想。这当然与历史资料的匮乏有关：一方面，制度文本形成过程的必要细节我们无从知晓，因此，当考察制度与思想的联系时，大多只能就制度文本所体现的思想与当时流行的思想之间的一般联系泛泛而谈；另一方面，除了有限的统计资料（关于各级各类教育发展、各种教育设施等），部分时人评论及少量回忆录式材料外，我们对制度实施过程的很多历史细节能知者甚少。因此，对于文本制度实施效果的评判也难免泛泛而论，如同舒新城在《近代中国教育思想史》中谈某种思想之'影响'一样。结果，最初的立意与书写的结果仍相去甚远，制度的历史叙事仍不免单元化。今复思之：如果历史资料齐备了，便能如我所愿，写出那种立体动态的教育史吗？答案可能并不那么肯定。从根本上说，这种研究范式本身就存在问题：我们是站在国家主体的立场上，并通过国家主体的拟个人化（即把国家主体设想为像个体的人一样，能思想、会规划并能依之行动），去完成理论与实践，从而教育思想、教育制度和教育实践之间的历史链接的"①。那么，如何真正实现立体动态的教育史研究？作者认为，"随着研究重心的不断下移，'思想'与'制度'的边界开始交融并合一于行动的世界中"，"对于中国教育史研究来说，研究重心的不断下移，意味着多层次不同历史主体的发现；意味着'思想'与'制度'的边界已从分立走向交融，进而合一于行动的世界中。这使我们以探寻教育的行动逻辑为基础，重整教育思想、教育制度和教育实践等学术范畴、重建教育史的知识图景成为可能。在行动的视域中，并不存在知识与价值、情感与理智、思想与行为的机械区分，它们在相互交融中生成着行动主体的生活世界"，即"主体性的发现和行动逻辑的探寻，可能是中国教育史研究实现概念重建和理论转型的重

---

①　于述胜：《中国教育史学科结构方式的历史探究》，载《北京师范大学学报（社会科学版）》，2008(1)。

要契机"。①

　　总而言之，无论是以周洪宇为代表的教育活动史研究还是以于述胜为代表的主体性的发现，究其实质，都在于试图探寻教育史学科体系重建的出发点。其中，比较一致的是，研究重心的下移带来的变化是教育史学科必须做出改变的重要原因和现实动力，教育史学科体系在不断探索中会逐渐找到重建的契机。

二、教育史学科建设的新探索

　　教育史学界对于教育史学科相关理论的探讨，是以教育史工作者自身危机意识和学科自觉为始基，从理论高度来思考教育史学科建设的根本性问题，以此来解决教育史学科发展的危机并探寻教育史学科重建的出发点。

（一）教育史学科建设的学术反思

　　以张斌贤的《全面危机中的外国教育史学科研究》（《高等师范教育研究》，2000年第4期）一文的发表为始端，至2018年年底，已发表的与教育史学科建设危机相关的代表性学术论文有：《教育史学科困境及其对策》[《河北师范大学学报（教育科学版）》，2005年第6期]；《外国教育史学科的困境与超越——基于我国外国教育史学科功用的历史分析》[《河北师范大学学报（教育科学版）》，2009年第5期]；《教育史研究："学科危机"抑或"学术危机"》（《教育研究》，2012年第12期）；《对当今教育史学科危机及出路的思考》（《现代大学教育》，2014年第1期）；《外国教育史学科在中国的危机》（《高等教育研究》，2016年第5期）；《对教育史学科困境的再思考》[《宁波大学学报（教育科学版）》，2017年第3期]等。

　　我们试以《全面危机中的外国教育史学科研究》和《教育史研究：

---

　　①　于述胜：《中国教育史学科结构方式的历史探究》，载《北京师范大学学报（社会科学版）》，2008(1)。

"学科危机"抑或"学术危机"》两篇论文为例，来呈现教育史学者描述的学科危机。《全面危机中的外国教育史学科研究》一文认为，外国教育史学科研究面临的危机为：研究队伍的萎缩、人员结构的失调、研究工作的失范及学科发展的迟缓。为了摆脱危机，就需要注重学科的自我反思、加强研究者主体的学术自律和科学确立学科地位。其中，"从目前的状况看，外国教育史学科的自我反思主要包括：第一，学科研究历史的回顾与评估"。"第二，对外国教育史学科的研究对象、范围、任务、方法和目的等学科基本理论问题的研究。第三，对教育历史现象、历史过程与一般历史现象和过程的联系与差异的研究，对教育历史现象和过程与其他领域（政治史、经济史、文化史、社会史）历史的联系与差异的研究。第四，对教育历史现象和过程的解释框架或范式的探讨，等等。这些反思系统化的结果，就是教育史学的形成。教育史学并不是独立于外国教育史学科以外的另一个'学科'，而是内在于学科之中的，是外国教育史学科的有机组成部分。只有这样，教育史学的研究才有存在的意义和价值"。①张斌贤在此基础上进一步认为，"在我们看来，教育史的危机既在于教学科目意义上的学科危机，更主要的则在于学问分支意义上的学科危机"②，作者把前一种危机称为"学科危机"而把后一种危机称为"学术危机"，而"学术危机"实际上又是产生"学科危机"的内在根源。"对于我国教育史学科建设来说，当前及今后面临一个根本任务是，'回归'教育史学科的传统，完成从单纯的教学科目向同时作为教学科目和研究领域的转变"③，可见，研究领域的"学术危机"对于教育史学科建设的重要作用。而所谓"学术危机"，"主要是指由于教育史

---

①　张斌贤：《全面危机中的外国教育史学科研究》，载《高等师范教育研究》，2000(4)。

②　张斌贤、王晨：《教育史研究："学科危机"抑或"学术危机"》，载《教育研究》，2012(12)。

③　张斌贤：《教育史学科的双重起源与外国教育史课程教材建设的"新思维"》，载《河北大学学报(哲学社会科学版)》，2008(1)。

学界对教育史学科的对象、性质以及方法论等基本问题的严重的认识偏差以及由于这些偏差而造成的研究范式、研究方法等方面的种种不规范乃至非学术化的问题。正是学科深层存在的种种问题导致教育史学科始终处于发展缓慢的尴尬境地"。教育史学科对基本问题认识存在的偏差主要表现为：第一，"混淆作为教学科目的教育史与作为学问分支的教育史的关系，消除了二者之间客观存在的差异"；第二，"对教育历史的性质存在片面和狭隘的认识，即主要把教育历史看做一种教育的现象或教育的过去而非历史的现象或过去的教育"；第三，"缺乏自觉形成的、系统的对教育历史的理解，或者说教育史学科的方法论和学科结构"。①　而要摆脱教育史研究中的"学术危机"，消除对教育史学科基本问题的认识偏差，就需要"重新认识教育史研究的学术性学科定位，重新确立学科的多元化目的，探索多元的学科方法论和研究方法，探讨学科知识体系建立的基本学术问题，以重建教育史学科"。作者特别指出，"就现实而言，阻碍教育史学科成为一个成熟学科的基本原因主要在于，缺乏包括独特对象、概念、范畴、原理、方法论和方法在内的相对独立和完整的学科体系。要解决这个问题，首先应当重新厘清对教育的理解，不能把当代教育学教科书中对教育的界定简单地套用到教育史的研究中，不能把教育等同于学校教育，不能把教育史等同于学校教育史，也不能简单地把教育史视为从非正规教育向正规教育演化的过程"②。

因此，要从根上摆脱教育史学科面临的"学科危机"乃至"学术危机"，就必须从深层次上探索教育史学科重建的基本路径。

(二)教育史学科建设的学术判断

教育史工作者对于教育史学科建设路径的研究，主要表现为两

---

① 张斌贤、王晨：《教育史研究："学科危机"抑或"学术危机"》，载《教育研究》，2012(12)。

② 张斌贤、王晨：《教育史研究："学科危机"抑或"学术危机"》，载《教育研究》，2012(12)。

种形式：一种是在反思教育史学科面临的危机的同时，通过原因的剖析来探索重建的路径；另一种是主要集中于对教育史学科建设路径的学术研究。我们以《华东师范大学学报（教育科学版）》（2016 年第 4 期）的专栏文章《教育史学科建设六人谈》①为例，来阐述教育史学者对教育史学科建设的学术探索。

本次专栏文章由张斌贤、杜成宪、肖朗、周洪宇、陈露茜、周采六人共同组稿，围绕"什么是教育史""教育史有什么用""史学方法论与教育史研究刍议""偏离了主体与主流的中国教育史学""教育史研究的价值论问题""西方历史观念的变迁与西方教育史研究前景"六个主题展开学术讨论。②

《什么是教育史？》（张斌贤）一文认为，"什么是教育史"是教育史学科的"本体论"问题，教育史学界对这个本体论问题的认识存在偏差，具体表现为：第一，将学科的研究对象与学科的属性混为一谈，其将教育史作为一个知识领域、作为教育学科的一个分支学科进行界定，而不是对作为教育史学科研究对象的、客观存在的教育历史进行分析。第二，将学校与教育混为一谈，存在将教育史窄化为正规的学校教育史的倾向。第三，将历史的演化与进步混为一谈，将教育史理解成从低级到高级、从落后到先进、从前制度化到制度化的进步、发展过程。那么，究竟什么是教育史？所谓教育的历史就是人类在不同历史时期对其后代传递种族经验的活动以及这种活动本身不断演化的过程，就是不同时期对这种活动不断探索和交流的

---

①　专栏按语：学科重建一直是教育史学界普遍关注的重大问题。近几十年来，几代学人殚精竭虑，不断探索，形成了可观的研究成果，推动了教育史研究的不断发展。尽管如此，教育史学科发展仍然面临着重重困难和挑战，仍需同仁付出艰苦的努力。《华东师范大学学报》（教育科学版）历来重视教育史学科的发展，此次策划笔谈，开辟专栏，为思想交流提供平台，是希望以此为契机，促进对学科重建问题更为广泛和深入的探讨，推动教育史学科的自我更新。

②　该书梳理呈现的观点均来自各自论文，详细内容可参见张斌贤、杜成宪、肖朗等：《教育史学科建设六人谈》，载《华东师范大学学报（教育科学版）》，2016(4)。

过程。这个过程，相继出现了复杂多样的教育内容、形式、途径、手段和方法，形成了丰富的思想认识，从而构成了纷繁复杂的教育历史。

《教育史有什么用？——对教育史学科价值的一点认识》(杜成宪)一文认为，人们几乎本能地要求教育史能够为今天的教育实践提供某种帮助，尤其是正处在"深水区"的当今中国的教育改革，格外地需要方向的指引和方法的指导。按照中国人的一贯认识，历史不是能够"资治"吗？教育史当然应当告诉我们，当下的教育该怎么做，未来的教育出路在哪里。然而，一旦教育史在这方面未能满足人们的需求，不满乃至愤怒也就油然而生——"教育史有什么用！"作者据此指出，从实用功能的角度来看，教育史确实是无用的；但即使教育史不具备任何实用功能，但也有充分的理由跻身于学科之林。那么，教育史究竟有什么用？作者的回答是：教育史能使人"更为聪明"。首先，中国传统教育思想中有不少反映人类普遍价值的主张，不仅在历史上毫不逊色于任何民族，而且符合当今乃至未来社会发展的趋势，完全可以成为人类共同遵循的准则；其次，一部现代教育学理论可以说是教育历史(尤其是教育思想史)发展的结晶，我们如果带着历史的观点、具备历史的知识去读教育学理论，就可以更好地理解理论、把握理论。凡此种种，教育史之用就在于"使我们更为聪明地解决目前的问题"。

《史学方法论与教育史研究刍议》(肖朗)一文指出，教育史是教育学的重要基础学科，也是历史学的重要分支学科——它归属于历史学中的专门史。因此，探讨史学方法论的内涵及其与历史观、史学方法之间的关系对教育史研究有着不可忽视的重要意义。所谓史学方法论，就是关于历史研究的方法的理论，是指人们对历史学如何研究历史的基本方法和一般形式的认识的理论概括，它要回答历史学如何研究、认识、解释历史及其规律的方法论问题，进而企图揭示历史研究的一般逻辑形式和结构。首先，就历史观与史学方法论的关系而言，历史观集中反映了特定历史时期人们对历史研究的对象和目的的认识，它对史学方法论起着基本的指导和制约作用；其次，就史学方法论与史学方法的关系而言，当史学方法论确定了历史研究、分析历史的基本方法和总体过程后，各种史学方法作为手段和工具则通过具体地解读、诠释和处理史料来协助上述基本方法的运用，并服务于历史研究的总体过程。因此，作为历史观与史学方法中介环节的史学方法论，对于历史研究具有重要的指导意义，同样，对于教育史研究自然也不例外，每一个教育史研究者都必须加强自身的理论修养，尤其是史学方法论的修养，以便更好地吸收和应用各门人文社会科学和自然科学的新方法。

《偏离了主体与主流的中国教育史学》（周洪宇）一文认为，改革开放以来的中国教育史学的研究成果存在五个"缺乏"的问题：缺乏正确史观，片解教育历史；缺乏问题研究，选题普遍偏大；缺乏史料支撑，多用间接资料；缺乏实证研究，论证多不深入；缺乏深刻见解，创新之作罕见。造成"五个缺乏问题"的根本原因：中国的教育史学其实已多少偏离了历史学主体和国际历史学与教育史学主流。因此，"回归主体，回归主流"就成为中国教育史学的当务之急。何谓教育史学的主体？教育史学是历史学与教育学交叉形成的一门学科，具有双重的学科属性。它既是历史学的一门分支学科，又是教育学的一门基础学科。但这种双重属性不是对等平衡关系，从主体上看，它更偏重于历史学。偏离主体，必然偏离主流。回望中国教育史学，不难发现，研究者多少偏离了国际历史学和教育史学主流，长期关注的仍是传统的教育思想史和教育制度史，忽视了更为本源、更为基础的教育活动史，忽视了教育者、受教育者的日常生活史，忽视了一个个真实、具体、过去曾经发生至今仍在发生的教育问题。那么，该如何回归主流？作者主张"大教育观""大文化观""大历史观"("新三观"),提出要改变"教育"就是"学校教育"的狭隘理解,尤其是要改变"教育史"就是"教育思想史和教育制度史"的狭隘理解,呼吁开展教育活动史研究,推动教育生活史、教育身体史、教育情感史、大数据与教育史学变革等研究,以使中国的教育史学回归历史学特别是国际历史学和教育史学主流。

《教育史研究的价值论问题》(陈露茜)一文认为,教育史研究有什么用,是教育史研究的价值论要回答的问题。教育史研究如何"有用",不仅关乎职业的教育史研究者从事这一职业的意义,更关乎教育史研究存在的合法性问题。首先,对教育史研究的实用价值的强调是当下学界对教育史研究价值的重要认知。学界对教育史研究之实用价值的过分强调所形成的弊端为:教育史研究出现了一种仅满足于宏大叙事的、经验介绍式的"教科书模式",从而影响了我国教育史研究的深度。其次,教育史研究应是一门艺术,应是一类不牵涉任何实际利益的、纯粹地为了实现精神满足而进行的研究。即教育史研究的自由价值——提倡教育史研究者能够出于纯粹的学术兴趣进行研究,能够在教育所处的历史、文化、社会、政治、经济的真实"情境"中发现教育的真实问题与价值,能够更加深入、真实地了解本土或异域的历史文化,帮助我们更好地认识自己、认识他人,从而愉悦身心、充实生活。最后,教育史研究的自由价值探讨的是思想观念层面的认识问题,是更深层次的实质问题;而实用问题描述的仅仅是器物层面的实操问题,是浅表性问题。因此,让教育史研究回归历史研究与教育研究的本质,真实地"回到过去",实现教育史研究的自由价值,并为之献身,应成为教育史研究者的"天职"。

《西方历史观念的变迁与西方教育史研究前景》(周采)一文认为,关注西方历史观念的变迁及其对历史编纂学的影响,对于中国学者从事西方教育史研究有着重要的理论价值。首先,我们应思考站在何种立场来研究西方教育史。其次,民族国家教育史学仍有其存在的必要性和发展的可能性。最后，西方教育史学研究的多样性发展成为重要趋势。总之，在这个多元的时代，教育史家可以选择自己的研究对象和方法。遵循兰克史学传统从事西方教育史研究的大有人在，以社会科学各学科为视角来研究教育史依然可以有所作为。我们也可以借鉴新社会史和新文化史研究的丰富成果来推进西方教育史研究。方兴未艾的身体史、情感史、西方儿童史、西方青年史和阅读史等领域的研究中有着大量的"富矿"有待教育史研究者去开发。

综上所述，六位教育史学者围绕什么是教育史、教育史有什么用、史学方法论与教育史研究、中国教育史学的主体和主流、教育史研究有什么用、西方历史观念与西方教育史研究等有关教育史学科建设的基本问题展开学术探讨，虽然他们的讨论只是围绕某一个基本问题来展开，但是在教育史学界围绕教育史学科建设的基本问题进行专题讨论，其思想启发和学术引领价值大于讨论本身。正如编者按语写道：开辟专栏，为思想交流提供平台，是希望以此为契机，促进对学科重建问题更为广泛和深入的探讨，推动教育史学科的自我更新。教育史学科建设进入了一个以教育史工作者自我反思为核心、以学科自觉为动力的新时代。

三、教育史学理论的新成果

教育史学界对于教育史学科发展过程中存在危机的学科自觉，以及探寻解决危机、重建教育史学科学术努力的系统化的结果，就是教育史学的形成。教育史工作者对于教育史学科自身建设的理论自觉和学术努力，体现了教育史学理论水平的自我提升。同样，由于我国的教育史学科分为中国教育史学科和外国教育史学科，所以大多数教育史研究者是从各自学科的角度来探索教育史学的理论建设的，整体、全面、系统地分析教育史学的论文较少。值得一提的是，本阶段出版了以"教育史学"为标题的学术专著，虽然仍分为中国教育史和外国教育史两部分，但是能从整体上以"教育史学"命名，就体现了教育史学理论研究的深入发展。《教育史学》的出版标志着中华人民共和国教育史学的形成。同样，周洪宇主编的《教育史学通论》，形成了对于教育史学的较为系统的学术认识，是本阶段教育史学研究深入向前发展的标志性成果。

（一）国外教育史学理论的引介

教育史学界对于国外教育史学理论引介的代表性著作为：《美国教育史学：嬗变与超越》（周采，2006年）；《教育史学：传统、理论和方法》（威廉·W. 布里克曼，2013年）；《西方教育史学百年史论》（史静寰、延建林等，2014年）；《英国教育史学：创立与变革》（武翠红，2015年）；《美国女性教育史学史研究》（诸园，2017年）；《当代西方教育史学流派研究》（周采等，2018年）等。其中，周采著的《美国教育史学：嬗变与超越》是我国学者第一次以教育史学为标题来研究美国教育史学的学术著作，而《西方教育史学百年史论》和《当代西方教育史学流派研究》则是我国学者通论西方教育史学理论的代表性著作。

1.《教育史学：传统、理论和方法》

《教育史学：传统、理论和方法》(*Educational Historiography：Tradition，Theory，and Technique*)是单中惠、徐小洲主编的"西方教育史经典名著译丛"中的一本。《教育史学：传统、理论和方法》的译者许建美，对该书的相关内容进行了"解读"①。

①《教育史学：传统、理论和方法》一书的由来。《教育史学：传统、理论和方法》是美国著名教育史学家和比较教育家威廉·W. 布里克曼的代表作，1982年出版。第一版以《教育史研究指南》(*Guide to Research in Educational History*)为书名，于1949年在美国纽约

---

① ［美］威廉·W. 布里克曼：《教育史学：传统、理论和方法》，许建美译，解读1~8页，济南，山东教育出版社，2013。

出版。在此后的 20 年左右的时间里，虽然教育史领域的研究进展迅速，但仍然没有出现一本与《教育史研究指南》研究范围相似的著作。该书脱销后，从美国、欧洲、南非、日本和世界其他地区不断传来重印的要求。于是，布里克曼于 1973 年将内容拓展后的修订版命名为《教育史研究》(*Research in Educational History*)，在宾夕法尼亚州诺伍德出版。1982 年，他又出版了增加了在《教育学史》(*Pedagogica Historica*)上发表的四篇论文的新版本，并更改为现书名。

②《教育史学：传统、理论和方法》的章节内容概要。该书除"前言"外，包括八章以及由四篇论文组成的附录。第一章"教育史的研究学习"主要讨论教育史研究的价值、影响选题的因素、研究课题的类型和报告提纲的准备四个问题。第二章"资料的初步搜集"主要列出了有助于学生初步查阅资料的 32 本教科书、10 本美国教育史著作和 207 本教育史专著论文集；此外，还论述了有助于学生寻找资料的图书馆卡片目录的使用方法，以及百科全书和索引。第三章"寻找原始资料"集中介绍了对教育史研究学习特别有价值的参考书目；此外，还列出了经常刊登教育史论文的各个语种的教育类期刊。第四章"教育史写作的辅导资料"评介一些关于通史和教育史的本质与写作的著作，以有助于学生理解教育史研究方法。总体来看，布里克曼用了三章篇幅(第二章至第四章)列出了 600 多本资料，足见资料收集对于教育史研究的重要性。第五章"史学方法在教育研究中的运用"是该书的核心章节。布里克曼指出，历史研究的程序包括：选择和界定要研究的问题；收集原始资料并进行分类和评价；确定事实；形成解释事实的临时假设；对事实进行综合并合乎逻辑地呈现。资料一般可以分为一手资料和二手资料，但"原始资料"并非"一手资料"的同义词。完成资料的收集和分类后，还要对资料进行内部和外部的考证。紧随考证之后的步骤就是对事实的确定，但不能假设陈述的可信性与数量成正比。在讨论如何将史学方法运用到教育史研

究中时，布里克曼运用了大量教育史研究中的案例具体说明和层层剖析，探讨了教育史研究中可能会出现的各种问题，如日期的确定、教育思想或著作的来源、有关"第一"的确定、机构的起源、影响的确定、作者身份的确定、讽刺以及教育史中的统计数据等。在教育史研究中的阐释阶段，布里克曼着重讨论了类比、概括、假设、沉默推论、演绎论证等。该章最后的结论言简意赅，明确指出史学方法实际上是一个整体，学习者随着不断的实践将会越来越有效地运用它，以能够收集资料时全面彻底，评价时小心谨慎，阐释时慎重公正，综合时游刃有余。第六章"做笔记和文献标记"简要论述了阅读、做笔记和文献标记的一些通性做法。第七章"陈述的方法"简短论述如何从研究者转变为写作者，将搜集的资料和阐释付诸笔端。第八章"教育史研究报告的评价"讨论了学期报告以及硕士和博士学位论文的评价标准，并阐述了高水平历史学者应具备的品质。对于高水平教育史学者应该具有的素质，布里克曼明确指出，其包括探究和呈现真理的热诚、正确的判断能力和客观的态度、非比寻常的耐性和毅力、理智上的警觉、可靠的记忆力和良好的建构性想象力、追求完美精确和透彻的热情、从外语文献中提取资料的能力以及学者最真实的谦虚和谦卑品质。附录中的四篇论文是布里克曼曾在《教育史季刊》和《教育史》上发表的论文，分别为《修正主义与教育史研究》《布朗大学教授的免税特权》《教育史学的理论视角和批判视角》《美国教育史学研究与著述的早期发展》。

③《教育史学：传统、理论和方法》一书的特点：第一，文献资料特别丰富，为教育史研究者提供了一个宝贵的资料库。第二，分析论述清楚明晰，使得整本著作的论述具有很强的说服力。作为一本研究指南性质的教育史学著作，作者在论述教育史研究方法和提供相关建议的时候，思路清晰，逻辑严密，并运用书目清单的形式，使读者易于理解和实践运用。第三，学术观点鲜明独特，凸显出作

者的知识渊博和思想睿智。第四，表现出提高教育史学科学术地位
和学科尊严的强烈愿望与感情。在该书中，作者反复强调，教师教
育课程在压缩甚至取消教育史课程的做法并不是不可逆转的趋势。
因为在教育领域的分支学科中，没有几个能像教育史一样符合学术
研究要求的。因此，必须强调教育史学科职业性和学术性的双重本
质，才能更好地推进教育史学科的发展和提升教育史学科的地位。

2.《西方教育史学百年史论》

史静寰、延建林等著的《西方教育史学百年史论》，是全国教育
科学规划教育部重点课题"20 世纪西方教育史学理论与研究范式研
究"的研究成果和"十二五"国家重点图书出版规划项目。全书系统梳
理了西方教育史学研究的百年历程，深刻分析了西方教育史学理论
的社会背景、思想基础、丰富内涵和机理特点。作者在"导言"①中
从三个方面论述了《西方教育史学百年史论》研究的大致情况。

第一，研究的缘起与意义：教育历史的记忆与反思。历史的记
忆和反思是人类社会心智成熟、健康成长不可缺少的精神维生素。
教育史学研究是教育史学科丰富自身、走向成熟的必由之路。该
书对西方教育史学百年历程的梳理，展现出教育史学者用心灵和智慧
对教育演进变化的史实进行审视和冶炼的努力和追求。在现今时代
的背景下，中国学者要作出恰当的判断并找到合适的答案，除了要
在全面回顾和反思传统教育史学研究的基础上继续提升教育史研究
者自身的史学反思能力之外，还需要培养起一种全球性的视野，能
够从全局上把握世界范围内教育发展的基本趋势，能够分析不同政
治背景条件下教育发展的具体情势。探讨西方教育史学发展的趋势，
是更好地推动我国教育史研究工作融入世界范围内教育史学研究洪
流的有效路径，也昭示了我们今天要深入挖掘和探索西方教育史学

①　史静寰、延建林等：《西方教育史学百年史论》，导言 1～18 页，北京，人民教育
出版社，2014。

理论与范式变革的基本意义。

第二，研究的体系与内容：教育历史的多面与杂色。无论是在西方还是在中国，我们并没有找到像历史学界那样以研究"史学史""史学理论"为专业方向的研究者，所谓的"教育史学"和"教育史学理论"更多地体现在不同研究者以各自选择的史实重塑各自所期望的教育历史的著述中。我们更需要做的是，整理和分析这些教育史著述的文本及相关研究文章，从中勾勒出指导不同时期、不同国家教育史研究工作的思想、理论和精神。我们深刻地认识到，坊间流传的"传统教育史学""进步主义教育史学""修正主义教育史学""新教育史学"等称谓，并非现成的标签可以分门别类地贴在不同教育史学家身上和教育史著作上。同样，新马克思主义、批判教育学、女性主义、多元文化主义、后殖民主义、后现代主义等现代思潮对教育史研究的影响也比我们已经看到的要复杂、深远得多。因此，我们并没有采取传统的自上而下的历史研究路径，也没有试图描绘和建构西方教育史学的理论框架，而是自下而上、多案例、多维度地对西方教育著作进行文本分析，进而揭示出西方教育史学理论的具体内涵和丰富表现。

《西方教育史学百年史论》主要包括五个板块的研究内容：①国别研究。以美国和法国为对象，系统分析了 20 世纪以来以美国和法国为代表的教育史学研究向以德国为代表的传统教育史学提出挑战并成功引领西方教育史学变革的历程。②人物研究。主要分析了美国的劳伦斯·A. 克雷明、乔尔·斯普林以及英国的布莱恩·西蒙三位教育史学家代表性观点的形成背景、过程及其在西方 20 世纪教育史研究中的影响。③专题研究。主要对国民教育史研究和女性主义教育史学两个主题进行了重点分析，能使读者更好地理解西方教育史学研究的变革与创新。④比较研究。以美国和英国为例，通过分析美、英在 20 世纪西方教育史学变革中表现出的趋同性特征和差异性特色，进一步揭示了西方 20 世纪教育史学研究的走势和特点。⑤启示探索。以中国教育史学研究为立足和着眼点，全面回顾了 20 世纪中国学者进行的外国教育史研究，揭示了西方教育史学研究传统及变革对中国的启示与借鉴，对我国教育史研究和学科建设具有重要的参考价值和现实意义。

第三，研究的启示与思考：教育历史的继承与超越。探索外国教育史学的发展与变革是一项富有挑战性的任务，开展外国教育史学理论与范式的研究也缺乏现成的路径。当我们的研究成果呈现在读者面前的时候，我们更多感受到的是，在外国教育史学领域中，我们仍然有许多值得深思和回味的问题。①危机与挑战。对西方教育史学百年历程的反思，为我们带来的不仅是对中国教育史学界过去和现实的重新认识，还应该有对未来发展机遇的判断与把握。变危机为转机如何在中国教育史学界实现，有待于所有教育史学同人的共同努力。②历史与理论。教育史学者究竟应当如何在历史研究与理论分析中掌握平衡？如何在历史研究中自觉运用理论分析指导，避免使历史研究沦为剪刀加糨糊的拼凑？如何在运用理论指导从事历史研究的过程中，避免简单化与教条化的倾向？这些问题仍然需要中国的同行们进行认真的思考与探索。③承继与创新。不同时代、不同阶级、不同意识形态、不同历史场景中的历史学家，都希望从自己的历史时代出发，按照各自的意志重新解释历史，历史知识在一代代人不断进行的历史再认识中向前发展。西方教育史学的不断嬗变，是西方教育史学本身内在逻辑展开的自然过程，同时也是西方教育史学者进行历史再认识的过程中主动选择的结果。当代的教育史学家究竟应当承担起怎样的历史责任，究竟如何才能撰写出真正经得起历史检验的教育史作品，值得我们深思。

3.《当代西方教育史学流派研究》

周采等著的《当代西方教育史学流派研究》是教育部人文社会科

学一般项目"当代西方教育史学流派研究"的研究成果，以马克思主义史学理论为指导，研究了当代西方教育史学主要流派的历史发展、现状及其主要特征。作者在"导论"①中从四个方面对《当代西方教育史学流派研究》的基本情况进行了阐释。

第一，研究西方教育史学史的意义。首先，研究西方教育史学史有助于拓宽我国的外国教育史研究领域，我们不仅要研究西方教育历史发展的客观进程，还应从教育史学自身的发展这一视角去观察和认识。其次，研究西方教育史学史有助于优化西方教育史研究。西方教育史学史的研究不仅能为研习者提供一个参考书目，还可以帮助其有针对性地选取相关材料，有效地提高研究的学术水平。教育史学史的一项重要工作便是在辩证唯物主义和历史唯物主义的指导下，批判地继承历史上各种教育史学著作形式，帮助教育史学工作者更好地运用适合时代需要、具有民族特色的教育史学著作形式。

第二，西方史学嬗变与史学流派。与当代西方教育史学流派关系较为密切的三个史学流派为：①新社会史。现代意义上的社会史是由 20 世纪的法国年鉴学派开创的，推崇整体历史观，关注民众日常生活研究的风格和方法。②西方马克思主义史学。尤其是法国和英国的马克思主义史学日益成为西方史坛的劲旅，在继续运用传统方法研究政治史和经济史的同时，也将研究拓展到精神状态史、社会经济史、日常生活史、大众文化史、农民史和反抗史等领域。③后现代主义史学。一是新叙事史，主要包括微观史和日常生活史；二是新文化史，主要包括政治文化史、实践和表象史。

第三，西方教育史学的研究与教育史学流派。西方的教育史研究始于 18 世纪的欧洲。19 世纪末至 20 世纪初，西方教育史学的传统模式形成。其基本特点是：直线进步史观、自上而下的视角、思

①　周采等：《当代西方教育史学流派研究》，导论 1～16 页，上海，上海交通大学出版社，2018。

想和制度两分法、学校教育史和叙述取向。20 世纪 50 年代中期，美国历史学家开始挑战传统教育史学，出现了以贝林和克雷明为代表的"修正主义学派"，并对西方一些国家产生影响。20 世纪 70 年代末以后，在马克思主义、女权主义、后现代主义、新社会史、新文化史和全球史的影响下，西方教育史学朝着多元化方向发展。劳工阶级教育史、少数族裔教育史、多元文化主义教育史、新城市教育史、妇女与性别教育史、婚姻与家庭教育史、儿童史、青年史和地方教育史等领域的研究成果不断涌现。在当代教育史学科的职业取向渐趋淡化，甚至退出教师培训课程的背景下，学术取向的教育史研究却呈现出方兴未艾和繁荣昌盛的局面。

第四，当代西方教育史学流派的发展。在不同的意识形态和理论视野的影响下，西方主要国家先后出现了各种教育史学流派，如修正派教育史学、西方马克思主义教育史学、女性主义教育史学和多元文化主义教育史学等。各流派都有自己的代表人物和代表作，同时，不同流派之间又存在交叉和相互影响，甚至边界模糊的复杂状况，并在劳工教育史、少数族裔教育史、多元文化主义教育史、新城市教育史、妇女与性别教育史、婚姻与家庭教育史、儿童史、青年史和地方教育史等领域表现出来。

作者在对西方教育史学及其流派的大致历程进行梳理的基础上，选择十个主题展开研究：

①民族主义与西方教育史学；②西方教育修正派教育史学；③西方马克思主义教育史学派；④多元文化主义与西方教育史学；⑤新文化史与教育史学；⑥全球史视阈下的教育史研究；⑦西方城市教育史学；⑧西方女性教育史学；⑨美国课程史学；⑩史学理论与教育史学研究。

（二）国内教育史学理论的探索

现阶段体现我国教育史学者关于教育史学理论研究新进展的学术成果，主要为《教育史学》（杜成宪、邓明言，2014 年）和《教育史学通论》（周洪宇，2018 年）。其中，杜成宪与崔运武、王伦信合作在 20 世纪 90 年代曾出版我国第一部教育史学著作《中国教育史学九十年》。我们试对本阶段出版的两本教育史学著作进行简要介绍，以期呈现教育史学理论研究方面的学术进展。

1.《教育史学》

杜成宪、邓明言著的《教育史学》作为"教育科学分支学科丛书"之一，是我国教育史学界第一本直接以教育史学命名的学术专著。作者在"后记"①中对研究的缘起、主要内容及撰写思路进行了简要说明。

第一，研究缘起。《教育史学》作为瞿葆奎主编的"教育科学分支学科丛书"中的一种，却与丛书中其他大多数论著大有不同，即它不再是提供一种教育史的著作，而是对教育史学科进行理论反思和总结；如果名为"教育史学"，却最终仍提供一部《中国教育史》或《西方教育史》，即使材料、观点再新，也将贻笑大方。因为，写出的仍旧是"史"而非"学"。这就意味着，这是一部草创之作，在国内无先例可循。因此，这部书不妨分成两部分，即"中国教育史学"与"西方教育史学"，由两个作者分别撰写，合成一书。待日后条件成熟了，再可写出一部可以概括中西两个教育史学科总体的"教育史学"。

第二，主要内容。《教育史学》分为上、下两编。上编为"中国教育史学"，由杜成宪撰写；下编为"西方教育史学"，由邓明言撰写。

上编"中国教育史学"分为八章：第一章通过辨析有关中国教育史的几个基本概念，阐述对教育历史的基本认识和对中国教育史研

---

① 杜成宪、邓明言：《教育史学》，453～456 页，北京，人民教育出版社，2004。

究对象的基本见解；第二章是对一个世纪以来中国教育史学科发展历史的简要追溯；第三章是对中国教育史学科体系及其组成部分的构想，尝试描绘出学科的边界、内涵及结构；第四章着重阐述了在中国教育史研究中，曾经困扰过人们很长时期的几个主要理论问题，这些问题事实上仍旧有现实价值；第五章谈中国教育史研究的基础条件及其相关学问——史料和史料学问题；第六章通过体裁、体例和文字谈中国教育史著作的编纂问题，即教育史研究成果的表述；第七章讨论中国教育史学科与其他教育学科、人文社会学科和自然学科的关系；第八章阐明对中国教育史学评论的传统、意义和标准的认识。各章中，第一、三、四、七章作者自身研究的含量更高些，也多少提供了一些自己的见解；第二章所谈论的问题，由于作者有更专门的著作（《中国教育史学九十年》）出版，除了近十年的进展外，未必见得有更多新东西，需要说明的是，由于资料所限，本章对我国香港、澳门、台湾地区未能予以反映，同时，也会遗漏同行的一些成果；第五、六、八章的内容（尤其是史料和编纂两方面）对历史学科学者的研究成果有更多的借鉴，因此更近似编著。上编的撰写，作者有几个明确的意图：其一，作为"中国"教育史学，理应更多地汲取极丰富的中国传统史学和史学的营养，当然也要借鉴和吸收西方史学的成果；其二，作为中国"教育"史学，理应有教育学科的特色，中国史学的一般属于中国教育史学的特殊之中，但也必须有所区别；其三，作为中国教育史"学"，理应谈"学"，并在本学科的理论建设方面提出一点儿东西。

下编"西方教育史学"分为七章：第一章通过对教育史、教育史学史和教育史学的分析，阐述对教育史学的研究对象、概念内涵和功能定位的理解；第二章追溯西方教育史研究和教育史学科的起步、发展和现状；第三章谈对教育史学科内容的看法，依据西方教育史学发展的现状，列举出其主要分支；第四章着重分析和阐述了西方教育史观由传统向现代转折中的变革与纷争;第五章着重介绍和评述了英、美两国最具代表性的教育史家及其对教育史学理论的贡献;第六章通过对一些重要的教育史观、研究方法和解释模式的剖析,阐述了教育史研究的一些方法论问题;第七章为对教育史学科的展望,对教育史学科的发展前景和从业者的使命提出了看法和建议。下编的撰写,更多地体现了在西方现代历史哲学发展背景下教育史学的建树,有着更为浓厚的时代与理论气息。

第三,撰写思路。《教育史学》上下编的内容是有所区别的,考虑到中西教育史两个学科尽管不同,但中西教育史又都作为历史学科,不少问题是共同的,因此,在拟定研究和写作提纲时,注意了上下两编尽量避免对一些问题的重复讨论。比如,方法和方法论问题,对于中西教育史研究是共同的,下编中展开了,上编中就不再赘言;教育史学科与其他学科的关系、教育史学评论也是共同的问题,上编中谈了,下编中就不重复。诸如此类。作为谈教育史学的一本书而分成中西两部分,这本就是个可以讨论的问题。事实上,也有同行对此书的结构提出过疑问。但正由于分成了中西两部分,中国教育史和西方教育史两个学科的各自问题得到了更为充分的展示,未尝不是一种尝试和收获。总之,《教育史学》试图通过对中国教育史学科和西方教育史学科的理论反思和总结,构建以"学"为中心的教育史学理论著作。

2.《教育史学通论》

周洪宇主编的《教育史学通论》是周洪宇及其团队多年辛勤劳动的结晶,体现了以周洪宇为代表的学术团队对教育史学理论的系统认识。周洪宇在《教育史学通论》出版之前,在《教育史研究》(2017年第1辑)刊发了《关于教育史学研究和学科建设的思考》[①],详细介绍

---

① 在论文的页下注中,作者标注:本文系《教育史学通论》(周洪宇,人民教育出版社即将出版)的绪论。

了关于《教育史学通论》一书的大致情况①。作者认为，教育史学作为从历史学怀抱中发育与成长起来的交叉学科，具有历史学和教育学的双重学科背景，可以说，既是历史学的分支学科，又是教育学的基础学科，但从其产生的历史与途径、研究对象和任务、研究理论与方法、基本研究规范等方面来考察，教育史学主要属于历史学科而不是教育学科。教育史学的"学科主体性"是历史学。在此基础上，论文从三个方面阐述了《教育史学通论》涉及的主要内容。

第一，为什么要研究教育史学理论与方法？首先，研究教育史学理论与方法是加强学科建设的需要。我们研究教育史学的理论与方法，就是要对该学科发展的过程、特点和规律进行探讨和总结，必将有助于拓展教育史研究的新领域，推动教育史学科的自身建设和发展，具有重要的学术价值。其次，研究教育史学理论与方法是满足现实发展的需要。深化教育史学研究，对推进教师教育的发展，促进教育教学改革，具有重要的现实意义。

第二，编著该书的指导思想是力求突出针对性、指导性、理论性，使教育史学理论体系化。遵照上述指导思想，该书力求实现以下四个方面的结合：①历史与逻辑相结合。该书通过大量的具体教育史研究事实来展现与证实抽象的教育史学理论，进而提炼出对具体教育史研究具有指导意义的教育史学理论与方法。②教育活动史、教育制度史与教育思想史相结合。教育活动史与教育思想史、教育制度史构成一种倒三角关系，教育活动史是起源、前提和基础，教育思想史和教育制度史是派生物和结果。③严肃的理论性与活泼的生动性相结合。该书冠名"教育史学通论"，意味着是一部理论色彩浓厚的著作，因此，在撰写过程中首先要以严肃认真的态度去构筑教育史学的理论框架；同时，力求表达方式灵活，文字表述生动，使之具有较强的可读性，

---

① 我们对《教育史学通论》情况的介绍，所引用的观点主要来自《教育史研究》刊发的论文。参见周洪宇：《关于教育史学研究和学科建设的思考》，载《教育史研究》，2017(1)。

避免将教育史学理论与方法写得枯燥、晦涩、深奥，达到使读者能够在轻松的氛围中读得下去和读得明白的目的，这样才能真正实现其指导教育史学研究的终极目标。④回归传统与理论创新相结合。回归传统，首先，就应当继承传统史学的思维方式，关注传统的理论范畴，借鉴传统的研究方法(版本学、目录学、训诂学、校勘学、辨伪与考证、辑佚与注释等)，利用传统的编撰方法(编年体、纪传体、纪事本末体、学案体等)；其次，还要借鉴西方史学最新理论、其他学科的研究理论与方法，在此基础上建构适合指导教育史学研究的理论与方法体系，因此这又是一个理论创新的过程。

第三，该书的主要内容。该书力图从元理论研究出发，运用历史唯物主义和现代科学的观点和方法，全面系统地研究教育史学科的基本理论问题，重点论述教育史学科的理论范式、研究方法和学科体系，以求加强教育史学科的自身理论建设，提高教育史研究者的理论水平。其主要内容包括以下几个方面：①教育史学科的性质与学科体系；②教育史学的跨学科研究；③教育史学的功能和作用；④教育史学认识论；⑤教育史学发展史；⑥教育史学研究方法；⑦教育史料学；⑧教育史编纂学；⑨教育史学评论；⑩教育史研究者的素养；⑪教育史学的未来发展。

总而言之，《教育史学通论》就是试图通过对教育史的学科体系，特别是对教育史学理论与方法进行整体研究，构建一个结构合理、内容丰富的教育史学体系，为教育史学科的理论建设铺垫一块坚实的基石，进而推动教育史学科的理论建设，使教育史学科更好地迎接新的挑战。

四、从教育学史到教育学术史

教育史学科的学科意识增强的另一个层面的突出表现就是教育学史研究日益受到重视，并呈现出从教育学史到教育学术史研究的学术发展趋向。

20 世纪 80 年代末，叶澜从加强教育学"自我意识"的思考角度出

发，明确提出开展教育学史研究，并把教育学史看作同教育科学学、
教育科学方法学一起，构成以教育学本身为研究对象的元科学群的
三个重要组成部分之一①；何齐宗则进一步提出要建立教育学史学
科，并指出教育学史不是某一门教育学分支学科的历史，而是整个
教育学的发展史，对教育学史的学科建设从理论上进行了初步探
索②。90 年代后，教育学史日益受到学者们进一步的重视和研究，
具体表现为：①从建设一门学科的角度展开教育学史研究③；②从
教育学具体问题的角度展开教育学史研究④；③从对教育学的发展
历程进行反思和研究的角度展开教育学史研究⑤。学者们从多层面
开展的教育学史研究，为进行系统、整体、全局的教育学史研究奠
定了学术基础。进入 21 世纪以来，《20 世纪中国教育学科的发展与
反思》（金林祥，2000 年），《教育学史论纲》⑥（王坤庆，2000 年），

---

① 叶澜：《关于加强教育科学"自我意识"的思考》，载《华东师范大学学报（教育科学版）》，1987(3)。

② 何齐宗：《建立"教育学史"刍论》，载《教育研究》，1989(8)。

③ 王坤庆：《论教育学史研究的基本问题》，载《高等师范教育研究》，1991(6)；《关于建立"教育学史"学科的基本构想》，载《华中师范大学学报（哲学社会科学版）》，1992(4)；《"教育学史"研究的历史与现状》，载《教育研究与实验》，1992(3)；《"教育学史"研究刍议》，载《教育理论与实践》，1993(5)。

④ 瞿葆奎：《建国以来教育学教材事略》，载《华东师范大学学报（教育科学版）》，1991(3)。陈元晖：《中国教育学七十年》，载《北京师范大学学报（社会科学版）》，1991(5)。孙喜亭：《中国教育学近 50 年来的发展概述》，载《教育研究》，1998(9)。瞿葆奎：《中国教育学百年（上）》，载《教育研究》，1998(12)；《中国教育学百年（中）》，载《教育研究》，1999(1)；《中国教育学百年（下）》，载《教育研究》，1999(2)。

⑤ 侯怀银：《建国后十七年中国教育学科体系建设和发展的基本历程初探》，载《山西大学学报（哲学社会科学版）》，1998(3)；《试论建国后十七年中国教育学科体系建设和发展的历史启示》，载《高等师范教育研究》，1997(5)；《论"文革"对中国教育学科体系的破坏及其教训》，载《高等师范教育研究》，1998(2)；《我国新时期教育学科体系建设和发展的基本历程初探》，载《教育理论与实践》，1998(4)；《我国新时期教育学科体系建设和发展的回顾与展望》，载《教育研究》，1998(12)。

⑥ 该书为中国学者出版的第一本以"教育学史"为题的理论专著，在此之前陈桂生曾出版了《历史的"教育学现象"透视：近代教育学史探索》(1998 年)一书。之后，张瑜、王强翻译出版了法国加布里埃尔·孔佩雷著的《教育学史》(2013 年)一书，为我们了解国外教育学史提供了条件。

《比较教育学史》(王承绪，2000 年)，《中国教育学史遗稿》(陈元晖，2001 年)，《20 世纪西方教育学科的发展与反思》(王坤庆，2002 年)，《中国教育学百年》(郑金洲、瞿葆奎，2002 年)等学术著作的编撰出版，标志着教育学史研究进入了一个新阶段。

　　尤其值得关注的是，进入 21 世纪以来，以侯怀银为代表的中国教育学史研究团队，无论是在课题申请、专著撰写还是在学术论文等方面都取得了重大的学术进展，成为中国教育学史研究的中坚力量。侯怀银以《中国教育学史学科建设初探》(《教育理论与实践》，2000 年第 2 期)一文的发表为始端，对中国教育学史研究的重要意义、中国教育学史的研究对象和性质、中国教育学史的研究任务和内容、中国教育学史研究的原则和方法等中国教育学史学科的基本范畴进行了有益的学术探讨；在《20 世纪上半叶中国教育学发展问题的反思》(华东师范大学 2000 年博士论文)一文中，就中国教育学者在 20 世纪上半叶进行的教育学中国化探索、教育学科学化探求、教育学学科独立性的探讨和教育学学科体系的构成进行了研究与反思，并在对 20 世纪上半叶中国教育学发展问题进行反思的基础上提出，"从植入性到生成性"是中国教育学发展的未来走向。之后，中国教育学史研究团队在对中国教育学各个分支学科的历史进程进行梳理的基础上，形成了关于中国教育学分支学科发展史整体的、系统的认识，为更深层次上探索中国教育学史学科的基本问题奠定了学术基础。① 正是在侯怀银的组织下，我国 2017 年 6 月 22 日至 23 日召开了以"民国时期教育学发展问题"为主题的首届中国教育学史论坛；2018 年 12 月 15 日召开了以"改革开放后中国教育学学科发展的回顾与展望"为主题的第二届中国教育学史论坛。中国教育学史论坛会议的召开，进一步深化了关于中国教育学史学科的学术研究，促进了中国教

---

　　① 侯怀银在中国教育学史研究的基础上，申请并获准立项国家社会科学基金教育学重点课题"中华人民共和国教育学史"(课题批准号：AOA180016)。

育学史学科建设及研究的发展进程，并进而为构建具有中国特色、中国风格和中国气派的中国教育学史体系奠定了坚实的基础。①

在中国学者对教育学史展开学术研究并取得系列学术进展的同时，于述胜、毕苑、娄岙菲等在《从教育学史到教育学术史》(《教育研究》，2005 年第 12 期)一文中倡导开展教育学术史研究，将教育学史研究推向了一个新方向。论文深入剖析了中国现代教育学的传统特征，指出中国教育学在研究上既隔绝于文化历史传统，又隔绝于西方文化历史传统的现实困境，提出要改变中国教育学史研究困境，就必须把传统学术纳入研究视野，从教育学史拓展到教育学术史研究的建议。之后，陈桂生在《萧承慎中国师资文化研究的学术价值——基于教育学术史的探查与考辨》(《基础教育》，2018 年第 5 期)一文中，从教育学术史的角度展开"师道"研究，并指出中国和西方的师资文化差异，植根于双方的教育文化中，建构中国特色的教育学，应当从中国传统的教育文化中汲取滋养。立足于中国传统学术开展教育学史研究，正是当前教育学术史研究的发力点所在。

事实上，无论是基于教育史学科理论自觉的教育史学研究，还是基于教育学科理论自觉的教育学史乃至教育学术史研究，都标志着中国教育史学科建设理论程度的提升，体现了新时期中国教育学者立足于学科本身来思考学科建设和发展问题意识的增强。教育史学科建设进入一个理论自觉和自我反省相互促进的新时代。

第三节　视野下移：教育史学领域的新突破

正如陈桂生所言："传统的教育史(包括带有描述性教育史倾向

---

① 侯怀银在对中国教育学史进行深入研究的同时，对西方教育学史研究也进行了有益的探索，并形成了系列学术成果，《西方教育学在 20 世纪中国的传播和影响》(2011 年)和《德国教育学在中国的传播和影响》(2018 年)等就是其中的代表之作。

的陈述），基本上是'制度化教育'的历史。它或把非制度化教育置于视野之外，或对其加以贬抑；相比之下，在当代，随着教育价值观的变化，教育史研究的热点转向对'制度化教育'的反思和对非制度化教育传统的发扬。"①伴随着教育史研究视角的下移，中国教育史学界表现出与欧美国家产生于 20 世纪六七十年代的"新社会史"潮流颇为类似的学术特点，即"从历史认识论方面看，表现出对'总体的、社会的历史'的关注，同时也十分重视对历史进行文化和心态的考察；从方法论方面看，表现出'自下向上看的历史'的价值取向，改变了历史研究的视角，普通人和底层群体、日常生活和具体过程等格外地受到关注；从研究方法与技术方面看，表现出对诸多其他学科研究方法的借鉴，尤其是对社会学、人类学方法的借鉴；从研究材料方面看，突破了传统的'正史'、'文献'的窠臼，几乎没有什么是不可以成为史料的。由此，极大地拓展了教育史研究的范围、丰富了教育史研究的方法、改变了教育史研究的面貌，前所未有地展现了中国教育历史发展的丰富而生动的画面"②。新世纪的教育史学研究呈现出新特点、新气象。

一、以教育史观重塑为核心的教育史学理论探索

张斌贤在《重构教育史观：1929—2009 年》一文中，提出了重构教育史观的学术问题。何谓教育史观就是必须首先要面对和回答的问题。"教育史观"，"主要是指史家对教育的历史进行认识、理解和阐释时，所具有的基本观念和认识体系。它包括三个基本方面。第一方面是教育史的'本体论'，主要解答'什么是教育史'的问题，涉及关于教育历史的内在规定性、发展的基础和动力以及教育的'内部史'与'外部史'之间的相互关系等基本问题的主张。第二方面是教育

---

① 陈桂生：《教育文史辨析》，11 页，上海，华东师范大学出版社，2012。

② 杜成宪：《中国教育史研究中的三次视角下移》，载《河北师范大学学报（教育科学版）》，2013(1)。

史的'认识论'，主要解答'如何认识教育史'的问题，包括对作为认识客体的教育历史进行认知和解释的理论视角、规范、概念、框架、方法等。第三方面是教育史的'价值论'，主要解答'为什么认识教育史'的问题，包括对教育史研究功能的评价等。"①可见，教育史观是关系到教育史研究的根本性理论问题，对教育史观的反思和研究从某种程度上决定着教育史研究的方向和进展。作者在对 20 世纪 20 年代以来的外国教育史著作及相关研究成果进行梳理的基础上，认为近百年来在我国不同历史时期所形成的教育史观，分别为早期唯物主义教育史观、唯心主义教育史观、马克思主义教育史观、现代化教育史观等。同样，"从近百年学科发展的历程看，专题研究成果的大量出现正说明外国教育史学科研究方向的重大转变，即从综合走向分析，从宏观把握转向微观研究，从整体认识转向具体探微。这种转变实际上意味着外国教育史研究正日益摆脱教科书传统的束缚，逐渐回归历史研究的本性"。教育史研究的转向，促使教育史工作者不再关注整体的教育史观，而侧重关注教育史观的某个方面，这就必然会引发教育史观的"断裂"现象。而这种教育史观的"断裂"并不意味着教育史观的缺失，"而是教育史观探索的重大的和方向性的转变"。② 那么，对于究竟树立何种新的教育史观，作者在论文中虽然没有给出确切的答案，但是倡导形成一种"中级理论"——专门的教育史学理论或观念。可见，教育史学理论建设是教育史学科发展到一定阶段的必然诉求，同样也是解决教育史学科究竟向何处去的根本性问题。

　　与此同时，周洪宇在《对教育史学若干基本问题的看法》③一文

---

①　张斌贤：《重构教育史观：1929—2009 年》，载《高等教育研究》，2011(11)。
②　张斌贤：《重构教育史观：1929—2009 年》，载《高等教育研究》，2011(11)。
③　周洪宇：《对教育史学若干基本问题的看法》，载《河北师范大学学报(教育科学版)》，2009(1)。

中，从学科性质史学论、研究对象三分论、研究中心下移论、理论方法现代论、学术传统继承论、学者素养要素论、未来发展多元论七个方面，来系统论述对于教育史学理论的看法。作者认为，教育史学的学科性质主要姓"史"，而不是姓"教"，并从教育史学产生的途径、研究对象和研究任务、研究理论与研究方法、研究规范以及与相关学科的相互关系五个方面加以论证；教育史学的研究对象为教育活动史、教育思想史与教育制度史，三者相辅相成，缺一不可；教育史学的研究重心应该下移到日常教育问题、普通民众、民间生活和大众需求；教育史学的研究方法的"三维系统方法论"，具体来说就是，教育史学理论与方法体系应该是一个由研究方法的理论基础、一般研究方法和具体研究方法三个大的方面及其相关层次构成的研究系统；教育史学应批判地继承中国优良学术传统，构建具有本土特色的教育史学体系；教育史学研究者应具有"史德""史识""史学""史才"四种美德；教育史学基本走向之一就是多元化，包括教育史学理论的多元化、教育史学方法的多元化、教育史学研究对象的多元化、教育史学成果形式的多元化等。

　　随着问题讨论的深入，张斌贤和周洪宇继续对教育史学的发展进行持续不断的深入探索。张斌贤发表了《探寻教育史学科重建的出发点》①《从"体系时代"转向"问题时代"：我国外国教育史学科振兴的路径》②，继续寻找外国教育史学科的出路问题，并试图给出可以尝试的路径和方法；周洪宇则出版了学术专著《创新与建设：教育史学科的重建》③，逐步形成了关于教育史学基本问题的系统认识，为新时期教育史学科的重建指明了可以努力尝试的学术方向。同时期

---

①　张斌贤：《探寻教育史学科重建的出发点》，载《北京大学教育评论》，2016(4)。
②　张斌贤：《从"体系时代"转向"问题时代"：我国外国教育史学科振兴的路径》，载《云南师范大学学报(哲学社会科学版)》，2017(6)。
③　周洪宇：《创新与建设：教育史学科的重建》，武汉，华中科技大学出版社，2016。

其他教育史工作者也展开了教育史学理论方面的研究工作，初步形成了关于教育史学理论的学术共识，并成为指导教育史学科重建的重要理论力量。正如学者们指出的，作为"中级理论"的教育史学理论在成为学术关注的热点的同时，也标志着中国教育史学科自身发展的理论水平的提升，体现了中国教育史学科发展的一个新阶段。

二、以三分法为出发点的教育活动史研究

周洪宇任总主编、申国昌任副总主编的八卷本的《中国教育活动通史》，是以倡导三分法为出发点的教育活动史研究的代表性著作。正如《中国教育活动通史》的"总序"所言："百余年的中国教育史学发展历程中，尽管取得了丰硕的研究成果，如《中国教育通史》《中国教育思想通史》《中国教育制度通史》《中外教育比较史纲》等几套大部头通史以及各种专题史相继面世，但就总体而言，研究重点主要集中在教育思想史和教育制度史两个方面，在长期的研究实践中形成了思维定式，仿佛教育史只包括这两大领域。殊不知，还有更为基础、更为重要的一块内容，那就是教育活动史，而长期以来置于被人们遗忘的角落。我们意欲本着'史论结合''古为今用'的原则，重点研究教育活动史，以补过往研究之缺失。试图通过大量第一手史料来构筑不同历史时期各类教育活动的轮廓，梳理教育活动历史脉络，力求生动再现活动层面的教育历史，总结不同时期教育活动的特点与规律，找寻历代教育思想和制度的基点与源泉，重塑教育历史的完整图景，重构教育史学的学科格局，并为当今教育教学改革与发展提供重要历史借鉴。"[1]

《中国教育活动通史》在"总序"[2]中对教育活动史的研究宗旨、基本原则、研究取向、史料来源、研究方法、表达方式等进行了论

---

[1]　周洪宇：《中国教育活动通史》，总序 1~2 页，济南，山东教育出版社，2017。
[2]　周洪宇：《中国教育活动通史》，总序 15~22 页，济南，山东教育出版社，2017。

述，具体内容为：①坚持全景式总体史观的研究宗旨。研究教育活动史，应当将其放在大的社会背景和历史环境中去考察，并对教育活动的不同方面、不同层次进行研究，力求对教育活动历史进行"全景式"总体把握。②注重微观、日常、实证研究的研究原则。倡导多微观研究，少宏观研究；多事实研究，少理论研究；多日常叙事研究，少宏大叙事研究。③以问题研究为导向的研究取向。教育活动史研究应当树立问题意识，首先应当将研究的重心转向教育学的具体问题、微观问题和日常问题。④树立大史料观的史料来源。教育活动史研究理应树立大史料观：其一，地上史料与地下史料并重；其二，正史史料与笔记小说史料并行；其三，文字记录与口述史料并举。⑤"视情而定"，善加选取的研究方法。教育活动史研究倡导一个由研究方法的理论基础、一般研究方法和具体研究方法三个大的方面及其相关层次构成的系统，构成了最高层次、中间层次和最低层次的三个层次相辅相成的方法论体系。并在具体研究过程中，注意理论、方法与问题的相容性、相适性，做到"视情而定"。⑥采取"善序事理"的叙事方式。中国教育活动史研究要避免回到"目中无人""见人不见行""见物不见事"的教育史学老路上，就必须承继和发扬中国传统历史叙事的优点，采取"善序事理"的叙事方式，在叙事中注意呈现具体过程与日常细节。

综上所述，第一，教育活动史研究应该以追求全景式、总体式为宗旨，对历史上各个层面与层次、不同类型与学校的教育活动进行全面、系统、深入的分析与描述，从而使历史发展过程中丰富多彩的教育活动完整地得到重视；第二，教育活动史研究应该以民众的教育生活为研究重点，改变教育史学研究重上层、轻下层，重精英、轻民众，重经典、轻世俗，重中心、轻边缘的传统做法；第三，教育活动史研究应该以问题研究为取向，强化问题意识，尤其是要格外关注教育教学的具体问题、微观问题和日常问题；第四，教育活动史研究应该树立地上与地下、史学与文学、书面与口述三结合的大史料观，拓宽史料来源，广泛收集、整理与运用史料；第五，教育活动史研究应该"视情而定"，选取相应的研究理论与方法，根据不同的目的和具体的任务，选取最合适的研究理论与方法；第六，教育活动史研究应采取"善序事理"的叙事方式，尤其要充分地继承和发扬中国传统史学研究中叙事方式的优点，既客观真实又生动形象地将教育活动史的具体过程展现在读者面前。这就是该书作者倡导的全景式和总体式的、以人的教育生活为中心的、问题导向并注重过程和细节的教育史观。

《中国教育活动通史》共分为八卷，分别为先秦卷、秦汉魏晋南北朝卷、隋唐五代卷、宋辽金元卷、明清卷、晚清卷、中华民国卷、中华人民共和国卷。在编撰过程中，力争做到"通""特""活"。所谓"通"，是指纵通、横通、理通。纵通，就是要八卷本从远古到当今力求前后连贯，脉络清晰，一以贯之；横通，就是指将同一时期的学校管理活动、教师教学活动、学生学习活动与制度制定活动、教育交流活动、家庭教育活动、社会教化活动联系起来去研究，甚至将我国某个时期的教育活动与西方国家的教育活动联系起来去研究；理通，即坚持"三观"——人本观、总体观和全球观。所谓"特"，就是特点、特色。通过转变研究理念，更新研究方法，挖掘第一手材料，转换研究视角，来展现中国教育活动史研究的风格与特色。在研究过程中，努力展示本套通史与教育思想通史、教育制度通史相区别的固有特色。着眼于研究教育者与受教育者在学校教育、家庭教育与社会教育中日常的、微观的、具体的活动，大量采取叙事的表达方式，力求给读者以生动鲜活的感觉。所谓"活"，就是力争将主体的活动写活，将教育者与受教育者的实践活动、心理活动及互动活动表述得活灵活现，将其日常生活细节尽可能地描述出来，进而使人的活动得以立体呈现和全方位展现。总之，教育活动史，主要着眼于整个教育活动过程研究，其研究对象固然包括教育活动的各个方面，但重点是研究教育历史上基层的、具体的、微观的、日常的、民间的教育活动，努力达到"通""特""活"的最终效果，通过生动、形象的表达方式来展示丰富多彩、生动鲜活的教育活动史，以期实现研究重心"下移"的目标，将研究视野逐步向下移动和对外扩散，使教育史学研究从精英走向民众、从高层走向基层、从经典走向世俗、从中心走向边缘，从而实现对教育活动的原生态研究，以此来弥补原有研究的不足，形成教育思想史、教育制度史、教育活动史三位一体的完整体系。

可见，《中国教育活动通史》正是致力于建构三位一体的教育史学的学科体系的学术尝试，为我们重新审视以教育思想史和教育制度史为主体的教育史学的学科体系，倡导走向民众、走向基层、走向世俗、走向边缘的教育史学研究的新动向，提供了重要的理论指导和学术典范。

三、以日常生活为对象的微观教育研究

正如杜成宪在《中国教育史研究中的三次视角下移》一文中指出的，从教育史研究的发展历程来看，现在正经历研究视角的第三次下移，即"从方法论方面看，表现出'自下向上看的历史'的价值取向，改变了历史研究的视角，普通人和底层群众、日常生活和具体过程等格外地受到关注"[1]。周洪宇在《对教育史学若干基本问题的看法》一文中指出，教育史学研究重心"下移"，具体表现为研究重心下移到日常教育问题、普通民众、民间生活和大众需求。[2] 张斌贤在《重构教育史观：1929—2009 年》一文中也指出，外国教育史学科

---

[1] 杜成宪：《中国教育史研究中的三次视角下移》，载《河北师范大学学报（教育科学版）》，2013(1)。

[2] 周洪宇：《对教育史学若干基本问题的看法》，载《河北师范大学学报（教育科学版）》，2009(1)。

研究方法发生了重大转变，即从宏观把握转向微观研究，从整体认识转向具体探微。① 传统的教育史研究是以精英人物、制度化教育为核心的，教育史研究成果也是体现中心人物的主要历史活动和历史贡献。一般人物的日常生活很难走进教育史研究的学术领域，更难形成关于以他们为研究对象的教育史成果。研究视角的下移，不仅改变了教育史工作者的研究方向，而且产生了大量的新的且不同于以往的学术研究成果，从学术研究层面拓展了教育史学科的生存空间和学术领域。首先，在研究对象方面，不同于学校教育中学生的成人、老年人开始成为研究对象，不同于学校教育中学生和教师职业的商人、工人、农民、一般知识分子开始成为研究对象，不同于学校教育形式的成人教育、民众教育、乡村教育等开始成为研究对象。其次，在研究史料方面，不同于以往官方材料的日常生活史料逐渐受到研究者的重视，信件、日记、传记、报纸、杂志、歌词、民谣、绘画、剪纸、文具、教具、访谈记录、口述史料等成为教育史的重要史料来源；此外，对学生的研究也发生了转向，开始关注学生的作文、日记与书信的内容，以及学生的图画甚至包括学生的涂鸦作品等；就教科书的研究来说，开始关注教科书编者的身份、教科书的出版机构、教科书的生产和销售、教科书的使用及对学生成长的影响等。再次，在研究选题方面，不仅历史上的教育风俗、儿童歌谣、学校校训、私塾教师、乡村学校、乡村教师等受到关注，而且以教育活动史研究为出发点开始关注如官学教育活动史、私学教育活动史、家庭教育活动史、书院教育活动史、科举活动史、女子教育活动史、教育身体史、教育情感史、教育记忆史等系列研究。最后，在研究方法方面，微观史学的研究方法越来越受到学者们的重视，并运用人类学、心理学、史学、社会学等研究方法展开教育

---

① 张斌贤：《重构教育史观：1929—2009 年》，载《高等教育研究》，2011(11)。

史研究。

伴随着教育史研究视角的下移,在教育史研究领域呈现出了众多让人耳目一新的微观教育史研究成果。比如,田正平的专著《世态与心态——晚清、民国士人日记阅读札记》就给人带来诸多的启发,专著共包括七个方面的研究内容①。

①读书·修身·治家——《曾国藩日记》阅读札记

②侍讲学士的困境与出路——《恽毓鼎澄斋日记》阅读札记

③清末"废科举,兴学堂"的另一类解读——《朱峙三日记(1893—1919)》阅读札记

④横看成岭侧成峰:乡村士子心中的清末教育变革图景——以《退想斋日记》和《朱峙三日记》为中心的考察

⑤寻病源与读方书——《黄炎培考察教育日记》阅读札记

⑥救国千万事,造人为最要——《胡适日记全编·留学日记》阅读札记

⑦理念·境界·情操——《竺可桢日记(1936—1946)》阅读札记

正如作者在"前言"中所言:

晚清和民国时期是中国社会发生重大转折的时期,亦是传统教育向现代教育转型的重要时期。有日记存世者,大多是时代舞台上的要角,或者是现实生活中的强者,最不济者亦需识文断句,上过几天学堂或私塾,能提笔记下自己的所见所想,否则,何来日记传世?换句话说,这些人都受过不同程度的教育,无论是私塾教育还是高等教育,无论是在国内的学堂读书,还是到国外的名校留学,

---

① 田正平:《世态与心态——晚清、民国士人日记阅读札记》,目录1~2页,上海,上海教育出版社,2017。

因此，在日记中大多会留下自己对彼时彼地教育变革的记载，抒发他们由这种变革而引发的感慨。古人讲"知人论世"，即是说明理解个人和认识时代的辩证关系。晚清民国时期在中国发生的多次教育上的重大变革，深深地牵动着每个读书人的切身利益，对绝大多数普通读书人而言，对待这些变革的态度归根到底是受个人的利害得失制约的。这段历史留给后人回味的，既有先知先觉者的呐喊和壮烈行动，也有政体、国体转变前后当政者的种种举措，更有千百万读书人的心态变化和社会风尚的转移变迁。对于后者，一部部时人留下的各种题材的日记，给我们提供了探寻历史细节的无数门径。

基于日记的教育史研究，为我们更深入地走进历史人物的时代生活提供了学术可能，也使教育史研究平添了几分鲜活和灵动。正如论者所言，"日记除了记录历史人物的活动外，还常常记录了个人生活中的一些最秘密、最深沉、最亲切的感情，可以说就是自己写给自己看的书札。作为最纯粹的私人写作，日记反映了个人精神生活的隐秘领域，而这些恰恰是正式的官方文书中所缺乏的内容。……因此，从某种意义上说，日记也是思想史和心态史研究最好的第一手资料"[1]。日记史研究的意义和价值跃然纸上。再例如，王雷的新作《教育文物：书写在大地上的教育史》（中国社会科学出版社，2018年），通过对中国教育领域内的孔庙旧址、书院旧址、科举文物、高等学校旧址、革命与军事学校旧址、教会大学旧址、教育家故居、重要教育文献、教育书画、教育工艺品、教育博物馆等教育文物的教育史研究，为我们呈现出一幅不同于以往的教育史研究著作，让教育文物再次鲜活地走入学者们的学术生活。诸如此类的教育史著作，从传统的角度来看都属于"异类"，但是它们却体现和代表了新

---

① 邹振环：《日记文献的分类与史料价值》，见《古代中国：传统与变革》第一辑，326 页，上海，复旦大学出版社，2005。

时期教育史研究的学术动向。

四、以新史料、新方法、新视角为代表的新教育史研究

以张斌贤发表《全面危机中的外国教育史学科研究》(《高等师范教育研究》，2000 年第 4 期)一文为起点，教育史工作者开始反思学科自身发展面临的危机意识，其中共同担忧且议论较多的一个重要问题是学科的发展空间和生存环境恶化的问题。从学科的发展空间来看，学术视野不够开阔、学术思想不够活跃、研究方法不够多样等问题成为制约教育史学科发展空间的根本问题。因此，从史料、方法和视角方面寻求突破，就成为解决教育史学科面临的学科危机的重要途径。作为教育史学科全国性的学术组织——中国教育学会教育史分会在这方面起到了重要的推动作用。2004 年 10 月 31 日至11 月 2 日，中国教育学会教育史分会第 9 届学术年会暨第 6 届会员代表大会在福建武夷山召开，会议主题为"我国教育史学科建设百年回顾与反思"。会议结束后，洪明、黄仁贤撰写了会议综述《"危机时代"的教育史学科建设》(《教育评论》，2004 年第 6 期)，指出教育史学科建设目前似乎进入了一个"全面危机"的时代。同样，参加本次会议的论文第一次以著作的形式公开出版——《百年跨越——教育史学科的中国历程》(杨孔炽，2005 年)，田正平在"序言"中认为"教育史研究也同样存在着诸如学术视野不够开阔、研究方法不够多样化等众多问题。这些问题得不到克服和纠正，学科的发展就会受到影响。所以，我们一方面要振奋精神，扫除无所作为的观点。另一方面要努力克服自身存在的一些问题，加强基本功训练，充实和完善知识结构，培养良好的学风；开阔视野、不断开辟新的研究领域；在重视文献考证等基本的史学研究方法的同时，努力吸收和借鉴国内外社会学、经济学、政治学、法学、文化学、人类学、宗教学、心理学等相关学科的理论、方法和视角，以自己的辛勤劳动所取得的研究成果丰富与影响现实的教育活动，同时也为学科的生存和发

展开拓空间、改善环境"①。正是在"危机意识"下，教育史学科开始了新史料、新方法、新视角的开拓学科研究空间的学术努力。在此基础下，2007 年 11 月 4 日至 5 日，中国教育学会教育史分会学术讨论会在安徽师范大学召开，与会代表围绕"探索外国教育史研究的新领域与新方法"的主题展开了学术讨论，并出版了论文集《探索外国教育史研究的新领域与新方法》（张斌贤、孙益，2009 年）。为了进一步了解教育史工作者关于外国教育史研究的新领域与新方法的研究成果，我们将正式出版部分的论文集的论文题目信息列举出来，见表 5.2。我们通过对参会专家学者论文的简要梳理，不难发现，新史料、新方法和新视角成为外国教育史学科解决学科危机的重要学术手段。

表 5.2　《探索外国教育史研究的新领域与新方法》目录

部　　分	论文题目
第一部分 外国教育史 学科发展的新思路	《关于拓展外国教育史研究领域和改进研究方法的思考》《教育史学科的双重起源与外国教育史课程建设的"新思维"》《外国教育史学科的困境与超越——基于外国教育史学科功用的分析》《由"破"到"立"，积极构建教育史学科研究的新范式》《外国教育史学科发展的现状与反思》《教育问题史：一种值得重视的教育史研究范式——以〈外国中小学教育问题史〉〈外国大学教育问题史〉为例》《论外国教育史学观念的更新》《现代化理论视野下教育发展史观之反思》
第二部分 新史学 与外国教育史研究	《论新史学对我国教育史学研究的启示》《新史学视野下教育史研究的转向——基于国际教育史常设会议的分析》《微观史学对外国教育史研究的启示》《微观史学与外国教育史研究》《法国年鉴学派史学范式下外国教育史研究的新视角》《20 世纪西方史学的研究取向与外国教育史研究的探讨》

① 田正平：《序言》，见杨孔炽：《百年跨越——教育史学科的中国历程》，2 页，厦门，鹭江出版社，2005。

续表

部　分	论文题目
第三部分 思想史研究的 新视角	《如何理解过去的教育思想》《教育政治观：教育人物研究的新视角》《克里希那穆提的教师观解析》《毑体良的师德观研究》《陆登庭筹资思想与实践研究》《关于分期研究杜威教育理论的设想》《古德莱德的师范教育改革设想探析》《略论陈鹤琴教学法与蒙台梭利教学法的一致性及特色》
第四部分 基础教育领域的 新研究	《关于开展美国教师质量问题历史研究的若干思考——兼析中美教师质量问题研究现状》《基于和谐：国际初等教育政策的价值趋向及对中国的启示》《西欧中世纪儿童的日常生活和教育》《宗教文化与英国教育的变迁》《美国公共教育制度特征的思想探源》《在传统与变革之间——英国国民初等教育制度的形成》
第五部分 高等教育领域的 新研究	《论保守性大学理想的来源、结构和发展》《早期苏格兰大学的民主传统——基于与牛津和剑桥比较的角度》《欧洲中世纪大学在近代民族国家形成中所起的作用》《16~18世纪欧洲高等教育对政治近代化之推动简论——一个思想学术根基的培植》《20世纪70年代以来的美国高等教育史学发展初探》

同样，中国教育史学科也以新史料、新方法、新视角为中心，展开了拓展学科发展空间的学术探索。

①丁钢主编的"中国教育叙事研究丛书"(2008年)，分为《声音与经验：教育叙事探究》(丁钢)、《思想肖像：中国知名教育家的故事》(许美德)、《文化、性别与教育：1900—1930年代的中国女大学生》(张素玲)、《学生生活图景：世俗内外的教育冲突》(孙崇文)、《教师印迹：课堂生活的叙事研究》(王枬等)五部著作。其中①：

丁钢所著的《声音与经验：教育叙事探究》力图为教育叙事研究建立理论和方法的基本框架。迄今为止，有关教育叙事研究的论述

---

①　丁刚：《声音与经验：教育叙事探究》，总序3~4页，北京，教育科学出版社，2008。

很多，但是系统阐述教育叙事研究的专著缺场，使得许多问题显得模糊不清。在此书中，通过对西方叙事理论和方法的梳理反思，尤其是对教育叙事理论资源的辩证分析，提出把教育叙事的理论建立在教育叙事与日常教育实践关系的基础上，进一步了廓清其方法论及其意义。并指出了作为理论探究的教育叙事研究的五个方面的理论范畴，从而为教育叙事探究奠定了理论与方法论的基础。

而另外四本著作，则从不同的视角对中国教育进行了教育叙事的研究。

许美德所著的《思想肖像：中国知名教育家的故事》，作者是一位长期研究中国教育的国际知名专家，她的这项研究历经数年之功，访谈了当代中国知名教育家如刘佛年、李秉德、朱九思、王承绪、潘懋元、汪永铨、顾明远、谢希德、鲁洁、叶澜等，从叙事研究的角度对他们从童年至一生的教育、生活、学术和领导的经历作出了深入的研究。结合他们个人的发展中国大学及其教育发展的历程，以个体和群体相结合的经历勾画出近百年来中国教育复杂多变和丰富多彩的发展图景，精彩诠释了在中国社会文化及其教育发展中，通过这些知名教育家所呈现的中国教育发展取向和独特命运，为人们提供了一个独特而富有魅力的研究视角和领域。

张素玲所著的《文化、性别与教育：1900—1930 年代的中国女大学生》，揭示了 19 世纪与 20 世纪之交，当时的知识分子和国家对现代性的追求抑或说对现代中国的想象和设计所伴随的对新女性的塑造和倡导，使女子教育被纳入了民族国家建设的主流话语中并开始迅速发展起来。此书指出女性并不只是被定义和想象的性别群体，在对女大学生家庭、个人经历、教育背景的研究中显示，女性并没有完全服膺精英知识分子关于理想中的女性形象的倡导。女子教育目标、知识分子热切的对于女性的期望，与女大学生自己对于独立生活和职业的追求之间始终存在一定的距离。来自不同环境中的女大学生有着不同的思考和行为方式，她们的故事也显示了，教育对于她们内在的精神品质的影响使她们有着同样的对独立、平等的追求和坚持，尽管在现实生活中，她们也同样面临着来自社会的压力。

孙崇文所著的《学生生活图景：世俗内外的教育冲突》，认为作为中国近代化进程中的伴生物，大学生包括基督教大学的学生的生活史研究无疑也是一把帮助我们解读中国近代历史发展的钥匙。作者结合学生不同的求学经历及其个人成长作具体的考察，关注学生个体的早年经历及其入学的目的，尤其关注不同个体在家世、地域、性别和年代等方面所存在着的显著差异，并力图尽可能全面地反映学生们在基督教大学求学期间的生活场景，如基督教大学学生们的宗教生活、学习生活、政治生活，以及日常生活等。指出基督教大学在华发展的数十年间，学生们是如何处于这种极端对立与冲突的矛盾漩涡的中心，他们的内心深处所承受着这些极端对立与冲突的评价标准的拷问，"我是谁?""我究竟应该成为谁?"以及在宗教信仰和民族认同之间，用他们自己的言行所做出的抉择。

王枬等著的《教师印迹：课堂生活的叙事研究》，这是该书作者们对中小学教师课堂教学生活进行长期现场观察和进行田野工作的研究成果。此书运用叙事研究的方法，从课堂观察入手，对教师这一特殊群体的教学进行研究，通过故事描述教师所从事的课堂教学活动，使人们熟悉又陌生的课堂生活得以展现，从而揭示了那些看似平常，甚至教师本人习焉不察的行为背后隐含的教育内涵，在课堂实践中寻找教师确认的意义链接，并解释教师所从事的课堂教学活动的意义。

这是我国第一套以教育叙事研究中国教育与社会历史实践的图文并茂的著作系列。此系列书稿选题独特新颖、研究方法和理论前沿，有很强的可读性和对教育研究的导向性。

②周洪宇主编的"教育史学研究新视野丛书"(2008年)，分为《反

思与探索——教育史学元研究》(郭娅)、《话语与权力——中国近现代教育宗旨的话语分析》(但昭彬)、《重振与衰变——南京国民政府教育部研究》(广少奎)、《雅礼与中国——雅礼会在华教育事业研究(1906—1951)》(赵厚勰)、《合作与共进——基督教高等教育合作组织对华活动研究(1922—1951)》(肖会平)、《守本与开新——阎锡山与山西教育》(申国昌)、《开拓与创建——陶行知与中国现代文化》(周洪宇)、《融通与创新——陶行知与牧口常三郎教育思想比较研究》(蔡幸福)、《革故与鼎新——科学主义视野下的中国近现代语文教育改革研究》(耿红卫)、《启新与拓域——中国新教育运动研究(1912—1930)》(汪楚雄)十部著作。周洪宇在"总序"①中指出：

　　我从 20 世纪 80 年代中期起，就开始对中国教育史学进行学科反思，先后就教育史学研究的指导思想、教育史学的理论与方法、教育史学的改革创新等问题撰写并发表了数篇文章，在多次全国教育史学年会上呼吁加强学科反思，注重理论建构，转换研究范式，促进学科发展，并在华中师范大学教育学院为研究生开设"教育史学概论"课程，探讨教育史学的基本理论和方法问题。进入新世纪后，我承担了教育部全国教育科学规划"十五"重点课题"教育史学理论与方法研究"，比较系统地探讨教育史学学科的一些基本问题，主持编写了《教育史学通论》，初步形成了自己对教育史学科的若干主要观点，如教育史学的"学科性质史学论、研究对象三分论、研究中心下移论、理论方法现代论、表达形式本土论、历史分期三段论、学者素养要素论、未来发展多元论"等思想，以及以问题意识为导向、本土原创为特色、范式转换为宗旨、学术增长为目标的学术理念和追求。这套"教育史学研究新视野丛书"就是以这些认识、理念和追求

---

　　①　周洪宇：《开拓与创建——陶行知与中国现代文化》，总序 20～21 页，济南，山东教育出版社，2010。

为指导编写的一套新的教育史学研究丛书。

这套丛书力求开拓教育史学研究的新视野，体现教育史学研究的"三个转向"，以新的思路和观点，运用新的理论和方法，拓展新的研究领域，力图实现教育史学研究从上层向下层转移、从中心向边缘扩展、从中央向地方延伸、从主流向非主流开拓、从本土向域外眺望、从整体向个案深入，以及从具体微观向宏观理论建构等研究目的，全面反映和体现以问题意识为导向、以本土原创为特色、以范式转换为宗旨、以学术增长为目标的学术理念和追求。

③杜成宪的"中国教育文化研究丛书"（2012 年），分为《中国传统童谣研究——在教育世界的边缘》（张梦倩）、《中国传统游戏研究——游戏与教育关系的历史解读》（李屏）、《中国传统尊师风俗研究》（李世宏）、《中国大学教授研究——近代教授、大学与社会的互动史（1895—1949）》（陈媛）、《中国学校校训研究——20 世纪中国校训历史演进的教育考察》（王彩霞）五部著作。杜成宪在"总序"①中指出：

20 世纪 80 年代的"文化反思热"，20 世纪 90 年代"现代化探索热"，也深刻地影响了中国教育史学科。前者，启发人们拓宽学术研究视野，去发现和开拓教育制度史和教育思想史之外的更广阔的研究领域；后者，引导人们去关注、学习乃至借鉴、运用当代西方的人文和社会科学研究理论、方法及其最新成果。于是，在世纪之交，作为对以宏观研究为特征、以制度化教育为对象的研究取向的不满，中国教育史研究中再次出现视角下移的新趋势……表现出与欧美国家产生于 20 世纪六七十年代的"新社会史"潮流颇为相似的学术特点，即：从历史认识论方面看，表现出对"总体的、社会的历史"的

---

　　①　王彩霞：《中国学校校训研究——20 世纪中国校训历史演进的教育考察》，3～5 页，太原，山西教育出版社，2012。

关注，同时也十分重视对历史进行文化和心态的考察；从方法论方面看，表现出"自下向上看的历史"的价值取向，改变了历史研究的视角，普通人和底层群体、日常生活和具体过程等格外地受到关注；从方法与技术方面看，表现出对诸多其他学科研究方法的借鉴，尤其是社会学、人类学方法的借鉴。……

　　本丛书所收入的五种中国教育史著作，可以看成是世纪之交中国的中国教育史研究中"新社会史"取向的尝试，它们所关注和研究的是历史上的教育究竟是"怎么发生"的。这五种著作，分别研究了中国传统童谣、中国传统游戏、中国传统尊师风俗、中国大学教授和中国学校校训。童谣、游戏、风俗、教授、校训，这些问题在以往的教育史研究中涉及不多，甚至有些还是研究空白。选择这些研究主题并不是出于猎奇之心，也不是好走旁门左道，而是表达了我们对教育历史的理解。

　　除以丛书形式出版的著作外，教育史工作者还以专著的形式出版了众多体现新思路、新方法、新视角的著作，为拓展教育史学科的研究空间贡献了集体智慧和学术力量。

五、以教育史博士为主体的教育问题研究

　　黄书光在《张瑞璠先生与教育史学科建设》一文中就曾指出："张先生认为，教育史研究要注意理论创新，不能盲目套用外国教育成法，要善于挖掘具有中华民族特色的本土教育哲学。他主张通过'古今汇合'，系统开展中国教育哲学史研究。其实，张先生的'两高峰'说绝非一般的泛泛而谈，而是以深厚的学理研究为基础的。他指导的 8 位博士生绝大多数都定位在此'两高峰'中选择论文题目——《先秦儒道教育思想比较研究》(丁钢)、《先秦法家教育思想研究》(姚能海)、《儒墨的义利观与教育哲学思想》(陈超群)、《先秦两汉人性论与教育思想研究》(廖其发)、《程朱学派教育思想研究》(黄书光)、

《二程的义利观与教育哲学思想》(黄明喜)、《乐教源流新探》(金忠明)、《传统教育哲学的初步转换：明末清前期的启蒙教育哲学》(施扣柱)，这些论文题目固然有博士生自己的学术兴奋点，但也在很大程度上反映了张先生特定时期所关注的研究领域及其学术重心。"①正如田正平、潘文鸯所言，"学位论文往往承载着申请者本人和指导老师甚至包括学位申请单位的学术声誉，蕴含着师生两代人的辛勤劳动，从一定意义上讲，它的形成本身就意味着一种学术贡献和创新"②。可见，从教育史专业开始招收硕士和博士研究生以来，以他们为代表的群体对教育史学科建设及教育史研究作出了很大贡献，特别是 21 世纪以来，随着教育史专业学位点的增加和研究生招生人数的增加③，教育史博士(包括教育史硕士)成为教育史研究的重要力量，尤其是他们所做的学位论文可以说几乎都是教育史领域特定专题研究的学术代表之作。

　　无论是中国教育史专业还是外国教育史专业，教育史博士在获得博士学位后，都会自主或由导师或相关学术单位组织来出版发行自己的博士学位论文，这成为体现和反映教育史学科前沿学术动态的重要成果信息。我们试以外国教育史专业以丛书形式体现的美国教育史研究方面的学术成果为代表——"美国教育变革研究丛书"和"美国教育史研究论丛"，从局部来呈现教育史博士作出的学术贡献。"美国教育变革研究丛书"(张斌贤)共包括：《美国博雅学院的现代转型》(刘春华)、《美国城市学校制度的建构》(李朝阳)、《美国教育学科构建的开端》(陈瑶)、《美国教育学界精英群体的兴起》(康绍芳)、

---

① 黄书光：《张瑞璠先生与教育史学科建设》，载《华东师范大学学报(教育科学版)》，2019(1)。

② 田正平、潘文鸯：《改革开放 40 年的中国教育史研究——基于期刊论文和博士学位论文的考察》，载《教育研究》，2019(1)。

③ 以中国教育史专业为例，从 1986 年至 2016 年获得博士学位人数共 415 人，其中1986—1999 年总计 44 人，2000—2016 年总计 371 人。

《杜威教育思想的形成》（涂诗万）、《美国州立大学董事会权力的变迁》（崔高鹏）、《美国公共学校种族隔离的终结》（祝贺）、《美国联邦政府干预高等教育机制的确立》（郝艳萍）、《美国学校公民教育的转向》（马文琴）、《美国州高等教育财政政策的变革》（刘冬青）十部著作。"美国教育变革研究丛书"的"总序"①中写道：

从 2001 年起，北京师范大学外国教育史教学科研团队一直把美国教育史作为主要的研究领域之一。十余年来，我们陆续承担和完成了二十多项全国教育科学规划课题和教育部人文社会科学研究规划项目，先后培养了数十名博士和硕士研究生，累计出版了数十种著作和译著，发表了数以百计的论文。迄今为止，美国教育史研究已成为北京师范大学外国教育史学科建设的基本特色，在国内教育学界产生了较为广泛的影响。

为集中呈现团队的研究成果，2008 年以来，我们先后在河北大学出版社出版了"美国研究型大学探索译丛"（6 种），在北京师范大学出版社出版了"京师高等教育发展论丛"（8 种），在安徽教育出版社出版了"美国教育经典译丛"（10 种），并组织编写了"美国著名大学校长评传"（10 种，由安徽教育出版社出版）。……

……若要深入认识和理解美国教育的历史，则应当转换视角，从对宏观的历史过程的把握转向对微观的历史事件的认识，更多地关注那些在美国教育历史发展过程中具有重大意义的、具体的和微观的历史事件与历史现象，更多地关注那些在美国历史转变时期所发生的重大教育变革。……

这套"美国教育变革研究"丛书所收录的著作，正是我们团队近年来转换美国教育史研究视角所做尝试的初步成果。

---

① 涂诗万：《杜威教育思想的形成》，总序 1～2 页，杭州，浙江教育出版社，2015。

"美国教育史研究论丛"（朱文富、何振海）共包括：《哈佛大学发展史研究》（郭健）、《美国州级公立高等教育发展模式的构建与变迁》（何振海）、《美国黑人教育发展研究》（屈书杰）、《美国康奈尔计划发展研究》（朱鹏举）、《自我指导与教师帮助——诺尔斯成人教育思想研究》（田山俊）、《蒙台梭利学前教育思想及其对当代欧美教育的影响》（张苣颖）、《美国学人留德浪潮及其对美国高等教育的影响（1815—1917）》（梁丽）七部著作。"美国教育史研究论丛"的"序言"①中写道：

河北大学教育史博士点自创立至今，已走过整整 30 年的历程。1986 年，经国务院学位办审批，我国著名教育史学家滕大春教授（1909—2002）在河北大学组建起新中国首个外国教育史博士点。1988 年开始招收首届博士生，并于 1991 年培养出新中国第一位外国教育史专业博士。……自博士点设立以来，美国教育史始终是我们历届博士生论文选题的重点领域。这首先与其独特的学术价值有关。美国教育历来是教育史界重点关注的研究对象。……此外，河北大学教育史博士点创始人滕大春教授及其后的学科带头人贺国庆教授在美国教育史领域的研究旨趣，也是我们长期致力于美国教育史研究的重要动因。滕大春教授的《今日美国教育》（人民教育出版社，1980 年版）和《美国教育史》（人民教育出版社，1994 年版），贺国庆教授的《近代欧洲对美国教育的影响》（河北大学出版社，1994 年版）和《德国和美国大学发达史》（人民教育出版社，1998 年版），不仅是国内学界公认的该领域最具代表性的重要成果，同时作为河北大学教育史博士点的基础教材和必读书目，也深刻影响了我们历届博士生的选题方向。在已通过答辩的 94 篇博士学位论文中，以美国教育史为研

---

①　郭健：《哈佛大学发展史研究》，总序 1～3 页，石家庄，河北教育出版社，2016。

究对象或主要研究对象的论文共有 46 篇，内容涉及基础教育、高等教育、职业教育等各个层次，涵盖教育思想与理论、教育政策与管理、学校教育制度等各个领域，形成了较为完备的成果体系。

为了更好地展示博士点的人才培养成就和学术研究成果，我们从已有的 46 篇博士学位论文中遴选出 7 部作品结集出版，并诚挚希望得到学界同人的批评指正，为河北大学教育史博士点的健康发展继续提供支持。

由此可见，无论是"美国教育变革研究丛书"还是"美国教育史研究论丛"，它们都是外国教育史学科对美国教育史研究持续关注的学术成果，代表了以教育史博士为主体的研究群体对教育史学术传统的延续和传承。同样，正是这种对学术传统的延续和传承推进了教育史学科整体向前发展。教育史博士既是攻读学位、专研学问的学生，更是未来学术传承的主力军。正是一代代从学生到教师之间角色的转换，推动了中华人民共和国教育史学持续不断地向前发展。

六、以新中国教育亲历者为个案的教育口述史研究

王炳照在《王炳照口述史》"前言"①中指出："对于口述史这个形式，我一直是很有兴趣，也是我比较关注的。中国教育史学科的研究方式、范式相对简单、薄弱。近些年来，我希望能借鉴相关学科的研究方法，比如人类学的、历史学的、社会学的，引入中国教育史的相关研究中。我总觉得，口述史不应仅仅是个体的自传人生，更应该是在大的历史背景下，体现的是个人生命所承载的时代要求和学术追求。对于'话语分析'和'叙事'两种倾向的著文方式，我更倾向于明了易懂、饶有趣味的'叙事'，于是'讲故事'成为本书风格；

① 王炳照口述，周慧梅整理：《王炳照口述史》，前言，北京，北京师范大学出版社，2010。

在学生整理口述史的过程中，我要求一定要结合档案资料相互印证，这也算是对口述史这种记录历史方式的一种探索吧。"周洪宇同样认为："叙事与口述研究具有其他表达所缺乏的优越性：一是叙事与口述史料的'在场性''生活性''精神性'特征，可以更好地发挥'存史'与'释史'功能；二是叙事与口述方法贴近生活，具有可读性，可以与官方史料形成互补，为教育政策的制定提供民间的声音，更好地服务于现实；三是叙事与口述史学可以将教育史学工作者从书斋中解放出来，更好地参与、服务并享受生活；四是叙事与口述作品以第一人称的方式讲述故事，融教育于生活中，极富现实性和鲜活性，通俗易懂，具有大众教育的功能。"①可见，教育叙事与口述研究极具教育价值。试想，如果让新中国教育史学 70 年发展历程的亲历者来讲述自己与新中国教育史学之间的故事，那么其中的鲜活与生动会最让人难以忘记。正如于述胜在《中国教育口述史》(第一辑)"前言"中所言："几年前，我到国家教育行政学院开会，俞教授(俞家庆)语重心长地说：'中华人民共和国成立已经快 60 年了。这段教育史的重要经验、教训需要认真记录和总结。研究这段历史，不能只倚重官方文献，更要关注各种教育人物的亲身经历。建国之初参加教育工作的人，现在也都在 80 岁上下了，用口述史来抢救教育史料迫在眉睫。北京师大是中国教育史研究的重要基地，对此责无旁贷'。受此激励，2009 年，我申得了国家社会科学基金项目'制度变迁与知识生产——以北京为中心的新中国教育学口述史'，并主持北京师大'985 工程'三期课题'新中国大学教育口述史'。"②在于述胜主编的《中国教育口述史》(第一辑)中，记录和整理了郭齐家口述的《知识与信仰之间——郭齐家教授口述史》、田正平口述的《我的大学，我的同学》、易琴撰写的《华东师范大学首届教育史研究班探索》、陆

---

① 周洪宇：《中国教育活动通史》，总序 21～22 页，济南，山东教育出版社，2017。
② 于述胜：《中国教育口述史》第一辑，前言 3 页，重庆，重庆大学出版社，2011。

有铨口述的《傅统先教授的学术人生》、于述胜和王俊明整理的《真直实干的教育学家——陈信泰教授访问记》、张良才撰写的《陶愚川先生的教育史研究之路》、陈信泰口述的《忆陶愚川先生》等，为我们呈现了鲜活的关于新中国教育学的鲜活记忆。此外，于述胜团队在 2010 年期间先后整理的口述资料有：《曲阜师范大学陈信泰教授口述资料》(2010 年 3 月)、《北京师范大学郭齐家教授口述资料》(2010 年 4 月)、《浙江大学田正平教授口述资料》(2010 年 6 月)、《北京师范大学何晓夏教授口述资料》(2010 年 6 月)、《北京师范大学高奇教授口述资料》(2010 年 6 月)、《北京师范大学蔡春先生口述资料》(2010 年 6 月)、《北京师范大学刘德华教授口述资料》(2010 年 7 月)等。与此同时，北京师范大学出版社先后出版了启功(2004 年)、顾明远(2007 年)、潘懋元(2007 年)、王炳照(2010 年)、林崇德(2010 年)、黄济(2010 年)、卢乐山(2012 年)、吴式颖(2015 年)、朴永馨(2017 年)等新中国教育亲历者的口述史著作。

我们试选取王炳照和吴式颖的口述史目录，来品味先生们曾经经历的新中国教育史学的历史过往。《王炳照口述史》(王炳照口述，周慧梅整理，2010 年)共七个部分的主要内容：①"我的出身"；②"我的少年时代"；③"俄语学院求学"；④"在北师大的八年时光"；⑤"混乱岁月"；⑥"学报编辑十七年"；⑦"重回教育系"。在这七个部分的内容中，王炳照不仅向我们讲述了自己的出身经历和少年时代的生活和学习历程，还向我们讲述了自己的大学学习以及后来的教学科研方面的人生历程：教育史研究班、璀璨的名师队伍、文科教材编写、研究班毕业、我与北师大文科学报、客串教育史教学、奉师命研究书院、第一届中教史博士、我与《中国教育通史》、挖掘《吕氏春秋》教育思想、我与国务院学科评议组、《中国教育思想通史》启动、我与《教育史研究》、我与中国教育学会教育史分会、我与《教师教育研究》、《中国教育制度通史》启动、我与《中国教育大百科

全书》、我和地方史志办公室、我与《教育学报》、主编师大百年校史
等。我们既感受到了王炳照对中国教育史学科建设的贡献，又深切
体会到了先生个人在教育史学研究方面付出的努力和心血——《中国
教育通史》《中国教育思想通史》《中国教育制度通史》，以及后来还在
编撰中的《中国社会教育通史》(先生生前申请主持)共同构筑了中国
教育史学科的理论大厦，成为中国教育史学科发展的标志性成果，
为中国教育史学科的发展奠定了坚实的理论基础。

　　《吴式颖口述史》(吴式颖口述，孙益、李曙光整理，2015年)共
七章，其中第一章为"童年、少年和青年早期"；第二章为"八年大
学"；第三章为"在中央教育科学研究所的前九年"；第四章为"'文化
大革命'的十年"。第五章至第七章主要记述吴式颖的主要教学和科
研工作，见表5.3。

表 5.3　《吴式颖口述史》第五章至第七章记述的吴式颖的
主要教学和科研工作

章　节	主要教学和科研工作
第五章 为弥补失去的 宝贵年华而 奋斗工作的 十余年	①编写"苏联教育大事记"(1976年9月至1978年6月)；②参加王天一先生主持的《外国教育史》初稿的编写工作(1976年年末至1978年6月)；③修订曹孚编《外国教育史》(1978年下半年)；④撰写和发表一系列研究苏联教育史的论文(20世纪80年代前期)；⑤参与编《外国古代教育史》和编写《外国教育史话》(20世纪80年代初期)；⑥参加《中国大百科全书》(教育卷)的编写工作(1980年至1984年)；⑦协助滕大春先生组织《外国近代教育史》的编写工作(1982年至1988年)；⑧应约组编《外国教育史简编》(1983年至1987年)；⑨应约参与选编"外国教育名著丛书"之《马卡连柯教育文集》和《克鲁普斯卡娅教育文选》；⑩参与组织"纪念马卡连柯诞辰100周年国际研讨会"；⑪参与编写《教育大辞典》；⑫参与编写《世界百科名著大辞典》；⑬为《外国教育家评传》撰写的两篇论文(1988年至1989年)；⑭到苏联访学(1989年9月至12月)；⑮本时期的教学工作。

续表

章　节	主要教学和科研工作
第六章 主持与参加的 重大课题 研究及 教学工作	①主持和完成"外国现代教育史"课题研究(1991 年至 1996 年)；②主持和完成"外国教育现代化的历史研究"课题研究(1992 年至 1998 年)；③主持和完成《外国教育思想通史》的编写工作(1995 年至 2002 年)；④主持和完成《外国教育史教程》的编写工作(1995 年至 1998 年)；⑤主持和初步完成全国教育科学规划"九五"重点课题研究：西方"传统派"与"现代派"教育的冲突、融合及其对现代教育发展的影响(1996 年年初至 2001 年)；⑥参与张瑞璠先生和王承绪先生主持的"中外教育比较史"课题研究(1988 年至 1996 年)；⑦参与滕大春先生主持的《外国教育通史》的编写工作(1990 年，1993 年)；⑧参与任钟印先生担任主编的《世界教育名著通览》的选编和翻译工作(1991 年至 1992 年)；⑨本时期的教学工作。
第七章 退而未休	①完成《俄国教育史——从教育现代化视角所作的考察》一书的撰写(2002 年至 2005 年)；②完成《中国大百科全书》第二版外国教育史部分辞条的修订工作(2002 年至 2007 年)；③应邀撰写三篇书评(2003 年，2006 年，2007 年)；④选编我自己的论文集《教育：让历史启示未来》(2008 年至 2009 年)；⑤参与编写《中国教育大百科全书》(2001 年至 2012 年)；⑥为完成修订《外国教育史教程》而尽力(2013 年 11 月至 2014 年 5 月)；⑦一项尚待完成的科研任务；⑧本时期参加的其他一些学术活动：应邀参加两次教育史学术年会(2002 年，2007 年)；应邀参加"傅任敢教育思想与实践研究"项目的开题会和结题会(2007 年，2012 年)；应邀参加"裴斯泰洛齐教育思想国际研讨会"(2009 年)；应邀参加"苏霍姆林斯基教育思想国际讨论会"(2009 年)；本时期参加的校内外博士生论文答辩会。

我们从目录中能深切感悟到吴式颖对外国教育史学科建设的学术贡献，同样，阅读先生的口述史让我们感受到了一种教育史学习的亲切感和亲近感。正如吴式颖在《吴式颖口述史》"前言"中所言："我虽然是一个平凡的中国知识分子，但这份口述史所讲述的也是一个人一生的生活过程和精神世界，其中在某种程度上亦折射着中国

人民艰苦奋斗和奋勇前进的历史。"①中国教育史学乃至中国教育学科正是因为有了像吴式颖这样的"平凡人"的默默奉献，才有了中华人民共和国教育学包括教育史学的向前发展。先生们是新中国教育史学的亲历者，更是新中国教育史学的缔造者。以教育史专家为主体的教育口述史研究，向我们打开了一扇更加全面、深入地了解新中国教育史学生动发展历程的大门。以先生们为主体的教育口述史研究，让我们更加感受到了教育史学研究的鲜活和生动，以及充满生命感的教育历史过往。

第四节　合作交流：教育史学者暨学会的新成就

一、2000—2019 年中国教育学会教育史分会的新成就

（一）2000—2019 年中国教育学会教育史分会的学术活动

2000—2019 年，中国教育学会教育史分会共召开十六次会议，其中包括四次专题研讨会和十二届学术年会②。具体情况见表 5.4。

表 5.4　2000—2019 年中国教育学会教育史分会召开的会议

会议时间、地点、名称	会议简况	会议主题
2000 年 11 月 5 日至 8 日，广东广州，中国教育学会教育史专业委员会第七届学术年会暨会员代表大会。	由华南师范大学教育科学学院承办。来自全国有关高校、研究机构的 110 余位学者、教师和研究生参加会议，共收到论文 60 余篇。加拿大著名学者许美德应邀到会作专题报告。召开会员代表大会，进行理事会换届选举，产生了第五届理事会。孙培青任理事长，王炳照、田正平、单中惠任副理事长，杜成宪任秘书长，张斌贤任副秘书长。	挑战与应对：教育史学科在新世纪的发展。血脉相连：台港澳教育发展与祖国教育传统。

---

① 吴式颖口述，孙益、李曙光整理：《吴式颖口述史》，前言 2 页，北京，北京师范大学出版社，2015。

② 中国教育学会教育史分会第二十届年会由浙江大学于 2019 年承办。

续表

会议时间、地点、名称	会议简况	会议主题
2002 年 9 月 27 日至 29 日，云南昆明，中国教育学会教育史专业委员会第八届学术年会。	由云南师范大学教育科学与管理学院承办。来自全国各大专院校和教育科研单位的研究教育史的百余位专家、学者和研究生参加了会议，共收到论文 60 余篇。	经验与反思：中国现代学制 100 年（1902—2002）。借鉴和创新：杜威与现代教育。
2004 年 10 月 31 日至 11 月 2 日，福建武夷山，中国教育学会教育史分会第九届学术年会暨会员代表大会。	由福建师范大学教育科学与技术学院承办。全国教育史专业的学者、教师和研究生 200 余人出席会议。举行会员代表大会，进行理事会换届选举，产生了第六届理事会。田正平任理事长，单中惠、俞启定、杜成宪、张斌贤任副理事长，杜成宪兼任秘书长，周谷平任副秘书长。根据中国教育学会规定，中国教育学会教育史专业委员会更名为中国教育学会教育史分会（二级学会）。	我国教育史学科建设百年回顾与反思。
2005 年 10 月 31 日至 11 月 2 日，浙江金华，中国教育学会教育史分会 2005 年学术研讨会。	由浙江省高校师资培训中心、浙江师范大学教育学院承办。与会者围绕科学与人文之争、当今"读经"问题之争、现代教育学的"走向"之争、诸子教育思想之争进行了争鸣和交锋。全国教育史专业的百余位教师和研究生参加了会议，共提交论文 65 篇。	争鸣与交锋：中国教育史上的思想论争。
2006 年 10 月 13 日至 15 日，陕西西安，中国教育学会教育史分会第十届学术年会。	由陕西师范大学教育科学学院和网络教育学院承办。全国中外教育史专业学者、教师和硕士、博士研究生 200 余人参加了会议，共提交论文 140 余篇。	教育交流与中国教育变革。中国教育在海外的影响。世界近代教育交流与变革中的赫尔巴特（赫尔巴特教育思想在各国的传播与影响）。教育交流与美国近代教育发展。

续表

会议时间、地点、名称	会议简况	会议主题
2007 年 11 月 4 日至 5 日，安徽芜湖，中国教育学会教育史分会 2007 年学术研讨会。	由安徽师范大学教育科学学院承办。来自北京师范大学、华东师范大学、浙江大学、华中师范大学、河北大学、南京师范大学等几十所高校的百余位外国教育史专业的学者、教师和研究生参加了会议。	探索外国教育史研究的新领域和新方法。
2008 年 10 月 9 日至 12 日，河北保定，中国教育学会教育史分会第十一届学术年会暨会员代表大会。	由河北大学教育学院承办。全国中外教育史专业的学者、教师和研究生 270 余人参加了会议。教育史国际常设会议前任会长、英国伦敦大学教育学院荣誉教授理查德·奥德里奇和日本、韩国部分大学的学者作为特邀代表出席了本次年会，提交论文 170 余篇。举行会员代表大会，进行理事会换届选举，产生了第七届理事会。田正平任理事长，刘海峰、杜成宪、张斌贤、周洪宇、贺国庆任副理事长，杜成宪兼任秘书长，周谷平、王保星任副秘书长。	教育史研究与当代教育改革：视野、观念和方法。国外教育史学科新进展。
2009 年 10 月 24 日至 25 日，浙江杭州，裴斯泰洛齐教育思想国际学术研讨会。	由中国教育学会教育史分会和瑞士裴斯泰洛齐协会联合主办、浙江大学中外教育现代化研究所承办。来自德国、瑞士、日本等多个国家和中国的教育史学者 50 多人参加了会议。	裴斯泰洛齐教育思想。
2010 年 10 月 12 日至 14 日，重庆北碚，中国教育学会教育史分会第十二届学术年会。	由西南大学教育学院、教育科学研究所承办。大会还围绕教育史的范式问题、孔子的学而优则仕、教育史研究怎样为现实服务、中国教育近代化问题、教育史的学术性与社会现实的关系、外国教育史的应用价值、中国教育活动史、杜威教育民主主义思想等问题进行了深入的研讨。全国中外教育史专业的学者、教师和研究生 200 余人参加了会议，提交论文 170 余篇。	社会大变革下的教育史研究。

续表

会议时间、地点、名称	会议简况	会议主题
2012 年 10 月 16 日至 18 日，湖南长沙，中国教育学会教育史分会第十三届学术年会暨会员代表大会。	由湖南师范大学教育科学学院承办。到会教育史专业研究者、教师和学生 300 余人，提交论文 200 余篇。举行会员代表大会，进行理事会换届选举，产生了第八届理事会。张斌贤任理事长，刘海峰、杜成宪、周洪宇、贺国庆、肖朗任副理事长，徐勇任秘书长，王保星、王晨任副秘书长。	转型期教育史研究的国际化与本土化。教育史研究的新成果与新问题。
2013 年 12 月 14 日至 16 日，广东深圳，中国教育学会教育史分会第十四届学术年会。	由深圳大学师范学院承办。来自全国 88 所高校及科研和出版单位的 197 位专家学者，90 多位研究生代表参加了此次年会。教育史国际常设会议主席埃克哈特·福克斯应邀参加了本次年会，并为大会开幕作了主旨发言。	学校与教育组织机构的历史变革。
2014 年 12 月 19 日至 21 日，浙江金华，中国教育学会教育史分会第十五届学术年会。	由浙江师范大学教师教育学院承办。来自全国 80 多所高校、科研单位、出版社的教育史专家、学者及研究生近 350 人参加了此次年会，提交论文 200 多篇。教育史国际常设会议主席埃克哈特·福克斯应邀出席本次年会，并为大会开幕作了主旨发言。	课程与教学内容的历史变革。
2015 年 10 月 10 日至 11 日，河南开封，中国教育学会教育史分会第十六届学术年会。	由河南大学教育科学学院承办，河南大学聚协昌科举文化研究院协办。此外，2015 年是我国科举制度终结 110 周年，年会专门设立了"科举制度终结 110 周年论坛"，与会者进行了热烈研讨。到会教育史专业学者、教师和研究生 300 余人，提交论文 260 余篇。同时，年会颁发了教育史首届优秀博士学位论文奖。	教师与学生史。

会议时间、地点、名称	会议简况	会议主题
2016年9月24日至25日，山西太原，中国教育学会教育史分会第十七届学术年会。	由山西大学教育科学学院承办。来自全国22个省、市、自治区的420余位代表参加了此次会议。围绕会议主题，与会者对教育政策与管理史研究的学术问题、学术领域、学术视角、学术方向、学术范围五个方面的论题进行了深入对话和广泛探讨。	教育政策与管理史。
2017年11月24日至25日，北京，全国教育史学科发展研讨会。	由北京师范大学承办。来自全国各地的教育史学者500多人围绕学科发展和建设、人才培养等重要问题进行了研讨，明确了大家共同关心的问题，对学科发展建设有着巨大的推动作用。	教育史：学科建设与人才培养。
2018年11月3日至4日，江苏南京，中国教育学会教育史分会第十九届年会。	由南京师范大学教育科学学院承办。来自中国和韩国的百余所高校500余位专家学者及研究生参加了本届年会。	跨学科视野下的教育史研究。

其中，第九届学术年会论文以"百年跨越——教育史学科的中国历程"为标题编辑出版，2007年学术研讨会论文以"探索外国教育史研究的新领域与新方法"为标题编辑出版，第十一届学术年会论文以"教育史研究：观念、视野与方法"为标题编辑出版，进一步扩大了全国教育史学术年会成果的学术影响力，并成为指导教育史学科建设的重要学术力量。

(二)《教育史研究与评论》的出版发行

中国教育学会教育史分会在定期组织学术年会和学术讨论的基础上，于2014年组织编选和撰写了按年度向国内外发布我国教育史研究(中国教育史和外国教育史)进展情况的专业性、资料性、工具性、连续性学术年刊——《教育史研究与评论》。《教育史研究与评论》的主要板块有教育史研究论文精选、书评书讯、学科纪事、学术论文检索、年度书评等，2014 年至 2018 年共出版五辑。我们试以 2014 年编辑出版的《教育史研究与评论》(第一辑)为例，从各板块编选的论文题目上来呈现具体研究内容，见表 5.5。

表 5.5　《教育史研究与评论》(第一辑)各板块的论文题目

板块内容	论文题目
特稿	《中国教育学会教育史分会纪事(1996—2012 年)》。
论文精选	①《教育史学纵横》；②《教育史观：批判与重构》；③《教育活动史：视野下移的学术实践》；④《二战后西方教育史学流派的发展》；⑤《西方兴趣教育思想之演进史》；⑥《教育思想史系统性研究方式及其限度》；⑦《教育历史钩沉》；⑧《清末毁学风潮与乡村教育早期现代化的受挫》；⑨《清末民初澳门华人教育的兴起》；⑩《限制兼任教师与民国大学学术职业发展》；⑪《南京国民政府时期边疆少数民族高等教育招生政策分析》；⑫《"教育救国论"论衡》；⑬《中世纪欧洲大学生学习及生活费用的考察》。
书评书讯	①《中国教育史与科举研究的国际化——〈学以为己：传统中国的教育〉评介》；②《新史料新视野新领域——读〈中国近现代教科书史〉有感》；③《一部匠心独具的中国基础教育史研究力作——评〈文化差异与价值整合〉》；④《大学精神的殷鉴与启示——〈中国近代大学精神史〉读后》；⑤《〈中国当代教育论丛〉20 卷出齐》；⑥《〈中国教育通史〉16 卷本出版》；⑦《〈西方教育史经典名著译丛〉出版》；⑧《〈中国教育科学〉创刊》。
学科纪事	《教育史教学研讨会在北京师范大学举行》；《中国教育学会教育史分会第十三届学术年会在湖南师范大学举行》；《第九届科举制与科举学学术研讨会在昆明举行》；《著名教育史学者李弘祺到北京师范大学开展学术讲座》；《我国学者参加教育史国际常设会议第 35 届年会暨执委会会议》；《第十届科举制与科举学学术研讨会在南京举行》；《教育史国际常设会议主席埃克哈特·富克斯来华讲学》；《中国教育学会教育史分会第十四届学术年会在深圳大学举行》；《悼唁先贤三则》；等等。

续表

板块内容	论文题目
学术论文检索	①《2012—2013年教育史博士学位论文目录及摘要》；②《2012—2013年教育史硕士学位论文目录》。
年度述评	《2012—2013年国内教育史研究主要议题述评》。

正如编者所言，《教育史研究与评论》确实成为忠实记录我国教育史学科的发展历程和建设成就，系统展示我国教育史研究的学术成果和前沿动态的学术年刊。

二、海峡两岸暨港澳地区教育史研究的新成就

海峡两岸暨港澳地区教育史学界的教育史论坛，是由北京师范大学、华东师范大学、浙江大学、厦门大学、台湾师范大学和澳门大学共同发起的，2007年开始，每年召开一次，由上述六所大学轮流主办。从2007年至2018年共召开十二届学术论坛①，具体情况见表5.6。

表5.6　2007年至2018年召开的十二届学术论坛的具体情况

时 间	名 称	主办方	主 题
2007年	第一届海峡两岸暨港澳地区教育史研究论坛	澳门大学教育学院	
2008年4月5日至6日	第二届海峡两岸暨港澳地区教育史研究论坛	华东师范大学教育科学学院	教育史学科的新进展——研究与教学
2009年10月17日至18日	第三届海峡两岸暨港澳地区教育史研究论坛	北京师范大学	视野下移中的教育史研究
2010年11月25日至26日	第四届海峡两岸暨港澳地区比较教育论坛	浙江大学	共享时代的比较教育

① 2019年11月15日至17日，第十三届海峡两岸暨港澳地区教育史论坛，由华中师范大学主办，会议主题为"当代教育史学的前沿研究"，具体议题：教育史学研究前沿与新趋势、70年教育史学回顾与总结、改革开放40年教育史学回顾与展望、其他教育史专题研究。

续表

时　　间	名　　称	主办方	主　题
2011 年 10 月 19 日至 22 日	纪念辛亥革命 100 周年暨第五届海峡两岸暨港澳地区教育史论坛	武汉大学和浙江大学	辛亥革命与近代中国教育
2012 年 11 月 6 日至 8 日	第六届海峡两岸暨港澳地区教育史论坛	厦门大学	鉴古知今的教育史研究
2013 年 9 月 24 日至 26 日	第七届海峡两岸暨港澳地区教育史论坛	华东师范大学教育高等研究院	教育史研究的新视野
2014 年 11 月 29 日至 30 日	第八届海峡两岸暨港澳地区教育史论坛	澳门大学	通古今之变
2015 年 10 月 21 日至 24 日	第九届海峡两岸暨港澳地区教育史论坛	台北市立大学和台湾师范大学	视野、方法转化与创新——教育史研究的图像
2016 年 11 月 18 日至 20 日	第十届海峡两岸暨港澳地区教育史论坛	浙江大学	全球化视野下的教育交流、互动与发展
2017 年 11 月 26 日至 27 日	第十一届海峡两岸暨港澳地区教育史论坛	北京师范大学	教育史学科发展回顾与反思
2018 年 11 月 16 日至 18 日	第十二届海峡两岸暨港澳地区教育史论坛	厦门大学	多学科视野下的教育史研究

　　海峡两岸暨港澳台地区教育史论坛的举办，进一步扩大了教育史工作者之间的学术交流和人员往来，使中国教育学会教育史分会的学术影响力在更大的范围内、更加广阔的学术平台上得以彰显。此外，进入 21 世纪以来，中国教育史工作者也加强了与国际教育史工作者之间的学术交流，以参加国际教育史常设会议年会为起点，中国教育史工作者开始在国际教育史学术平台上展示自己的学术研究成果，并在与国际同行的学术交流与互动中，把握教育史学科发展的前沿动态和学科走向，为中国教育史学科及教育史学的发展提供了坚实的学术力量。中华人民共和国教育史学

正是在不断地学术交流中受到国际同行的认可，在不断地学术交流中获得促进自我成长的学术动力，并逐渐成为引领教育史学科深入发展的重要学术力量。

三、全国教育科学"十五"至"十三五"规划的教育史立项课题

从全国教育科学"十五"规划开始，教育史学科建设及教育史研究进入新时代。以《全面危机中的外国教育史学科研究》①一文的发表为始端，教育史学界对教育史学科发展过程中存在危机的理论自觉，以及探寻解决危机、重建教育史学科的学术努力，使教育史学科逐渐回归历史研究的本性，回归教育史学科的本来面貌，从而使教育史研究成为一种真正的学术研究。

(一)教育史研究方向的科学规划

从全国教育科学"十五"规划开始，全规办就以五年规划与年度课题指南相结合的方式来引领教育史研究的方向。其中，在"十五"期间，全规办制定了《全国教育科学"十五"(2001—2005年)规划要点》《全国教育科学"十五"规划2001年度课题指南》《全国教育科学"十五"规划2003年度课题指南》《全国教育科学"十五"规划2005年度课题指南》。《全国教育科学"十五"(2001—2005年)规划要点》的指导思想是：以马克思列宁主义、毛泽东思想、邓小平理论为指导，贯彻"三个代表"的重要思想，坚持党的基本路线和基本纲领，坚持为人民服务、为社会主义服务的方向和"百花齐放、百家争鸣"的方针，坚持理论联系实际，推动理论创新，以我国教育改革、发展和现代化建设的重大现实问题和理论问题为主攻方向，积极探索中国特色社会主义教育的发展规律，以应用研究为主，加强基础理论研究，繁荣教育科学，更好地为教育决策服务，为教育改革和发展实

---

① 张斌贤：《全面危机中的外国教育史学科研究》，载《高等师范教育研究》，2000(4)。

践服务。在此指导思想的指导下，2001 年、2003 年①、2005 年教育史研究课题指南见表 5.7。

表 5.7　2001 年、2003 年、2005 年教育史研究课题指南

年　度	课题指南
2001 年	古代学校教育与社会教化关系研究、中外教育交流史研究、中外中小学教育史研究、教育史学理论与方法研究。
2003 年	全球化背景下弘扬中华民族优秀教育文化的研究。
2005 年	仅设置 66 个课题指南领域，对具体研究领域没有作出划分。

　　在"十一五"规划期间，全规办制定了《全国教育科学研究"十一五"规划纲要》《2006 年度全国教育科学规划课题指南》《2007 年度全国教育科学规划课题指南》《2008 年度全国教育科学规划课题指南》《2009 年度全国教育科学规划课题指南》《2010 年度全国教育科学规划课题指南》。《全国教育科学研究"十一五"规划纲要》指导思想是：坚持以马列主义、毛泽东思想、邓小平理论和"三个代表"重要思想为指导，全面落实科学发展观，促进科教兴国战略和人才强国战略的实施；坚持党的基本路线和基本纲领，坚持解放思想，实事求是，与时俱进；坚持为人民服务和社会主义现代化建设服务的方向，坚持"百花齐放、百家争鸣"的方针，坚持以我国教育改革与发展的重大理论和现实问题为主攻方向，重视基础研究，推动理论创新，加强应用研究，增强教育研究为教育改革与发展服务的针对性和实效性，促进开发研究，加强教育研究成果的转化；坚持理论联系实际，引领教育科学发展方向，团结广大教育科学工作者，繁荣和发展教育科学事业，为教育改革与发展服务。"十一五"规划期间教育史研究的领域和方向为：加强优秀传统教育思想研究；加强西方教育理论流派研究，注意西方教育在中国的引进、应用和创新；加强国别

---

　　①　该年度教育史选题方向与教育基本理论方向合并在一起，统称为"教育基本理论与教育史"。

教育史和地方教育史研究，重视对国内外教育人物、历史名校和教育遗产的研究；注意从历史角度分析教育事件和教育问题，从中探索教育改革和发展的规律。在此基础上，2006—2010 年教育史研究课题指南①见表 5.8。

表 5.8　2006—2010 年教育史研究课题指南

年　度	课题指南
2006 年	中国教育史研究：中国近现代教育理论与实践自主创新的历史研究；我国教育学术史研究；教育学科建设与发展的历史分析与评价研究；西方教育理论在我国的引进、应用与创新的历史分析和反思研究。 外国教育史研究：不同类型国家教育发展的历史经验研究；外国教育家思想研究；外国教育学术史研究。
2007 年	教育家成长历程研究；教育思想流派形成与传播研究；教育社团史研究；学科教育史研究；院校发展史研究；教育技术发展史研究；流动人口与移民教育史研究；传统教育资源的开发利用研究；传统乡土教材研究；近代新式教育对城乡居民生活状况的影响研究等。
2008 年	重大教育历史事件；教育思想流派形成与传播；现代教育思潮；古代私学和官学；中国书院；教育争鸣史；传统教育中的"和谐教育思想"；道德教育史；课程教材史；学科教学史；教师教育史；地方教育史志；城市教育史；社会教育史；女子教育史；边疆教育史；民族教育史；教会教育史；留学教育史(庚款留学百年)；教育社团史；近代国学教育；教育督导史；名校校史；学校故事；教育名人传记；诺贝尔奖获得者成才规律追踪；中外教育交流史；国外中国教育史等。
2009 年②	教育改革发展中的"中国经验"研究；教育理论前沿问题研究；现代教育思潮和教育流派研究；现代教育对社会分层流动的影响研究；现代教育的民生意义研究；现代师生关系研究；教育家办学的长效机制研究；教育教学改革的成功经验研究；影响中国教育走向的重大历史事件研究。

---

　　①　从 2006 年开始，全国教育科学规划课题分为国家重大和重点招标课题、会议评审课题两部分。本表主要列出会议评审课题。

　　②　该年度教育史课题仍以"教育基本理论与教育史"的形式体现，但只是从总体上列出 9 个研究方向，教育史方向没有单列。

续表

年　度	课题指南
2010 年	新中国教育史研究；港、澳、台教育史研究；地方教育史研究；民族教育史研究；留学教育史研究；教育制度史研究；校史研究；教育名家研究；学科教学史研究。

在"十二五"规划期间，从 2013 年开始，全规办发布的课题申报通知中只设立重点、重大招标课题指南，对于一般项目选题不再设立指南。在坚持正确导向的前提下，全规办鼓励科研工作者依据自身兴趣、特征和优势自主选择研究题目进行申报，鼓励跨学科、跨部门联合申报。2011—2012 年教育史研究课题指南见表 5.9。

表 5.9　2011—2012 年教育史研究课题指南

年　度	课题指南
2011 年	全球化进程中的中国教育传统研究；教育思想演进研究；教育制度变迁研究；地方教育史志研究；院校设置历史变迁研究；教育历史人物研究；教育家办学研究；教育历史事件研究；教育历史名著研究；教育专题史研究；学科教育史研究；教育活动史研究；教育交流史研究等。
2012 年	中国教师史研究；中国学生史研究；中国城市学校与城市教育史研究；中国教育研究史研究；中国专业学位教育发展研究；世界主要国家现代学校教育制度的演进研究；欧美职业技术教育史研究等。

在"十三五"期间，全规办制定了《全国教育科学"十三五"规划2016 年度课题组织申报办法》《全国教育科学"十三五"规划 2017 年度课题组织申报办法》《全国教育科学"十三五"规划 2018 年度课题组织申报办法》《全国教育科学"十三五"规划 2019 年度课题组织申报办法》。2016—2019 年全国教育科学规划的指导思想见表 5.10。

表 5.10　2016—2019 年全国教育科学规划的指导思想

年　度	指导思想
2016 年	高举中国特色社会主义伟大旗帜，以邓小平理论、"三个代表"重要思想、科学发展观为指导，深入贯彻落实党的十八大和十八届

续表

年　度	指导思想
2016年	三中全会、十八届四中全会、十八届五中全会精神，贯彻落实习近平总书记系列讲话精神，以《国家中长期教育改革和发展规划纲要(2010—2020年)》的重大理论和现实问题为主攻方向，践行五大发展理念，解放思想，实事求是，大力推进理论创新、制度创新和方法创新，发挥全国教育科学规划课题的示范引导作用，推动教育科学为教育事业发展服务、为人力资源强国建设服务。
2017年	高举中国特色社会主义伟大旗帜，以邓小平理论、"三个代表"重要思想、科学发展观为指导，深入贯彻落实党的十八大和十八届三中全会、十八届四中全会、十八届五中全会、十八届六中全会精神，贯彻落实习近平总书记系列讲话精神，以《国家中长期教育改革和发展规划纲要(2010—2020年)》的重大理论和现实问题为主攻方向，践行五大发展理念，解放思想，实事求是，大力推进理论创新、制度创新和方法创新，发挥全国教育科学规划课题的示范引导作用，推动教育科学为教育事业发展服务、为人力资源强国建设服务。
2018年	高举中国特色社会主义伟大旗帜，全面贯彻党的十九大精神，以马克思列宁主义、毛泽东思想、邓小平理论、"三个代表"重要思想、科学发展观、习近平新时代中国特色社会主义思想为指导，以《国家中长期教育改革和发展规划纲要(2010—2020年)》的重大理论和现实问题为主攻方向，解放思想，实事求是，大力推进新时代理论创新、制度创新和方法创新，发挥全国教育科学规划课题的示范引导作用，推动教育科学为教育事业发展服务、为教育强国建设服务。
2019年	高举中国特色社会主义伟大旗帜，以马克思列宁主义、毛泽东思想、邓小平理论、"三个代表"重要思想、科学发展观、习近平新时代中国特色社会主义思想为指导，深入贯彻党的十九大和十九届二中全会、十九届三中全会精神，落实全国教育大会精神，以教育改革和发展中的重大理论和现实问题为主攻方向，解放思想、实事求是、与时俱进、求真务实，大力推进新时代理论创新、制度创新和方法创新，发挥全国教育科学规划课题的示范引导作用，推动教育科学为教育事业发展服务、为教育强国建设服务。

概而言之，全国教育科学从"十五"到"十三五"规划期间，全规办通过规划要点、课题申报指南对教育史研究进行了科学规划：第一，从教育史研究的选题方向来看，全面贯彻"为人民服务、为社会主义服务"的"二为"方向和"百花齐放、百家争鸣"的"双百"方针，以我国教育改革、发展和现代化建设的重大现实问题和理论问题为主攻方向，注重教育史课题研究服务于教育事业发展、教育强国建设，初步形成了具有中国特色、中国风格和中国气派的教育史学科及研究体系；第二，从教育史研究的课题指南来看，总体上反映了 21 世纪以来教育史研究视角下移的发展趋势，代表了新时期教育史研究的学术动向；第三，从教育史研究的学术权限来看，相对于"十五"规划之前关于教育史研究的五年整体规划，从"十五"规划起全规办逐渐下放课题选题的权限，更加突出强调研究者依据自身兴趣、特征和优势，自主选择研究题目进行申报，就是要最大限度地激发教育史研究者开展教育科学研究的积极性和主动性。从全规办对教育史规划课题的全局指导，到其将学术研究主动权下放给研究者本人，折射了教育史研究多元化发展的整体趋向。

（二）教育史研究成果的课题引领

从"十五"至"十三五"①期间，全规办立项的教育史各类课题共210 项②，具体情况见表 5.11。

---

① "十三五"教育史课题的立项年度为：2016 年、2017 年、2018 年。

② "十五"期间，教育史课题类别分为：国家一般、青年基金、教育部、青年专项、规划五种类型，其中 2002 年没有开展课题评审，2004 年只有规划课题。"十一五"期间，教育史课题类别分为：国家重大、国家重点、国家一般、国家青年、教育部重点、教育部青年专项六种类型，"十二五""十三五"的课题类型与"十一五"期间课题类型相同，"十三五"期间的课题类型中增加了西部项目。另外，从"十二五"规划 2012 年课题开始，教育史课题开始以专门的课题批准号呈现，如国家一般课题的批准号为"BOA"。

表 5.11 "十五"至"十三五"期间全规办立项的 210 项课题

	"十五"	"十一五"	"十二五"	"十三五"
总数（项）	59	47	64	40
课题类别	国家一般（6）、青年基金（1）、教育部（27）、青年专项（8）、规划（17）。	国家重大(1)、国家重点(1)、国家一般(8)、国家青年(5)、教育部重点(21)、教育部青年专项(11)。	国家一般（20）、国家青年（16）、教育部重点（17）、教育部青年专项（11）。	国家重点（2）、国家一般（19）、国家青年（8）、教育部重点（7）、教育部青年专项（3）、西部项目（1）。
类别合计	"十五"至"十三五"期间，国家重大(1)、国家重点(3)、国家一般(53)、国家青年(29)、教育部(27)、教育部重点(45)、教育部青年专项(25)、青年基金(1)、青年专项(8)、规划(17)、西部项目(1)，共 210 项。			

210 项教育史立项课题中，中国教育史课题共 148 项，占教育史立项课题总数的 70%；外国教育史课题共 59 项，占教育史立项课题总数的 28%；中外交流方面的教育史课题共 3 项，占教育史立项课题总数的 2%。全规办组织编写的"发展报告"中对"十五"至"十二五"期间教育史立项课题研究总体情况，分别进行了概括说明：① 教育史"十五"规划立项课题的总体情况。"从这些项目的研究大致可以看出最近五年教育史研究的动态。主要体现在以下几个方面：一是传统的研究领域有新的突破；二是研究视野逐步扩展，研究领域比'九五'期间又得到进一步的拓宽；三是教育史学方面的研究有所进展，包括教育史料学、教育史学科史、教育史学理论方面的研究；四是教育史研究观念的转变与研究方法的创新。"①② 教育史"十一五"规划立项课题的总体情况。外国教育史研究方面："'十一五'期间是外国教育史学科的转型时期，外国教育史学科学者面对转型期的危机，

---

① 全国教育科学规划领导小组办公室：《全国教育科学"十五"规划学科发展报告》，72 页，北京，教育科学出版社，2008。

在继承传统的基础上，不断吸纳其他学科的研究成果而有所超越。虽然多数学者继续从事传统的教育思想和教育制度方面的研究，但在西方大学史研究方面取得重要进展，西方教育史学及其学科体系研究也有重要成果问世，外国教育史教材建设得到加强，新的研究领域得到拓展，在新视角和新方法等方面也有新的尝试。"①中国教育史研究方面："分析'十一五'期间中国教育史学科立项课题和主要研究成果，大致可以看出近 5 年来中国教育史学科研究的基本情况和发展趋势。一是'学科意识'日益增强，教育史学及教育学术史研究备受关注；二是传统研究领域耕耘不辍，学科体系日趋完善；三是珍视中国教育经验，中华人民共和国教育史研究取得突破性进展；四是关注现实教育问题，中国教育专题史研究不断拓展和深化；五是研究视野下移，中国地方教育史与校史研究百花齐放。"②③教育史"十二五"规划立项课题的总体情况。"就中国教育史、外国教育史立项课题的研究主题而言，中国教育史、外国教育史立项课题都涉及了教育思想史、教育制度史的研究，但是相对比较而言，中国教育史立项课题的研究主题更为全面，涉及教育口述史、教育生活史、教科书研究、教育期刊、教育学术团体以及教育史学科建设、明清科举史、边疆教育史、商代和西周教育史研究，甚至社会转型期心态问题研究等。在中国教育史立项课题的研究主题中，民国时期这一时段的教育史可能更受中国教育史研究者关注。就外国教育史立项课题的研究主题来看，美国教育史最受研究者关注，而美国的大学章程、研究型大学等是研究重心。同时杜威研究深受研究者的重视。当然，除了美国教育史外，德国教育史、英国教育史等研究主

---

① 全国教育科学规划领导小组办公室：《全国教育科学"十一五"规划学科发展报告》，129 页，北京，教育科学出版社，2011。

② 全国教育科学规划领导小组办公室：《全国教育科学"十一五"规划学科发展报告》，139 页，北京，教育科学出版社，2011。

题也随着具有相关留学背景的研究者的加入而受到关注。"①④教育史"十三五"规划立项课题的总体情况(2016—2018 年)。② 教育史立项课题研究主题的特点为：第一，教育史学方面研究取得重要进展，包括教育史学、教育学史理论方面的研究；第二，改革开放 40 年教育经验的总结、回顾与反思方面的教育史研究受到关注；第三，研究视野逐步扩展，中国教育史方面开展了教育生活史、教育职业史、教育记忆史、留美中国学生形象研究，外国教育史方面开展了边缘群体教育史、儿童福利运动研究等；第四，传统教育研究领域有了新的突破，如《孟子》教本研究、《学记》学术史研究、传统家风和家教研究、古代儒家教育生活研究等；第五，微观史学的研究方法越来越受到学者们的重视，并注重运用人类学、心理学、社会学、历史学等研究方法展开教育史研究；第六，在以美国教育史研究为主的外国教育史研究方面，以日本、澳大利亚等为研究对象的其他国家的教育史研究也逐步受到重视。

概而言之，"十五"至"十三五"期间教育史立项课题的研究主题，正从综合走向分析、从宏观把握转向微观研究、从整体认知转向具体探微，并逐步回归教育史研究的本来面貌。具体表现为：第一，教育史学理论研究日益受到重视，从中国教育史学研究发展到西方教育史学研究，再发展到教育史学研究，包括教育学术史、教育学史研究等；第二，倡导以人的教育活动为中心的、问题导向并注重过程和细节的教育活动史研究日益受到关注，并进一步拓展到教育生活史、教育记忆史、教育身体史研究；第三，以新史料、新方法、新视角为代表的新教育史研究，拓展了教育史学科的研究空间，提升了教育史研究的学术生命力；第四，传统教育研究领域有了新的

---

① 刘贵华等：《中国教育研究新成就——全国教育科学规划"十二五"学科发展研究》，362 页，北京，教育科学出版社，2019。

② 本部分的内容由笔者结合 2016—2018 年教育史立项课题的总体情况撰写而成。

突破，特别是在研究观念、研究方法等方面进行了新的探索；第五，中国教育经验，包括新中国教育及改革开放 40 年以来的教育经验，越来越受到研究者的重视。总之，在教育史立项课题的引领下，教育史研究既体现了注重教育史学科建设的理论自觉和学术努力，又代表了倡导走向民众、走向基层、走向世俗、走向边缘的教育史研究的新动向。

结　语

教育史学科发展历程的
再思考

　　杜成宪针对中国教育史研究过程中出现的三次视角下移的现象指出："当今日我们顺应了时代和学术的潮流，看到传统教育史研究模式的缺陷，倡导视角下移的教育史研究时，似乎也应当时时提醒自己：是否矫枉过正了？"[①]这种基于百年中国教育史学科发展历程基础上的提醒，让我们更有必要仔细斟酌"矫枉过正"中的"枉"与"正"。

　　1949 年中华人民共和国成立至今，教育史学科发展过程中无论是中国教育史学科还是外国教育史学科，都提到了学科发展过程中的两次"正"：一是新中国成立之后，我们引入马克思主义唯物史观作为教育史研究的指导思想与方法，为教育史学科的发展指明了方向，注入了活力；二是党的十一届三中全会以来，在继续坚持马克思主义的历史唯物主义指导思想的同时，倡导"百花齐放、百家争鸣"的方针，以"实践是检验真理的唯一标准"为依据，实事求是地评价教育历史事实与历史人物。正是因为有了第一次的"正"，才为新中国教育史学的发展指明了方向，与此同时，也是因为教育史学界对于"正"的理解错位，才导致了新中国教育史学科发展过程中第一

[①]　杜成宪：《中国教育史研究中的三次视角下移》，载《河北师范大学学报（教育科学版）》，2013(1)。

次"枉"的发生：滥用阶级分析方法来分析教育历史现象，导致唯物主义与唯心主义的斗争、进步教育理论与反动教育理论的斗争成为教育史研究领域的主导线索，致使教育史学科几乎成为政治学或哲学学科的附庸。再加上，新中国发展历程中的种种偏差，导致"枉"更大程度上对"正"的偏离。于是，第二次的"正"，正是为了"矫"第一次的"枉"。以对孔子、杜威等教育历史人物的重新评价为突破口，教育史学科在 20 世纪八九十年代取得了长足发展，以中外教育通史和教育思想史为代表的教育史学研究著述，成为教育史学科取得突破性发展的标志性成果。但正是在这样的发展过程中，教育史学者随着自身理论意识和学科自觉意识的增强，察觉到了教育史学科自身发展的困境和危机。虽然教育史学科发展的部分困境是由不可控的外部因素造成的（教学中教学时数的整体减少等），但是从教育史研究本身来说也出现了第二次的"枉"："由于主要关注各种类型、各种层次的正规学校教育，而忽视对不同历史时期各种'非正规'教育形式的探讨，'外国教育史'变成了'外国学校教育史'（或者说'教育史'变成了'学校教育史'）；而且，由于仅仅注重学校中那些被制度化了的事物和现象，外国教育史事实上又变成了正规学校内部局部、片段的教育现象或事物的历史。在这种情况下，原本非常广阔、丰富和多样的教育史就不可避免地被局限在一个非常狭窄、贫乏和单一的空间。这样编撰的教育史既不可能充分或全面地反映人类教育的过去，又很难真正成为完整的教育史，至多只是人类教育整体中一个很小片段的历史。更为重要的是，如此理解的教育史有可能使教育史研究距离真实的历史更加遥远。"①外国教育史变成"外国学校教育史"的同时，中国教育史也变成了"中国学校教育史"。于是，用来"矫"第二次"枉"的第三次的"正"，遂成为当今教育史学界集中关

---

① 张斌贤：《探寻教育史学科重建的出发点》，载《北京大学教育评论》，2016(4)。

注的热点和核心。

　　我们思考和关心的不仅仅是再次用何种"正"来矫正"枉"，我们更为关注的是如何避免教育史学科发展过程中"枉"的再次发生。正如有的学者所言，从"体系时代"转向"问题时代"就是教育史学科实现振兴的路径所在。那么，以微观的、具体的教育历史问题研究为主导的"问题时代"的发现，是否能成为避免"枉"再次发生的"正"。有的学者客观且理性地指出："对中国教育史研究中的视角下移，应当有分析地加以肯定；而对为当今人们颇多非议的所谓宏观研究、关注'上层'等传统研究方式，也应当有分析地加以批判。"①试想，从宏观到微观，从对宏观的批判到对微观的"热崇"，何尝又不是再次的"钟摆"。至此，《教育史学》的登场就成为教育史学科发展的必然选择："重构教育史观的根本在于史家自觉地形成一种'中级理论'——即专门的教育史学理论或观念。这种中级理论虽然受到宏观的社会历史观的影响，但主要反映史家本人对教育及其历史变迁的本质、动力等方面的认识，反映史家对教育历史的本体论、方法论和价值论的基本理解。这不仅有助于形成丰富和多元的教育史研究的领域、路径和方法，而且有利于促进教育史研究中哲理探讨和哲理追求。只有当对具体教育历史现象和过程的探讨能够成为一种基于充足史料之上的哲理探讨，教育史研究才能最终完成自己的使命：促进人类对教育历史本质的深刻认识。"②

　　时代呼唤专门的教育史学理论著作的出现，而我们正处在这个恰当的历史时段。也许，在不久的将来我们一定会出版一本更加系统地研究教育史学理论的专著——《教育史学》，从而真正寻找到把教育史学科托上天空的彩云！我们期待着……

---

　　①　杜成宪：《中国教育史研究中的三次视角下移》，载《河北师范大学学报（教育科学版）》，2013(1)。

　　②　张斌贤：《重构教育史观：1929—2009 年》，载《高等教育研究》，2011(11)。

主要参考文献

[1]沈灌群:《中国古代教育和教育思想》,武汉,湖北人民出版社,1956。

[2]杰普莉茨卡娅:《教育史讲义》,华东师范大学教育系教育学研究班翻译室 译,上海,华东师范大学出版社,1958。

[3]北京师范大学教育系教育史教研组:《中国教育史讲义(古代部分初稿)》全四 册,北京,北京师范大学,1960。

[4]北京师范大学教育系教育史教研室:《外国教育史(初稿)》全四册,北京,北 京师范大学,1979。

[5]孟宪承、陈学恂、张瑞璠等:《中国古代教育史资料》,北京,人民教育出版 社,1961。

[6]舒新城:《中国近代教育史资料》共三册,北京,人民教育出版社,1961。

[7]曹孚:《外国教育史》,北京,人民教育出版社,1962。

[8]罗炳之:《外国教育史》,南京,江苏人民出版社,1962。

[9]毛礼锐、瞿菊农、邵鹤亭:《中国古代教育史》,北京,人民教育出版 社,1979。

[10]陈元晖:《中国现代教育史》,北京,人民教育出版社,1979。

[11]陈景磐:《中国近代教育史》,北京,人民教育出版社,1979。

[12]孟宪承:《中国古代教育文选》,北京,人民教育出版社,1979。

[13]蒋径三:《西洋教育思想史》,北京,商务印书馆,1979。

[14]曹孚、滕大春、吴式颖等:《外国古代教育史》,北京,人民教育出版

社，1981。

[15]华东师范大学教育系中国教育史研究室、教育科学研究所中国教育研究室：
《中国教育史参考资料选编》，上海，华东师范大学出版社，1981。

[16]顾树森：《中国历代教育制度》，南京，江苏人民出版社，1981。

[17]陈学恂：《中国近代教育大事记》，上海，上海教育出版社，1981。

[18]陈元晖、尹德新、王炳照等：《中国古代的书院制度》，上海，上海教育出
版社，1981。

[19]吴式颖、姜文闵：《外国教育史话》，南京，江苏人民出版社，1982。

[20]华东师范大学教育系教科所：《中国现代教育史》，上海，华东师范大学出
版社，1983。

[21]陈学恂：《中国近代教育文选》，北京，人民教育出版社，1983。

[22]熊明安：《中国高等教育史》，重庆，重庆出版社，1983。

[23]陆鸿基：《中国近世的教育发展（1800 年—1949 年）》，香港，华风书
局，1983。

[24]朱有瓛、高时良：《中国近代学制史料》全七册，上海，华东师范大学出版
社，1983—1993。

[25]李友芝、李春年、柳传欣等：《中国近代师范教育史资料》全四册，北京，
人民教育出版社，1983。

[26]任时先：《中国教育思想史》，上海，上海书店出版社，1984。

[27]中央教育科学研究所：《中华人民共和国教育大事记（1949—1982）》，北京，
教育科学出版社，1984。

[28]毛礼锐：《中国教育史简编》，北京，教育科学出版社，1984。

[29]王天一、夏之莲、朱美玉：《外国教育史》上、下两册，北京，北京师范大
学出版社，1984。

[30]华东师范大学教育系外国教育史教研室：《外国教育史教学参考资料》，上
海，华东师范大学出版社，1985。

[31]王炳照、郭齐家、刘德华等：《简明中国教育史》，北京，北京师范大学出
版社，1985。

[32]杨荣春：《中国封建社会教育史》，广州，广东人民出版社，1985。

［33］高奇：《中国现代教育史》，北京，北京师范大学出版社，1985。

［34］湖南省教育科学研究所：《爱国主义教育资料 中国现代史部分》上册，长沙，湖南教育出版社，1985。

［35］刘问岫：《中国师范教育简史》，北京，人民教育出版社，1985。

［36］陶愚川：《中国教育史比较研究》古代、近代、现代，济南，山东教育出版社，1985—1988。

［37］陈学恂：《中国近代教育史教学参考资料》上、中、下三册，北京，人民教育出版社，1986—1987。

［38］雷克啸：《中国近代教育史资料汇编》，北京，中华社会大学教育系，1986。

［39］毛礼锐：《中国古代教育家传》，北京，北京师范大学出版社，1987。

［40］陈景磐：《中国近现代教育家传》，北京，北京师范大学出版社，1987。

［41］郭齐家：《中国教育思想史》，北京，教育科学出版社，1987。

［42］李桂林：《中国现代教育史教学参考资料》，北京，人民教育出版社，1987。

［43］赵祥麟：《外国现代教育史》，上海，华东师范大学出版社，1987。

［44］吴式颖、赵荣昌、黄学溥等：《外国教育史简编》，北京，教育科学出版社，1988。

［45］中央教育科学研究所：《中国现代教育大事记》，北京，教育科学出版社，1988。

［46］顾树森：《中国古代教育家语录类编》，上海，上海教育出版社，1988。

［47］中国古代教育论著丛书编委会：《中国古代教育论著丛书》，北京，人民教育出版社，1988—1990。

［48］李桂林：《中国教育史》，上海，上海教育出版社，1989。

［49］熊贤君：《中国教育管理史》，武汉，华中师范大学出版社，1989。

［50］程斯辉：《中国近代教育管理史》，武汉，武汉工业大学出版社，1989。

［51］毛礼锐、沈灌群：《中国教育通史》共六卷，济南，山东教育出版社，1985—1989。

［52］乔卫平、程培杰：《中国古代幼儿教育史》，合肥，安徽教育出版社，1989。

［53］戴本博：《外国教育史》上、中、下三册，北京，人民教育出版社，1989—1990。

［54］滕大春：《外国教育通史》共六卷，济南，山东教育出版社，1989—1994。

［55］华东师范大学教育系：《中国现代教育文选》，北京，人民教育出版社，1989。

［56］李定开、谭佛佑：《中国教育史》，成都，四川民族出版社，1990。

［57］刘德华：《中国教育管理史》，开封，河南教育出版社，1990。

［58］何晓夏：《简明中国学前教育史》，北京，北京师范大学出版社，1990。

［59］董宝良：《中国教育史纲》，长春，长春教育出版社，1990。

［60］喻本伐、熊贤君：《中国教育发展史》，武汉，华中师范大学出版社，1991。

［61］陈学恂：《中国教育史研究》共七卷，上海，华东师范大学出版社，1991—2009。

［62］毕诚：《中国古代家庭教育》，济南，山东教育出版社，1991。

［63］董纯才：《中国革命根据地教育史》共三卷，北京，教育科学出版社，1991—1993。

［64］吴玉琦：《中国职业教育史》，长春，吉林教育出版社，1991。

［65］柏福临、孙友葵、于佩学：《中华人民共和国教育史》，哈尔滨，黑龙江教育出版社，1991。

［66］高奇：《中国高等教育思想史》，北京，人民教育出版社，1992。

［67］梅汝莉、李生荣：《中国科技教育史》，长沙，湖南教育出版社，1992。

［68］江万秀、李春秋：《中国德育思想史》，长沙，湖南教育出版社，1992。

［69］赵祥麟：《外国教育家评传》，上海，上海教育出版社，1992。

［70］杨汉麟、周采：《外国幼儿教育史》，南宁，广西教育出版社，1993。

［71］曲士培：《中国大学教育发展史》，太原，山西教育出版社，1993。

［72］郑登云：《中国高等教育史》上、下两册，上海，华东师范大学出版社，1994。

［73］高时良：《中国教会学校史》，长沙，湖南教育出版社，1994。

［74］宋恩荣：《中国近现代教育家系列研究》，沈阳，辽宁教育出版社，1994。

［75］李国钧：《中国书院史》，长沙，湖南教育出版社，1994。

［76］江铭：《中国教育督导史》，北京，人民教育出版社，1994。

［77］王炳照、阎国华：《中国教育思想通史》共八卷，长沙，湖南教育出版

社，1994。

[78]张斌贤、褚洪启等：《西方教育思想史》，成都，四川教育出版社，1994。

[79]谢青、汤德用：《中国考试制度史》，合肥，黄山书社，1995。

[80]孙培青、李国钧：《中国教育思想史》共三卷，上海，华东师范大学出版社，1995。

[81]袁桂林：《外国教育史》，长春，东北师范大学出版社，1995。

[82]杜学元：《中国女子教育通史》，贵阳，贵州教育出版社，1995。

[83]徐汝玲：《外国教育史资料》，北京，教育科学出版社，1995。

[84]毕诚、程方平：《中国教育史》，北京，文津出版社，1996。

[85]孙培青：《中国教育管理史》，北京，人民教育出版社，1996。

[86]熊贤君：《中国教育行政史》，武汉，华中理工大学出版社，1996。

[87]陈孝彬：《外国教育管理史》，北京，人民教育出版社，1996。

[88]王天一、方晓东：《西方教育思想史》，长沙，湖南教育出版社，1996。

[89]田正平：《留学生与中国教育近代化》，广州，广东教育出版社，1996。

[90]李华兴：《民国教育史》，上海，上海教育出版社，1997。

[91]熊明安：《中华民国教育史》，重庆，重庆出版社，1997。

[92]马镛：《中国家庭教育史》，长沙，湖南教育出版社，1997。

[93]吴式颖：《外国现代教育史》，北京，人民教育出版社，1997。

[94]单中惠、刘传德：《外国幼儿教育史》，上海，上海教育出版社，1997。

[95]董宝良、周洪宇：《中国近现代教育思潮与流派》，北京，人民教育出版社，1997。

[96]郭齐家：《中国古代学校》，北京，商务印书馆，1998。

[97]钱焕琦：《中国教育伦理思想发展史》，北京，改革出版社，1998。

[98]吴洪成：《中国教会教育史》，重庆，西南师范大学出版社，1998。

[99]吴洪成：《中国学校教材史》，重庆，西南师范大学出版社，1998。

[100]杜成宪、崔运武、王伦信：《中国教育史学九十年》，上海，华东师范大学出版社，1998。

[101]韩达：《中国少数民族教育史》共四卷，广州，广东教育出版社，1998。

[102]袁锐锷：《外国教育管理史教程》，广州，广东高等教育出版社，1998。

[103]夏之莲：《外国教育发展史料选粹》上、下两册，北京，北京师范大学出版社，1999。

[104]周采、杨汉麟：《外国学前教育史》，北京，北京师范大学出版社，1999。

[105]栗洪武、朱智斌：《中国教育发展史》，西安，陕西师范大学出版社，2000。

[106]张瑞璠：《中国教育哲学史》共四卷，济南，山东教育出版社，2000。

[107]李国钧、王炳照：《中国教育制度通史》共八卷，济南，山东教育出版社，2000。

[108]王炳照、周益良、宋荐戈：《中华人民共和国教育史历史传统与基础》，海口，海南出版社，2000。

[109]张福娟、马红英、杜晓新：《特殊教育史》，上海，华东师范大学出版社，2000。

[110]郝维谦、龙正中：《高等教育史》，海口，海南出版社，2000。

[111]闻友信、杨金梅：《职业教育史》，海口，海南出版社，2000。

[112]朴胜一、程方平：《民族教育史》，海口，海南出版社，2001。

[113]陈元晖：《中国教育学史遗稿》，北京，北京师范大学出版社，2001。

[114]肖建彬：《中国教育思想史》，北京，高等教育出版社，2001。

[115]熊明安、周洪宇：《中国近现代教育实验史》，济南，山东教育出版社，2001。

[116]吴式颖、任钟印：《外国教育思想通史》共十卷，长沙，湖南教育出版社，2002。

[117]方晓东、李玉非、毕诚等：《中华人民共和国教育史纲》，海口，海南出版社，2002。

[118]李国钧：《区域教育的历史研究》，武汉，湖北教育出版社，2003。

[119]王雷：《中国近代社会教育史》，北京，人民教育出版社，2003。

[120]贺国庆：《外国高等教育史》，北京，人民教育出版社，2003。

[121]杜学元：《外国女子教育史》，成都，四川人民出版社，2003。

[122]杜成宪、邓明言：《教育史学》，北京，人民教育出版社，2004。

[123]宋恩荣、吕达：《当代中国教育史论》，北京，人民教育出版社，2004。

［124］苗春德：《中国近代乡村教育史》，北京，人民教育出版社，2004。

［125］王凌皓：《中国教育史纲要》，北京，人民教育出版社，2005。

［126］曲铁华：《中国教育史》，长春，东北师范大学出版社，2005。

［127］杨汉麟：《外国教育实验史》，北京，人民教育出版社，2005。

［128］单中惠：《外国中小学教育问题史》，济南，山东教育出版社，2005。

［129］熊明安、喻本伐：《中国当代教育实验史》，济南，山东教育出版社，2005。

［130］熊贤君：《中国女子教育史》，太原，山西教育出版社，2006。

［131］廖其发：《中国幼儿教育史》，太原，山西教育出版社，2006。

［132］崔运武：《中国师范教育史》，太原，山西教育出版社，2006。

［133］吴洪成：《中国小学教育史》，太原，山西教育出版社，2006。

［134］谢长法：《中国留学教育史》，太原，山西教育出版社，2006。

［135］陈元晖：《中国近代教育史资料汇编》共十卷，上海，上海教育出版社，2007。

［136］张彬、周谷平：《中国教育史导论》，杭州，浙江大学出版社，2007。

［137］周一川：《近代中国女性日本留学史（1872—1945 年）》，北京，社会科学文献出版社，2007。

［138］施克灿：《中国教育思想史》，北京，高等教育出版社，2008。

［139］王保星：《外国教育史》，北京，北京师范大学出版社，2008。

［140］朱家存、徐瑞：《外国教育史》，济南，山东人民出版社，2008。

［141］王炳照：《中国教育史专题研究》，北京，北京师范大学出版社，2009。

［142］张传燧：《解读中国古代教育思想》，广州，广东教育出版社，2009。

［143］孙培青：《中国教育史》，上海，华东师范大学出版社，2009。

［144］谢长法：《中国中学教育史》，太原，山西教育出版社，2009。

［145］贺国庆、于洪波、朱文富：《外国教育史》，北京，高等教育出版社，2009。

［146］胡松柏：《中华人民共和国教育发展史（1949—2009）》上、中、下三册，南宁，广西教育出版社，2009。

［147］唐爱民：《当代西方教育思潮》，济南，山东人民出版社，2010。

[148]张传燧：《中国教育史》，北京，高等教育出版社，2010。

[149]郭娅：《反思与探索：教育史学元研究》，济南，山东教育出版社，2010。

[150]顾定倩、朴永馨、刘艳虹：《中国特殊教育史资料选》，北京，北京师范大
学出版社，2010。

[151]张世欣：《中国古代思想道德教育史》，杭州，浙江大学出版社，2010。

[152]王炳照口述，周慧梅整理：《王炳照口述史》，北京，北京师范大学出版
社，2010。

[153]朱永新：《中国教育思想史》古代、近现代、当代三册，北京，中国人民大
学出版社，2011。

[154]喻本伐、熊贤君：《中国教育发展史》，武汉，华中师范大学出版
社，2011。

[155]周洪宇：《学术新域与范式转换：教育活动史研究引论》，武汉，华中科技
大学出版社，2011。

[156]郝维谦、龙正中、张晋峰：《中华人民共和国高等教育史》，北京，新世界
出版社，2011。

[157]郭法奇：《教育史研究：寻求一种更好的解释》，北京，中国社会科学出版
社，2012。

[158]郭卫东：《中国近代特殊教育史研究》，北京，高等教育出版社，2012。

[159]郑刚：《史学转型视野中的"中国教育史"学科研究（1901—1937 年）》，武
汉，华中科技大学出版社，2013。

[160]刘来兵：《视域融合与历史构境——中国教育史学实践范式研究》，武汉，
华中科技大学出版社，2013。

[161]王炳照、李国钧、阎国华：《中国教育通史》共十六卷，北京，北京师范大
学出版社，2013。

[162]王俊明：《制度变迁与知识生产——北京师范大学教育史学科发展研究
1949—2001》，北京，中国社会科学出版社，2014。

[163]史静寰、延建林等：《西方教育史学百年史论》，北京，人民教育出版
社，2014。

[164]贺国庆、朱文富：《外国职业教育通史》上、下卷，北京，人民教育出版

社，2014。

[165]赵国权：《中国教育史》，郑州，河南大学出版社，2015。

[166]吴式颖口述，孙益、李曙光整理：《吴式颖口述史》，北京，北京师范大学
出版社，2015。

[167]周洪宇：《创新与建设：教育史学科的重建》，武汉，华中科技大学出版
社，2016。

[168]周洪宇、申国昌等：《中国教育活动通史》共八卷，济南，山东教育出版
社，2017。

[169]田正平：《世态与心态——晚清、民国士人日记阅读札记》，上海，上海教
育出版社，2017。

[170]周采等：《当代西方教育史学流派研究》，上海，上海交通大学出版
社，2018。

[171]张斌贤：《关于〈教育史学〉的构想》，载《教育研究与实验》，1987(3)。

[172]杜成宪：《中国教育史学科体系试构》，载《华东师范大学学报（教育科学
版）》，1997(1)。

[173]贺国庆：《外国教育史学科发展的世纪回顾与断想》，载《河北师范大学学
报（教育科学版）》，2001(3)。

[174]张传燧：《〈教育史学〉的反思与重构》，载《华东师范大学学报（教育科学
版）》，2001(1)。

[175]廖其发：《论 21 世纪我国教育史学科发展的方向与任务》，载《西南师范大
学学报（人文社会科学版）》，2001(3)。

[176]杜成宪、章小谦：《关于教育史学评论的理论思考》，载《华东师范大学学
报（教育科学版）》，2003(1)。

[177]田正平、肖朗：《教育史学科建设的回顾与前瞻》，载《教育研究》，2003(1)。

[178]孙培青：《教育史学科未来的几个问题》，载《河北师范大学学报（教育科学
版）》，2005(1)。

[179]贺国庆、张薇：《"教育史"学科面向未来的思考》，载《教育科学》，2005(1)。

[180]黄书光：《教育史学科发展的自我意识及其思考》，载《当代教育论坛》，
2005(17)。

［181］肖会平、周洪宇：《教育史学的学术功能与社会功能》，载《教育学报》，2006(3)。

［182］郭娅：《论教育史学的学科性质》，载《湖北大学学报(哲学社会科学版)》，2007(1)。

［183］田正平：《老学科 新气象——改革开放 30 年教育史学科建设述评》，载《教育研究》，2008(9)。

［184］于述胜：《中国教育史学科结构方式的历史探究》，载《北京师范大学学报(社会科学版)》，2008(1)。

［185］周采：《当代西方教育史学的发展》，载《南京师大学报(社会科学版)》，2009(6)。

［186］李娟、刘立德：《对教育史学科发展几个问题的探析》，载《河北师范大学学报(教育科学版)》，2009(3)。

［187］申国昌：《教育史学科发展的时代特征》，载《教育研究与实验》，2011(1)。

［188］张斌贤：《重构教育史观：1929—2009 年》，载《高等教育研究》，2011(11)。

［189］王保星：《全球史观视野下的我国外国教育史学科建设断想》，载《河北师范大学学报(教育科学版)》，2011(1)。

［190］周洪宇：《重论教育史学的学科体系》，载《中国教育科学》，2013(2)。

［191］郑刚：《教育史学史：中国教育史研究的新兴领域》，载《教育研究与实验》，2013(2)。

［192］史静寰、延建林：《西方教育史学百年反思：教育史之内与教育史之外》，载《中国教育科学》，2013(2)。

［193］朱季康、胡金平：《对当今教育史学科危机及出路的思考》，载《现代大学教育》，2014(1)。

［194］杨捷：《我国外国教育史学科的发展与回顾探究》，载《河北师范大学学报(教育科学版)》，2015(5)。

［195］张传燧：《教育史学研究的多元价值取向》，载《河北师范大学学报(教育科学版)》，2015(1)。

［196］侯怀银、王喜旺、李艳莉：《中国教育史学科建设的百年求索》，载《陕西师范大学学报(哲学社会科学版)》，2015(4)。

［197］张斌贤：《探寻教育史学科重建的出发点》，载《北京大学教育评论》，2016(4)。

［198］张斌贤、杜成宪、肖朗等：《教育史学科建设六人谈》，载《华东师范大学学报(教育科学版)》，2016(4)。

［199］周洪宇：《关于教育史学研究和学科建设的思考》，载《教育史研究》，2017(1)。

［200］郭法奇：《教育史学科建设：新时期、新征程》，载《中国社会科学报》，2018-01-04。

附　录

本学科发展大事记

1949 年 10 月 5 日，中苏友好协会总会召开成立大会，总会会长刘少奇在会上讲话指出：我们要建国，同样也必须"以俄为师"，学习苏联人民的建国经验；苏联有许多世界上所没有的完全新的科学知识。我们只有从苏联才能学到这些科学知识。例如，经济学、银行学、财政学、商业学、教育学等。同年，以法捷耶夫为团长、西蒙诺夫为副团长的苏联文化艺术科学工作者代表团来我国访问。代表团团员、俄罗斯联邦共和国人民教育部副部长杜伯洛维娜在北京、上海等地向我国教育工作者介绍苏联教育工作经验。

1949 年 12 月 16 日，政务院第十一次政务会议决定成立中国人民大学。成立这所新型的大学是为了适应国家建设需要，接受苏联先进的建设经验，并聘请苏联教授，有计划、有步骤地培养新国家的各种建设干部。"教学与实际联系，苏联经验与中国情况相结合"成为中国人民大学的教育方针。

1949 年 12 月 23 日至 31 日，教育部在北京召开第一次全国教育工作会议。会议指出，建设新教育要以老解放区新教育经验为基础，吸收旧教育某些有用的经验，特别要借助苏联教育建设的先进经验。

1952 年，上海召开了中国教育史教学大纲讨论会 。同年 10 月，华东师范大学教育系教师沈灌群为本校教育系中国教育史学科教学拟就了一份教学大纲草案——《中国教育史教学大纲》，此大纲是新中国成立后第一个明确提出以历史唯物主义为指导思想的中国教育史教学大纲，对我国中国教育史学科建设产生了一定的影响。

1952 年 7 月，教育部颁发《师范学院教学计划（草案）》，这是新中国成立后拟定的第一个师范学院教学计划。

1952 年 11 月 12 日，教育部发出指示，要求各高等学校制订编译苏联教材的计划。据统计，1951 年至 1957 年秋，仅由人民教育出版社翻译出版的苏联教育书籍就有 303 种，共发行了 12 627 849 册。

1952 年 11 月，教育部颁发《关于试行师范学院教育学计划（草案）的通知》，明确规定教育史为教育专业的必修科目，在本科三、四年级开设。

1953 年 9 月，教育部召开全国高等师范教育会议，明确高等师范教材建设的原则，并讨论了编写包括中国教育史学科在内的教育类课程教材，明确指出需要注意"中国教育史等科目的教材，只能借鉴苏联相当科目的教材的精神实质、观点方法，由自己编写"。

1953 年 11 月 23 日，高等教育部发布《高等学校培养研究生暂行办法（草案）》，就研究生报考条件、教研室的任务都进行了明确规定。教育史研究班按照此前出台的草案，班上学生一律要求考试，考试通过后录取入学。

1954 年 4 月，教育部颁发"教育系暂行教学计划"，把教育史列为必修课程，在本科三、四年级开设。其中教育史包括中国教育史和世界教育史，并分开教授。

1955 年，在学习和模仿苏联研究生教育模式和苏联专家来华援助中国教育建设的背景下，华东师范大学聘请苏联专家杰普莉茨卡娅创办了首届教育史研究班。

1955 年夏，教育部在上海召开高等师范教育学教学大纲研讨会，并通过大纲草案。该草案明确提出要"创建和发展新中国教育学"。

1956 年 3 月 14 日，曹孚在"教育科学规划第一次座谈会"上，提出《关于 1956—1967 年发展教育科学的规划草案》（初稿分为"前言"和"教育学"部分）。该稿具体提出了十二年教育学（包括教学法）、心理学、教育史三方面的重要任务以及具体研究中的中心问题。

1956 年 3 月 23 日至 4 月 4 日，教育部在北京召开第二次全国高等师范教育会议，讨论了高等师范教育十二年规划。会议讨论并研究了高等师范学校师资队伍建设，明确了高等师范学校的科研方向，对修订教学计划、编订教学大纲、编写教科书等项工作进行了具体部署。

1956 年 6 月 2 日，中共教育部党组会议决定成立中央育科所筹备处，由戴伯韬负责筹备工作，由曹孚主持外国教育史的研究工作（1957 年 1 月 26 日，国务院批准进行筹建工作；1960 年 10 月，中央教科所正式成立；1970 年 6 月，该所被撤销；1978 年 7 月，国务院批准恢复重建中央教科所）。

1956 年，国务院组织制定了全国教育科学长期发展规划，规定作为规划内容之一的教育史研究，应以中国史为主，教学和研究的重点在于整理遗产，总结经验，包括研究历代教育家思想、编写研究专著、整理教育古籍等方面；外国史方面主要借鉴和参考苏联的教科书与研究成果。

1956 年 5 月 26 日，中共中央宣传部部长陆定一在怀仁堂作"百花齐放、百家争鸣"的讲话。讲话指出，"要使文学艺术和科学工作得到繁荣的发展，必须采取'百花齐放、百家争鸣'的政策"，"我们所主张的'百花齐放、百家争鸣'，是提倡在文学艺术工作和科学研究工作中有独立思考的自由，有辩论的自由，有创作和批判的自由，有发表自己的意见、坚持自己的意见和保留自己的意见的自由"，"中共中央指出，必须坚持这样的原则：在学术批评和讨论中，任何人都不能有什么特权；以'权威'自居，压制批评，或者对资产阶级错误思想熟视无睹，采取自由主义甚至投降主义的态度，都是不对的。同时，中共中央又指示，学术批评和讨论，应当是说理的，实事求是的"。在此以后，各地高等学校对怎样贯彻"百花齐放、百家争鸣"的方针，怎样贯彻全面发展的方针，怎样进行教学改革等问题广泛展开讨论。

1956 年 5 月 28 日至 6 月 1 日，中共中央宣传部召开部分省、市委宣传（文教）部长座谈会，根据毛泽东《论十大关系》的讲话精神，座谈讨论宣传文教工作中的重要问题。中共中央宣传部部长陆定一在讲到教育工作时指出，"我们发现，有好些地方生搬硬套过苏联经验。比如教育工作中的五年一贯制，工农速成中学，在中国行不通"，"学习苏联是很重要的，但是决不能一概照搬过来"。

1956 年 8 月 1 日至 16 日，高等教育部在北京召开高等学校部分校院长和教务长座谈会。高等教育部部长杨秀峰总结发言时指出，"积累和总结本国经验，更密切地结合中国实际认真地进一步学好苏联先进经验，同时也吸收其他国家对我们有用的东西，建设为社会主义建设服务的新中国高等教育"，"'百家争鸣'的方针不仅在学术研究中应贯彻，在教室讲课中也可以执行，允许教师在教学中介绍不同的学说，提出自己的见解"。

1956 年 9 月，中共中央宣传部提出，在高等学校试开当时在资本主义国家流行的唯心主义派别的学说介绍和批判的课程，并从本学期起先在北京大学和中国人民大学试办。在北京大学先开了"罗素哲学""黑格尔哲学""凯因斯经济学说的介绍和批判"，在中国人民大学先开了几个讲座。据此，北京大学哲学系开设了"罗素哲学"，并计划于一九五七年上半年开设"黑格尔哲学"。开设资产阶级唯心主义课程的目的，在于开阔学生的眼界，培养学生独立思考的能力，使之能正确地认识唯心主义的错误和更好地学习唯物主义，克服教条主义，以贯彻"百家争鸣"的方针。

1956 年，沈灌群撰写的新中国成立后公开出版的第一本中国教育史著作《中国古代教育和教育思想》，由湖北人民出版社出版。

1957 年 2 月 27 日，毛泽东在扩大的最高国务会议上所作的题为《关于正确处理人民内部矛盾的问题》的讲话中提出："我们的教育方针，应该使受教育者在德育、智育、体育几方面都得到发展，成为有社会主义觉悟的有文化的劳动者。"这个讲话强调贯彻"百花齐放、百家争鸣"的方针，提出了在我国政治生活中判断人们言论和行动的是非的六条政治标准。

1957 年，曹孚在《新建设》第 6 期发表长篇论文《教育学研究中的若干问题》，阐述了教育学和教育史研究中的方法论问题。

1957 年 6 月 1 日，在中共中央统战部召开的民主人士座谈会上，邓初民在发言中对 1951 年对陶行知教育思想的批判提出异议。后来，他又在《人民教育》第 7 期发表文章《我们必须对陶行知先生给以重新评价》说："他的生活教育理论，容或还有许多值得商量的地方，但在那时已经达到中国教育史上的顶峰。"此后，《新建设》《学术月刊》《安徽史学通讯》等刊物陆续发表文章，讨论对陶行知教育思想的评价问题。

1957 年上半年，北京大学哲学系及学术界讨论如何继承祖国哲学遗产等问题。冯友兰认为，许多哲学命题从特殊意义上看不能继承，从一般意义上看却可以继承，即"抽象继承"。许多学者不同意这个观点。与此同时，教育界讨论了教育中的继承性问题。一种观点认为，教育除了是上层建筑外，同时又是永恒范畴，新旧教育之间存在着继承关系。另一种观点认为，按照历史唯物主义的观点，教育属于历史范畴，教育是为各种社会的政治、经济发展服务的。因此，我们对教育遗产只能是批判地吸收，并提出，把教育看成是超政治、超阶级的"永恒"范畴，是资产阶级的教育观点，是错误的。

1957 年 10 月，北京师范大学毛礼锐、张鸣岐所著的《古代中世纪世界教育史》，戴本博编著的《夸美纽斯的教育思想》由湖北人民出版社出版。

1957 年 11 月 15 日，中国人民保卫世界和平委员会、中央教科所等五个单位联合举行纪念世界文化名人、捷克伟大的教育家夸美纽斯教育论著出版 300 周年纪念会。响应世界和平理事会关于 1957 年纪念世界文化名人的号召，本年 3 月开始，各地报刊发表文章介绍夸美纽斯的生平、教育思想及论著，师范院校组织专题报告，人民教育出版社重新出版夸美纽斯的教育论著《大教学论》。

1958 年 4 月，我国高等师范院校先后请来几位苏联专家，开设进修班，讲授"外国教育史"，如北京师范大学聘请的崔可夫、华东师范大学聘请的杰普莉茨卡娅都讲授教育史。此外，中央教育行政学院聘请的安娜·西格斯娃在讲授教育学的过程中，也经常讲到教育史问题。

1958 年 7 月，《红旗》杂志第 7 期发表中共中央宣传部部长陆定一的文章《教育必须与生产劳动相结合》(8 月 16 日《人民日报》转载)。

1959 年，教育史在苏联第一次成为用马克思列宁主义立场研究不同历史时期(从古到今)教育、学校、教育学理论发展的真正科学。[①]

1960 年 7 月 16 日，苏联政府单方面撤退全部在华苏联专家后，在教育系统工作的苏联专家即一同撤离。1949 年以来，我国教育部门和学校先后共聘请苏联专家 861 人，担任顾问，或从事教学、科学研究工作。

1961 年，北京师范大学创办了中国教育史研究班，既为全国高等院校培养中国教育史教师，又为中国教育史学科培养新的专业人才。

---

① ［苏]恩·阿·彼得洛夫等：《苏联的教育科学》，陈有信等译，147 页，人民教育出版社，1959。

1961年3月，孟宪承、陈学恂、张瑞璠、周子美合编的《中国古代教育史资料》及舒新城编的《中国近代教育史资料》由人民教育出版社出版。

1961年4月，全国高等院校文科、艺术院校教材编选计划会议确定了外国教育史教材的编写任务。

1961年4月11日至25日，中共中央宣传部会同教育部、文化部在北京召开全国高等学校文科和艺术院校教材编选计划会议。会议强调要坚决贯彻以教学为主的方针，正确处理论和史（观点和材料）、古与今、中和外等关系；拟定了中文、历史、哲学、政治经济学、政治、教育、外语7种专业和艺术院校7类专业的教学方案，以及224门课程的297种教材编选计划，其中文科126种，艺术171种。文科教材编选工作由周扬主持，下设文科教材编选工作办公室（1963年8月1日改名为文科教材编审工作办公室），按专业成立了十四个教材编选工作组。采取集中和分散并举的方式进行工作。到1965年年底，共编出73种187本教科书和参考教材。

1963年6月20日，曹孚在吉林师范大学关于外国教育史问题的座谈会上，就外国教育史的科学研究方向与方法、编写外国教育史的指导思想、外国教育史的体系结构、如何处理教育思想和制度的关系、外国教育史的教学目的与任务等问题作了发言。

1963年10月31日，中共中央宣传部基本同意教育部党组《关于中央教育科学研究所的基本情况和今后方针任务的请示报告》。该报告指出，教科所的方针是切实贯彻理论和实践统一的原则，以马克思列宁主义、毛泽东思想为指导，经过科学实验和调查研究，总结实际教育工作的经验，为我国社会主义教育建设事业服务。教育科学研究所的主要任务是研究马克思列宁主义的教育理论，特别要研究毛泽东的教育思想；进行深入系统的调查研究，总结经验，指导当前的教育工作和教学改革工作；研究中国和外国教育发展史；了解、研究和批判各国资产阶级和修正主义的教育思想和教育理论；研究教学法和教育心理学。

1964 年 2 月 21 日，教育部发出通知，决定在北京大学设立外国高等教育情报资料室，在清华大学设立外国技术教育情报资料室，北京师范大学适当充实教育系外国教育研究室的人力。这些机构的任务是搜集、整理、编译外国高等教育、中等专业教育的历史、现状和动向的情报资料，供领导研究参考。

1964 年 10 月，教育部印发中共中央宣传部加了批语的《城市半工半读学校情况汇编》。中央宣传部批语指出："我国的教育工作，是直到 1958 年，即建国以后 9 年，才在理论上解决了什么是社会主义的教育这个问题的。以前没有解决，把苏联凯洛夫的教育思想认为是社会主义的，而实际上它仍是资本主义的。"

1977 年 8 月 4 日至 8 日，中共中央副主席邓小平召开科学和教育工作会议，应邀参与的有三十多位著名科学家和教育工作者。8 日，邓小平作了报告《关于科学和教育工作的几点意见》。其中，关于学风问题，他认为，"培养好的风气，最主要的是走群众路线和实事求是这两条路"，"我们要坚持百家争鸣的方针，允许争论。不同学派之间要互相尊重，取长补短。要提倡学术交流"。

1977 年 9 月 18 日，中共中央发出《关于召开全国科学大会的通知》，指出"四个现代化的关键是科学技术现代化"。

1978 年 3 月 3 日，教育部发出《关于中学历史教学大纲和教材中几个原则性问题如何处理的初步意见》，提出关于儒法斗争问题，"教材在春秋战国时期，要讲百家争鸣的内容，在讲述过程中，可以按历史事实，讲到儒家和法家的斗争。战国以后，地主阶级内部人物在思想上的斗争，不作儒法斗争处理"。

1978 年 3 月 18 日，中共中央副主席邓小平在全国科学大会开幕式上讲话，指出"四个现代化，关键是科学技术的现代化"，"科学技术是生产力"。

1978 年 5 月 11 日,《光明日报》发表特约评论员文章《实践是检验真理的唯一标准》。全国陆续开展关于真理标准问题的讨论。

1978 年 6 月 8 日至 29 日,教育部在武汉召开全国高等学校文科教学工作座谈会。会议重新肯定了 1961 年确定的文科教学方针及贯彻这一方针所取得的经验。会议讨论了文科的培养目标,及解决文科教师中存在的"心有余悸",并调动他们的积极性问题;强调文科必须贯彻以教学为主的方针。会议制定了中文、历史、哲学、政治经济学、教育学等专业的学时制和学分制教学方案及文科教材编选、教师培训的规划。

1978 年 7 月 5 日至 15 日,外国教育学术讨论会在北京举行。这次讨论会是由北京师范大学、上海师范大学、吉林师范大学、河北大学、华南师范大学五所高等院校的外国教育研究室(组)联合召开的。教育部副部长高沂出席会议并讲话。他希望各校交流成果,共同协作,有所侧重,制订出研究外国教育的规划。

1978 年 7 月,经国务院批准,教育部重建中央教科所。董纯才任所长。中央教科所于 1957 年由中央批准筹建,1960 年正式成立。

1978 年 8 月 12 日,教育部颁发试行综合大学汉语言文学专业、历史学专业、政治经济学专业、哲学专业、高等师范院校学校教育专业等十个教学方案。

1978 年 8 月 28 日,教育部颁发并试行了《高等师范院校教育系学校教育专业学时制教学方案(修订草案)》。该方案规定学校教育专业将中国教育史和外国教育史作为必修课程,分别共修 119 学时和 102 学时。

1978 年 9 月,中国社会科学院、教育部联合召开全国哲学社会科学研究工作规划预备会议。会后,各有关高等学校分别参加了社会科学院各研究所召开的学科研究规划会议,承担了一批重点研究课题。各有关高等学校恢复、整顿、扩充或新建了社会科学研究机构，制定了 1979 年至 1985 年的研究规划。1979 年年底，全国高等学校的社会科学研究机构已增加到 309 个，有专职研究人员 27 000 人。许多中断多年的学科如教育学、心理学、法学、美学、社会学等，也先后恢复了研究工作。

1978 年 9 月，广东省教育学会组织一些高等师范院校的教育史、教育学专家和教授座谈对孔子教育思想的再评价问题。与会者认为，对孔子的教育思想遗产应采取一分为二、批判继承的态度。在此前后，一些学术会议及报刊上也议论了孔子教育思想的评价问题。

1978 年 10 月，教育学教材讨论会在开封举行。会议主要讨论开封师范学院、华中师范学院、武汉师范学院、湖南师范学院、甘肃师范大学合编的《教育学初稿》。同时，就共同关心的教育理论问题，如教育是不是上层建筑、教育与生产劳动相结合、教学过程、思想教育过程等方面的问题展开讨论。在此以后，教育界围绕教育的本质问题开展了讨论，报刊上发表了一批讨论文章。1979 年 4 月，全国教育科学规划会议上还就这一问题举行了专题学术讨论会。讨论中有三种观点：一种认为，教育的本质基本方面是上层建筑；另一种认为，教育的本质主要是生产力；还有一种认为，教育部分属于上层建筑，部分属于生产力。

1978 年 10 月，杭州大学教育系（今浙江大学教育学院）招收了"文化大革命"后的第一批中国教育史专业硕士研究生，共两名，学制三年，研究方向为中国近代教育史，导师为陈学恂。在硕士研究生的专业课程设置方面，陈先生为两位研究生具体开设了中国古代教育思想史、中国古代教育制度史、中国近代教育思想史和中国近代教育制度史四门课程。

1978 年 12 月 18 日至 22 日，党的十一届三中全会在北京举行。全会重新确立了马克思主义的思想路线、政治路线和组织路线，评价了关于真理标准问题的讨论，确定了解放思想、开动脑筋、实事求是、团结一致向前看的指导方针。

1979 年 4 月 12 日，中国教育学会成立。名誉会长：杨秀峰、成仿吾、陈鹤琴。会长：董纯才。1978 年年初起，各省、市、自治区陆续成立或恢复教育学会。1979 年，一些全国性教育科学专业（学科）研究会或学会相继成立。全国教育史研究会理事长：刘佛年。全国教育学、教育史、幼儿教育等研究会举行了第一届学术年会。

1979 年 7 月 12 日，中国教育学会在北京举行座谈会，纪念著名教育家陶行知创办的育才学校建校 40 周年。上海、重庆也举行了纪念活动。在此以后，各地相继开展陶行知教育思想研究活动。安徽、江苏、上海成立了陶行知教育思想研究会。安徽的研究会创办了《行知研究》会刊。

1979 年 9 月 15 日，《人民教育》第 9 期发表评论，分析教育战线的干部和群众在端正思想路线问题上的状况，提出要结合教育战线的实际，深入开展实践是检验真理的唯一标准的讨论。第 10 期又发表评论员文章，强调根据党中央指示要开展真理标准讨论补课的精神，把教育战线关于真理标准的讨论开展起来。

1979 年 9 月 24 日至 25 日，在上海华东师范大学（当时称上海师范大学）召开全国教育史成立大会暨第一届年会的筹备会议。筹备会议的主要内容：确定全国教育史成立大会暨第一届年会的会议日期、起草研究会章程和讨论确定第一次年会的会议主题等。

1979 年 10 月 20 日，《光明日报》转载《教育研究》第 4 期发表的特约评论员文章：《补好真理标准讨论这一课，教育问题要来一次大讨论》。这篇文章引起教育界的注意和议论。

1979 年 12 月，中央教科所外国教育研究室、中国教育学会外国教育研究会主编的《外国教育》杂志创刊。

1979 年 12 月，第一届教育史学术年会在浙江杭州召开，主题为中外教育史研究中的若干理论问题。

1979 年，《徐特立教育文集》(中央教科所编)由人民教育出版社出版。在此以后，教育家蔡元培、杨贤江、陶行知、许崇清、江隆基、程今吾、叶圣陶等的文集、文选陆续由中央和地方出版社出版。

1980 年，人民教育出版社出版"外国教育丛书"，其中有《六国教育概况》《六国著名大学》等十三种。苏联教育家列·符·赞科夫著的《和教师的谈话》《教学与发展》、苏联教育专家瓦·阿·苏霍姆林斯基著的《给教师的建议》等书的中文译本出版。瑞士心理学家让·皮亚杰著的《儿童的语言与思维》等书的中文译本出版。在此以后，美国教育家杰·布鲁纳著的《教育过程》一书的中文新译本出版。

1980 年，教育部召开全国师范教育工作会议，围绕如何办好和发展师范教育的主题，提出发挥以北京师范大学、华东师范大学为主的六所教育部重点师范院校在教育教学、科学研究方面的引领作用，要求这些大学率先开设教育学新兴课程，培养教育科学高端学术人才，发展适应社会主义规律的教育学，为教育学科发展提供了明确的思想指导。

1980 年 12 月，全国教育史研究会举行"中国教育史学科体系讨论会"，是新中国成立后中国教育史学家们就中国教育史学科体系问题举行的专门而集中的学术讨论。会议就中国教育史的研究对象和范围、目的和任务、发展阶段和分期等问题展开热烈讨论。

1981 年 1 月，中央教科所教育理论研究室和北京师范大学教育系、教科所联合举行了"进一步解放思想，搞好教育科研"的座谈会。

1981 年 2 月，《教育研究》开辟了"进一步解放思想，繁荣教育科学"专栏，发表有关专家学者的笔谈。

1981 年 4 月，全国教育学会研究会举行第二届年会，具体讨论了如何建立我国教育学科体系的问题。

1981 年 11 月 3 日，国务院批准的《高等师范院校首批硕士学位

授予单位及其学科、专业名单》和《高等师范院校首批博士学位授予
单位及其学科、专业名单》中，"中国教育史"在中国正式成为教育学
的二级学科，开始招收硕、博士研究生。其中，北京师范大学中国
教育史专业通过硕、博士点审批，毛礼锐和陈景磐被评为中国教育
史专业博士生导师。

1982 年 5 月，第二届教育史学术年会在陕西西安召开，会议主
题为"教育家教育思想评价问题"。

1983 年 5 月 24 日至 30 日，教育部在北京召开全国第二次教育
科学规划会议，明确提出要坚持以马列主义、毛泽东思想为指导，
以研究我国教育事业的发展与改革中的重大现实问题为中心，逐步
建立具有中国特色的社会主义教育学科体系。

1983 年，《教育研究》第八期发表了《在党的十二大精神指导下，
开创教育科学研究新局面》，进一步明确指出我国教育科学研究以马
列主义、毛泽东思想为指导，以研究我国教育事业的发展与改革中
的重大现实问题为中心，以建立具有中国特色的社会主义教育学科
体系为目的。还具体指出，在全面系统研究的基础上，逐步编写出
具有中国特色的社会主义教育学、高等教育学、普通教育学、职业
教育学、成人或终身教育学、幼儿教育学、教育心理学、古代教育
史、近代教育史、现代教育史、当代教育史，编写以苏、美、日、
英、德、法为主，对我国有借鉴价值的比较教育学、经济教育学、
教育统计学、教育哲学等理论书籍。

1983 年 9 月，全国教育史研究会又组织了"外国教育史学科体系
讨论会"，就外国教育史的学科名称、研究对象、研究范围、学科体
系的"中心"和主线、历史分期等问题进行了讨论。

1984 年 7 月，董纯才在北京主持召开了老解放区教育史编写工
作座谈会，会议确定从征集资料入手，编写革命根据地教育史。

1984 年，华东师范大学中国教育史专业增列为第二批硕士、博

士学位授予单位，沈灌群和张瑞璠被评为中国教育史专业博士生导师。

1985 年 10 月，第三届教育史学术年会在重庆北碚召开，会议主题为"结合教育史学科特点探讨传统教育发展和改革的经验与教训"。

1985 年，毛礼锐、沈灌群编写的新中国成立后第一本通史性著作《中国教育通史》(第一卷)由山东教育出版社出版。《中国教育通史》共六卷，1989 年第六卷正式出版。

1987 年，国家颁布《关于做好高等学校重点学科申报工作的通知》，决定全面开展评选工作，范围包括哲学、法学、教育学、文学、历史学、理学、工学等学科门类，这是国家首次将教育学科纳入重点学科。

1987 年 6 月，第四届教育史学术年会在湖北武汉召开，会议主题为"教育史评价、教育史研究与教学的方针、教育史学科功用"。

1989 年，滕大春任主编，编写了我国第一本外国教育通史专著《外国教育通史》(共六卷)，由山东教育出版社出版。

1994 年，王炳照、李国钧主编的第一部中国教育思想通史性著作《中国教育思想通史》(共八卷)由湖南教育出版社出版。

1996 年，华东师范大学首次设教育史博士后科研流动站。

1996 年 12 月，第五届教育史学术年会在广西桂林召开，会议主题为"教育史回顾与展望、研究原则与问题、学科建设与功用及课程与教学改革"等。

1998 年 2 月，全国教育史研究会在北京组织了雷沛鸿教育思想研讨会。

1998 年 4 月，在江西南昌，全国教育史研究会组织了"外国中等教育的历史与现状"的研讨会。

1998 年 9 月，在浙江瑞安，全国教育史研究会组织了"纪念孙诒让先生诞辰 150 周年学术研讨会"。

1998 年 10 月，第六届教育史学术年会在山东济南召开，会议主题为"世纪之交：教育史研究的回顾与展望""社会转型与教育变革：中外教育历史传统与中国教育和社会的现代化"。

1999 年 8 月，在辽宁沈阳，全国教育史研究会组织了"中国教育传统与当代中国教育的变革、20 世纪的中国教育与教育史学"研讨会。

2000 年，李国钧、王炳照任总主编，编写了新中国成立后的第一本中国教育制度通史著作《中国教育制度通史》（共八卷），由山东教育出版社出版。

2000 年 11 月，在广东广州召开第七届教育史学术年会，会议主题为"挑战与应对：教育史学科在新世纪的发展""血脉相连：台港澳教育发展与祖国教育传统"。

2002 年 9 月，第八届教育史学术年会在云南昆明召开，会议主题为"经验与反思：中国现代学制 100 年（1902—2002）""借鉴和创新：杜威与现代教育"。

2002 年 10 月，吴式颖任总主编，编写了我国首次出版的多卷本论述外国教育思想发展史的学术著作《外国教育思想通史》（共十卷），由湖南教育出版社出版。

2004 年 10 月，第九届教育史学术年会在福建武夷山召开，会议主题为"我国教育史学科建设百年回顾与反思"。

2005 年 10 月，在浙江金华，全国教育史研究会组织了主题为"争鸣与交锋：中国教育史上的思想论争"的讨论会。

2006 年 10 月，第十届教育史学术年会在陕西西安召开，会议主题为"教育交流与中国教育变革""中国教育在海外的影响""世界近代教育交流与变革中的赫尔巴特""教育交流与美国近代教育发展"。

2007 年 11 月，在安徽芜湖，全国教育史研究会组织了"探索外国教育史研究的新领域和新方法"专题研讨会。

2008 年 3 月，教育科学出版社出版《全国教育科学"十五"规划学科发展报告》，提出全国教育科学规划以马列主义、毛泽东思想、邓小平理论为指导，贯彻"三个代表"重要思想，落实科学发展观，坚持为人民服务、为社会主义服务的方向和"百花齐放、百家争鸣"的方针，坚持理论联系实际，推动理论创新；以我国教育改革发展的重大现实问题和理论问题为主攻方向，积极探索中国特色社会主义教育的发展规律，重视基础研究，加强应用研究，繁荣教育科学。

2008 年 10 月，第十一届教育史学术年会在河北保定召开，会议主题为"教育史研究与当代教育改革：视野、观念和方法""国外教育史学科新进展"。

2009 年 10 月，在浙江杭州，全国教育史研究会组织了"裴斯泰洛齐教育思想国际学术研讨会"。

2010 年 10 月，第十二届教育史学术年会在重庆北碚召开，会议主题为"社会大变革下的教育史研究"。

2012 年 10 月，第十三届教育史学术年会在湖南长沙召开，会议主题为"转型期教育史研究的国际化与本土化，教育史研究的新成果与新问题"。

2013 年 12 月，第十四届教育史学术年会在广东深圳召开，会议主题为"学校与教育组织机构的历史变革"。

2014 年 12 月，第十五届教育史学术年会在浙江金华召开，会议主题为"课程与教学内容的历史变革"。

2015 年 10 月，第十六届教育史学术年会在河南开封召开，会议主题为"教师与学生史"。

2016 年 9 月，第十七届教育史学术年会在山西太原召开，会议主题为"教育政策与管理史"。

2016 年，周洪宇、申国昌总主编的第一本中国教育活动通史性著作《中国教育活动通史》由山东教育出版社出版。

2017 年，中共中央、国务院《关于全面深化新时代教师队伍建设改革的意见》重新强调，建立以师范院校为主体、高水平非师范院校参与的中国特色师范教育体系，通过重点建设一批师范教育基地、加强教师教育学科建设、完善师范生公费教育、教育博硕士授予单位及授权点向师范院校倾斜等举措，大力振兴教师教育，从战略高度强调师范院校教育学科的主体地位。

2017 年 11 月，第十八届教育史学术年会在北京召开，会议主题为"教育史：学科建设与人才培养"。

2018 年 11 月，第十九届教育史学术年会在江苏南京召开，会议主题为"跨学科视野下的教育史研究"。

后　记

　　我能完成共和国教育史学 70 年的写作任务，是一件让自己内心既激动又惶恐的事。首先，我能有机会从事关于共和国教育史学 70 年的写作任务，在内心深处充满了激动和兴奋之情。我就是教育史专业出身，硕士生导师陈德安和博士生导师王炳照，是共和国教育史学的亲历者和见证者。陈先生和王先生是北京师范大学第一届中国教育史研究生班的同班同学，陈先生毕业论文的题目是《董仲舒的人性论和教化论的反动实质》（指导教师毛礼锐），王先生毕业论文的题目是《陶行知生活教育思想批判》（指导教师陈元晖）。陈先生和王先生都从事中国教育史研究，我有幸成为两位先生的学生并聆听先生们的教诲，在内心深处树立了从事教育史研究的信心。无论是跟随陈先生的硕士学习阶段，还是追随王先生的博士学习阶段，都让我对教育史研究有了初步的想法和认识，为自己开始写作增加一小点"勇气"。从内心深处来说，"勇气"是我想出来的，是为了支撑内心的惶恐，也是为了给自己一个开始工作的强勉的理由。其次，教育史学界对于共和国教育史学的持续关注和深入探讨，形成了相当数量的学术研究成果，为本书的写作提供了前期研究基础。特别是《中国教育史学九十年》《教育史学》《教育史学通论》等专著的出版，让我在写作过程中有了可供参照的样本。前辈们的样本给了我写作的力量，又让我更加惶恐。写作既是学习又是表达，学习是漫长求索的历程，前辈们撰写的学术成果、表达的学术观点、形成的学术风格、塑造的学术气派，是需要后来者经历成长磨炼后才会有所体悟、有所收获的。同样，不是所有的体悟、所有的收获都能转化为成长的力量。故此，向前辈们学习是一生的事情。表达是一件充满情感的事情，能用自己的言语向所从事的学科致敬，就是对心爱学科的最好的表达。同样，表达又充满了风险，风险是因为表达充满了情感，情感之中就包含着不成熟的判断，正因为不成熟所以才充满风险，也正因为充满风险，才让表达更具有挑战。我向教育史学科表达自己的喜欢和热爱，必然包含着不成熟的判断，希望我的判断仅仅是出于对忠爱学科的喜欢，是对于教育史学发展的充满情感的喜欢。最后，用我的惶恐表达深深的敬意。我对共和国教育史学70年的写作，始于激动，过程惶恐，终于热爱。我希望用自己的不成熟表达不成熟的热爱；用充满惶恐的、不成熟的热爱，向所从事的教育史学科致敬。

感谢侯怀银的信任和鼓励，使我有机会从事共和国教育史学70年方面的写作工作，并有机会与丛书小组的各位专家和学者们学习和交流。在本书的写作过程中，我得到了教育史学界诸多专家的帮助和指导，在此一并谢过。同样，对于书中所引各位专家和学者的学术成果，我在此表达深深的谢意。鉴于我的学识和能力的局限，如果在引用过程中存在诸种理解不到位的情况，请各位专家和学者们多多包涵、多多指导。感谢曾经为我提供帮助的同行和我的亲弟子们，正是因为有了你们的帮助，才有了本书撰写工作的顺利和圆满的完成。同样，感谢院长刘庆昌亦师亦友的关心和启发，感谢书记韩树林对我写作的大力支持和暖心帮助，感谢学院所有支持和帮助我的同事们。感谢家人给予我一如既往的关爱，谢谢爱人刘莉萍和女儿孙悠然，正是因为有你们，我才有努力奋斗的信心和勇气。

最后，感谢北京师范大学出版社的各位编辑人员，想起"北师"，心里就充满了暖意，充满了无尽的感慨。在玉兰花盛开的春季，用双手捧上一片花香，献给那个魂牵梦绕的地方。

在玉兰花白色的身影里，让学术的魅力如同醉人的芳香，弥漫指尖，浸润心房！

孙　杰

教育科学学院

2019 年 3 月 17 日

图书在版编目(CIP)数据

共和国教育学 70 年 . 教育史学卷 / 侯怀银主编;孙杰著. —北京 : 北京师范大学出版社,2020.5
ISBN 978-7-303-25810-9

Ⅰ. ①共… Ⅱ. ①侯… ②孙… Ⅲ. ①教育史－史学史－中国－现代 Ⅳ. ①G529.7

中国版本图书馆 CIP 数据核字(2020)第 062427 号

营　销　中　心　电　话　010-58802135　010-58802786
北师大出版社教师教育分社微信公众号　京师教师教育

GONGHEGUO JIAOYUXUE QISHI NIAN · JIAOYUSHIXUE JUAN
出版发行 : 北京师范大学出版社　www.bnup.com
　　　　　北京市西城区新街口外大街 12-3 号
　　　　　邮政编码 :100088
印　　刷 : 北京盛通印刷股份有限公司
经　　销 : 全国新华书店
开　　本 : 710 mm×1000 mm　1/16
印　　张 : 24
字　　数 : 290 千字
版　　次 : 2020 年 5 月第 1 版
印　　次 : 2020 年 5 月第 1 次印刷
定　　价 : 120.00 元

策划编辑 : 郭兴举　鲍红玉　　责任编辑 : 韩　妍　赵鑫钰
美术编辑 : 王齐云　　　　　　　装帧设计 : 王齐云
责任校对 : 康　悦　　　　　　　责任印制 : 马　洁